Lexikon der Fußballmythen

Christian Eichler

Lexikon der
Fußballmythen

 Eichborn.

3 4 5 6   03 02 01 00

© Eichborn Verlag AG, Frankfurt am Main, März 2000
Lektorat: Oliver Thomas Domzalski
Umschlaggestaltung: Moni Port
unter Verwendung von Fotografien der Deutschen Presse-Agentur (dpa)
Satz und Layout: Fuldaer Verlagsagentur, Fulda
Druck und Bindung: WS Bookwell, Finnland
ISBN 3-8218-0969-8

Verzeichnis schickt gern:
Eichborn Verlag AG, Kaiserstr. 66, 60329 Frankfurt am Main
www.eichborn.de

Inhaltsverzeichnis

Vorwort

Es gibt einen erfolgreichen und vielseitig begabten Menschen, der einst nach diversen Gläsern Weißwein von der eigenen Erinnerung an verflossene Fußball-erlebnisse überwältigt war. Da stimmte er ein Klagelied an: »Was hätte aus mir werden können, wären nicht Milliarden Hirnzellen mit völlig nutzlosen Fuß-ballresultaten blockiert!« Wer diesen Gedanken kennt, weiß, daß jede Gegenwehr nutzlos ist. Aber es gibt keinen Grund, darunter zu leiden. Sind sie nicht ein Stück von uns, die Tore, die wir sahen oder sehen wollten, die Spiele, die uns auf-wühlten, die Spieler, die wir bewunderten oder belächelten? Weil der Löschbe-fehl für Teile der menschlichen Festplatte noch nicht erfunden ist, gibt es nur eine Möglichkeit, die Sache mit Gewinn zu handhaben: als Chance, sich im Haus der Erinnerung wohnlich einzurichten.

Dieses Buch ist aktive Lebenshilfe für alle, denen Fußball nicht gleichgültig ist. Man kann es lesen als Geschichtensammlung. Als Nachschlagewerk für Theken-wetten. Als Lesebuch für Nachttisch und Toilette. Als Zeitreiseführer zwischen Dichtung und Wahrheit. Als Mythologie des Alltags am Beispiel seines schönsten Spieles. Und natürlich als Navigationssystem für die ungeordnete Festplatte un-serer Fußballerinnerungen. Es hilft, die Verknüpfungen herzustellen zwischen dem, was man schon wußte, dem, was man zu wissen glaubte, und dem, was man noch nie gehört hat.

Der Fußball besteht aus 33 Teilen. Von annähernd so vielen Seiten aus kann man ihn betrachten. Dieses Buch tut es in 29 Kapiteln. Weil dabei manches Elemen-tare des Spieles, das verschiedene Perspektiven benötigt, auch in verschiedenen Kapiteln auftauchen muß, kann es passieren, daß der Leser auf einer Seite etwas liest, das ihm schon woanders begegnet ist – so wie er zum Beispiel den Elfme-ter in den Kapiteln »Technik«, »Tor« und »Angst« findet. Ein System von Verwei-sen und ein umfangreiches Register schaffen hier, soweit möglich, die Verknüp-fungen zum Querlesen. Und zum Querdenken über Fußball.

Christian Eichler, im Januar 2000

Abb. 1: »Un wat dann passiert is, dat wißt Ihr ja.« (Rahns dreizwo in Wankdorf, ca. 1954)

1. Spiel

Warum wird der Mensch zum Spieler? Weil er zuviel Hirn und Muskeln hat. Mehr als er braucht. Und mehr Langeweile. Die Überschüsse der Evolution müssen irgendwo hin. Deshalb schrieb Schiller nicht nur die Glocke, sondern auch: »Der Mensch ist nur da ganz Mensch, wo er spielt.« Oder da, wo er wenigstens zuguckt, wie andere spielen. Fußball, zum Beispiel.

Der fröhliche, unbeschwerte Mensch, der Zeit, keine Angst und keinen Hunger hat, macht die Welt gern zum Spielplatz – und alles, was er findet, zum Spielzeug. Spielt mit Worten, mit Tönen, trommelt mit den Fingern, läßt Sand durch Zehen rieseln. Knetet im Matsch, schießt Papierkugeln, spuckt Kirschkerne ins Gras, titscht flache Steine über den Teich. Kickt Kastanien. Spielt mit der Fernbedienung.

Und irgendwann landet er beim Fußball. Warum? Weil es das natürlichste aller Spiele ist. Die logische Verbindung perfekter Form und permanenter Kraft. Perfekte Form, das ist der Ball, die Kugel, Vollendung der Geometrie. Permanente Kraft, das ist die Gravitation, die Erdanziehung, die den Ball am Boden hält und immer wieder dorthin zurückholt – dorthin, wo die Füße sind. Fuß und Ball, die einfachste Begegnung der Welt. Also Fußball.

Aber immer sind es die einfachsten Dinge, über die man sich die schwierigsten Gedanken machen kann. Deshalb gibt es Fußballexperten, Fußballtheoretiker, Fußballphilosophen, Fußballdichter. Na gut, auch Fußballbücher. Und dann gibt es Fußballer, die all diese Experten sprachlos vor Begeisterung machen können. Aber auch ratlos – weil meistens gerade *die* Spieler Glanz und Genie des Spiels verkörpern, die keine Ahnung haben, wie sie das machen.

Ball und Mensch, das ist simpel, aber weil der Mensch kompliziert ist, fangen damit die Probleme an. Elf gegen elf, und das mit nur einem Ball, wäre schon schwierig genug. Aber zu den Spielern kommen noch die anderen Akteure. Da sind die, die ihnen sagen, wie sie spielen sollen. Dann die, die entscheiden, ob sie die Regeln einhalten. Dann die, die auf ihre Fehler hoffen, um an ihrer Stelle zu spielen. Dann die, die sie hinterher fragen, wie sie gespielt haben und warum nicht besser. Und dann die ganz vielen, die ihnen bei alledem zusehen. So wird aus dem einfachsten Spiel ein kompliziertes. Ein Geflecht von Glück und Geschick, Geld und Geltung, Geschäft und Geschwätz.

Deshalb braucht der Fußball immer wieder die großen, die genialen Vereinfacher des Spiels, die ihre Zuschauer wie glückliche Kinder staunen machen. Sie tun etwas mit dem Ball, das man nicht erklären kann. Das kann ein Solo von Maradona sein oder ein Drehschuß von Müller oder ein Querpaß von Beckenbauer oder die Volleyabnahme vom Linksaußen des FC Pilsstübchen. Auch auf der Bank sitzt manchmal ein großer Vereinfacher, der sagt, worauf es wirklich ankommt. Herberger sagte: Der Ball muß rein. Die häufigste taktische Anweisung, die Trainer ihrer Mannschaft während eines Spiels zurufen, lautet: Raus, raus, raus.

Rein oder raus: Seit das Spiel auch Beruf ist, auch Existenzkampf, sind Fußballspiele auch Schicksalsspiele, Trauerspiele, abgekartete Spiele. Und immer wieder: Schauspiele. Das Theater des Fußballs hat eine große, klar umrissene Bühne. Es steht fest, wann der Vorhang aufgeht, wann er fällt. 90 Minuten sind das perfekte Zeitmaß für eine richtig gute Beschäftigung; keine, die man nur so zwischendurch einlegt, aber auch keine, die einen ganzen Tag kostet oder einen ganzen Feierabend. Das dauert ungefähr so lang wie ein gutes Drei-Gänge-Menü oder eine Flasche Wein zu zweit oder ein spannender Film. In diesen 90 Minuten ist Platz für alle möglichen Wendungen der Dramaturgie. Auch deshalb also Fußball.

Aber vor allem immer wieder: Spiel. Der Autor erinnert sich noch gut an das Außenristtor, das er für den FC Wiesenstraße gegen den FC Wasserstraße schoß, auf dem Stoppelacker an der Güterbahn, und an den genialen Paß in den Lauf des Linksaußen, der leider danach den Pfosten umschoß, der danach auf den Torwart fiel. Für den Stammplatz beim SV Holsterhausen reichte das Niveau nicht ganz, und doch wurden die Derbys Wiesen- gegen Wasserstraße kleine Klassiker der Fußballhistorie. Zumindest für die, die dabeiwaren. An welche Kinderspiele erinnert man sich so wie an Fußballspiele?

Milliarden von Hirnzellen bei Millionen von Menschen sind dauerhaft mit völlig nutzlosen Fußballerinnerungen blockiert, die möglicherweise ganze Hirnlappen von der Außenwelt abschneiden. Während sich der tüchtige Teil unseres Hirns mit Grund- und Aufbauwortschätzen, Fein- und Grobmotorik, Liebes- und Steuererklärungen oder anderen wichtigen Dingen abrackert, reagiert der fußballbeladene Teil nicht auf die Aufforderungen, sich zur Abwechslung mal nützlich zu machen.

So wird der Mensch wohl auch deshalb zum Spieler, weil er mehr Gedächtnis hat als er braucht. Darin ist Platz für ein paar Dutzend, vielleicht sogar hundert Partien – egal ob man sie selbst spielte oder sah oder hörte oder nur phantasierte. Und für die elf Fußballspiele, deren Mythos das Jahrhundert überdauert.

1922: Fortfall von Meister und fünf Zähnen

Das dramatischste Finalspiel um die deutsche Meisterschaft war ohne Zweifel das zwischen dem 1. FC Nürnberg und dem Hamburger SV 1922. Das erste Endspiel in Berlin war bei brütender Hitze nach 189 Minuten beim Stand von 2:2 abgebrochen worden. Die Wiederholung sechs Wochen später in Leipzig hatte, wie der Schiedsrichter und spätere DFB-Präsident Peco Bauwens vermerkte, von Beginn an »eine scharfe Note«. Es gab Platzverweise für die Nürnberger Träg und Böß. Träg hatte seinem Gegenspieler Agte nach einem Streit beim Stand von 1:1 nach 90 Minuten versprochen, ihn »fünf Minuten vor Schluß kaputtzutreten« – er tat das dann aber mit Beier. Als Kugler, der im ersten Spiel schon fünf Zähne eingebüßt hatte, verletzt ausschied, hatte Nürnberg nur acht Mann auf dem Platz. Mit dem Schlußpfiff der ersten Verlängerung brach Luitpold Popp zusammen. HSV-Zeugen behaupteten später eidesstattlich, er sei danach bei einer »behaglichen Zigarette« urplötzlich gesundet. Weil Nürnberg nur noch sieben Spieler hatte, mußte Bauwens das Spiel abbrechen. Damit begann das Nachspiel in fünf Akten. 1. Der DFB-Spielausschuß ernennt den HSV zum Meister. 2. Nürnberg erreicht beim DFB-Bundesvorstand die Annullierung der Entscheidung wegen »Formalverstoßes des Schiedsrichters« (weil der die Partie in der Pause zwischen den beiden Verlängerungen beendete, die nach Regel 5, Absatz 2 bis 4, nicht zum Spiel gehört). Weil kein Finale mehr möglich ist, kommt die Meisterschaft »in Fortfall«. 3. Der HSV läßt nicht locker, der DFB-Bundestag beschließt mit 53:35 Stimmen, die Revision durch den Bundesvorstand sei nichtig, weil es sich um eine »spieltechnische Angelegenheit« handle, damit eine Sache des Spielausschusses. 4. Der HSV ist also Meister. 5. Aber nur für ein paar Minuten. Dann gibt Henry Barrelett für die vornehmen Hanseaten die historische »Jenaer Erklärung« ab: »Der HSV erhebt keinen Anspruch auf die diesjährige Deutsche Meisterschaft.« Bis heute gibt es, trotz fast fünf Stunden Spielzeit im Finale und mehr als drei Monaten juristischen Gerangels, keinen deutschen Meister 1922. Erst ein Jahr später holte sich der HSV den Titel.

6. August 1922: Hamburger SV – 1. FC Nürnberg 1:1 n. V.
Hamburg:
Martens, Beier, Agte, Flohr, Halvorsen, Krohn, Kolzen, Breuel, Harder, Schneider, Rave.
Nürnberg:
Stuhlfauth, Bark, Kugler, Köpplinger, Riegel, Reitzenstein, Strobel, Popp, Böß, Träg, Sutor.
Schiedsrichter: Bauwens (Köln)
Zuschauer: 50 000 (in Leipzig)
Platzverweise: Böß (18.), Träg (100.)
Tore: 0:1 Träg (48.), 1:1 Schneider (69.)

1953: Schönheit siegt

Die Zukunft des Fußballs gegen dessen Vergangenheit – wenn es einen Gipfel-
und Wendepunkt der Spielentwicklung gibt, dann den 6:3-Sieg der Ungarn im
Londoner Wembley-Stadion, der die 90jährige Serie der zu Hause ungeschlagenen Engländer beendete. Schon nach 40 Sekunden brachte Nandor Hidegkuti,
der erste »hängende« Mittelstürmer, die Ungarn in Führung. Nach dem Ausgleich durch Sewell (14. Minute) führten die Ungarn die Engländer vor 105 000
fassungslosen Zuschauern mühelos vor. Innerhalb von sieben Minuten erhöhten
sie durch abermals Hidegkuti und zwei Treffer von Puskas auf 4:1. Dessen erstes
Tor gilt bis heute als eines der »Tore des Jahrhunderts« – Puskas lupfte den Ball
über Eckersley, drehte sich um 180 Grad und hämmerte den Ball volley ins kurze Eck. Der Rest war Schaulaufen – selbst die Engländer räumten ein, daß die
Ungarn, wenn sie gewollt hätten, an diesem grauen Novembertag in London
zehn Tore hätten schießen können: zu überlegen waren ihre Spielkunst, ihre
Ballkontrolle, ihr Zusammenspiel, ihr Spielfluß gegenüber dem Kick and Rush,
dem Kraft- und Kampfspiel des Inselfußballs. Für die Engländer, die im Jahr darauf in Budapest sogar 1:7 verloren (Ivor Broadis sagte, er habe dabei zum ersten
Mal einen Sonnenbrand auf der Zunge bekommen, weil er dauernd den Ungarn
hinterhergehechelt sei), begann mit dieser Niederlage ein Prozeß des Umden-
kens, der ihre Selbstüberschätzung beendete, der Nabel der Fußballwelt zu sein.
Das Anpassen an die Entwicklung des europäischen Fußballs, das Ungarn in
Wembley auslöste, brachte England 13 Jahre später den Weltmeistertitel, der den
Ungarn selbst vorenthalten blieb. Bis heute gelten sie als die beste Mannschaft,
die nie Weltmeister wurde. Sie begründeten ungewollt den Mythos vom ewigen
Scheitern des schönsten Fußballs im wichtigsten Moment – eine Regel, die bei
Weltmeisterschaften nur die Brasilianer mit Pelé 1958 und 1970 brechen konn-
ten. (→ Kap. 4: *Team*, Stichwort »Ungarn«)

25. November 1953: England – Ungarn 3:6
England:
Merrick, Ramsey, Johnston, Eckersley, Wright, Dickinson, Matthews, E. Taylor, Morten-
sen, Sewell, Robb
Ungarn:
Grosics (Geller), Buzansky, Lorant, Lantos, Bozsik, Zakarias, Budai, Kocsis, Hidegkuti,
Puskas, Czibor

Schiedsrichter: Horn (Niederlande)
Zuschauer: 105 000 (in London)
Tore: 0:1 Hidegkuti (1.), 1:1 Sewell (14.), 1:2 Hidegkuti (22.), 1:3 Puskas (25.), 1:4 Puskas (29.), 2:4 Mortensen (38.), 2:5 Bozsik (50.), 2:6 Hidegkuti (53.), 3:6 Ramsey (57., Elfmeter)

1954: Kauft goldgelbe Bananen

»Keiner wankt, der Regen prasselt unaufhörlich nieder.« Herbert Zimmermann brachte in seiner Radioreportage die mythischen Elemente des WM-Finales von 1954 auf den Punkt: der unerbittliche Widerstand gegen widrige Verhältnisse und einen übermächtigen Gegner, und all das in einem pathosgeladenen Wochenschauton verklärt zu einem Schlachtengemälde. Was soll Bern-Wankdorf nicht alles gewesen sein: die Geburt der deutschen Fußballtugenden; die Wiedergeburt des nationalen Selbstbewußtseins; die Wiederkehr der Angst vor den kämpferischen Deutschen. Nüchtern betrachtet war es nur ein Fußballspiel, wenngleich ein sensationelles. Die Ungarn, die mit ihrem revolutionären Fußball 29 Spiele ungeschlagen geblieben waren und Deutschland in der Vorrunde 8:3 besiegt hatten, lagen schon nach acht Minuten durch Puskas und Czibor 2:0 in Führung. Dann schaffte die deutsche Elf die größte Wende, die je in einem WM-Endspiel stattfand (bis 1974 haben acht von zehn Weltmeistern einen Finalrückstand in einen Sieg umwandeln können, aber keiner außer Deutschland nach einem Zweitore-Rückstand; seit 1978 hat kein Finalist, der in Rückstand geriet, noch gewinnen können). Für die Wende von Bern gibt es viele Gründe: den schnellen Ausgleich, der die Ungarn nervös machte (und das Glück, daß der Ball vor dem Anschlußtreffer vor die Füße von Morlock abgefälscht wurde); den Regen, der die technischen Vorteile der Ungarn verringerte; die mangelnde Fitneß von Puskas, den Liebrich in der Vorrunde verletzt hatte (→ Kap. 14: *Foul*, Stichwort »Lohnendes Foul«); die Taktik von Herberger, der die Defensivschwächen der Ungarn erkannte (→ Kap. 9: *Taktik*, Stichwort »WM-System«); die Überheblichkeit der Ungarn, die die Deutschen trotz deren brillanter Leistung beim 6:1 im Halbfinale gegen Österreich unterschätzten; ihr Pech, durch Kocsis und Hidegkuti das Holz zu treffen; der Leichtsinn von Buzansky, in der eigenen Hälfte ein Dribbling gegen Schäfer zu versuchen; die Regelauslegung von Schiedsrichter Ling, der den Einsatz des deutschen Außenstürmers nicht als Foul wertete;

das Pech von Lorant, Schäfers Flanke genau vor die Füße von Rahn zu köpfen; das Glück von Rahn, den Ball perfekt zu treffen. Und wahrscheinlich gibt es noch viel mehr Gründe, die der Nachwelt entgehen, weil sie nur die immerglei- chen Ausschnitte von damals serviert bekommt, nie aber, was zum Beispiel zwi- schen der 20. und 80. Minute geschah. So ist Fußball: Ein undurchschaubares Gewirr vieler kleiner, konkreter Zufälle, deren Ergebnis die weitreichendsten, kompliziertesten politischen Erklärungen bekommen kann. »Daß aber die EVG- Verhandlungen in jenen Wochen endgültig scheiterten, daß NATO-Mitglied- schaft und staatliche Souveränität der Bundesrepublik zunehmend konkrete For- men annahmen, verdankt sich auch einem gerade in diesen Wochen vehement gesteigerten westdeutschen Selbstwertgefühl: In diesem mentalitätsgeschichtlich verstandenen Sinne ist der Gewinn der Weltmeisterschaft 1954 die vorwegge- nommene Souveränität der Bundesrepublik«, hieß es 1985 in einer Broschüre der Bundeszentrale für politische Bildung. Die Fußballer selber sahen das irgend- wie simpler. Als Fritz Walter mit dem Weltpokal ankam, fragte er seine Mann- schaft: »Alles klar?« Sie antwortete: »Alles klar, Fritz.« Und dann stimmte einer an, nach Rahns beliebter Imitation einer Essener Marktfrau: »Leute, kauft gold- gelbe Bananen, billig, beste Qualität.«

4. Juli 1954: Deutschland – Ungarn 3:2
Deutschland:
Turek, Posipal, Kohlmeyer, Eckel, Liebrich, Mai, Rahn, Morlock, O. Walter, F. Walter, Schäfer

Ungarn:
Grosics, Buzansky, Lantos, Bozsik, Lorant, Zakarias, Czibor, Kocsis, Hidegkuti, Puskas, M. Toth

Schiedsrichter: Ling (England)
Zuschauer: 65 000 (in Bern)
Tore: 0:1 Puskas (6.), 0:2 Czibor (8.), 1:2 Morlock (10.), 2:2 Rahn (16.), 3:2 Rahn (84.)

15

1960: Pizarros Nachkommen

Der Hampden Park von Glasgow – bis zum Bau des Maracana in Rio de Janeiro für die WM 1950 das größte Stadion der Welt – erlebte 1960 das vielleicht beste und sicherlich torreichste Europacup-Endspiel aller Zeiten: Real Madrid gegen Eintracht Frankfurt. Offiziell 127.621 Menschen wollten die schier unschlagbaren »Königlichen« sehen, aber auch die deutsche Mannschaft um »Don Alfredo« Pfaff, Kreß und »Flutlicht-Meier«, die ihr Team, den schottischen Meister Glasgow Rangers, mit 6:1 und 6:3 demontiert hatte. Beinahe aber wäre es gar nicht zum Finale gekommen, denn der Deutsche Fußball-Bund hatte jedes Spiel einer deutschen Mannschaft gegen Ferenc Puskas untersagt, weil der Star der im WM-Finale von 1954 unterlegenen Ungarn und Torjäger von Real im Oktober 1957 »Verleumdungen über die deutsche WM-Elf« geäußert habe – nämlich Andeutungen, Herbergers Elf sei gedopt gewesen (→ Kap. 15: *Skandal*, Stichwort »Doping«). Dann aber hob der DFB die Anordnung auf, angeblich weil Puskas sich entschuldigt hatte. Er gab die Antwort auf seine Art, als er im Finale von der 45. bis zur 70. Minute vier Tore in Folge schoß (und damit seinen genialen Partner Alfredo di Stefano um eins übertraf). Nach 18 Minuten war die Eintracht durch Kreß in Führung gegangen, doch dann kam Real über sie mit jener Macht, die der »Spiegel« als »zweite Weltherrschaft der Spanier nach Pizarro« umschrieb. Während sich die Fernsehzuschauer in Deutschland über zwei lange Bildstörungen und über die fast fünfminütige Überziehung des Werbeblocks ärgerten, zogen die Madrilenen von der 27. bis zur 70. Minute von 0:1 auf 6:1 davon und gewannen am Ende sicher mit 7:3 – ihr fünfter Europapokalsieg in Folge. Europa huldigte Real, wenigstens Frankfurt feierte die Eintracht. (→ Kap. 4: *Team*, Stichwort »Real Madrid«).

18. Mai 1960: Real Madrid – Eintracht Frankfurt 7:3
Madrid:
Dominguez, Marquitos, Pachin, Vidal, Santamaria, Zarraga, Canario, Del Sol,
Di Stefano, Puskas, Gento
Frankfurt:
Loy, Lutz, Höfer, Weilbächer, Eigenbrodt, Stinka, Kreß, Lindner, Stein, Pfaff, Meier
Schiedsrichter: Mowatt (Schottland)
Zuschauer: 127.000 (in Glasgow)
Tore: 0:1 Kreß (18.), 1:1 di Stefano (26.), 2:1 di Stefano (29.), 3:1 Puskas (45.), 4:1

Puskas (53., Elfmeter), 5:1 Puskas (60.), 6:1 Puskas (68.), 6:2 Stein (71.), 7:2 di Stefano (72.), 7:3 Stein (75.)

1966: Dolchstoß aus Baku

Für die Engländer ist es (vor dem Europacup-Finale Real Madrid gegen Eintracht Frankfurt 1960 und dem WM-Endspiel Brasilien gegen Italien 1970) immer noch das »beste Spiel aller Zeiten«. Dazu wählten es 1999 die Leser des *Daily Telegraph* und des Fachblatts *FourFourTwo*. Die Deutschen erinnern sich aber kaum an die restlichen 119 Minuten und 59 Sekunden des Spiels, nur an den einen Moment nach 100 Minuten und 12 Sekunden, als der Schuß von Hurst hinter Tilkowski von der Latte auf den Boden knallte. Drin oder nicht drin? Der mythische Gehalt solcher Fragen berührt immer nur die Verlierer. Die Dolchstoß-legende des deutschen Fußballs interessiert in England niemanden, und keiner erinnert sich an den Linienrichter Bachramow aus Baku oder den Schiedsrichter Dienst aus Basel (Dienst fragte: »Was the ball behind the line?« Bachramow nick-te und sagte: »Yes.«). Wer erinnert sich in Deutschland an die Schiedsrichter der WM-Endspiele von 1974 und 1990, die fragwürdige Elfmeter für Deutschland gaben? Statt über das 3:2 zu diskutieren, schwärmen die Engländer lieber von dem 4:2, das Hurst kurz vor Schluß der Verlängerung in den Winkel setzte. Zum deutschen Mythos von Wembley gehört das berühmte Foto von Sven Simon, auf dem der scheinbar tief deprimierte Seeler, mit dem tröstenden Klaps eines Bobby, vom Platz schleicht, hinter ihm eine Militärkapelle – in Wirklichkeit stammt das Bild aus der Pause nach der ersten Halbzeit, denn nur da kam die Kapelle auf den Platz. Zu diesem Zeitpunkt aber sah es noch gut aus für die deutsche Elf, nach den Toren von Haller und Hurst stand es 1:1. In der zweiten Halbzeit ging England durch Peters in Führung, Weber glich in letzter Minute aus. Nach diesem heroischen Aufbäumen durch eine Entscheidung zu verlieren, die 30 Jahre später selbst von englischen Forschern als nachweislich falsch ermittelt wurde, reduziert ein großes Spiel für immer auf einen Sekundenbruchteil, in dem keiner richtig hingesehen hat. (→ Kap. 11: *Tor*, Stichwort »Wembleytor«)

30. Juli 1966: England – Deutschland 4:2 n. V.
England:
Banks, Cohen, Wilson, Stiles, J. Charlton, Moore, Ball, Hunt, B. Charlton, Hurst, Peters

Deutschland:
Tilkowski, Höttges, Schulz, Weber, Schnellinger, Haller, Beckenbauer, Overath, Seeler,
Held, Emmerich
Schiedsrichter: Dienst (Schweiz)
Zuschauer: 97 000 (in London)
Tore: 0:1 Haller (12.), 1:1 Hurst (18.), 2:1 Peters (78.), 2:2 Weber (90.), 3:2 Hurst
(102.), 4:2 Hurst (119.)

1970: Der Catenaccio knirscht

Während im Ausland meist das folgende Endspiel zwischen Brasilien und Italien
als »Spiel des Jahrhunderts« gesehen wird, ist in Deutschland das dramatische
Halbfinale gegen Italien mit diesem Begriff besetzt. Die mythischen Elemente:
das frühe Gegentor durch Boninsegna; das stundenlange Anrennen in der dün-
nen Höhenluft; die Unfairneß der Italiener; die Benachteiligung durch den pe-
ruanischen Schiedsrichter Arturo Yamasaki; die Schulterverletzung von Beckenbauer und sein heroisches Weiterspielen mit vor der Brust verschnürtem Arm;
die sensationellen Paraden von Enrico Albertosi. In seinen WM-Sonetten schrieb
Ror Wolf: »Der Catenaccio knirscht. Die Riesen wanken. / Mazzola fällt vor lauter Elend um. / Als Seeler blutet, bleibt die Pfeife stumm. / Das hat man Yamasaki zu verdanken.« Und dann das kaum noch für möglich gehaltene Ausgleichstor
in der letzten Minute, der einzige Treffer in 47 Länderspielen des blonden Ita-
lien-Legionärs Karl-Heinz Schnellinger – »ausgerechnet Schnellinger«, wie Ernst
Huberty stammelte. In seinem Romanessay »Die Reise« (1977) schildert Bern-
ward Vesper die unfaßbare Szene: »Es ist dunkel im Zimmer, aber als das Tor fällt
(92. Minute), stürzen Biergläser um, panisch kreischende, sich umschlingende,
gegen die Decke hin wachsende, kreiselnde, torkelnde, schlingernde Paare.«
Dann die unbeschreibliche Verlängerung mit fünf Toren, dem Stochertor von
Müller, dem Ausgleich von Burgnich, dem Rückstand, als Vogts Riva laufen läßt,
dem nochmaligen Ausgleich durch Müller, dem Siegtor durch Rivera. Ein Spiel
wie kein anderes. Der Italiener Romano Giardini beschrieb es in seiner »Anlei-
tung, die Deutschen zu lieben« (1996) so: »Weiße und Azzurri sind keine Gegner, sondern Interpreten einer Oper wie die Capuleti und die Montecchi in einem Romeo und Julia des Fußballs, der damals noch klassisch lederfarben war.«
17. Juni 1970: Italien – Deutschland 4:3 n.V.

Italien:
Albertosi, Burgnich, Cera, Rosato (91. Poletti), Facchetti, Domenghini, Mazzola (46.
Rivera), Bertini, De Stisti, Boninsegna, Riva
Deutschland:
Maier, Vogts, Schnellinger, Schulz, Patzke (66. Held), Seeler, Beckenbauer, Overath, Gra-
bowski, Müller, Löhr (52. Libuda)
Schiedsrichter: Yamasaki (Mexiko)
Zuschauer: 70 000 (in Mexico City)
Tore: 1:0 Boninsegna (8.), 1:1 Schnellinger (90.), 1:2 Müller (97.), 2:2 Burgnich (99.),
3:2 Riva (104.), 3:3 Müller (109.), 4:3 Rivera (110.)

1971: Schönheit scheitert

Das Schauspiel des tragischen Scheiterns im grandiosesten Sieg ist der Mythos, der
Borussia Mönchengladbach mehr anhängt als alle Erfolge. Der größte Sieg war zugleich die größte Niederlage – das 7:1 gegen Weltpokalsieger Inter Mailand, das
von Superlativen umrankt ist. Netzers beste Partie, sein, wie er selbst fand, schönstes
Tor und, wie die britische Trainer-Ikone Sir Matt Busby sagte: »Fußball in Perfektion«. Nie wieder ist eine italienische Mannschaft im Europapokal so untergangen,
vom »Nibelungenangriff der entfesselten Deutschen restlos vernichtet«, wie »La
Stampa« schrieb. Aber da war diese Szene in der 29. Minute, als Boninsegna von einer Cola-Dose niedergestreckt wurde – Augenzeugen sprachen von einem Meisterwerk der Schauspielkunst, die UEFA sah es anders und annullierte die Partie auf
italienischen Druck. Die empörte Borussia verlor in Mailand 2:4 und kam in der
Wiederholung ihres Heimspiels auf neutralem Platz, im Berliner Olympiastadion,
gegen die mauernden Italiener nicht über ein 0:0 hinaus. Die vielleicht noch größere Tragik des 7:1 war, daß außer den 28.000 am Bökelberg niemand dieses Fußballspiel sehen konnte, das viele als schönstes Fußballspiel auf deutschem Boden
einstufen – das Fernsehen hatte sich wegen einer Mehrwertsteuerforderung der
Gladbacher von rund 6000 Mark gegen die Übertragung entschieden.

20. Oktober 1971: Borussia Mönchengladbach – Inter Mailand 7:1
Mönchengladbach:
Kleff, Sieloff, Vogts, Müller, Bleidick, Bonhof, Wimmer, Netzer (80. Wittkamp), Kulik,
Heynckes, Le Fevre

Inter Mailand:
Vieri (46. Bordon), Oriali, Giubertoni, Burgnich, Facchetti, Fabbian, Bedin, Mazzola,
Corso, Jair, Boninsegna (30. Ghio)
Schiedsrichter: Dorpmans (Niederlande)
Zuschauer: 28 000 (in Mönchengladbach)
Tore: 1:0 Heynckes (8.), 1:1 Boninsegna (19.), 2:1 Le Fevre (22.), 3:1 Le Fevre (33.),
4:1 Netzer (42.), 5:1 Heynckes (44.), 6:1 Netzer (53.), 7:1 Sieloff (82., Elf-
meter)

1972: Aus der Tiefe des Raumes

Der 3:1-Sieg in Wembley, der erste einer deutschen Nationalmannschaft in
England und der entscheidende Schritt zum überlegenen Gewinn der
Europameisterschaft, wird als die Geburtsstunde der spielerisch besten deutschen Nationalelf angesehen. Es war eine Geburt aus der Not. Die Schalker fielen wegen des Bundesligaskandals aus, die Bayern waren nach drei Niederlagen
in der Meisterschaft angeschlagen, die Gladbacher nicht in Form. Um so überraschender kam der Sieg, der immer noch als Erfolg der spielerischen Überlegenheit verklärt wird. Die Realität war anders: Ein einstündiger Sturmlauf der
Engländer nach dem 1:0 von Hoeneß durch einen abgefälschten Schuß bis zum
1:1 durch Lee. In den letzten sechs Minuten konterten die Deutschen mit einem nicht sehr gut geschossenen Elfmeter von Netzer, den Torwart Banks noch
an den Innenpfosten lenkte, und einem Müller-Tor. Entscheidend für den Erfolg, weil überraschend für die Engländer, war die taktische Maßnahme, Netzer
als eine Art zweiten Libero neben Beckenbauer in die Abwehr zurückzuziehen
– eine Idee, die der Gladbacher Trainer Weisweiler in der Bundesliga ersonnen
hatte. So entzog sich der Spielmacher der Bewachung und Enge des Mittelfeldes und überraschte im Wechsel mit Beckenbauer die Engländer mit seinen Vor-
stößen. Diese neuartige Raum- und Rollenverteilung, die schon bei der WM
zwei Jahre später nicht mehr funktionierte, inspirierte Karl-Heinz Bohrer in der
FAZ zu einem der klassischen Sätze im Poesiealbum des deutschen Fußballs:
»Und Netzer kam aus der Tiefe des Raumes.« (→ Kap. 4: *Team*, Stichwort
»Deutschland 1972«)

29. April 1972: England – Deutschland 1:3
England:
Banks, Moore, Madeley, Hunter, Hughes, Bell, Ball, Peters, Lee, Chivers, Hurst (60. Marsh)
Deutschland:
Maier, Beckenbauer, Höttges, Schwarzenbeck, Breitner, Hoeneß, Netzer, Wimmer, Grabowski, Müller, Held
Schiedsrichter: Helies (Frankreich)
Zuschauer: 100 000 (in London)
Tore: 0:1 Hoeneß (26.), 1:1 Lee (77.), 1:2 Netzer (84., Elfmeter), 1:3 Müller (89.)

1973: Heißer Bebop

Das vermutlich großartigste Spiel zweier deutscher Mannschaften wird in der Erinnerung völlig zu Unrecht von der legendären Selbsteinwechslung Günter Netzers überstrahlt und wurde, noch ungerechter, durch einen mißglückten Linksschuß bei dessen erster Aktion entschieden. Wenn die frühen 70er Jahre als die spielerisch besten des deutschen Fußballs gelten, dann ist das Pokalfinale von 1973, der 2:1-Sieg von Borussia Mönchengladbach gegen den 1. FC Köln, der Beweis – und vermutlich auch einer der Auslöser dieser Nostalgie. Eine andere These, nämlich die, daß Fußball inzwischen viel schneller geworden sei, wird von der Fernsehaufzeichnung von jenem glühendheißen Junitag im Düsseldorfer Rheinstadion widerlegt. Im Gegenteil, die Offenheit des Mittelfeldes, in dem damals praktisch nicht gedeckt wurde, die Räume, die die sture Manndeckung offenbarte, wurden zu langen Spurts, zu Schnellangriffen, zu Spielfluß und Tempo genutzt, wie das im Zeitalter der erstickenden Raumdeckung, des modernen Defensivfußballs über das ganze Feld kaum noch möglich ist. Dutzendweise ergaben sich großrahmige Spielzüge, die zu dramatischen Torszenen führten – es gab brillante Paraden von Welz und Kleff, mehrere Rettungen auf der Linie, vier Pfosten- und Lattentreffer, einen vergebenen Elfmeter durch Heynckes. Doch in der regulären Spielzeit trafen nur »Hacki« Wimmer und der 19jährige Kölner Herbert Neumann. Nach der ersten Halbzeit sagte Hennes Weisweiler seinem Star Günter Netzer, den er aus Groll über den bevorstehenden Wechsel zu Real Madrid zunächst auf die Bank gesetzt hatte: »Günter, mach dich fertig!« Netzer antwortete: »Nein.« Erst 45 Minuten später entschied er, sich einzuwechseln, für

21

den erschöpften Kulik. Eine Strähne aus dem Gesicht gewischt und drei, vier Minuten herumgetrabt, ständig verfolgt von Gegenspieler Konopka. Dann Netzers erster Spurt mit dem Ball, der Paß zu Bonhof, der zurück in die Gasse – »den Doppelpaß habe ich mit Bonhof zehn Jahre geübt, und nie hat er geklappt« – und dann der »abgerutschte Schuß«, mit links in den linken Winkel. Der Rest war Verklärung. Noch 25 Jahre später schwärmte Bertram Job von diesem Spiel als »Spitzenprodukt aus einer Hochphase der internationalen Fußballkunst, also Opus Magnum wie Michelangelos Sixtinische Kapelle, Grass' Blechtrommel und das Weiße Album der Beatles« – und, noch mehr, »eine soziale Skulptur individuell ausgelebter Improvisationsfreude, die über scheinbare taktische Zwänge triumphierte wie der Bebop über den scholastischen Big-Band-Jazz«. Einfacher gesagt: In keinem Pokalfinale war so viel Musik drin.

23. Juni 1973: Borussia Mönchengladbach – 1. FC Köln 2:1 n.V.
Mönchengladbach:
Kleff, Michallik, Vogts, Sieloff, Bonhof, Danner, Wimmer, Kulik (91. Netzer), Jensen, Rupp (117. Stielike), Heynckes
Köln:
Welz, Hein, Neumann, Weber, Cullmann, Simmet, Glowacz (71. Gebauer), Flohe, Kapellmann, Overath (71. Konopka), Löhr
Schiedsrichter: Tschenscher (Mannheim)
Zuschauer: 70 000 (in Düsseldorf)
Tore: 1:0 Wimmer (24.), 1:1 Neumann (40.), 2:1 Netzer (94.)

1982: Rammstoß

WM-Halbfinale Deutschland gegen Frankreich – 120 klassische Minuten, die in einer brutalen Sekunde entschieden werden. Es steht 1:1, eine Stunde ist gespielt, als der zehn Minuten zuvor eingewechselte Battiston allein aufs deutsche Tor zuläuft. Er kommt einen Sekundenbruchteil vor dem deutschen Torwart Schumacher an den Ball, spitzelt ihn vorbei – und wird im nächsten Augenblick von Schumacher gerammt, mit dem kumulierten Tempo eines Frontalzusammenstoßes von mehr als 50 km/h, allerdings ohne Gurt. Entscheidend die Sekundenbruchteile vorher: Während Battiston nur den Ball im Auge hat, hat Schumacher nur Battiston im Blick, bereitet sich gezielt auf die Kollision vor, die den Franzosen völlig unvorbereitet trifft. Schumacher springt rechtzeitig hoch, dreht seine Hüfte (nicht etwa, wie oft behauptet, die Faust oder das Knie) gegen das Gesicht des Franzosen – Crash. Battiston bricht ein Halswirbel, er verliert das Bewußtsein und drei Zähne. Schumacher steht demonstrativ unbeteiligt und kaugummikauend herum, während sein Opfer behandelt wird, und bietet später großmütig an, »die Jacketkronen zu bezahlen«. Weil Battiston ausgewechselt werden muß, kann Frankreich in der Verlängerung nicht mehr einwechseln, dafür die Deutschen, weil Schumacher keine Rote Karte bekommen hat – nicht einmal einen Freistoß pfiff der Schiedsrichter. Die Franzosen mit ihrem Glanzmittelfeld Platini, Giresse, Tigana ziehen auf 3:1 davon, dann erzielt der eingewechselte Rummenigge den Anschlußtreffer, und Fischer macht per Fallrückzieher das schönste Tor der Weltmeisterschaft. Die bessere Mannschaft scheitert, trotz Uli Stielikes Fehlschuß, im ersten Elfmeterschießen der WM-Geschichte, als Schumacher den Schuß von Bossis hält. Zehn Jahre nach der Schönheit der Europameistermannschaft von 1972 hatte der deutsche Fußball seine häßliche Seite gezeigt – mit dem Nichtangriffs-Spiel gegen Österreich und dem Foul-Spiel gegen Frankreich.

8. Juli 1982: Deutschland – Frankreich 3:3 n. V., 5:4 i.E.
Deutschland:
Schumacher, Kaltz, K.-H. Förster, Stielike, Briegel (95. Rummenigge), B. Förster, Dremmler, Breitner, Littbarski, Magath (73. Hrubesch), Fischer
Frankreich:
Ettori, Amoros, Janvion, Bossis, Tigana, Tresor, Genghini (50. Battiston, 60. Lopez), Giresse, Platini, Rochetau, Six
Schiedsrichter: Corver (Niederlande)
Zuschauer: 63 000 (in Sevilla)
Tore: 1:0 Littbarski (18.), 1:1 Platini (26., Elfmeter), 1:2 Tresor (93.), 1:3 Giresse (99.), 2:3 Rummenigge (103.), 3:3 Fischer (108.)

1986: Tod der Samba

Brasilien gegen Frankreich, das war die Geschichte von der Tragik des schönen Fußballs. »Und die Samba starb eines grausamen Todes«, schrieb Hans Eiberle in der *Süddeutschen Zeitung*. 120 Minuten lang hatten die beiden Mannschaften im

WM-Viertelfinale von Guadalajara bei sengender Hitze ein Feuerwerk des Fußballs gezeigt, dessen Effekt noch dadurch gesteigert wurde, daß sie das Wesentliche des Spieles, das Tor, aus Freude am Spiel beinahe vergessen hatten – nur Careca und Platini hatten in der ersten Halbzeit getroffen. Beide Mannschaften hätten die Partie fast dutzendfach entscheiden können – Zico, der »weiße Pelé«,
hatte sogar einen Elfmeter verschossen. In der Verlängerung spurtet Bellone dem
Siegtreffer entgegen, umspielt Brasiliens Torhüter Carlos, der ihn in der Art eines
Catchers umzureißen versucht – es reicht, um den Franzosen aus der Balance zu
bringen. Doch es gibt nicht einmal einen Freistoß, geschweige denn eine Rote
Karte – die Bestrafung der »Notbremse« ist noch nicht erfunden. Im Elfmeterschießen, in dem die überragenden Spielmacher Socrates und Platini scheitern,
rächt sich Bellone: Sein Schuß prallt gegen den Pfosten, dann gegen Carlos und
von dort ins Tor – nie hatte die französische Bezeichnung des Elfmeters, der
»coupe de reparation«, größere Berechtigung. Danach trifft auch Julio Cesar den
Pfosten, doch von dort springt der Ball ins Feld zurück. Brasilien hat verloren,
die Samba ist vorbei. Doch auch die Franzosen wurden nicht belohnt. Im Halbfinale verloren sie wie 1982 gegen Deutschland, durch einen krassen Fehler ihres
Torwarts Bats bei einem Brehme-Freistoß. Die beiden besten Mannschaften der
80er Jahre boten das vielleicht beste Spiel des Jahrzehnts, doch mit dem Titel
wurden sie nicht belohnt. Das schafften erst ihre Nachfolger, die sich darauf besannen, daß man besser sicher als sexy spielt, besser mit Verstand als mit Herz.
1994 wurde Brasilien Weltmeister mit insgesamt nur drei Gegentoren, Frankreich 1998 mit zwei.

21. Juni 1986: Frankreich – Brasilien 1:1 n.V., 4:3 i.E.
Frankreich:
Bats, Battiston, Amoros, Bossis, Tusseau, Giresse (84. Ferreri), Tigana, Platini, Fernandez,
Stopyra, Rochetau (100. Bellone)
Brasilien:
Carlos, Josimar, Julio Cesar, Edinho, Branco, Alemao, Socrates, Junior (91. Silas), Elzo,
Muller (72. Zico), Careca
Schiedsrichter: Igna (Rumänien)
Zuschauer: 65 000 (in Guadalajara)
Tore: 0:1 Careca (17.), 1:1 Platini (41.)

Und ein Spiel in der Nachspielzeit:

1999: Die längste Minute

Nach 23 Jahren fehlt Bayern München nur noch der Schlußpfiff des Schieds-richters, um erstmals seit Beckenbauers Zeit wieder die höchste europäische Fußballtrophäe zu gewinnen. Die Bayern führen 1:0, als die Uhr im Stadion bei 90 Minuten stehenbleibt, nur die Uhr auf dem Fernsehbildschirm wird weiter-ticken. Präsident Beckenbauer ist schon auf dem Weg, um sich im Fernsehinter-view beglückwünschen zu lassen, und wird das nun Folgende nicht als Augen-zeuge miterleben. Der vierte Unparteiische hat soeben drei Nachspielminuten angezeigt. Manchester United, die offensivstärkste Mannschaft Europas, versucht seit 85 Minuten vergeblich, ein Tor zu erzielen, den Ausgleich nach dem Freistoß von Basler, der in der 6. Minute Torwart Schmeichel verladen hatte. Mehr als eine Stunde lang haben die Bayern sich zurückdrängen lassen, sind im Mittelfeld unterlegen, aber im eigenen Strafraum überlegen. Kuffour und Linke haben Cole und Yorke, den in dieser Saison mit mehr als 50 Toren besten Sturm Euro-pas, sicher im Griff, und den englischen Stürmern fehlen die Rechtsflanken von David Beckham, der den gesperrten Keane im Zentrum vertreten muß. Nach rund 70 Minuten des Anrennens scheinen die Briten nachzulassen, die Bayern kommen zu Torchancen, treffen den Pfosten durch Scholl, die Querlatte durch Jancker. Solch zwingende Chancen hat Manchester United nicht zu bieten, nur Eckbälle. Ein Dutzend hat der deutsche Meister schon schadlos überstanden, als Beckham in der 90. Minute abermals an die Eckfahne tritt. Von hinten kommt der Torwartriese Peter Schmeichel in seinem letzten Spiel für United in den geg-nerischen Strafraum gerannt, so daß Trainer Alex Ferguson denkt: »Was macht der irre Däne jetzt schon wieder?« Doch Schmeichels Auftauchen irritiert die deutsche Innenverteidigung. Der Ball landet als Abpraller bei Torsten Fink, der zehn Minuten vorher für den erschöpften Matthäus gekommen ist – die engli-sche Presse nennt diese Einwechslung später »die schlechteste der 90er Jahre«. Finks Befreiungsschlag mißlingt, landet bei Giggs, der mit seinem schwächeren rechten Fuß aus 16 Metern direkt schießt, nicht gut genug für ein Tor, aber gut genug als Vorlage für den Einwechselstürmer Sheringham, der den Ball am ver-dutzten Kahn vorbei zum Ausgleich ins Tor lenkt. Weil die Männer von der Linie zu langsam nach vorn gekommen waren, stand der Engländer nicht im Abseits. Nach 90:35 Minuten steht es 1:1. »Die Bayern«, schreibt Ferguson in seinen Memoiren, »sahen aus, als hätten sie einen Flugzeugabsturz gesehen.« Man stellt sich auf eine Verlängerung ein. Aber die Engländer setzen nach, bekommen 100 Sekunden später noch eine Ecke. Wieder bringt Beckham sie von links, Sheringham streift den Ball mit dem Scheitel, der fliegt in den Fünfmeterraum, wo der eingewechselte Solskjaer steht, aber nicht sein Bewacher Kuffour, der vom eigenen Torwart Kahn weggeschubst worden ist. Der Norweger macht das Bein lang und lenkt den Ball unter das Dach des Bayern-Tores. Schlußpfiff. Manchester hat das »Triple« aus Meisterschaft, Pokal und Champions League, München hat einen Trauerfall. Der Schock wirkt bis ins Pokalfinale gegen Werder Bremen nach, das die Bayern verlieren, weil Effenberg, schon gegen Manchester eine Enttäuschung, seinen Elfmeter aus dem Stand verschlampt und damit Matthäus in die Not bringt, den entscheidenden Strafstoß zu verschießen.

27. Mai 1999: Manchester United – Bayern München 2:1
Manchester:
Schmeichel, Neville, Stam, Johnsen, Irwin, Giggs, Beckham, Butt, Blomqvist (67. Sheringham), Cole (81. Solksjaer), Yorke
München:
Kahn, Matthäus (80. Fink), Kuffour, Linke, Babbel, Jeremies, Effenberg, Tarnat, Basler (89. Salihamidzic), Jancker, Zickler (71. Scholl)
Schiedrichter: Collina (Italien)
Zuschauer: 100 000 (in Barcelona)
Tore: 0:1 Basler (6.), 1:1 Sheringham (90.), 2:1 Solskjaer (90.)

Abb. 2a: »Wenn Sie hier mal reinschlüpfen wollen?« Ivan Zamoranos Schuh geht in die Hose.

2. Kampf

Die Kampfbahn von einst heißt heute Erlebnispark, der Länderkampf ist Freund-schaftsspiel geworden. Der Fußball wandert ins Dienstleistungsgewerbe ab. Aber die Kundschaft übermittelt den Produzenten eindeutig, welche Dienstleistung sie bitteschön will. Diese Bestellung erfolgt per Gesang: »Kämpfen, Frankfurt, kämpfen« oder: »Steht auf, wenn ihr Schalker seid.« Orts- und Mannschaftsna-

27

men austauschbar, Hauptsache: nicht hängenlassen. Die Fußballmoral ist eine Arbeitsmoral, eine Kampfmoral. Das Volk verzeiht seinen Helden, wenn sie schwach oder einfallslos, aber nicht, wenn sie faul oder feige sind.

Südamerikaner, der große Gegenpol der Fußballwelt, sehen das anders. Sie beklagen den europäischen Einfluß, der aus Artistik eine Arbeit gemacht habe, aus dem Spiel ein Spekulationsobjekt, aus Kunst einen Kampf. »Mich stört der Mangel an Phantasie, Fußball als Spektakel und nicht als Existenzkampf zu begreifen«, schrieb Cesar Luis Menotti, der Trainer der argentinischen Weltmeistermannschaft von 1978, über das, was er den »rechten Fußball« nennt, während der »linke Fußball« das Spiel als Fest der Phantasie begreife. »Das Leben ist Kampf, verlangt Opfer, wir müssen mit allen Mitteln gewinnen. Diese Meinung wird von all denen vertreten, die Fußball als reine Ware betrachten.« Der uruguayische Dichter Eduardo Galeano beklagt den »frigiden Fußball am Ende des Jahrhunderts, der das Gewinnen fordert und das Vergnügen verbietet.«

Die großen Vergnügensspieler waren immer die Brasilianer, doch nachdem sie sich zwischen 1974 und 1990 bei fünf Weltmeisterschaften vergeblich dem Spaß am Fußball hingegeben hatten, gewannen sie den ersehnten vierten WM-Titel 1994 mit europäischen Mitteln – mit einer Mannschaft, die nach taktischer Disziplin und konditioneller Stärke mit Hilfe von Laktat-Tests ausgewählt war. Vier Jahre später verdeutlichte Ronaldo den kontinentalen Zwiespalt zwischen europäischer Last und südamerikanischer Lust. Am Ende einer Saison voller »Pflichtspiele« für Inter und Nike kollabierte er ausgerechnet vor dem Höhepunkt, dem WM-Finale. Die Phantasie war verheizt.

Das paradoxe Wort »Pflichtspiel«, natürlich ein europäisches, drückt aus, was die Südamerikaner meinen: Was denn nun, Pflicht oder Spiel? Die lustigen Lateinamerikaner sind eben nicht geübt in der europäisch-protestantischen Kunst, das, was man muß, auch zu wollen, das Unabänderliche so zu tun, als tue man es gern – die »Freuden der Pflicht« zu genießen, die der Zögling Siggi Jepsen in der »Deutschstunde« von Siegfried Lenz in seinem Strafaufsatz beschreiben muß. Lesen sich nicht auch viele Fußballberichte wie Strafaufsätze?

»Sport ist kein Spaß, sondern im Gegenteil Anstrengung. Deswegen ist er der Bruder der Arbeit«, schrieb ein Spanier, Ortega y Gasset. Die Kunst, die Poesie des Fußballs haben die Südamerikaner erfunden. Doch im Ursprung ist und bleibt dieses Spiel etwas anderes, ein athletischer Kampf gegen knochenharten Widerstand, erfunden im kalten, nassen Europa auf schweren, tiefen Böden. Des-

halb vergöttert der europäische Fußball bis heute die körperliche Widerstandsfä-
higkeit. Er heroisiert die Leidensfähigen, die mit Armschlinge oder Kopfverband
weiterspielen, die Schmerzen ignorieren, die ihre Knochen hinhalten und deren
Trikots am Ende so aussehen, daß es ein Fest für den »Weißen Riesen« wird.

Der Kampf ist das demokratische Element des Fußballs. Die Kunst bleibt eli-
tär, der Kampf aber ist auf jedem Bezirksligaplatz zu Hause. Dribbeln oder
Schnibbeln kann nicht jeder, und nicht jeder kann es lernen – aber Grätschen.
Fußball als Zweikampf. Und noch mehr Kampf: Existenzkampf, Abstiegskampf –
das Lebenselixier des Ligafußballs. Das Duell der Gegensätze, von dem die Po-
kalwettbewerbe zehren: Klein gegen Groß, Arm gegen Reich, Amateur gegen
Profi. Und immer wieder der Kampf um Positionen, um Stammplätze, Arbeitsplätze.

Eine Elf kämpft miteinander, aber auch gegeneinander. »Leitwölfe« sind gesucht, denn die schlichte Gruppendynamik der Fußballrotte hat vieles vom wöl-
fischen Rudelverhalten und seinen Ritualen, vom Kampf der Alpha-Tiere um
jene Führungsrolle, die im Rudel den Stammplatz bei den Weibchen sichert und
in der Mannschaft den Stammplatz am Ball.

Zuviel Kampf wird leicht zum Krampf. Menotti redet von den »Söldnern des
Punktgewinns«, denen die schöpferische Freiheit, die Risikofreude verlorengehe
– Angst essen Fußball auf. Wenn er allerdings mahnt, daß man »die Herzen nicht
mit einem phantasielos errungenen Sieg« erreiche, täuscht sich der kettenrau-
chende Kick-Romantiker vielleicht ein wenig. »Die Null muß stehen«, das war
schon der größere Teil der Fußball-Phantasie, mit der die Schalker 1997 den
UEFA-Pokal gewannen. Viel Phantasie war nicht im Spiel, und trotzdem ging es
Millionen ans Herz. Das Publikum feierte die Helden der Fußballarbeit als
»Euro-Fighter« und »Kampfschweine«. Menotti zum Troste: Die Phantasie der
Fans ist manchmal größer als die der Fußballer.

Abstiegskampf

Der Ligafußball bezieht nur einen Teil seiner Spannung aus dem Bemühen um
Titel und Europapokalplätze. Er braucht die Dramaturgie des Abstiegskampfes,
um bis zum letzten Spieltag zu fesseln. Der Abstiegskampf ist soziales Überle-
benstraining, Fußball mit dem Rücken zur Wand. Wenn der Hörfunkreporter
von einem Spiel raunt, es sei »Abstiegskampf pur«, dann braucht er sonst gar

nicht mehr viel zu sagen, die Bilder in den Köpfen der Zuhörer entstehen von ganz allein: Befreiungsschläge, Brechstangenattacken, Grätschen, Fouls der unerbittlichen Art: wenn nicht Ball, dann Mann – und partout nichts Filigranes, Leichtfüßiges. Am Ende, wenn alle Mühe vergebens war, schafft es der Abstiegskampf meistens sogar, daß »gestandene Männer weinen«. Nur die Spezies der »Fahrstuhlmannschaft« steckt so etwas leichter weg, weil für sie der Aufzug meist gleich wieder nach oben geht. »90 Prozent der deutschen Fans interessieren sich mehr für den Abstiegs- als den Titelkampf«, vermutete Reiner Calmund, der Manager von Bayer Leverkusen. »Die Deutschen brauchen den Kick: Wer stirbt? Wer überlebt?« Sein Klub überlebte im Abstiegskampf neun Minuten vor Abpfiff der Saison 1995/96 nur durch eine Unfairneß des Brasilianers Sergio, der den wegen Verletzung freiwillig ins Aus gespielten Ball nicht zu den Kaiserslauterern zurückwarf – Bayer spielte ein Jahr später in der Champions League. Lautern stieg ab, wieder auf, wurde Meister, spielte auch Champions League, nur ein Jahr später – so schlimm ist Absteigen vielleicht gar nicht. »Unabsteigbar«, wie die Bochumer Fans ihre Mannschaft jahrelang nannten (aber nur bis zum Abstieg), ist jedenfalls keiner. Es gibt aber Vorsichtsmaßnahmen, die jeder kennen sollte. Zum Beispiel: Auf keinen Fall Andreas Keim verpflichten. Er stieg zwischen 1984 und 1992 mit fünf Bundesligaklubs fünfmal ab.

Abwehrschlacht

Wenn vorne nichts mehr geht und hinten dichtgehalten werden muß, dann sind die endlosen Minuten der großen Abwehrschlachten angebrochen. »Raus, raus, raus«, brüllen Trainer und Torwart, und die im Strafraum versammelten Feldspieler jagen die Bälle weit weg – das militärische Vokabular der Abwehrschlacht sieht Befreiungsschläge vor, allenfalls einen Entlastungsangriff, mehr geht nicht mehr beim Dichtmachen gegen den einschnürenden Sturmlauf mit Brechstange im offenen Schlagabtausch. Der mythische Gehalt der Abwehrschlacht steigt mit schlechtem Wetter und tiefem Boden. Dann steht manche Mannschaft da wie ein Boxer mit hochgezogener Deckung, der noch bis zum Gong auf den Beinen bleiben muß. Solche Nehmerqualitäten sind eine Spezialität des deutschen Fußballs. Dessen Ruhmestafel ist voll von gewonnenen Abwehrschlachten: Der erste WM-Sieg 1954, als die Ungarn in der zweiten Halbzeit auf das Siegtor drängten. Zuvor schon das 2:0 im Viertelfinale, als die Jugoslawen nach Horvats Eigentor

70 Minuten auf ein Tor gespielt hatten. Der zweite WM-Sieg 1974, als die gesamte zweite Halbzeit ein Spiel der Holländer gegen Torwart Maier war. Selbst das berühmte 3:1 in Wembley 1972, das gegen die Engländer größenteils ermauert wurde. Das 2:0 gegen Frankreich im WM-Halbfinale 1986. Das 0:0 gegen Italien bei der Europameisterschaft 1996. Fortsetzung folgt.

Elfmeterschießen

Diese Einrichtung zur dramaturgischen Verkürzung eines sonst endlosen Ringens wurde 1970 unter dem offiziellen Namen Strafstoßschießen eingeführt, aber niemand verwendet diesen Zungenbrecherbegriff. Gerade in den besten Spielen kommt das Elfmeterschießen, das einen Mannschaftskampf auf ein nervliches Eins-zu-eins-Duell reduziert, oft wie ein Interruptus nach einem zweistündigen Liebesspiel des Fußballs: etwa nach dem besten WM-Spiel der 80er Jahre, Frankreich gegen Brasilien 1986, oder nach dem besten der 90er, Brasilien gegen Holland 1998. Doch ohne das Elfmeterschießen wären die großen Turniere, angesichts der einander neutralisierenden taktischen Disziplin der besten Mannschaften, wohl gar nicht mehr zu beenden. Bei Weltmeisterschaften wurden 1986 drei von vier Viertelfinals, 1990 beide Halbfinals und 1994 sogar das Finale im Nachsitzen entschieden. Bei der Europameisterschaft 1996 waren es drei der vier Viertelfinals und beide Halbfinals.

Bei Europameisterschaften war schon 1976 die Titelentscheidung vom Elfmeterpunkt gefallen: Uli Hoeneß jagte den Ball in den Himmel über Belgrad; der Tscheche Panenka schnibbelte ihn danach mitten ins Tor (→ Kap. 11: *Tor*, Stichwort »Elfmetertor«). Danach hat Deutschland bis Ende des Jahrhunderts alle vier Elfmeterschießen gewonnen (gegen Frankreich WM 1982, Mexiko WM 1986, England WM 1990 und EM 1996). Ähnlich gut ist Argentinien mit drei Siegen, während Italien und England je dreimal scheiterten. Holland gar viermal (besonders peinlich mit fünf verschossenen Elfmetern, davon zwei während der regulären Spielzeit, im EM-Halbfinale 2000 gegen Italien). Das vielleicht spektakulärste Elfmeterschießen in Länderspielen entschied die Afrikameisterschaft 1992 zugunsten der Elfenbeinküste: Sie gewann 11:10. Das schlechteste Elferschießen der Historie beendete 1986 das klägliche Europapokalfinale der Landesmeister zwischen dem FC Barcelona und Steaua Bukarest. Nach dem 0:0 nach 120 Minuten gelang Barcelona auch bei fünf Versuchen vom Elfmeterpunkt kein Tor. Barca verlor das Elfmeterschießen 0:2. Der enttäuschte Deutsche Bernd Schuster verließ noch während dieses Trauerspiels wortlos den Platz und wurde anschließend von den Katalanen rausgeschmissen.

Haßspiel

Wenn die Chemie nicht stimmt und der Schiedsrichter nicht durchgreift, werden aus Kampfspielen Haßspiele. Zum Beispiel beim Viertelfinale der Weltmeisterschaft 1934 zwischen Italien und Spanien, das als härtestes Spiel der WM-Geschichte gilt – vier Italiener und sieben Spanier konnten nach der zweistündigen Partie (1:1) zum Wiederholungsspiel nicht mehr antreten. Die meisten Haßspiele aber entwickeln sich, wenn Mannschaften aus Europa und Südamerika aufeinandertreffen. Etwa das WM-Viertelfinale von 1954, genannt »die Schlacht von Bern«, die Ungarn gegen Brasilien mit 4:2 gewann. »Sie benahmen sich wie Irrenhäusler«, schrieb das Zürcher Fachblatt *Sport*. Es gab drei Feldverweise, eine Schlägerei in der Kabine und einen Protest der Brasilianer gegen den englischen Schiedsrichter, der »im Dienste des internationalen Kommunismus gegen die abendländisch-christliche Zivilisation« gehandelt habe. (Hieran knüpfte Lothar Matthäus 1981 an, als er nach dem UEFA-Cupspiel seiner Mönchengladbacher gegen den 1. FC Magdeburg freimütig bekannte: »So gerne habe ich noch nie zugetreten.«). Oder das WM-Vorrundenspiel Chile gegen Italien 1962 (2:0). Es wird als »Schlacht von Santiago« bezeichnet. Es gab zahllose Gewalttätigkeiten, darunter einen schulmäßigen linken Haken des Chilenen Sanchez gegen das dabei brechende Nasenbein von Maschio. Alle Chilenen durften vor eigenem Publikum weiterspielen, nur zwei Italiener flogen raus. Die häßlichsten Haßspiele aber brachte in den 60er Jahren der Weltpokal zwischen den Kontinentalmeistern Südamerikas und Europas zustande (→ Kapitel 22: *Gewalt*, Stichwort »Weltpokal«).

Hitzeschlacht

Harald Schumacher, genannt Toni, hat auf seine markante Art beschrieben, wie das ist: »Ich schwitze. Meine Kehle ist wie ausgedörrt. Der Rasen ist wie trockene Scheiße: hart, seltsam, feindlich. Die Sonne sticht direkt ins Stadion hinein und explodiert über unseren Köpfen. Wir werfen keine Schatten. Es heißt, das sei gut fürs Fernsehen.« Das war die WM 1986, als viele Spiele in die mexikanische Mittagshitze gelegt wurden, um in Europa angenehme Übertragungszeiten zu erreichen. Die Proteste vieler Spieler, darunter des WM-Superstars Diego Maradona, hatten keinen Erfolg. Warum auch? 1970 hatten Beckenbauer, Müller und Co. ja auch in der Mittagsglut braten müssen, vor allem bei der »Hitzeschlacht von Leon«, dem 3:2 nach Verlängerung im Viertelfinale gegen England. Die Wende zugunsten der 0:2 zurückliegenden Deutschen war gekommen, als der englische Trainer Sir Alf Ramsey unmittelbar nach Beckenbauers Anschlußtreffer seinen Regisseur Bobby Charlton auswechselte, um ihn vor der Hitze zu schützen und fürs Halbfinale zu schonen. Dieses Hitzefrei rächte sich in einer Weise, die Ramsey später den Job kostete.

Die torreichste Hitzeschlacht der Fußballgeschichte war das Nachbarduell zwischen WM-Gastgeber Schweiz und Österreich in Lausanne, am mit mehr als 35 Grad heißesten Tag des Jahres 1954. Österreich gewann das Viertelfinale 7:5 nach der Torfolge 0:3 (16.–18. Minute), 3:3 (25.–27.) 5:3 (32.–34.), 5:4 (36.), 6:4 (54.), 6:5 (60.), 7:5 (77.). Dabei nützten den Schweizern zwei Tore ihres Stürmers mit dem schönen Namen Ballaman ebensowenig wie die Proteste gegen ein angebliches Abseitstor – der englische Schiedsrichter hieß Faultless (»fehlerlos«) und glaubte sich im Einklang mit seinem Namen. Der österreichische Torwart Schmied und der Schweizer Kapitän Bocquet erlitten Hitzschläge. Schmied glaubte in der Pause, das Spiel sei zu Ende, aber weil es noch keine Auswechslungen gab, ging es auch für ihn weiter. Hinter dem Tor stand in der zweiten Halbzeit der Masseur und sagte dem halb bewußtlosen Torhüter, in welche Ecke er springen solle. Die ausgelaugten Österreicher verloren danach im Halbfinale 1:6 gegen Deutschland. Das Wetter war mit den Deutschen bei ihrem ersten WM-Titel: erst Hitze für die Österreicher, dann Regen für die Ungarn.

Regenschlacht

»Keiner wankt, der Regen prasselt unaufhörlich nieder.« Mit diesen klassischen Worten, im Klang eines Shakespeare-Verses, umriß Herbert Zimmermann den daheim vor dem Radio im Trockenen Sitzenden die ganze Intensität des Regenspiels von Bern-Wankdorf. Herberger wußte beim Blick auf die Wetterkarte, daß die Chancen der Deutschen mit dem Tiefdruckeinfall über Bern stiegen. Nicht nur, daß es »Fritz sein Wetter« war: Je widriger die Bedingungen, desto mehr kann Kampfgeist gegen Spielkunst ausrichten. Das galt um so mehr, weil 1954 das runde Leder noch ein Leder war. Es sog sich mit Wasser voll und wurde immer schwerer. Die Ungarn, deren Spiel davon lebte, Ball und Gegner laufen zu lassen, wurden auch dadurch gebremst. Rahns Flachschuß zum 3:2 wäre auf trockenem Geläuf vielleicht nicht schnell genug geworden, um Grosics zu passieren. Die Nummer zwei der ewigen Regenschlachtrangliste ist das WM-Spiel 1974 gegen Polen, das der deutschen Elf den Einzug ins Finale sicherte. Dabei war es eigentlich eine Wasser-, keine Regenschlacht, denn es regnete gar nicht mehr, als die Partie im Frankfurter Waldstadion mit eineinhalbstündiger Verspätung angepfiffen wurde, doch der Rasen glich einer Seenplatte, die die überragende Schnelligkeit der Polen Lato und Szarmach neutralisierte. Allgemein gilt unabhängig vom Wetterbericht: Wenn's in der Pause ein Donnerwetter gibt, dann steht der Schönwetterspieler im Regen.

Verlängerung

Die Verlängerung hat den Reiz des unerwarteten Desserts. Das knappe Kürzel »n. V.« hinter dem nackten Resultat erzählt dem Fußball-Feinschmecker immer eine Geschichte – er sieht erschöpfte Spieler, deren müde Waden vor der »Overtime« auf dem Platz geknetet werden, sieht Krämpfe, Abwehrfehler, freie Räume, den Zerfall der taktischen Zwänge durch Müdigkeit, den man gern »offenen Schlagabtausch« nennt. Anders als in amerikanischen Ligen oder in deutschen, die amerikanische kopieren (wie im Basketball oder Eishockey), gibt es im europäischen Ligafußball keine Verlängerung. Denn hier gilt das Unentschieden als vollwertiges Spielergebnis und nicht als Invalide unter den Resultaten. Nur in Pokalwettbewerben und bei Europa- und Weltmeisterschaften wird verlängert (und dann wieder abgekürzt, indem Elfmeter geschossen werden). Nicht immer hält die Verlängerung den Erwartungen stand, oft verlängert sie nur das Elend. Die dramatische Verlängerung ist selten genug, und sie ist zur bedrohten Gattung geworden durch das *Golden Goal*. Das beendet Verlängerungen, bevor sie richtig gut werden.

Die elf besten Verlängerungen:

1. WM–Halbfinale 1970, Italien – Deutschland 4:3 (5 Tore in der Verlängerung)
2. WM–Halbfinale 1982, Deutschland – Frankreich 3:3 (4 Tore)
3. WM–Finale 1966, England – Deutschland 4:2 (Wembley-Tor)
4. DFB–Pokalfinale 1973, Borussia Mönchengladbach – 1. FC Köln 2:1 (Siegtor durch den sich selbst einwechselnden Netzer)
5. Pokalhalbfinale 1984, Schalke-Bayern 6:6 (4 Tore in der Verlängerung; Rückspiel 3:2 für Bayern – nach Verlängerung)
6. Pokalhalbfinale 1984, Gladbach-Bremen 5:4 (Ausgleich in der 90. Minute, Siegtor in der Verlängerung, beides durch Criens)
7. Europapokalfinale 1974, Bayern-Atletico Madrid 1:1 (Ausgleich durch Schwarzenbeck in der 120. Minute)
8. WM–Viertelfinale 1986, Frankreich – Brasilien 1:1 (torlos)
9. WM–Halbfinale 1990, Deutschland – England 1:1 (torlos)
10. EM–Halbfinale 1996, Deutschland – England 1:1 (torlos)
11. WM–Halbfinale 1998, Brasilien – Niederlande 1:1 (torlos)

Verletzung

Der heroische Wundverband hat seinen festen Platz in der Fußballmythologie durch das WM–Halbfinale zwischen Italien und Deutschland 1970 in Mexiko. Von allen Szenen des sogenannten Jahrhundertspiels überlebte am dauerhaftesten das Bild vom verletzten Beckenbauer, gerade ihm, dessen »Unverwundbarkeit« ein Bewunderer, der Philosoph Martin Heidegger, rühmte. Bei einem Foul von Facchetti fiel Beckenbauer auf den rechten Oberarm und spielte trotz einer schmerzhaften Schulterverletzung bis zum bitteren Ende nach 120 Minuten weiter. Deutschland hatte schon zweimal

Abb. 2b: Grandezza imperiale: Verletzter Franz Beckenbauer 1970 gegen Italien.

ausgewechselt (52. Minute: Libuda für Löhr, 66.: Held für Patzke) und hätte ohne Beckenbauer mit zehn Mann weiterspielen müssen. Mit einem improvisierten Verband, der Brustkorb und Oberarm wie bei einer Mumie miteinander verschnürte, spielte Beckenbauer einarmig mit einer solchen Grandezza weiter, daß er wohl nie kaiserlicher wirkte als in diesem unvergeßlichen Spiel. Der lazarettreife Feldherr, der, die Hand auf dem Herzen, die Kameraden nicht im Stich läßt, gehört zu den Äußerungen von Leidensfähigkeit, die mit dauerhafter Heroisierung belohnt werden. In diese Kategorie gehören neben Beckenbauers Armschlinge der blutgetränkte Stirnverband des Bayern-Stürmers Dieter Hoeneß im DFB-Pokalfinale 1982, mit dem er noch einen entscheidenden Kopfballtreffer setzte, und die am Spielfeldrand getackerte Platzwunde auf der Stirn des Dortmunders Matthias Sammer, der sich daraufhin wieder in das Bundesligaspiel bei Borussia Mönchengladbach stürzte.

Wende

Das nachhaltigste Element für den Erinnerungswert eines Fußballspieles ist die Torfolge. Eine Partie, die 3:2 endet, ist in der Regel ein Langweiler, wenn die siegende Mannschaft zwischenzeitlich 3:0 führte. Wenn sie 0:2 zurücklag, sieht die Sache ganz anders aus. Dann entsteht jene ganz zwingende innere Dramaturgie, die aus einer simplen Zahlenfolge ein großes Wendemanöver mit manchmal mythischen Zügen macht.

Die großen Wendepartien

1904, 1. englische Liga: Sheffield Wednesday – FC Everton 5:5 nach 0:5
1941, Endspiel um die Deutsche Meisterschaft: Schalke 04 – Rapid Wien 3:4 nach 3:0 bis zur 64. Minute. Franz »Bimbo« Binder schoß 3 Tore für Rapid.
1953, WM-Viertelfinale: Österreich – Schweiz 7:5 nach 0:3 (Der legendäre ORF-Reporter Heribert Meisel verabschiedete sich nach dem Schweizer Anschlußtreffer zum 5:4 vom Mikrophon: »Das kann man als Reporter nicht aushalten.«)
1954, WM-Finale: Deutschland – Ungarn 3:2 nach 0:2

1957, 2. englische Liga: Charlton Athletic – Huddersfield Town 7:6 nach 1:5 in der 62. Minute, und das mit einem Mann weniger.

1966, WM-Viertelfinale: Portugal – Nordkorea 5:3 nach 0:3 (4 Tore von Eusebio zwischen 27. und 58. Minute)

1972, Pokalhalbfinale Schalke – 1. FC Köln 5:2 (Hinspiel 1:4) – fünf Elfmeter in der regulären Spielzeit, einer in der Verlängerung, und dann noch Elfmeterschießen. Schalke geht 3:0 in Führung, dann zwei Gegentreffer durch Elfmeter von Löhr, in der 80. Minute verschießt Beverungen einen Elfmeter für Schalke, in der 85. und 90. verwandelt Helmut Kremers zwei Elfmeter. In der Verlängerung: Nigbur hält Elfer von Biskup. Im Elfmeterschießen auch die von Overath und Glowacz. Cullmann trifft nur den Pfosten, Schalke ist im Finale (und gewinnt den Pokal).

1973, Bundesliga: 1. FC Kaiserslautern – Bayern München 7:4 nach 1:4 (Paul Breitner kündigt danach an: »Wir schicken die Punkte künftig per Post.«)

1976, Bundesliga: VfL Bochum – Bayern München 5:6 nach 4:0 (Siegtor 90. Minute durch Uli Hoeneß)

1976, EM-Halbfinale: Deutschland – Jugoslawien 4:2 n.V. nach 0:2

1982, Bundesliga: Dortmund – Bielefeld 11:1 nach 1:1 zur Pause

1982, Pokalfinale: Bayern – 1. FC Nürnberg 4:2 nach 0:2 zur Pause

1986, Europapokal der Pokalsieger: Bayer Uerdingen – Dynamo Dresden 7:3 nach 1:3 zur Pause (Hinspiel 0:2). Trainer Klaus Sammer wird danach von der DDR-Führung nach Meißen strafversetzt.

1987, UEFA-Pokal: Werder Bremen – Spartak Moskau 6:2 n.V. (Hinspiel 1:4)

1988 Europapokal der Landesmeister: Werder Bremen – BFC Dynamo Ost-Berlin 5:0 (Hinspiel 0:3)

1993, Champions League: Werder Bremen – RSC Anderlecht 5:3 nach 0:3

1996, spanischer Pokal: FC Barcelona – Atletico Madrid 6:4 nach 1:4

1998, 1. französische Liga: Olympique Marseille – FC Montpellier 5:4 nach 0:4 (Siegtor 90. Minute durch Blanc)

1998, Afrika-Cup, Halbfinale: Kongo – Burkina Faso 4:4 n.V., 4:1 i.E. nach 1:4-Rückstand nach 86 Minuten.

1999, UEFA-Pokal: Werder Bremen – Olympique Lyon 4:0 (Hinspiel 0:3)

2000, EM-Vorrunde: Spanien – Jugoslawien 4:3 nach dreimaligem Rückstand. Alfonsos Siegtreffer, der Spanien ins Viertelfinale bringt, fällt in der 8. Minute der Nachspielzeit.

Zweikampf

Das Mannschaftsspiel Fußball setzt sich aus vielen Einzelduellen zusammen. Statistiker haben bei der Weltmeisterschaft 1994 im Durchschnitt 205 Zweikämpfe pro Spiel gezählt, in der Bundesliga gibt es Spitzenwerte um 230. Dabei sind natürlich nur die Gegnerkontakte addiert, bei denen auch ein Ball im Spiel war, nicht die unzähligen, bei denen nur gerempelt, gehalten, gezupft oder das Foulspiel ohne Ball gepflegt wurde. Das Ablaufen, Abblocken, Abgrätschen macht den größten defensiven Teil der Zweikämpfe aus. Statistiken weisen für gute Abwehrspieler in der Regel eine Quote von mehr als 60 Prozent an gewonnenen Zweikämpfen auf, wobei zum Gewinnen schon reicht, wenn sie den Ball wegschlagen. Die Stürmer, die mehr mit dem Ball anfangen müssen, kommen zwangsläufig auf schlechtere Quoten. Dafür schießen sie manchmal ein Tor, das nicht immer in die Statistik paßt. Die meisten Trainer vertreten die Theorie, daß ein Fußballspiel über die Zweikämpfe gewonnen werde. Sie sagen: »Wir müssen näher an die Leute heran.« Statistiken sagen manchmal etwas anderes. Die deutsche Nationalmannschaft gewann im WM-Viertelfinale 1998 dreizehn Zweikämpfe mehr als die Kroaten. Dafür schossen die Kroaten drei Tore mehr.

Abb. 3: Flug Kopf Ball. Unbekannter Torwart bei der Arbeit.

3. Spieler

Der Mythos des Fußballers ist der Straßenfußballer. Wenn dem Spiel was fehlt, dann fehlt der Straßenfußballer. Der muß irgendwie unter die Räder gekommen sein beim Ausbau des Verkehrsnetzes. Mal im Ernst, wer würde seine Kinder heute noch auf der Straße spielen lassen? Schon in den Siebzigern, als sie Netzers erste Biografie illustrierten, hat der Fotograf bestimmt ziemlich lange gesucht, um die passende staubige Sackgasse mit kickenden Knirpsen zu finden. Dort lehnte sich der Rebell des langen Passes an die malerisch graue Mauer und ließ, die Hände im schwarzen Kamelhaarmantel vergraben, den melancholischen Blick über den Straßenfußball schweifen.

Heute könnten sich die Profis bei den Drei- bis Sechsjährigen wieder einiges abschauen. Die Jungkicker der Pampers-Liga gehorchen dem Ball noch auf vollkommen natürliche Weise: wie ein Bienenschwarm, der dem Lauf der Kugel über den Platz folgt. Außer den ein oder zwei, die gerne Torwart wären, wollen sie alle am Ball sein. Das Prinzip ist gar nicht dumm, es ist moderner Raumdeckung näher als der destruktive Wachdienst der strikten Manndeckung. Aber natürlich ist allzu großer Spieltrieb uneffektiv. Deshalb geht der Jungspieler, tritt er einem Verein bei, schon von Kindesbeinen an in die Schule der Spezialisierung. Die Regeln sind klar: Wer seine Position nicht hält, dafür den Ball zu lange, wird diszipliniert. Am Ende der Ausbildung stehen die spezialisierten Funktionsträger, nach denen der Arbeitsmarkt der kontrollierten Offensive verlangt.

Was wäre in Deutschland aus dem zwölfjährigen Maradona geworden? In einem Spiel der Jugendmannschaft »Die Zwiebelchen« hatte er den Ball weltrekordverdächtig zweieinhalb Minuten lang dribbelnd am Fuß, ohne ihn abzugeben oder einen Gegner heranzulassen. In Argentinien war man begeistert, in Deutschland wäre er vermutlich ausgewechselt worden. Nur alle zehn Jahre, wenn der deutsche Fußball wieder einmal kräftig unter die Räder gekommen ist, wie bei der EM-Qualifikation für 1968, bei der WM 1978, der EM 1988 und der WM 1998, wird das nationale Bildungsprogramm in Frage gestellt: Wo, heißt es dann, ist sie geblieben, die fußballerische Allgemeinbildung?

Na, wo schon? Die Arbeitsteilung hat sie geschluckt. Die Erfolge europäischer Industrie und europäischen Fußballs begannen, vor allem in England und Deutschland, einst mit rigider Arbeitsteilung. Das galt in den Fabriken, deren Arbeiter zum frühen Stammpublikum des Fußballs wurden, und auf dem Platz: Sowenig wie der Dreher das Fließband verließ der Läufer seine Flanke oder der Stopper seine Hälfte. Einem Verteidiger, der die Mittellinie überschritt, drohte unter Herberger die sofortige Heimschickung. Prägend für deutsche Fußballwertarbeit und höher geschätzt als in jedem anderen Land wurde die Spezies des Manndeckers, dessen Kreativität heißt, sich nicht abschütteln zu lassen. Kein Wunder, daß der einzige Manndecker, der das Amt des Bundestrainers übernahm, daß der Mann, der als Wachhund des großen Cruyff Weltmeister geworden war, es als Coach nie wurde, weil er zu lange am Auslaufmodell Manndeckung festhielt.

Andere haben von der starren Spezialisierung der ersten Jahrhunderthälfte viel früher Abschied genommen, vor allem die Niederländer mit ihrem »totalen Fußball« der Post-68er-Zeit. Seither lernen sie in der Ajax-Schule und deren Nachahmern von kleinauf, auf jeder Position zurechtzukommen. Seitdem ist der tech-

nisch gute, lauffreudige, zweikampfstarke Allrounder wieder gesucht im spezialisierten Fußball.

Und doch ist dieser multifunktionale Alleskönner nur ein Phantom. Denn der
Fußball ist und bleibt ein Tummelfeld für Typen, für die es kein einheitliches Raster gibt. Im Wachsfigurenkabinett, das irgendwann das Jahrhundert des Fußballs
in seinen Figuren festhalten muß, werden wir säbelbeinige Flügelfummler finden, dünnarmige Torwartkraken, Mittelfeldrebellen mit wehendem Blondschopf
und stolz aufgerichtet dahertrabende Feldherren; kleine, dicke Stürmer und große, dünne, solche, die ein Tor mit 50 Meter Anlauf machen, andere, die dafür nur
eine Drehung brauchen, und manchen Fußballmagier, der eines seiner zwei Beine nur dazu verwendete, nicht umzufallen. Während die besten Basketballer immer lang sind und die Turner kurz und die Kugelstoßer dick, hat der Fußball viel
mehr zu bieten: ein Panoptikum aller möglichen Deformationen.

Abstauber

So heißt die Fachkraft, die mit einigen ihrer anders qualifizierten Artgenossen
(Ausputzer, Staubsauger) Fußball als Aufräumarbeit begreift: sauber angenom-
men, rein ins Tor, Gegner geputzt. Er ist der Mann fürs Grobe, fürs Abstaubertor
eben – damit glänzt man nicht gerade, aber einer muß es ja tun. Über ihm
schwebt immer der Verdacht des Zufallserfolgs, die Geringschätzung für einen,
der nur zufällig am richtigen Fleck stand – er kennt Sätze wie »Den hätte auch
meine Oma ins leere Tor geschoben«. Deshalb hört man aus seinen Kommenta-
ren gelegentlich etwas Entschuldigendes heraus. Fast tut es ihm leid, daß er gerade dort stand, wo der Torwart den Ball fallenließ, beinahe schämt er sich, daß
der Schuß vom Pfosten gegen sein Bein prallte. Nur der größte aller Abstauber
mußte sich nie entschuldigen für ein Tor. Gerd Müller war so oft dort, wo es
zählte, ohne daß es vorher ein anderer wußte, daß er über die Zufallsvermutung
erhaben war. Wer es schafft, auch für die leichten Treffer bewundert zu werden,
dem wird die größte Auszeichnung des Abstaubers zugesprochen: der Torriecher.

Ausputzer

Mal Schimpfwort für Fußballer ohne Phantasie; mal Umschreibung für ehrliche Arbeit am Ball. Eigentlich hieße der Ausputzer besser Abputzer, denn seine Arbeitsplatzbeschreibung ist eine Sammlung von Tätigkeitswörtern mit eindeutiger Vorsilbe: abschirmen, abklären, abfangen, abjagen, abservieren, abblocken, absichern, abschütteln, abwehren, abmelden. Und wenn er den Ball gewinnt, möglichst umgehend: abgeben. Wenn sich partout keiner anbietet fürs Anspiel, schießt der Ausputzer den Ball gern aus mehr als dreißig Metern hoch übers Tor. Wenn er ihn nicht richtig trifft, geht er auch schon mal rein, so wie beim größten aller Ausputzertore, dem Weitschuß von »Katsche« Schwarzenbeck zum 1:1 in der 120. Minute gegen Atletico Madrid 1974. Er bescherte den Bayern das Wiederholungsspiel und damit ihren ersten Europapokal der Landesmeister. Erfunden wurde der Ausputzer in den vierziger Jahren von Trainer Karl Rappan als eine Hälfte des Doppelstoppers. Rappans »Schweizer Riegel«, von den Italienern später als Catenaccio verfeinert, zog einen Halbstürmer zurück in die Abwehr, wo ein Innenverteidiger gegen den Mittelstürmer spielte und der andere als Absicherung. Daraus entwickelte sich der Ausputzer, dessen einziger Job es war, Abwehrlücken zu stopfen, wie noch Willi Schulz bei der WM 1970. Vier Jahre später hatte der Libero in Gestalt von Beckenbauer das Regiment übernommen, adjutiert von Schwarzenbeck als »Kaisers Putzer«. Der frühere Lebensraum dieser Spezies ist inzwischen von flexiblen Dreier- und Viererketten bevölkert, weshalb der reinrassige Ausputzer inzwischen als ausgestorben gilt.

Außenstürmer

Ebenfalls eine in freier Wildbahn kaum noch anzutreffende Gattung, weil der Fußball noch früher als die Politik die neue Mitte suchte. »Die Augenblicke der großen Außen, das waren Momente der Freiheit«, schwärmte der Theaterkritiker Peter Iden 1980. Die große Zeit des Außenstürmers waren die fünfziger und sechziger Jahre, als sie die Außenlinien langjagten, daß der Kalk nur so staubte. 1950 und 1954 waren es Rechtsaußen, die in den WM-Finals nach innen zogen und von dort die Siegtore für die Außenseiter schossen: Ghiggia zum 2:1 für Uruguay gegen Brasilien, Rahn zum 3:2 für Deutschland gegen Ungarn. 1958 und 1962 erlebten die Weltmeisterschaften den größten aller Rechtsaußen, den krummbeinigen Garrincha, der mit Pelé in der Mitte Brasilien zweimal zum Weltmeister machte. Dann die Wende. 1966 wurde England, die Heimat des großen Rechtsaußen Sir Stanley Matthews, ohne Außensturm Weltmeister, weil Trainer Alf Ramsey die klassischen Außennummern 7 und 11 ins Mittelfeld gezogen hatte und dafür die Außenverteidiger Ray Wilson und George Cohen mitstürmen ließ. Auch der deutsche Kollege Schön hielt es so – der Außenstürmer war nicht mehr zu retten. Das letzte große Außendribblerspiel der deutschen Nationalelf war das 5:2 gegen Bulgarien bei der WM 1970, das Spiel von Reinhard Libuda, der nach dem großen Matthews »Stan« genannt wurde. Er stand auch im letzten großen Außensturm des deutschen Fußballs, in der Schalker Mannschaft vor dem Bundesligaskandal, mit Erwin Kremers links (und Klaus Fischer in der Mitte). Später folgte ihm noch Klubkollege Rüdiger Abramczyk, aber der brachte es vor allem zum »Flankengott«, weil sich das in der Schlagzeile so gut auf Kohlenpott reimte. Der Außenstürmer, der in seinem Revier an der Linie lauerte, um dann Richtung Eckfahne loszuziehen, war längst ins dichtbevölkerte Mittelfeld zurückgezogen worden. Inzwischen beackern laufstarke Spieler die sogenannte »Außenbahn« von der eigenen bis zur gegnerischen Grundlinie, mit allen Defensiv- und Offensivaufgaben, die dort anfallen. Noch Rahn und Schäfer, die Außenstürmer der ersten deutschen Weltmeisterelf, kamen bis zum Ende ihrer Karrieren ohne Abwehraufgaben davon. Bei Willi Lippens dagegen war der Artenschutz irgendwann vorbei. Der hatte am Ende keine Lust mehr darauf, »wenn der Trainer will, daß ich Verteidiger decke und so 'ne Scheiße.« Ente hörte auf und züchtete Schweine.

Ersatzspieler

Wird, um sein Los zu mildern, von rhetorisch geschulten Trainern inzwischen gern »Ergänzungsspieler« genannt. Die Arbeitsplatzbeschreibung dieses Akteurs hat Lothar Matthäus, ehe er 1997 bei den Bayern selber die Rolle des Ersatzspielers kennenlernte, so beschrieben: »Die Ersatzspieler sollen sich ruhig verhalten, in ihr Zimmer gehen und in ihr Bett beißen.« Besonders schwer fällt das Ersatztorhütern, die in der Regel nur dann eine Chance auf Einsatz haben, wenn sich die Nummer eins verletzt. Besonders die Nummer zwei bei Bayern München hatte von 1966 bis 1979 einen ruhigen Job: Sepp Maier machte 442 Bundesligaspiele in Folge. Bei 14 deutschen WM-Teilnahmen sind nur dreimal Ersatztorhüter eingesetzt worden, alle im relativ bedeutungslosen Spiel um Platz 3: Jakob 1934, Kwiatkowski 1958, Wolter 1970. Der einzige von ihnen, der auf einen zweiten Einsatz kam, war Kwiatkowski, der 1954 beim Vorrunden-Bluff gegen die Ungarn mit der zweiten Garnitur aufs Feld durfte und auftragsgemäß acht Gegentreffer bekam. 1958 von den Franzosen bekam er noch mal sechs.

Oder ein gewisser Karl Adam, einer der wenigen Kaiserslauterer, die von Herberger nicht berücksichtigt wurden – in der Nationalelf blieb er in drei Spielen ohne Gegentor, doch er konnte Toni Turek nicht verdrängen und wurde vergessen, während ein gleichnamiger Rudertrainer weltberühmt wurde. (Noch blöder erging es dem Bremer Ersatztorwart Helmut Ruländer, der in seinem ersten Bundesligaspiel bei der Frankfurter Eintracht gleich neun Gegentore erhielt und nie wieder eingesetzt wurde.) Kein Wunder bei diesen Aussichten, daß Uli Stein 1986 als Nummer zwei, der sich besser glaubte als die Nummer eins Toni Schumacher, ausrastete: Er behauptete, Schumacher sei von Adidas aufgestellt, nannte die Mannschaft eine Gurkentruppe, Teamchef Beckenbauer einen Suppenkaspar und durfte dafür nach Hause fahren.

Erst seit 1967 kann der Ersatz- zum Einwechselspieler werden und avanciert, wenn er sich gut macht, zum »Joker« wie Jürgen Grabowski bei der WM 1970 in Mexiko, und die Hand des Trainers zum »glücklichen Händchen«. Die vielleicht überraschendste Einwechslung gelang dank logistischer Phantasie Bayern München mit Stürmer Mark Hughes bei einem Bundesligaspiel 1987 gegen Borussia Mönchengladbach. Um 18 Uhr spielte Hughes für Wales ein Länderspiel in Prag, flog dann per Privatjet nach München und wurde um 21 Uhr zur zweiten Halbzeit gegen die völlig verdutzten Gladbacher eingewechselt. Bayern gewann 3:2.

Die sechs besten Einwechslungen:

1973, Pokalfinale Mönchengladbach gegen 1. FC Köln: Netzer wechselt sich zu Beginn der Verlängerung selbst ein und schießt den 2:1-Siegtreffer

1976, EM-Halbfinale, Deutschland gegen Jugoslawien: Bei 0:2-Rückstand wechselt Trainer Schön zuerst Heinz Flohe ein, der das 1:2 schießt, dann Dieter Müller, der mit der ersten Ballberührung in seinem ersten Länderspiel den Ausgleich köpft. In der Verlängerung schießt Müller beide Tore zum 4:2-Sieg.

1984, Uwe Rahn wird gegen Schweden eingewechselt und erzielt nach 19 Sekunden in seinem ersten Länderspiel das 2:0.

1997, Champions-League-Finale Borussia Dortmund gegen Juventus Turin: Turin drängt auf den Ausgleich, Ricken wird eingewechselt, ein Spurt, erste Ballberührung, Heber, 3:1.

1998, WM-Achtelfinale Dänemark gegen Nigeria: Ebbe Sand erzielt mit dem ersten Ballkontakt nach 16 Sekunden das 3:1 für die Dänen und das schnellste Einwechseltor der WM-Geschichte.

1999, Champions-League-Endspiel, Manchester United gegen Bayern München: Trainer Alex Ferguson bringt bei 0:1-Rückstand kurz vor Schluß die beiden Stürmer Sheringham und Solksjaer. Nach 90:35 Minuten schießt Sheringham den Ausgleich. Nach 92:17 Minuten erzielt Solksjaer auf Kopfballvorlage von Sheringham den Siegtreffer zum 2:1.

Und die zwei schlechtesten:

1970, WM-Viertelfinale Deutschland gegen England: Die Engländer führen 2:0, da entschließt sich Trainer Ramsey, seinen Regisseur zwecks Schonung fürs Halbfinale auszuwechseln. Während Bobby Charlton sich schon auf die Auswechslung vorbereitet, schießt Beckenbauer das 2:1. Deutschland gewinnt 3:2, und Charlton spielt nach diesem, seinem 106. Länderspiel nie wieder für England.

1999, Champions-League-Endspiel: Bayern-Trainer Hitzfeld bringt zehn Minuten vor Schluß Fink für Matthäus. In der Nachspielzeit mißlingt Fink ein Befreiungsschlag, der bei Giggs landet, dessen Schuß von Sheringham zum Ausgleich für Manchester verlängert wird. Bayern verliert.

Kopfballungeheuer

Diese Spezies gibt es im Fußball vermutlich seit den 20er Jahren, als der legendäre Dixie Dean die bis heute unerreichte Marke von 379 Toren in der ersten englischen Liga erzielte, davon weit mehr als die Hälfte per Kopf. Nur sagte noch niemand Ungeheuer. Bis in die 60er Jahre umschrieb man treffliche Schädeltorjäger viel zärtlicher als »Goldköpfchen«, wie den Ungarn Sandor Kocsis (laut Henshaws »Encyclopedia of World Soccer« »der vielleicht großartigste Kopfballspieler der Geschichte«) in den 50ern oder den Nürnberger Franz Brungs in den 60ern. Das änderte sich in den späten 70er und frühen 80er Jahren, als der deut-

sche Fußball nicht nur in Gestalt eisenharter Abwehrspieler, sondern auch eisen-
schädeliger Stürmer vor allem furchterregend war. Das erste Kopfballungeheuer
war Horst Hrubesch, dessen Stirn mit 175 Quadratzentimetern vermessen wurde. Mit dieser Arbeitsfläche, die größer als eine Postkarte ist, köpfte er kurz nach
seinem Nationalmannschaftsdebüt mit 29 Jahren beide Tore zum 2:1-Finalsieg
bei der Europameisterschaft 1980 gegen Belgien. Weitere zeitgenössische Vertreter der Spezies waren Dieter Hoeneß, berühmt für sein Kopfballtor mit blutge-
tränktem Turban im Pokalfinale 1982, und Harald Karger, genannt »Schädel-
Harry«, der 1980 den UEFA-Cup für Eintracht Frankfurt gewann. Der frühere
Landesligaspieler köpfte zwei Tore in der Verlängerung des Halbfinals gegen Bayern (5:1) und einen wichtigen Treffer im Finale gegen Mönchengladbach. Eine
kleine Renaissance des Kopfballungeheuers bot bei der EM 2000 der 2,02 Meter große Tscheche Jan Koller, gegen dessen Hinterkopf der Holländer Jaap Stam
kaum einen Stich machte – dafür der Mannschaftsarzt einige an Stams Augen-
braue.

Libero

Dieses italienische Kunstwort benennt eine deutsche Erfindung, die einmal so
populär war, daß der Konsul Weyer 1973 einen Spielfilm namens »Libero« mit
Klaus Löwitsch, Harald Leipnitz und, natürlich, Franz Beckenbauer mitfinan-
zierte. Selten ist eine Spielposition so mit einer Person identifiziert worden
wie die des Liberos mit Beckenbauer. Der hatte sich in seiner Karriere vom
Linksaußen (als Jugendspieler) über das Mittelfeld (WM 1966) zum letzten
Mann der Abwehr entwickelt, den man damals noch Mittelläufer nannte.
Beckenbauer gab der Position des einzigen Abwehrspielers, der keinen Mann
deckte (diese Freiheit führte zum Begriff Libero), neue, offensive Komponenten. Wohl wegen der Erinnerung an die größten Jahre des deutschen Fußballs
hielt man bis Ende der 90er in Vereinen und Nationalteam an der heiligen Position des Liberos fest – bis der alte, eitle Matthäus bei der EM 2000, weil niemand sich traute, ihn aufs Altenteil zu schicken, den Libero endgültig aufs Ab-
stellgleis der deutschen Fußballgeschichte fuhr. Es war lange Zeit geradezu
eine Frage von nationaler Tragweite, wer die Beckenbauer-Ehrenposition ein-
nehmen dürfe. Als Teamchef ließ Beckenbauer übrigens Klaus Augenthaler im
WM-Finale 1990 den Libero geben – das hätte eigentlich eine Warnung sein

müssen. Zur gleichen Zeit entwickelte der AC Mailand ein revolutionäres neues Spielsystem, in dem Franco Baresi (von seinen Kollegen Franz genannt) nur scheinbar noch einen Libero spielte. Seitdem ist die Zeit des Liberos als freier Mann hinter der Abwehr vorbei. Moderner Fußball funktioniert dafür mit einem oder zwei Spielern mehr im Mittelfeld.

Manndecker

Das ist derjenige, »der beim Ball immer mit der Häßlichsten tanzen muß«. So beschreibt Cesar Luis Menotti die heroische Aufgabe des einzigen, der nicht am schönen Teil des Spiels teilnehmen darf. In Deutschland zählt der Spieler, der von kleinauf mit simplen Traineranweisungen eingenordet wird (»Wenn dein Gegenspieler aufs Klo geht, gehst du mit«), mehr als im südamerikanischen Fußball, der die künstlerische Seite des Spiels romantisiert und dabei manchmal die Notwendigkeiten übersieht. Die Innenverteidiger und Manndecker der großen brasilianischen Teams, von Nilton Santos über Julio Cesar bis Marcio Santos, wirkten mit ihren geschmeidigen Bewegungen und ihrer Ballverliebtheit immer ein wenig wie traurige, eingesperrte Panther, die am liebsten aus dem Verteidigungskäfig ausbrächen – während der deutsche Decker wie ein Fisch im Wasser aussieht.

»Wenn ich Berichte lese, in denen die Manndecker über den grünen Klee gelobt werden, blutet mir das Herz. Ich brauche keine Manndecker, sondern Fußballer«, sagte Rolf Fringer als Trainer beim VfB Stuttgart. Kein Wunder, daß er mit dieser Einstellung scheitern mußte. Denn im deutschen Fußball hat der Manndecker immer eine entscheidende Rolle gespielt. Es war Liebrichs Tritt gegen Puskas im Vorrundenspiel der WM 1954, dessen Folgen den Star der Ungarn im Finale entscheidend hemmten. Es war Vogts als Bewacher des großen Cruyff, der 1974 den zweiten WM-Titel ermöglichte.

Um so bitterer, daß ausgerechnet ein Manndecker Deutschland das Weiterkommen bei der EM 1984 und Bundestrainer Derwall den Job kostete: der Spanier Macedo, der ungedeckte Decker, der in der letzten Minute des letzten Vorrundenspiels das 1:0 köpfte. Am besten sind die Manndecker, wenn sie nicht weiter auffallen. Wenn sie dagegen sichtbar herausragen, zum Fußballer des Jahres gewählt werden (Vogts 1979, Karl-Heinz Förster 1982, Kohler 1997) und einen Verleger für ihre Memoiren finden (Kohler 1998) – dann ist das ein sicheres Zeichen für eine düstere Zeit des deutschen Fußballs.

47

Regisseur

Der Regisseur muß nicht Regisseur sein. Er kann auch Dirigent sein oder Spiel-macher oder Kreativspieler oder Stratege oder Drehscheibe oder auch Leitwolf, möglicherweise sogar Instinktfußballer, in jedem Fall Impulsgeber, Akzentsetzer, Fädenzieher, Leistungsträger und Spielerpersönlichkeit (»In mir wächst eine Per-sönlichkeit heran«, wußte Stefan Effenberg). Und wenn er blond ist, eine Frau hat, die für ihn das Reden übernimmt, und rechtzeitig aus der Nationalmann-schaft zurücktritt, ist er oft auch ein Rebell. Man sieht: Was ein Regisseur genau macht, weiß niemand – es merkt nur jeder, wenn die Regie fehlt.

Staubsauger

Einerseits eine im modernen Raumdeckungssystem wichtige Position vor der Abwehr (gerne auch »Abfangjäger« genannt) – der erste, der diese Rolle als »sweeper« ausfüllte, war der zahnlose Nobby Stiles im englischen Weltmeister-team von 1966. Andererseits ein wichtiger Gegenstand in der Fußballpsycholo-gie des Trainers Christoph Daum, der seine von ihm selbst so genannte »Staub-saugervertreterphilosophie« auch in teuren Seminaren für hochbezahlte Mana-ger preisgibt. Beim vorübergehend ladegehemmten Torjäger Ulf Kirsten soll sie einmal funktioniert haben, und zwar so: »Wenn einer zehn Häuser vor sich hat und zwei Staubsauger verkaufen will und hat schon bei sieben Türen Absagen kassiert, dann kann höchstens noch ein Nein kommen. Spätestens bei der neun-ten oder zehnten Tür kann er verkaufen. Das heißt, du mußt mit dem Fehlver-such leben.«

Torhüter

Welch seltsame Gedanken das einsame Stehen zwischen drei Holzbalken be-schert! Als »eine windige Lichtung inmitten einer ziemlich wirrnutzlosen Zeit« sah Vladimir Nabokov (»Lolita«) den Fußball: »Mit Begeisterung war ich Torwart. In Rußland und den romanischen Ländern ist jene edle Kunst immer von der Aura eines beispiellosen Glanzes umgeben gewesen. Ich war weniger Hüter eines Tores als eines Geheimnisses. Während ich mich mit verschränkten Armen an den linken Torpfosten lehnte, genoß ich den Luxus, meine Augen zu schließen, und so lauschte ich dem Pochen meines Herzens, fühlte den blinden Nieselregen auf meinem Gesicht, hörte in der Ferne den gebrochenen Lärm des Spiels und dachte an mich wie an ein sagenhaftes Wesen, das, verkleidet als englischer Fußballspieler, in einer Sprache, die niemand verstand, Verse über ein entlegenes Land dichtete, das niemand kannte. Kein Wunder, daß ich bei den anderen Spielern meiner Mannschaft nicht sonderlich beliebt war.«

Kein Wunder war auch, daß der komische Russe kein Großer seines Fachs wurde, anders als etwa sein Landsmann Lew Jaschin, oder als der manische Toni Schumacher, der sich zwang, den Ball immer im Auge zu behalten, auch bei einem Eckball des eigenen Teams: »Ich bin der Tiger, der Ball ist die Beute.« Aus den katzenhaften Einzelgängern mit Schiebermütze und dick bandagierten Knien, aus den Hütern des Torgeheimnisses, besungen von Wencke Myhre (»Er steht im Tor und ich dahinter«) und Theo Lingen (»Der Theodor, der Theodor, der steht bei uns im Fußballtor. Die Männeraugen werden wach, die Mädchenherzen werden schwach, wie der Ball auch kommt, wie der Schuß auch fällt, der Theodor, der hält!«) – aus diesen geschmeidigen »Teufelskerlen« der Frühzeit, die Zamora oder Planicka oder Turek hießen, sind Kraftmeier geworden, die peripheres Sehen, mentale Stärke, Ballfertigkeit und eine terminatorhafte Ausstrahlung trainieren. Manches Spiel gewinnen sie auch noch mit den Infos aus der Datenbank – so wie Jens Lehmann, der Zamoranos Ecke im Elfmeterschießen des UEFA-Cup-Finales 1997 aus dem Laptop des Trainers kannte.

Ein halbes Jahr später war Lehmann mit dem Kopfball zum 2:2 in der 90. Minute für Schalke in Dortmund der erste Torwart, der ein Bundesliga-Tor aus dem Spiel heraus erzielte. Damit führte er eine Tradition des stürmenden Torwarts fort, die in Südamerika der Argentinier Amadeo Carrizo in den fünfziger Jahren begründete, mit Nachfolgern wie Gatti (Argentinien), Quiroga (Peru), Higuita (Kolumbien), Chilavert (Paraguay) und Campos (Mexiko) und wie in Deutschland in den 60er Jahren der Jugoslawe Petar Radenkovic.

Die Veränderung des Berufsbildes, das Ende der Gemütlichkeit im Tor kam vor allem durch die Rückpaßregel (1992), durch Dreier- oder Viererketten ohne Ausputzer, durch die schneller und schärfer fliegenden Synthetikbälle und durch das papageiengrelle Outfit, das den Torwart präsenter machen soll als das klassisch-elegante Schwarz, das Maier oder Jaschin trugen. Der Torwart wurde vom Solitär zum Mitspieler, eine Art letzter Libero.

49

Zugleich ist er nicht mehr die Randfigur in der Hackordnung, eine Rolle, die aus den Fußballanfängen bis 1871 herrührt, als Torwart immer der war, der nicht mehr laufen konnte. Die Zeiten, daß für ihn die niedrigsten Ablösen und Gehälter bezahlt wurden, sind vorbei – für Edwin van der Sar bekam Ajax Amsterdam 1999 von Juventus Turin 15 Millionen Mark. Geblieben ist dem Torhüter die Last, daß seine Fehler meist keiner mehr ausmerzen kann und daß man sie ihm, wenn er Pech hat, ein Leben lang nachtragen wird. Die Tragik dieser negativ selektiven Erinnerung beschrieb der Argentinier Carrizo, der von seinen Landsleuten nach einem 1:6 gegen die CSSR bei der WM 1958 verdammt wurde: »Immer erinnere ich mich mehr an die Tore, die ich bekommen, als an die, die ich verhindert habe.« (→ Kap. 17: *Angst*, Stichwort »Fans«)

Torjäger

»Ein Fußballspiel ist gar nicht leicht, weil es nur schwer zum Torschuß reicht«, sang Gerd Müller in seinem Lied »Dann macht es bumm!«. Torjäger sind, nicht nur, wenn sie singen, die rätselhafteste Spezies der Fußball-Fauna. Man sieht diesen Raubtieren des Strafraums ihre Gefährlichkeit meist nicht an. Wenn sie nicht gerade → Kopfballungeheuer sind (denen wiederum meist die Wendigkeit in Bodennähe abgeht), dann sind sie meistens klein und rundlich wie Müller, Seeler, Puskas oder Romario. Torjäger jagen gar nicht so viele Bälle ins Netz; eher ist es so, daß sie Bälle ins Tor spitzeln, stochern, schieben, drücken, blocken, tropfen, köpfeln, lenken, verlängern. Wenn dabei öfter Aktionen mit List, Tücke und außergewöhnlichen Körperteilen vorkommen oder gar solche, bei denen dem Torwart der Ball gestohlen wird, heißen sie auch Schlitzohr (in der Regel aber erst in der Nähe der Pensionsgrenze, wie weiland Manfred Burgsmüller oder Frank Mill).

Torjäger nutzen Torchancen, die gar keine sind – sie haben das Näschen, das Stellungsspiel und die innere Ruhe, die der erfolgreiche Jäger braucht. Und sie machen keinen unnötigen Weg. Der dritte Spieler mit 1000 Toren nach den Brasilianern Artur Friedenreich und Pelé, der Österreicher Franz »Bimbo« Binder (1006 Tore für Rapid Wien und das Nationalteam), fiel bei einem Gastspiel in Cali/Kolumbien einmal aus dem Hotelbett im 14. Stock – ein Erdbeben. Die Mannschaftskollegen schrien in Panik: »Zum Lift! Nix wie runter!« Binder schaute seelenruhig aus dem Fenster, sagte zu Max Merkel: »Hörst, Maxl, wenn das wirklich ein Erdbeben ist, sind wir ohne Lift schneller unten«, legte sich wieder ins Bett und schlief weiter. Am nächsten Tag schoß er ein Tor.

Wasserträger

Alf Ramsey fragte Alan Ball, ob er einen Hund habe. »Ja, Boss.« »Und gehst du mit ihm spazieren?« »Ja, natürlich.« »Und wirfst du ihm einen Ball hin, oder einen Stock?« »Ja, natürlich.« »Und was macht der Hund?« »Also, er jagt den Ball, und dann bringt er ihn mir zurück.« Ramsey nickte und sagte: »Ja. Gut. Ich will, daß du für Bobby Charlton tust, was der Hund für dich tut.« England wurde Fußball-Weltmeister mit Ramsey auf der Bank, mit Charlton und Ball auf dem Platz, und nie wieder hat jemand besser erklärt, was ein Wasserträger ist. Der Parade-Wasserträger des deutschen Fußballs war Herbert »Hacki« Wimmer, der Regieassistent von Günter Netzer und spätere Inhaber eines Schreibwarenladens. Dazu Heinz Simmet, Wasserträger von Overath.

Wenn der Wasserträger, als dessen hervorstechendstes Organ die »Pferdelunge« und als dessen Hauptleistungen »Riesenaktionsradius« und »enormes Laufpensum« gerühmt werden, keinen überragenden Regisseur hat, dem er zuarbeitet, wird er meist neutral Mittelfeldmotor genannt oder auch Staubsauger. Der klassische Wasserträger ist mittlerweile so selten geworden wie der klassische Regisseur. Der Typus des lauffreudigen Mittelfeldspielers ist aufgegangen in der Choreographie der Laufwege im modernen Raumdeckungs- und Aufbauspiel. In diesem feingestrickten Netzwerk sind Stellungsspiel und Raumaufteilung wichtiger geworden als die langen Sololäufe zwischen Abwehr und Angriff, die das weiträumige Spiel der 70er Jahre prägten.

Abb. 4: Pelé (links) und Didi 1958 beim Studium ihrer stets etwas statisch wirkenden WM-Gegner.

4. Team

Trainer, erklär uns das Spiel. Also: »In der Sportmannschaft ist die Aktion jedes Spielers als unbestimmte Möglichkeit durch die Funktion vorausbestimmt, ... und zwar in bezug auf ein zukünftiges Ziel, das nur durch eine organisierte Vielheit technischer Aktivitäten verwirklicht werden kann. Die Funktion in jedem ist also Beziehung zum Ziel als der zu totalisierenden Totalität.« Vielen Dank, Herr Sartre. Fußball kann so einfach sein.

Die »organisierte Vielheit technischer Aktivitäten« ist also das, was gemeinhin Mannschaftsspiel heißt. Mannschaftsspiel ist immer dann gut, wenn Mannschaftsgeist herrscht, und wie der entsteht, zwischen elf erwachsenen Männern, die meistens keine Geisteswissenschaften studiert haben – das ist eines der großen Wunder des Fußballs.

Beim FC Wimbledon, sportlich gesehen dem Bayer Uerdingen des englischen Fußballs, herrschen ausgesprochen rauhe Rituale (→ Kap. 16: *Ritual*, Stichwort »Begrüßung«), die ihre Wirkung tun: Die Mannschaft funktioniert. Sie überlebt durch Mannschaftsgeist.

»Gesamtheit von Leuten männlichen Geschlechts, die zu Diensten verpflichtet sind, häufig für Schiffsbesatzung und Soldaten im Gegensatz zu Offizieren« – das ist die Definition der Mannschaft nach dem »Deutschen Wörterbuch« von H. Paul (9. Auflage 1992). Eine gewisse militärische Vergangenheit ist nicht nur im Wortstamm erkennbar. Militärische Einheiten funktionieren nur mit Unterordnungen, sie brauchen einen Offizier, zwei, drei Unteroffiziere und einsatzfreudige Mannschaftsdienstgrade.

Im deutschen Fußball ist der heilige Mannschaftsgeist immer mit Hilfe von Kasernierung gesucht worden – was der deutschen Elf den Ruf einer »Turniermannschaft« einbrachte, weil sie die spartanisch-puritanische Abgeschiedenheit irgendwie besser überstand als die lebenslustigen Lateiner. Das geht zurück auf den »Geist von Spiez«, in dem Sepp Herberger in drei Wochen im Hotel Belvedere am Thuner See seine »Opfergemeinschaft« entwickelte (→ Kap. 16: *Ritual*, Stichwort »Wohnen«). »Aus der Gemeinsamkeit der Stubenkameradschaft kommt und strömt unsere ganze Kraft.« Zwanzig Jahre später war der »Geist von Malente«, den Helmut Schön herbeizaubern wollte, »eher Himbeergeist«, wie Sepp Maier meinte. Und noch mal zwanzig Jahre später träumte Berti Vogts wenigstens noch von einer »Schweißgemeinschaft«. Es wurde eher eine Angstschweißgemeinschaft.

Selbst der Fußballromantiker Cesar Luis Menotti räumt ein, daß eine Mannschaft nur mit Arbeitsteilung von Künstlern und Arbeitern funktioniert, parallel zur Definition von Literatur als »Ordnung und Abenteuer« durch seinen dichtenden argentinischen Landsmann Borges. »Eine Mannschaft ohne Abenteurer ist wie ein Land ohne Poesie«, findet Menotti. »Trotzdem braucht sie Spieler, wie Berti Vogts einer war, oder Dunga oder Kohler. Sie sind die Vertreter, die die Ordnung aufrechterhalten.«

»Auf die charakterliche Zusammensetzung der Truppe kommt es an«, dozierte Vogts. Der Kenner weiß, daß es Mannschaften mit Charakter gibt und Mannschaften ohne Charakter. Die einen bäumen, die anderen geben sich auf, wenn es nicht läuft. Graue Mäuse, die sich in harten Zeiten durchschlagen, große Diven, die ihre Allüren nehmen und die Schuld immer bei anderen suchen. Der praktische Fußballpsychologe weiß, daß bestimmte kritische Massen nicht überschritten werden dürfen, damit eine Mannschaft funktioniert: die kritische Masse an Leitwölfen, Wichtigtuern, Weicheiern, Stinkstiefeln, Mitläufern.

Herberger ließ die Spieler vor dem Spiel einander an den Händen fassen und Kampf bis zum Umfallen schwören (→ Kap. 16: *Ritual*, Stichwort »Berührung«). 1955, ein Jahr nach dem Geist von Spiez, schrieb Sammy Drechsel sein vielzitiertes Jugendbuch »Elf Freunde müßt ihr sein«. Seitdem ist aus der Opfer– über die Schweiß– eine Interessengemeinschaft geworden. Die funktioniert dann, wenn das Einzelinteresse für die Dauer von 90 Minuten eine Teilmenge des Gemeinschaftsinteresses wird. Trainer sind dann gute Trainer mit dem Ruf des »Motivators«, wenn sie das dem einzelnen begreiflich machen. Moderner Mannschaftsgeist ist Mengenlehre für Millionäre.

Die 11 Mannschaften des Jahrhunderts:

1. Uruguay 1930
Ballestero, Nasazzi, Mascheroni, Andrade, Fernandez, Gestido, Dorado, Scarone, Castro, Cea, Iriarte
Die Mannschaft, die die Welt den Kombinationsfußball lehrte, Doppelpässe, Finten, Tricks, all das, was die südamerikanische Kunst des Fußballs ausmacht (→ Kap. 10: *Technik*). Das Sensationelle war, daß ein Land mit nur 1,3 Millionen Einwohnern die Fußballwelt derartig beherrschen konnte. Die Uruguayer, als krasse Außenseiter 1924 zu den Olympischen Spielen nach Paris gereist, überrollten ihre Gegner mit 20:2 Toren. Auch vier Jahre später gewannen sie Gold, und beinahe muß man diese beiden Olympiasiege höher einschätzen als den Titel bei der ersten Weltmeisterschaft 1930, denn bei den Spielen war (bis auf die Briten) die komplette Weltklasse angetreten, bei der WM aber scheuten die meisten Europäer die Reise nach Südamerika (so wie die Uruguayer 1934 die nach Europa). So sind es eigentlich drei WM-Titel, die die Uruguayer von 1924 bis 1930 errangen. Sie waren die ersten, die farbige Spieler im Team hatten, vor allem ihren brillanten Außenläufer José Leandro Andrade, der zum ersten Weltstar des Fußballs wurde (→ Kap. 7: *Exoten*, Stichwort »Schwarze Perlen«). Und im Finale gegen Argentinien sorgte mit dem 4:2 in der 89. Minute ein Spieler für die Entscheidung, der von seinen Gegnern bestaunt wurde wie ein Weltwunder: Hector Castro hatte nur einen Arm.

2. Österreich 1932

Hiden, Rainer, Sesta, Nausch, Smistik, Gall, Zischek, Gschweidl, Sindelar, Schall, Vogel

Die erste große Mannschaft, in der sich auch der wachsende Einfluß der Medien spiegelte. Der österreichische Bundeskapitän Hugo Meisl betrat das Wiener Ringcafé, in dem die Sportjournalisten zu sitzen pflegten, knallte ihnen einen Block mit der Mannschaftsaufstellung auf den Tisch und sagte: »Da habt's euer Schmieranski-Team.« Es war die Zusammensetzung, die einige der »Schmieranskis« (abfällig für Reporter) schon länger gefordert hatten – mit Gschweidl, den Meisl nach einem 0:5 gegen die süddeutsche Auswahl eigentlich nie wieder spielen lassen wollte. Das »Wunderteam«, wie die Mannschaft bald genannt wurde, hatte seinen ersten Auftritt am 14. Mai 1930 mit einem 0:0 gegen England. An der ersten WM kurz danach nahm Österreich wie die meisten europäischen Länder nicht teil, der langen Reise nach Uruguay wegen – hätte man das Praterstadion nicht erst 1931 fertigbekommen, sondern ein Jahr früher, wäre alles anders gekommen, dann hätte Österreich die erste WM ausgerichtet. Mit dem 2:1 gegen die Tschechoslowakei und dem 5:0 gegen Schottland (dessen berühmtes Kurzpaßspiel der Trainer Jimmy Hogan den Wienern beigebracht hatte) begann im Frühjahr 1931 der Siegeszug der Mannschaft, die für ihr »Scheiberln«, das schnelle, genaue Paßspiel, berühmt war. Deutschland besiegten sie 6:0 und 5:0. Das Wunderteam erlitt in 26 Spielen (97:39 Tore) nur zwei Niederlagen, gegen England und die CSSR. Die Niederlage gegen England, das 3:4 am 7. Dezember 1932 an der Stamford Bridge, war ihr berühmtestes Spiel. Die Serie dauerte bis zum 0:1 gegen den vom Schiedsrichter bevorzugten Gastgeber Italien im WM-Halbfinale 1934, dem ersten torlosen Spiel der Österreicher nach 28 Partien. Es war der Schlußpfiff für das Wunderteam, die erste Mannschaft, die nicht durch einen Titelgewinn, sondern nur durch Glanz und Spielkunst legendär wurde – und die erste mit der leisen Tragik des Scheiterns im entscheidenden Augenblick.

3. River Plate Buenos Aires 1942

Munoz, Moreno, Pedernera, Labruna, Lousteau (Sturmreihe)

Die erste Mannschaft, in der die Positionen während des Spieles verschoben wurden, ein Kreislauf von Verteidigern und Stürmern. Daraus entstand laut Eduardo Galeano »eine der besten Mannschaften in der Geschichte des Fußballs«. Sie wurde »die Maschine« genannt und beherrschte den argentinischen Fußball der 40er Jahre mit vier Titelgewinnen von 1941 bis 1947 – wegen des Weltkrieges und der

noch nicht bestehenden internationalen Vereinswettbewerbe gibt es keinen ob-
jektiven Vergleichsmaßstab für die Klasse dieser Mannschaft. Berühmt war das
buchstäblich »blinde« Verständnis der Fünfer-Sturmreihe von River Plate mit
Adolfo Pedernera, dem besten Mittelstürmer, den Argentinien je hatte – die Spieler verständigten sich mit einem System einstudierter Pfiffe. 1944 kam der 17jäh-
rige Alfredo di Stefano in die erste Mannschaft von River Plate – der zehn Jahre
später mit Real Madrid die nächste epochale Vereinsmannschaft prägen sollte.

4. Ungarn 1953

Grosics, Buzansky, Lorant, Lantos, Bozsik, Zakarias, Budai, Kocsis, Hidegkuti, Puskas, Czibor

Das zweite k.u.k. »Wunderteam«, das zweite, das die Engländer überraschte, das
zweite, das vor dem großen Titel scheiterte. Ungarn hatte wie einige Nachbarländer schon in den 20er Jahren das Profitum eingeführt, MTK Budapest galt als
eine der stärksten Vereinsmannschaften Europas. In Ungarn entwickelte sich dabei eine besondere Spielkultur, eine technische Klasse, die die Nationalelf 1938
schon einmal ins WM-Finale brachte. Aus dieser Schule kamen nach dem Krieg
Spieler, die den Fußball auf eine neue Stufe hoben – eine Mannschaft, in der mit
Puskas, Kocsis, Hidegkuti und Bozsik gleich vier Spieler standen, die von Zeitzeugen als »Jahrhundertspieler« bezeichnet wurden. Sie wurden 1952 Olympiasieger, wobei das Zurückziehen von Hidegkuti aus der Mittelstürmer-Position
ins vordere Mittelfeld, das die Halbstürmer Puskas und Kocsis in torgefährliche-
re Stellung rücken ließ, der taktische Quantensprung war. Mit diesem Positions-
spiel und mit ungesehener Spielkunst verzauberten die Ungarn Lehrmeister
England beim berühmten 6:3 in England im November 1953 und dem 7:1 daheim, besiegten bei der WM 1954 Deutschland 8:3, gewannen gegen Brasilien,
gegen Titelverteidiger Uruguay – nach solch einer Serie kann man einen Gegner
leicht unterschätzen, und so kassierten sie ihre einzige Niederlage in vier Jahren
ausgerechnet im wichtigsten Spiel dieser vier Jahre, im Finale gegen Deutschland
(→ Kap. 1: *Spiel*, Stichwort »1954«). Danach mußte sich das Team durch die
Hintertür in die Heimat schleichen. Andere Mannschaften, andere Spieler bekommen zwei, drei, vier Chancen, diese unvergleichliche bekam nur eine. Nach
dem Aufstand 1956, niedergeschlagen von den Sowjets, zerstreute sie sich in alle
Winde.

5. Brasilien 1958

Gilmar, Djalma Santos, Bellini, Orlando, Nilton Santos, Zito, Didi, Garrincha, Vava, Pelé, Zagallo

Keine andere Mannschaft gewann jemals eine Weltmeisterschaft so überlegen wie diese – vielleicht das aufregendste Team, das je zusammenkam, um vor einen Ball zu treten, mit zwei Naturwundern des Fußballs namens Pelé und Garrincha. Es war diese urbrasilianische Mischung aus Lebensfreude, tänzerischen Bewegungen, Ballverliebheit, Athletik, Aberglauben, Voodoo-Zauber, Angriffslust und einigen unvergleichlichen Spielern, die den Fußball aus dem Land der Samba auf einen Schlag zum neuen Schönheitsideal werden ließ. Acht Jahre nach dem Verlust der sichergeglaubten Weltmeisterschaft gegen Uruguay im Maracana-Stadion von Rio hatten die Brasilianer dazugelernt. Neben dem Torwart und ein, zwei Stoppern bestand das Team zwar ausschließlich aus offensiven Spielern, aber das 4-2-4-System wurde an den entscheidenden Eckpunkten von taktisch diszi-plinierten Spielern zusammengehalten, wie Didi und den beiden Santos (für Henshaws »Encyclopedia of World Soccer« waren Djalma Santos »der beste Rechtsverteidiger« und das Duett der beiden Santos »die großartigste offensive Verteidiger-Kombination der Geschichte«). Und hinten stand mit Gilmar der beste Torwart, den Brasilien je hatte. Erst auf dieser Basis konnte sich nach fünf vergeblichen WM-Anläufen die natürliche Angriffslust der Brasilianer entfalten. Nur die beiden spektakulären 5:2-Siege im Halbfinale und Finale entsprachen der alten Legende vom brasilianischen Hurrafußball: Wenn wir zwei kriegen, dann schießen wir eben mindestens drei. Vorher aber hatte Brasilien viermal zu null gespielt.

6. Real Madrid 1960

Dominguez, Marquitos, Pachin, Vidal, Santamaria, Zarraga, Canario, del Sol, di Stefano, Puskas, Gento

Das Team der »Königlichen«, das nur einen König hatte – Alfredo di Stefano, den Besten, der nie bei einer Weltmeisterschaft gespielt hat. Aber der Europapokal der Landesmeister, das war die Weltmeisterschaft des gebürtigen Argentiniers, der auf dem Spielfeld von der Innenverteidigung über das Mittelfeld bis zum Sturm unermüdlich alles machte und als der »kompletteste« Spieler der Geschichte gilt. Seine 49 Tore im Europapokal der Landesmeister (in 58 Spielen) sind bis heute unübertroffen. Insgesamt schoß er für Real 405 Tore in 624 Spielen. Dieser Fußballriese duldete nicht jeden neben sich, andere Weltstars wie Didi oder Ray-

mond Kopa hielten es nicht lange bei Real aus. Di Stefano erwartete Unterordnung von jedem, auch von Ferenc Puskas, der 1958 zum Team kam – und weil
der ungarische »Major« die Befehlsgewalt des Generals anerkannte, entstand die
vermutlich beste Angriffsreihe, die je in einer Klubmannschaft spielte. Im berühmten Endspiel von 1960 (→ Kap. 1: *Spiel*, Stichwort »1960«), als Real seinen
fünften Europapokal in Folge gewann, schoß Puskas vier Tore am Stück gegen
Eintracht Frankfurt, di Stefano besorgte die anderen drei zum 7:3.

7. Brasilien 1970
Felix, Carlos Alberto, Brito, Wilson, Everaldo, Clodoaldo, Gerson, Jairzinho, Tostao, Pelé,
Rivelino
Für viele war es die beste Mannschaft, die je gespielt hat, mit dem 29jährigen
Pelé auf dem Gipfel seines Könnens, mit den agilen Mittelfeldmännern Tostao
und Rivelino, mit dem geschmeidigen Stürmer Jairzinho, dem es bei dieser WM
als einzigem Spieler der Geschichte gelang, in jedem Turnierspiel seines Teams
ein Tor zu erzielen. Tatsache ist, daß die Hitze und die Höhenluft von Mexiko
die Spielkunst der Brasilianer gegenüber den kraftorientierten Europäern bevorzugte – mit Rennen allein war dort nichts zu gewinnen. Man mußte den Ball
laufen lassen. Diese Maxime krönten die Brasilianer mit dem letzten Treffer der
Weltmeisterschaft, dem 4:1 im Finale gegen Italien – ein Spielzug, in dem jeder
der elf Spieler den Ball berührt hatte, ehe er in halbrechter Position in den Lauf
des heranstürmenden Kapitäns Carlos Alberto gelegt wurde, und der jagte ihn
halbhoch in die linke Ecke.

8. Deutschland 1972
Maier, Beckenbauer, Höttges, Schwarzenbeck, Breitner, Hoeneß, Netzer, Wimmer, Gra-
bowski, Müller, Held
Der berühmteste Auswärtssieg einer deutschen Nationalmannschaft kam völlig
unerwartet. Angesichts mehrerer Verletzter und der skandalbedingt gesperrten
Schalker hatte Günter Netzer vor dem EM-Viertelfinalhinspiel gegen England
in Wembley zu Franz Beckenbauer gesagt: »Wir können froh sein, wenn wir nur
fünf Stück bekommen.« Doch an diesem Abend in Wembley (→ Kap. 1 *Spiel*,
Stichwort »1972«), dazu bei den folgenden Spielen um den EM-Titel, dem 0:0
im Rückspiel gegen England, dem 2:1 im Halbfinale gegen Belgien und dem 3:0
im Finale gegen die UdSSR, und danach nur noch beim 5:1 in einem Freundschaftsspiel gegen die Schweiz – in diesem guten halben Jahr kam es zur perfek-

ten Symbiose der beiden großen Vereinsmannschaften der 70er Jahre. Die Bayern-Achse von Maier über Beckenbauer bis zu Müller und dem schnellen Hoeneß, dazu der Gladbacher Glanz mit Netzer auf dem Gipfel und seinem Adlatus Wimmer, das ergab eine unschlagbare Mischung. Glück war auch im Spiel, denn England drückte und hätte leicht gewinnen können. Aber glücklich oder nicht, dieser 3:1-Sieg in Wembley, in der Höhle des englischen Löwen, setzte eine Euphorie frei, die den restlichen Weg zum Titel wie einen Spaziergang erscheinen ließ. Aber der Zauber war allzu flüchtig – nach nicht einmal einem Jahr und nur fünf Spielen war die spielerisch beste deutsche Nationalmannschaft aller Zeiten Vergangenheit.

9. Niederlande 1974

Jongbloed, Suurbier, Rijsbergen, Haan, Krol, Jansen, van Hanegem, Neeskens, Rep, Cruyff, Rensenbrink

In den frühen 70er Jahren, dem kreativsten Fußballjahrzehnt des Jahrhunderts, waren die Holländer die großen Befreier – eine Art verspätete 68er-Bewegung auf dem Spielfeld. Sie hatten keine Tradition, kamen aus einem Land, das im Weltfußball zuvor nur eine drittklassige Rolle gespielt hatte, und konnten das Spiel sozusagen neu erfinden – mit ständigen Positionswechseln, mit offensiver Ausrichtung. So wie Ajax Amsterdam den Europapokal von 1971 bis 1973 beherrschte (1970 hatte mit Feyenoord Rotterdam die erste holländische Mannschaft den Cup gewonnen), so beherrschte die Ajax-Feyenoord-Auswahl die Weltmeisterschaft 1974, glänzte beim 4:0 gegen Argentinien und beim 2:0 gegen Brasilien – und biß sich im Finale die Zähne an der deutschen Abwehr und am glänzenden Torwart Maier aus. Vier Jahre später spielte bis auf Cruyff dieselbe Mannschaft bei der Weltmeisterschaft in Argentinien – und scheiterte wieder erst im Finale unglücklich gegen den Gastgeber.

10. AC Mailand 1989

Galli, Baresi, Tassotti, Costacurta, Maldini, Colombo, Rijkaard, Donadoni, Ancelotti, van Basten, Gullit

Die Mannschaft, die unter Trainer Arrigo Sacchi den Defensivfußball neu erfand – als ein Netz, das über den Gegner geworfen wird. Je näher er dem Tor kommt, desto engmaschiger wird es. In dieser kunstvollen Raumdeckung verstrickten sich alle Gegner des AC Mailand, der überlegen die italienische Meisterschaft und den Europapokal gewann. Vor der Viererkette um Franco Baresi arbeitete der lauf- und zweikampfstarke Frank Rijkaard in der Position des »Staubsaugers« vor der Abwehr, und im Angriff glänzte mit Ruud Gullit und dem weltbesten Stürmer Marco van Basten das Beste aus dem Europameisterteam der Holländer von 1988.

11. Ajax Amsterdam 1995

Van der Sar, Reiziger, Blind, Frank de Boer, Rijkaard, Seedorf (Kanu), Davids, Litmanen (Kluivert), Finidi George, Ronald de Boer, Overmars

Die spielerisch beste europäische Vereinsmannschaft der 90er Jahre hätte den Europapokal vermutlich nicht nur für ein Jahr, sondern vielleicht für den Rest des Jahrzehnts beherrscht, wäre nicht ein gewisser Herr Bosman mit Erfolg vor den Europäischen Gerichtshof gezogen. Diese wunderbare Mischung aus tropischem Talent aus diversen Kolonien, aus europäischer Organisation und holländischer Spielfreiheit hatte die deutschen Spitzenteams Bayern München und Borussia Dortmund auseinandergenommen und sich im Finale gegen den großen AC Mailand durchgesetzt. Mit dem Wegfall der Transfersummen schwanden nur ein halbes Jahr nach dem Europapokalsieg die Möglichkeiten von Ajax, die Spieler zu halten – bedingt durch den begrenzten holländischen Markt, konnte der Klub ökonomisch nicht mit italienischen oder spanischen Spitzenvereinen mithalten. Die Mannschaft aus zahlreichen Spielern, die aus der eigenen Jugend binnen kurzer Zeit zu Weltstars geworden waren, zerstreute sich in zwei Jahren, in denen der Klub noch das Finale und dann das Halbfinale der Champions League erreichte, in der italienischen und spanischen Liga. Immerhin begann dort, beim FC Barcelona, der einstige Ajax-Trainer Louis van Gaal, einen stattlichen Teil seiner früheren Spieler wieder um sich zu scharen. Doch die alte Ajax-Schule, die noch 1996 oder 1997 jeder in Deutschland kopieren wollte, ist längst leergekauft – wer nur einmal in die erste Mannschaft eingewechselt wurde, bekommt prompt ein siebenstelliges Angebot aus dem Ausland, so wie Eli Louhenapessy von Udinese nach 45 Minuten im Ajax-Trikot. (→ Kap. 5: *Verein*, Stichwort »Ajax Amsterdam«)

Nachspielzeit: Die Jahrhundertmannschaft der Namenlosen

Li Chan Myung, Lim Zoong Sun, Shin Yung Kyoo, Ha Yung Woon, Oh Yoon Kyung, Im Sung Hwi, Han Bong Zin, Pak Doo Ik, Pak Seung Zin, Kim Bong Hwan, Yang Sung Kook (Nordkorea, bei der Weltmeisterschaft 1966 mit einem 1:0 gegen Italien ins Viertelfinale eingezogen, dort nach 3:0-Führung gegen Portugal 3:5 unterlegen).

Abb. 5: Günter Netzer (Borussia Mönchengladbach) im Pokalfinale 1973 beim Sortieren seiner Füße nach dem abgerutschten Schuß ins Kölner Tor. Links Jupp Heynckes.

5. Verein

Willkommen im Klub. Der elfjährige Nick Hornby wurde im Juni 1968 zu einem Spiel von Arsenal London mitgenommen. Das reichte. Es war um ihn geschehen. »Ich hatte mich in das Team verknallt, das Stoke durch einen Elfmeternachschuß 1:0 bezwang.« Daraus ist eine Bindung geworden, die bei Hornby länger gehalten hat »als irgendeine andere Beziehung, die ich freiwillig eingegangen bin« – und außerdem eines der besten Fußballbücher, »Fever Pitch« (»Ballfieber«).

Hornbys Buch beschreibt den Akt und die Folgen der Prägung, durch die ahnungslosen Menschen für den Rest ihres Lebens eine unverbrüchliche Treue zu einem eigenartigen Gebilde namens Fußballklub eingeimpft wird – eine Treue, wie sie vielen gegenüber Menschen nicht gelingt. »Ein Austria-Anhänger ist, wer es trotzdem bleibt«, beschrieb Friedrich Torberg diese Art Bindung. »Wenige von uns haben sich ihren Verein ausgesucht«, schreibt Hornby, »er wurde uns schlicht gegeben.«

Irgendwann in grauer Vorzeit setzten sich ein paar schnurrbärtige, drahtige Kerle zusammen und gründeten, weil sie mit der in Deutschland gescholtenen englischen »Fußlümmelei« nicht in die nationalistisch geprägten Turnvereine aufgenommen wurden, ihren »Verein für Ballspiele« oder »Sportclub« oder »1. Fußball-Club«. Als sich der Fußball nach dem Ersten Weltkrieg als Massensport etablierte, blieben die meisten von ihnen unbeachtete, unterklassige Stadtteilvereinchen. Doch andere etablierten sich entweder durch wirtschaftliche Potenz, durch spendierfreudige Mäzene oder durch den Glücksfall einer herausragenden Mannschaft (wie Schalke in den 30er Jahren) als regionale und nationale Größen.

Viele dieser Vereine boten jahrzehntelang das Volkstheater von Mitgliederversammlungen, bei denen manchem Stammtischbruder eine schwungvolle Rede, ein Freibierversprechen oder ein rechter Haken zum Kinn ausreichen konnte, in ein Amt gewählt zu werden. Doch die Zeiten der freigebigen »Sonnenkönige« sind vorbei. Schalke machte es vor: Dort, wo ein Siebert, Eichberg oder Tönnies einst ein barockes Regiment führten, hat nun ein Aufsichtsrat das Sagen. Und auch bei den Bayern, die in den siebziger Jahren in Alleinherrschaft vom Maurer und Bauunternehmer Wilhelm Neudecker geführt wurden, sind längst die scheindemokratischen Strukturen des Spätkapitalismus eingeführt, die reibungslosen Geld- und Geschäftsverkehr garantieren.

Die großen Fußballklubs sind heute organisiert wie eine Staatsregierung, mit Ressorts für Äußeres (Schiedsrichterbetreuung), Familie (Spielerfrauenbetreuung), Wirtschaft und Finanzen (Schatzmeister), Justiz (Strafenkatalog), Verteidigung und Geheimdienste (Talentspäher, Ausspionieren des Gegners), Spionageabwehr (Geheimtraining) und innere Sicherheit (Beobachten und Aushorchen der eigenen Belegschaft durch Detektive, Maulwürfe oder Masseure).

Fußballvereine besetzen unterschiedliche Marktnischen im geographischen Raum: Der Klub der Münchner ist seit jeher 1860, aber der Münchner Klub in Deutschland und der Welt ist Bayern. Ähnlich verhält es sich mit Manchester City, dem ersten großen Klub aus der Stadt, die der übelsten Form des Kapitalismus ihren Namen gab, und mit Manchester United, das wie die Bayern in den sechziger Jahren die Führungsrolle vom lokalen Rivalen übernahm und heute die nationale und internationale Größe des englischen Fußballs ist.

All die großen Klubs funktioneren durch die Kombination von Mythos und Marketing. Der Mythos, der ihr Image bis heute prägt, aus ihrem Namen einen Markenartikel macht – für Schalke war das der »Schalker Kreisel« um Szepan und Kuzorra in den 30ern, für Real Madrid die königliche Mannschaft um di Stefano und Puskas in den 50ern, für Manchester war es der Tod der »Busby Babes« beim Münchner Flugzeugabsturz 1958 und ihre Wiederauferstehung in den 60ern, für Bayern und Ajax Amsterdam waren es die glorreichen 70er mit Beckenbauer und Cruyff.

»Der Verein, zu dem man hält, gibt Heimat, geliehene Heimat«, schrieb der Theaterregisseur und Rehhagel-Freund Jürgen Flimm. Diese Heimatbindung kann über große Entfernungen und ohne jeden Kontakt funktionieren – es gibt viele Bayern-Fans, die noch nie ein Bayern-Spiel im Stadion gesehen haben. Die großen Klubs haben lange genug gebraucht, um zu kapieren, daß diese millionenfache Zugehörigkeit ihr wahres Kapital ist, ihr eigentliches Produkt, und nicht etwa der Fußball, für den ein paar zehntausend Zuschauer Eintritt bezahlen. Seitdem sie das verstanden haben, hat diese Dienstleistung, mit der sich jeder gegen einen kleinen Obolus als Teil einer starken Gemeinschaft mit mythischer Vergangenheit fühlen darf, einen Namen: Merchandising. Markenname, Unternehmensimage, »corporate identity«, diese Komponenten geschäftlichen Erfolges brauchen auf dem Markt des Fußballs, der ein Markt der Emotionen, der Erinnerungen ist, keine großen Werbekampagnen. Es reichen die Titel, Pokale, Namen, Gesichter, Geschichten, Mythen der Vergangenheit, um die ständig wechselnden Farben der Gegenwart zu verkaufen. Manchester United, der populärste Klub der Welt, macht es vor: Er verdient Millionen durch den mehrmaligen Wechsel der Trikots während einer Saison.

Vereine: Das sind natürlich auch die x-tausend Klubs, deren Trikots nur die eigenen Spieler tragen. Das sind volksnahe Körperschaften mit idealistischen Jugendbetreuern, übergewichtigen Alten Herren und jovialen Präsidenten, die dem Bezirksliga-Ronaldo schon mal einen Schein zustecken. Klubs mit Namen wie Hindenburg Allenstein, Wormatia Worms, Aktivist Schwarze Pumpe, Röchling Völklingen. Sie sind der sportliche Mittelstand, mit dessen biederem Kleinbürger-Habitus sich kaum einer schmücken will, an dem aber alles hängt. So wie der ökonomische Mittelstand die Arbeitsplätze schaffen soll, die bei den internationalen Konzernen nur noch Profit- und Fusionshindernisse sind, so ist der Vereinsmittelstand im Fußball zuständig für den Erlebniswert, den die Kick-Konzerne der Champions League nur noch als virtuelle Dienstleistung bieten.

Ajax Amsterdam

Dieser Klub stand noch 1965 nach einem 4:9 gegen Feyenoord, der höchsten Niederlage der Vereinsgeschichte, vor dem Abstieg aus der niederländischen Ehrendivision. Zu dieser Zeit war der holländische Fußball dem Niveau von Luxemburg näher als dem von Deutschland. Innerhalb weniger Jahre stieg Ajax Amsterdam mit Trainer Rinus Michels und seinem Nachfolger, dem Rumänen Stefan Kovacs, und vor allem dem Jahrhundertspieler Johan Cruyff zur besten Vereinsmannschaft der Welt auf, die mit flüssigem, offensivem Spiel die trübe Zeit des Catenaccio beendete. Die von Ajax geprägte Auswahl der Niederlande revolutionierte mit ihrem »Fußball total« den internationalen Fußball, gemeinsam mit dem offensiven Libero durch Beckenbauer. Von 1971 bis 1973, als Cruyff nach Barcelona wechselte, beherrschte Ajax den europäischen Fußball, und 1987 begann mit dem Europapokal der Pokalsieger durch das Siegtor des jungen Marco van Basten die zweite große Zeit von Ajax, die der Champions-League-Erfolg 1995 krönte. Aus keinem anderen Klub sind seit dreißig Jahren so viele Weltklassespieler hervorgegangen. Doch die berühmte Ajax-Schule mit ihrem Prinzip der ständigen Positionswechsel und der Einheitlichkeit des Spielsystems von der F-Jugend bis zur A-Mannschaft ist immer mehr zum Selbstbedienungsladen der reichen ausländischen Klubs geworden – allein 1997 und 1998 verlor Ajax 25 Spieler. Die erste große Ajax-Zeit stand (wie die der Bayern) unter dem Schutz der Ausländersperren in Italien und Spanien, ohne die ein Cruyff schon eher gegangen wäre. Die zweite große Zeit endete mit dem Bosman-Urteil Ende 1995, nach dem sich die beste Vereinsmannschaft der 90er Jahre innerhalb kurzer Zeit, meist ohne Ablösesummen für Ajax, in alle Winde zerstreute. (→ Kap. 4: *Team*, Stichwort »Ajax Amsterdam«)

FC Barcelona

Diese von einem Schweizer gegründete katalanische Institution, die auf keinen Fall spanisch, aber auf jeden Fall spanischer Meister sein will, lockt Woche für Woche 120.000 Menschen ins Stadio Nou Camp. »Selbst wenn Claudia Schiffer und Naomi Campbell zusammen splitternackt im Nou Camp auf und ab gingen, wie lange würden die Menschen hinschauen?« fragte sich Cesar Luis Menotti. »Und wie oft? Kaum ein zweites Mal.« Von Barcelona aber können sie nicht genug bekommen, obwohl »Barca« nie an die großen Erfolge des Rivalen Real anknüpfen konnte. Aber die aufregendsten Spieler der Welt haben hier gespielt, Maradona, Cruyff, Romario, Ronaldo, Rivaldo. Und einer von ihnen wurde der aufregendste Trainer, den sie je hatten, Johan Cruyff, und holte 1992 den Europapokal der Landesmeister nach Barcelona. Damit war endlich die Schmach getilgt, den wichtigsten europäischen Wettbewerb, den ausgerechnet der große Rivale Real Madrid einst so beherrschte, nie gewonnen zu haben. Bis heute leistet sich Barca einen besonderen Luxus: Als einziger europäischer Spitzenklub verzichtet man auf Trikotwerbung.

FC Liverpool

»Anfield Road – allein schon dieser Name evoziert für Wissende einen Beiklang, wie ihn Troja oder Mykene bei Altphilologen freisetzen«, schrieb Dirk Schümer in seinem Buch »Gott ist rund«. Auf dem Kop, der Stehtribüne an der Anfield Road, begann in den 60er Jahren die Sangeskultur, die den Besuch in englischen Stadien so stimmungsvoll macht. Unter den legendären schottischen Trainern Bill Shankley (1959 bis 1974) und Bob Paisley (1974 bis 1983) wurden die »Reds« der erfolgreichste Klub auf der Insel. »Wir nehmen den Fußball so einfach, wie er ist, wir komplizieren nichts«, so das Credo von Paisley. Liverpool beschäftigte bis zu 38 Talentspäher im ganzen Land, entdeckte spätere Weltstars wie Keegan oder Torwart Clemence, als die noch minderjährig waren. Von 1964 bis 1990 gewann Liverpool 13 englische Meisterschaften, und ein Jahrzehnt lang, von 1976 bis 1984, war das Team von der Anfield Road mit vier Siegen im Europapokal der Landesmeister das beste Europas. 1985 beendete die Heysel-Katastrophe, bei der Liverpooler Hooligans 39 Menschen in den Tod trieben, die große Zeit des FC Liverpool – nach zwanzig Jahren, in denen die »Reds« ohne Unterbrechung im Europapokal vertreten waren, wurden sie für sieben Jahre ausgeschlossen. 1989 kamen beim Cup-Halbfinale im Hillsborough-Stadion von Sheffield 95 Menschen ums Leben, als die Polizei 3000 Anhängern Zutritt zum längst überfüllten Liverpooler Fan-Block verschaffte. Seit Ende der europäischen Sperre 1992 versucht der Klub, Eigentum des Versandhandel-Milliardärs David Moores, vergeblich Anschluß zu finden an alte Stärke, inzwischen ökonomisch und spielerisch überholt von Manchester United und Arsenal London.

Real Madrid

Trotz seines Attributes »königlich« war Real nach dem spanischen Bürgerkrieg der Klub der Linken und Republikaner. Er war nach der belagerten und bombardierten Hauptstadt benannt, während Atletico Madrid eigentlich Atletico Aviacion hieß und der Verein der frankistischen Piloten war, die Madrid bombardiert hatten. Nach den Fabel-Erfolgen der 50er Jahre, als der unvergleichliche di Stefano Real zur unüberwindlichen Macht in Europa machte, biederte sich das Franco-Regime beim Erfolgsklub an. Heute finden sich unter seinen Fans auch ultrarechte Gruppen. Nach dem sechsten Europapokalsieg 1965 mußte Real 33 Jahre warten, um wieder die beste Mannschaft Europas zu haben – mit dem danach entlassenen Trainer Jupp Heynckes gewannen sie die Champions League 1998, obwohl im Halbfinale gegen Dortmund das Tor umfiel, und wiederholten das 2000 (mit neuen Toren). Der Klub ist ein Phänomen – wie kein anderer Verein der Welt schafft er es, immer zugleich brillant und umstritten, steinreich und bitterarm zu sein, zugleich Pflegefall und Kronjuwel des Fußballs.

AC Mailand

Anders als die deutschen Traditionsvereine, in der Regel von der besseren Gesellschaft ignorierte Hinterhof-Gründungen, waren AC Mailand und Juventus Turin, die bedeutendsten Klubs Italiens, von Beginn an die Zierde der norditalienischen Wirtschaftsmacht. Zu den elf Gründern von Milan (sechs Briten, fünf reiche Italiener) zählte der Fabrikant Piero Pirelli, der während seiner jahrzehntelangen Präsidentschaft den Klub an seinem Reichtum teilhaben ließ. Fast 50 Jahre lang lag Milan (das diesen englischen Gründungsnamen unter den Faschisten in das italienische Milano ändern mußte) im Mailänder Duell mit Inter, 1908 von abtrünnigen Milan-Mitgliedern gegründet, hinten. Dann begann die erste große Zeit des Klubs mit dem Erwerb des besten europäischen Sturms, der Schweden Gunnar Gren, Gunnar Nordahl und Nils Liedholm (genannt »Grenoli«). Schweden hatte Italien bei der WM 1950 3:2 besiegt und als beste europäische Mannschaft Platz drei belegt. Während Inter auf die Milan-Offensive mit dem Catenaccio antwortete, setzte der AC Mailand weiter auf Angriffsgeist und gewann in den 60er Jahren dank der Torgefährlichkeit von

Gianni Rivera und José Altafini zweimal den Europapokal der Landesmeister und zweimal den der Pokalsieger. Die dritte große Zeit von Milan, das Ende der 80er Jahre zur besten Mannschaft Europas wurde, ging einher mit dem System der flexiblen, ballorientierten Raumdeckung von Trainer Arrigo Sacchi und der Verpflichtung der Holländer Ruud Gullit, Marco van Basten und Frank Rijkaard.

Manchester United

ManU, das ist erstens Old Trafford, das »Theater der Träume«, mit 55.000 Zuschauern das zweitgrößte Stadion in England nach Wembley. Täglich finden hier vier gutbesuchte Touristentouren für 12 Mark statt. Zweitens ist es die Mannschaft, die nach dem Zweiten Weltkrieg zur populärsten Englands wurde, als Synonym für herzhaften Offensivfußball – eine Tradition, die bis heute gepflegt wird. Drittens ist es die wundersame Geschichte, wie eine Katastrophe zugleich die Geburtsstunde für den größten Fußballklub der Welt sein kann. 1958 schickten sich die »Busby Babes«, die junge Mannschaft des schottischen Trainers Matt Busby, an, im Europapokal Real Madrid herauszufordern, doch auf der Rückreise vom Viertelfinalspiel in Belgrad stürzte ihr Flugzeug im Schneetreiben von München-Riem nach einer Zwischenlandung ab. Acht Spieler starben, darunter Duncan Edwards, der als Jahrhunderttalent des englischen Fußballs galt. Zehn Jahre später war das Wunder vollbracht, der Mythos vollendet, als die Nachfolger der »Busby Babes«, mit dem überlebenden Trainer Busby, mit dem überlebenden Kapitän Bobby Charlton, als erstes englisches Team den Europapokal der Landesmeister gewannen – bis heute die einzige Mannschaft mit gleich drei Spielern, die »Europas Fußballer des Jahres« wurden: Charlton, George Best und Dennis Law. Danach vergingen nochmals 25 Jahre, in denen United keinen einzigen Meistertitel gewinnen konnte, doch die Legende lebte, Manchester war ein Klub, der in der Welt bekannt war – und daraus gute Geschäfte machte. Geld hatte der Klub schon immer, den die Konkurrenz auch »Moneybags United« nannte – vor allem dank des Brauereibesitzers John H. Davies. So mußte man schon 1910 beim Bau des Stadion Old Trafford nicht auf den Penny schauen, unter der Tribüne befanden sich schon damals Billardraum, Massageraum, Entspannungsbad und Turnhalle. Auch beim Ausbau 1966 war man der Zeit voraus, als man 50 verglaste Ehrenlogen einbaute. Und in den 80er Jahren machte ManU es der

Konkurrenz vor, wie man nur mit seinem Namen, seinen Farben und Mythen Geld verdienen kann. Vor allem im asiatischen Raum verstand es der Verein, eine gewaltige Anhängerschaft zu binden, die die Einnahmen aus dem Merchandising-Geschäft ankurbelte. United wurde zum reichsten Fußballklub der Welt, lange bevor er auch sportlich wieder eine internationale Größe war. Erst mit dem Franzosen Eric Cantona, auf Anhieb der neue Volksheld im Old Trafford, begann 1993 die Titelserie von Manchester, das unter dem schottischen Trainer Alex Ferguson die offensivstärkste Mannschaft Europas wurde und 1999 die Champions League gewann. Der Versuch des australischen Medien-Multis Rupert Murdoch, das Kronjuwel des britischen Fußballs für seine Fernsehgeschäfte zum Preis von einer Milliarde Dollar einzukaufen, scheiterte am Widerstand der Kartellbehörde.

Borussia Mönchengladbach

Die tragische Geschichte des schönen Fußballs verbindet sich mit diesem Klub wie mit keinem anderen in Deutschland. Während die Bayern durch den Dusel von Schwarzenbecks Glücksschuß in der 120. Minute den Europapokal der Landesmeister gewannen, blieben die Gladbacher nach fünf deutschen Meisterschaften von 1970 bis 1977 im Europacup vom Pech verfolgt. Sie verloren gegen Everton 1970 im Elfmeterschießen, scheiterten 1971 nach dem 7:1 gegen Inter Mailand an dem UEFA-Urteil wegen des Büchsenwurfes gegen Boninsegna, wurden 1976 bei Real Madrid vom holländischen Schiedsrichter van der Kroft zweimal ums Siegtor betrogen, scheiterten 1977, endlich im Finale angelangt, an der neuen Macht in Europa, dem FC Liverpool. Als Gegenpol zu den abgeklärten Bayern ist die Schönheit des schnellen, offensiven Gladbacher Spiels mit Fortschreiten der Zeit immer mehr verklärt worden, bis hin zu einer Gleichsetzung mit dem tragischen Scheitern linker Utopien: »Der Geist Gladbachs konnte sich auf Dauer nicht gegen den Pragmatismus Bayerns durchsetzen«, schrieb der Netzer-Biograph Helmut Böttiger. »Das ist das Los der Bundesrepublik.« Immerhin stand Gladbach jahrzehntelang auch für die föderale Kraft der Bundesrepublik, für den großen Erfolg, der trotz begrenzter Finanzmöglichkeiten aus der Provinz kommen kann – dank eines genialen Trainers, Hennes Weisweiler, eines begnadeten Spielmachers, Günter Netzer, und eines grundsoliden Kaufmannes, Helmut Grashoff. Hier ignorierte man die Erfolgsgesetze der Branche, beschäftigte in 23 Jahren nur drei Trainer (Weisweiler, Lattek, Heynckes) und kaufte keine teuren Stars, sondern machte und verkaufte sie. Nach einem Vierteljahrhundert aber kam den Grashoff-Nachfolgern die Geduld abhanden: Man entließ Trainer, holte Stars für viel Geld – und die Gladbacher Zeit war um. Nach 34 Jahren in der Bundesliga führte der Weg im Mai 1999 in die Zweite Liga.

Bayern München

Hier scheiden sich Liebe und Haß. »Als Bayern München gegen Hertha BSC in Berlin 7 oder 8:0 gewinnt, sehe ich den Mann meines Herzens von Glück betrunken und zweifle, ob er der Richtige für mich ist. Der nächste schwärmte für Eintracht Frankfurt, der dritte wieder für den FC Bayern. Es scheint, als hätten alle Männer ihren Verein, von klein auf ererbt von den Vätern und Brüdern und Onkels – und ich?« Elke Heidenreich fand jedenfalls, daß der Bayern-Fan nicht der richtige für sie sei, und gab ihm den Laufpaß. Acht Millionen Bayern-Fans hat eine Studie 1998 ermittelt, jeder zehnte Deutsche. Diese riesige Anhängerschaft wurzelt in der großen Bayern-Zeit vom Aufstieg 1965 bis zum dritten Europacup-Triumph 1976 – als ein historisch-genetischer Glücksfall in einer Vereinsmannschaft den besten deutschen Spieler, den besten deutschen Torjäger und den besten deutschen Torwart des Jahrhunderts zusammenbrachte. Die drei taten sich übrigens nicht immer nur rühmlich hervor: Am letzten Vorrundenspieltag ihrer ersten Meistersaison 1968/69, bei der 0:1-Niederlage in Hannover, erhielt Beckenbauer eine Geldstrafe vom DFB wegen Zuschauerprovokation, Müller flog vom Platz, und Maier ohrfeigte einen Fan von Hannover. In den 70er Jahren schuf der Bauunternehmer Wilhelm Neudecker als Präsident die Strukturen eines Weltstadtklubs, der immer die Nähe zum großen Geld und zur Staatspartei suchte. Vorher war in der Bundesliga der 1. FC Köln mit Franz Kremer Vorbild für professionelle Klubführung, seitdem sind es die Bayern. Uli Hoeneß machte sie seit 1979 als Manager und »fußballfuturistischer Chefideologe« (Eckhard Henscheid) zum modernen Unterhaltungsbetrieb, dem »FC Hollywood«, den die Stars von einst regieren. Der Kollege Willi Lemke von Werder Bremen würdigte den ungeliebten Konkurrenten: »Diese Polarisierung in Liebe und Haß, Herr Hoeneß, das war Ihre genialste Werbeidee.« Nur einmal wurden die Bayern auch von den vielen bedauert, die sie sonst nicht mögen: nach dem unglücklich verlorenen Champions-League-Finale gegen Manchester United. Aber dieses Mitgefühl legte sich wieder.

FC Schalke 04

Der Klub, den neun Halbwüchsige am 4. Mai 1904 als Westfalia Schalke gründeten, wurde der erste in Deutschland, der modernen Fußball spielte. Nach dem ersten Weltkrieg brachten Kriegsgefangene aus Großbritannien neue Fußballideen mit: die Brüder Ballmann, die auf der Insel geblieben waren und auf Hochschule und Fußballplatz gelernt hatten. Im Gepäck hatten sie unter anderem den schottischen Flachpaß – der Beginn jenes Kurzpaßspiels, das als »Schalker Kreisel« mit sechs deutschen Meisterschaften von 1934 bis 1942 berühmt wurde. »Die machten Fallrückzieher, Doppelpaß – so was kannten wir alles gar nicht«, staunte Ernst Kuzorra über die England-Lehrlinge. Schalke kombinierte schottischen Flachpaß mit dem neuesten Schrei aus England, Arsenals WM-Formation, und einer neuen Variante, dem Freilaufen. Es mußte sich immer mehr als ein Spieler freilaufen und anbieten. »Nicht der, der im Ballbesitz war, bestimmte das Spiel, sondern die, die sich freiliefen«, beschrieb es Hans Bornemann, Mitglied der Schalker Meistermannschaften.

Der erste Schalker Skandal: 1930 sperrt der DFB 14 Schalker wegen verbotener Geldzuwendungen, indem er sie zu Berufsspielern erklärt – Kassierer Willi Nier ertränkt sich darauf im Rhein-Herne-Kanal. Dreißig Jahre später wird der Vorstand vom Essener Landgericht wegen »schwarzer Kasse« verurteilt – Schatzmeister Asbeck erschießt sich. Doch Schalke kommt immer wieder davon: Nach wenigen Monaten wird die Sperre 1930 aufgehoben, der Schalker Siegeszug beginnt. 1949 wird die Oberliga West von 13 auf 16 Klubs aufgestockt – dadurch steigt Schalke nicht ab. 1965 die Bundesliga von 16 auf 18 Vereine – Schalke steigt nicht ab. 1958 die letzte Meisterschaft (mit dem späteren Präsidenten Günter Siebert als Spieler). Anfang der 70er Jahre hat Schalke seine beste Nachkriegsmannschaft (mit dem Sturm Erwin Kremers, Fischer, Libuda), die die deutsche Meisterschaft nur knapp verpaßt, den Pokal gewinnt und im Europacup das Halbfinale erreicht – sie wird zerrissen durch den Bundesliga-Skandal, an dem Schalke als Lieferant eines 0:1 gegen Bielefeld für 40.000 DM beteiligt war.

Wegen Millionenschulden blieb Schalke bis Anfang der 90er immer am Abgrund, wurde zum Spielball eitler Präsidenten, bei deren Anblick sich »Papa Unkel«, der erste Klubvorsitzende und Magazinverwalter der Zeche Consolidation, im Grabe umgedreht hätte. Der Klub stieg dreimal ab und wieder auf, wurde aber nie von seinen Fans verlassen: 60.000 feierten 1989 die »Rettung« in der 2. Liga (!). Acht Jahre später durften sie die unglaubliche Siegesserie zum UEFA-Cup-Sieg feiern mit dem Hit der Saison: »Steht auf, wenn ihr Schalker seid!«

Abb. 6a: Hamburg, 22. 6. 1974. Jürgen Sparwasser schießt sein historisches Tor – und Höttges, Vogts, Cullmann und Maier (v.l.) können sagen, sie sind dabeigewesen.

6. Länderspiel

Weltmeisterschaften sind etwas Wunderbares. Weil sie so selten sind und weil wir deshalb umso mehr die Enthaltsamkeit eines vergreisten Neuseeländers namens Dempsey zu schätzen wissen, der durch seine Nicht-Stimme die WM 2006 nach Deutschland geholt hat. Vier Jahre, das ist eine schöne Distanz, eine, die Unterschiede macht in der Erinnerung, der Selbstwahrnehmung, der Gliederung in Lebensphasen. Es gibt WM-Erinnerungen mit Koteletten und Schlaghosen, solche an bierselige Familienfeiern in überfüllten Wohnzimmern und andere im Gang eines Studentenheims, mit dem verschneiten Bild des winzigen tragbaren Fernsehers. Und dann wieder die an den Torschrei, bei dem das Baby wach geworden ist. WM-Erinnerungen haben vier Jahre Zeit, abzusinken ins Langzeitgedächtnis. Sie sind geschützt davor, überlagert zu werden, übersendet und überredet vom nächsten aufgebauschten Fernsehfußball, Woche für Woche Bundesliga, Champions League, wieder Bundesliga. Da muß schon ein Tor umfallen, damit man sich noch an ein Spiel erinnert.

Anders die WM. Seltsam, wie diese Versammlungen von kickenden Multimillionären, herbeigerufen von ihren weltweit verstreuten Arbeitsplätzen, ausgewählt nicht, wie in ihren Klubs, nur nach Verwendbarkeit, sondern auch nach dem zufälligen Kriterium der Staatsangehörigkeit – wie also diese »Nationalelf« genannten Relikte eines Denkens aus dem 19. Jahrhundert den Menschen des späten 20. und beginnenden 21. fünf Wochen lang in seine Stammesgemeinschaft zurückführen. Warum tritt dieser Effekt nur hier auf? Warum nicht in anderen Berufsgruppen, bei einer Mannschafts-Weltmeisterschaft der Programmierer, der Pommes-Frites-Brater, der Kfz-Schlosser?

Nur elf Männer und ein Ball schaffen es, völlig heterogene, ins Globale auseinanderstrebende Gesellschaften als daumendrückende Volksgemeinschaften zusammenzuschweißen. Und das erst recht im Einheits-Europa, das seit dem Bosman-Urteil Ende 1995 auch im Fußball grenzenlos ist. Nur wenn die Nationalelf spielt, dann wird noch messerscharf unterschieden nach Pässen.

Weil FIFA-Chef Blatter mehr Geld und deshalb die WM am liebsten alle zwei Jahre wollte, drohte eine kritische Masse erreicht zu werden: Wird die Dosis an Nationalismus, die für ein Volk sozialverträglich ist und für seine Außenbeziehungen diplomatisch verkraftbar, überschritten, gestattet man sie ihm künftig jedes Jahr (einmal WM, dann EM)? Daß der Fußball die diplomatische Unbedenklichkeitsbescheinigung verdient, hat auch damit zu tun, daß er nach einer WM genug Zeit zum Beruhigen ließ. Vom »Wir sind wieder wer« nach dem WM-Titel 1954 bis zur Verschwörungstheorie des gescheiterten Vogts nach dem 0:3 gegen Kroatien 1998 (»Vielleicht will man nicht, daß die Deutschen so erfolgreich sind. Die anderen können kratzen, beißen, spucken – gegen uns werden die Karten gezogen. Ich weiß nicht, ob es eine Anordnung gibt.«): Die Deutschen und ihre nachbarschaftlichen Beziehungen haben sie bisher alle unbeschadet überstanden, die aufgeladenen WM-Duelle unter Nachbarn, die ein paar hitzige Tage lang wie Feindberührungen wirkten.

Daran war nie Mangel: die Jahrhundertpartie gegen Italien 1970, die »Schmach von Cordoba« gegen Österreich 1978, die beiden Halbfinalkrimis gegen Frankreich 1982 (mit Schumachers Foul an Battiston) und 1986, die Spiele gegen die Niederlande 1974 (mit dem fliegenden Hölzenbein), 1988 (als sich Koeman den Hintern mit dem deutschen Trikot abwischte) und 1990 (mit dem spuckenden Rijkaard). Selbst die fußballpolitische Pleite gegen die DDR 1974. Und auch die weltweite Häme nach der Blamage von 1998, als das »Journal de Dimanche« schrieb: »Die ewigen Ausputzer gehen nach Hause.« Ist ja gut, ihr Franzosen: Nach vier Jahren als Europäer darf man sich auch mal fünf Wochen nationale Gefühle gönnen, die ganze Palette zwischen Größenwahn und Selbstmitleid. Aber bitte aufpassen: Nur in homöopathischen Dosen gibt Patriotismus Fußball den letzten Kick.

Deutschland – Österreich

Das Verhältnis war von Beginn an verkorkst. Bei der ersten deutschen Olympiateilnahme 1912 in Stockholm trifft man gleich auf Österreich, führt 1:0 zur Pause, dann rennt Torwart Albert Weber vor den Pfosten, Gehirnerschütterung, Erbrechen. Bei Olympia gilt, daß ein verletzter Torwart gegen einen Ersatzmann ausgetauscht werden kann – wenn der Gegner einwilligt. Die Österreicher sind dagegen. So muß Mittelstürmer Worpitzki ins Tor, und Deutschland verliert in Unterzahl 1:5. 1925 verbietet der DFB Spiele gegen österreichische Profis – das kleine Nachbarland ist eines der ersten, die den Profifußball eingeführt haben. Später, als die Deutschen wieder wollen, wollen die Österreicher nicht mehr. 1931 wollen sie wieder, sie haben ihr »Wunderteam« und gewinnen 6:0 in Berlin und 5:0 in Wien.

Bei der WM 1934 ist das »Wunderteam« über seinen Zenit hinaus, verliert im Halbfinale gegen Italien, spielt um Platz drei ausgerechnet gegen Deutschland. Beide Mannschaften laufen in Neapel in schwarzer Hose und weißen Hemden ein, beide weigern sich zu wechseln. Erst nach dem 1:0 für Deutschland (die Zuschauer dachten: für Österreich) stoppt der italienische Schiedsrichter die Partie. Das Los entscheidet: Deutschland muß die Farben wechseln, bekommt feuerrote neapolitanische Trikots. Torjäger Conen verliert den Ball an den bulligen Verteidiger Sesta: »Plötzlich war der Ball verschwunden, weil der Kerl sich mit seinem Hintern draufsetzte.« Die Zuschauer lachen schadenfroh. Kurz vor der Pause probiert Sesta das noch mal, doch Conen spitzelt ihm den Ball unterm Hintern weg zu Lehner, und der schiebt ihn ins Tor. Deutschland gewinnt 3:2 und genießt die Revanche gegen die arroganten Österreicher. Für den *Völkischen Beob-*

achter ist der Sieg »ein Erfolg, der in erster Linie dem durch den Nationalsozialismus geschaffenen neuen deutschen Lebensgefühl der Bereitschaft und des Kampfes zuzuschreiben ist.«

Vier Jahre später ist das deutsche Lebensgefühl auch den Österreichern vorgeschrieben – es heißt, von oben sei verordnet, daß sie das »Versöhnungsspiel« nach dem Anschluß 1938 verlieren sollen (für den *Kicker* ist die Partie »Glaubensbekenntnis der Fußballer im großdeutschen Reiche«). Der große Sindelar, in seinem letzten Spiel, gehorcht nicht, Österreich gewinnt 2:0. Die im Verhältnis 6:5 zwangsvereinigte großdeutsche Mannschaft aus »Altreich« und »Ostmark« erleidet kurz darauf unter Trainer Herberger die größte Pleite der deutschen WM-Geschichte und scheitert in der ersten Runde an der Schweiz. Deutsche und Österreicher spielen auch im selben Team am liebsten gegeneinander.

Im WM-Halbfinale 1954 dürfen sie das wieder auf verschiedenen Seiten tun, und mit dem 6:1-Sieg gelingt Herbergers Team nach Zeugenberichten das beste Spiel, das je eine deutsche Nationalelf gezeigt hat (für den Wiener Schriftsteller Friedrich Torberg ist es »die vernichtendste Niederlage seit Königgrätz«). »Bei den Deutschen stand neben allem Können eine wilde Entschlossenheit, bei den Österreichern eine lässige Verspieltheit ohne letzte Kraft«, triumphiert die *Welt*: »›Wir werden gewinnen‹, sagten die Österreicher vorher und lächelten. ›Wir wollen gewinnen‹, sagten die Deutschen und ihre finstere Miene. Zwei Welten. Kein Wunder, daß die Männer von der blauen Donau dabei untergingen.«

Erst 47 Jahre nach den Siegen des Wunderteams nehmen die Österreicher Revanche für all die Niederlagen gegen die Deutschen, und sie genießen das in vollen Zügen. Im letzten WM-Zwischenrundenspiel 1978 in Cordoba geht es um nichts mehr, die Finalchance der Deutschen ist mehr als vage, aber Gift ist genug im Spiel. Kapitän und Libero Vogts schießt ein Eigentor mit dem Knie nach Flanke von Schachner: »Ui, der Berti, das wird ihn aber ärgern«, sagt hämisch der Radioreporter Edi Finger, dessen Kommentar zum Fernsehbild läuft, weil die TV-Kommentarleitung zusammengebrochen ist. Dann, kurz vor Schluß, das berühmte 3:2: Paß Prohaska, Krankl dribbelt an Rüßmann und Kaltz vorbei (Krankl später: »Der stocksteife Kaltz, wo war denn der Weltklasselibero?«). Und Edi Finger: »Tor, Tor, Tor, Tor, Tooor! I und der Ingenöör Nußbaumer, wir fall'n uns um den Hals, wir busseln uns ab. Krankl! Er hot ois überspüt! Jetzt hamma's geschlong.« *Bild* veröffentlicht aus Rache Krankls Privatnummer. Im Zillertal begeht ein deutscher Urlauber Selbstmord.

Bis heute haben sich die fußballkulturellen Differenzen nicht verwischt. Der österreichische Kabarettist Werner Schneyder beschreibt sie so: »Der deutsche Fußballer zeigt seinem Publikum freudig und gerne, daß er es sich leisten kann, geradezu aus Lust noch mehr zu laufen, als es der Spielverlauf erforderte. Der österreichische Fußballer will vom Urbeginn an aus dem Stand gewinnen. Er hat nun erfahren müssen, daß das nicht geht. Also bringt er jetzt ein sichtbares Opfer – er läuft – aber er besteht darauf, daß das Opfer als solches anerkannt wird.« Der einzige Versuch einer spielerischen Verbrüderung dieser fremden Nachbarn führte zum sportlichen Fiasko, jenem »Nichtangriffspakt« von Gijon bei der WM 1982, der zum Anti-Kick des Jahrhunderts wurde. Dann lieber Piefkes gegen Ösis, dafür mit richtigem Fußball.

Deutschland – Schweiz

Anders als den Österreicher hat der Deutsche den Schweizer als Gegner gern. Die lieben Schweizer waren die ersten, die gegen die Deutschen spielten (1908 in Basel 5:3), und die ersten, die gegen sie verloren (1909 in Karlsruhe, 0:1). Sie setzten sich für die Wiederaufnahme des geschlagenen Nachbarn in die Fußballwelt nach beiden Weltkriegen ein und stellten sich jeweils als erster Gegner zur Verfügung: 1920 mit einem 4:1-Sieg in Zürich, 1950 mit einer 0:1-Niederlage in Stuttgart. Sie waren ein großzügiger Gastgeber des deutschen WM-Triumphes von 1954, und sie haben seit 1956 nicht mehr gegen den großen Nachbarn gewonnen. Und auch dem spielerisch besten aller deutschen Nationalteams, mit dem frischen Ruhm des Europameisters, boten sie sich im Herbst 1972 als liebenswerter Verlierer an – Netzers Rist und Müllers Hacke spielten Doppelpaß zum Tor des Jahres, man gewann 5:1, und nie wieder hat eine DFB-Elf so geglänzt. Gegen keinen anderen Gegner haben deutsche Mannschaften so oft gewonnen (33mal) und so viele Tore geschossen (125). Ach, die lieben Schweizer! Ditmar Jakobs bedankte sich 1986 in einem Freundschaftsspiel auf seine Art: In der 72. Minute brach er dem Schweizer Spielmacher Perret im Mittelkreis mit gestrecktem Bein Schien- und Wadenbein.

Aber da war doch noch was ... Richtig, 1938, da gelang es den braven Eidgenossen, bissige Gegner zu sein und auf einen Schlag gleich zwei braune Nachbarn, die Deutschen und die angeschlossenen Österreicher, schon in der ersten WM-Runde mit einem 4:2 im Wiederholungsspiel zu eliminieren. Es soll damals hoch hergegangen sein in Paris, eine Partie unter einer negativen

Atmosphäre von den Rängen wie 20 Jahre später beim Halbfinale gegen die aufgepeitschten Schweden in Göteborg. Daß sich kaum ein Mensch an diese WM 1938 erinnert, liegt nur daran, daß sich noch kein Fernsehbild und kein Hörfunkdrama ins kollektive Gedächtnis eingraben konnten. Man ist auf alte Fotos angewiesen, auf ein paar Schilderungen und viel Phantasie – um sich die Zeit vorzustellen, als der Schweizer dem Deutschen noch ein Gegner war.

Deutschland – Frankreich

Die Wiederaufnahme der sportlichen Beziehungen unter den »Erbfeinden« hatte 1952 nur ganz vorsichtig begonnen, bei einem Länderspiel in Paris, bei dem man auf die Nationalhymnen verzichtete – Fritz Walter paßte sich den diplomatischen Zwängen an und machte sein schlechtestes Spiel im Nationaltrikot. Zwei Jahre später, im WM-Finale von Bern, machte er sein größtes, und danach wurde gesungen – was besonders die Franzosen mit Abscheu registrierten. Beim Abspielen der Nationalhymne stimmten viele Deutsche unter den Zuschauern die erste Strophe des Deutschlandliedes an – der Schweizer Rundfunk schaltete sich daraufhin aus der Live-Übertragung aus. »Achtung! Achtung!« schrieb der französische Korrespondent von *Le Monde* in Verwendung der verhaßten deutschen Wörter. »Die Zehntausende von Deutschen stehen still. Die Aufschreie enden. Die Musik intoniert ›Deutschland, Deutschland über alles‹. Es regnet. Es regnet, und mir ist kalt. Freudestrahlend, jung, begeistert singen sie mit fester Stimme, auf daß es die ganze Welt hört und weiß, daß Deutschland wieder einmal ›über alles‹ gilt.« Bundespräsident Heuss hatte hinterher einige Mühe, den neuen deutschen Größenwahn, dem sich vor allem DFB-Präsident Bauwens in peinlichen Tischreden hingab, mit mahnenden Worten einzudämmen.

Gemessen an der Sensibilität, mit der besonders die Franzosen auf die andere Seite des Rheins blickten, vertrugen sich die »Erbfeinde« auf dem Spielfeld immer erstaunlich gut. Jedenfalls so lange, daß man unter guten europäischen Nachbarn mit händchenhaltenden Staatschefs schon gar nichts Böses mehr erwartete – bis zu jener Kollision an einem Sommerabend des Jahres 1982 (→ Kap. 1: *Spiel*, Stichwort »1982«), die bei den Franzosen geradezu revanchistische Gefühle auslöste. Als Torwart Schumacher dem wehrlosen Battiston einen Halswirbel brach und Frankreich, die bessere Mannschaft, das Spiel noch verlor – da erlebten die beiden Länder einen mehrtägigen Rückfall in alte Feindseligkeiten. Der häßliche Deutsche war wieder da. Er hieß Schumacher und bequemte sich erst zehn Tage nach dem Foul nach Metz, um sich persönlich zu entschuldigen.

Dann beruhigte sich die Sache schnell wieder. Mehr litten die Franzosen daran, daß sie auch 1986 besser waren und wieder im Halbfinale verloren – 12 Jahre mußte sie warten bis zur nächsten WM-Teilnahme, und dann blieben ihnen zum Glück die gefürchteten Nachbarn im Halbfinale mit kroatischer Hilfe erspart. Als Weltmeister konnte man sich endlich ganz nüchtern mit der kühlen Effizienz des Nachbarn auseinandersetzen. »Nazideutschland gelang es nie, eine große Fußballmannschaft zu bilden«, schrieb die Pariser Zeitschrift *Marianne*. »Es war die demokratische Bundesrepublik, die die germanischen Tugenden auf das Spielfeld übertrug: Ordnung, Strenge, Seelenstärke und den kriegerischen Stoizismus.«

Deutschland – Niederlande

Was uns einst die Schweden waren und dann die Österreicher, sind uns nun die Holländer – ein Nachbar zum Reiben. Eine stets offene Rechnung. 1974 im Finale von München sahen sich die Holländer, mit Cruyff und ihrem »Fußball 2000« die überragende Mannschaft der WM, von Hölzenbeins Fallsucht um den Lohn gebracht (und dann hatte mit Rainer Bonhof ausgerechnet ein Kind holländischer Eltern die Vorlage zu Müllers Siegtreffer gegeben). Vier Jahre später revanchierte sich Arie Haan mit einem Gewaltschuß zum 2:2, der Holland ins Finale brachte und Deutschland die WM-Chance kostete. Bei der EM 1980 waren wieder die Deutschen dran, dreimals Allofs zum 3:2. Acht Jahre später, EM-Halbfinale in Hamburg, entwischte van Basten Kohler, und Deutschland war draußen. Nach dem Spiel wischte sich Ronald Koeman mit dem Trikot seines Gegners demonstrativ den Hintern ab – spätestens hier hatte sich genug an Revanchismus aufgeladen, um fortan jede deutsch-holländische Partie zu einem Fall für Polizei-Großaufgebote zu machen.

Die aufgeladenste Partie dann bei der WM 1990. Rijkaard drehte durch, bespuckte Völler, beide flogen raus, und der bis dahin unschuldige Völler langte Rijkaard im Kabinengang eine. Klinsmann ging in die Tiefe des Raumes und Heribert Fassbender in die Tiefen des Chauvinismus. »Schickt diesen Schiedsrichter in die Pampa!« rief der ARD-Kommentator, als der Argentinier nicht so pfiff, wie die Volksseele wollte. Außenamts-Staatsminister Schäfer kritisierte die »emotional maßlos überzogene und einseitige Reportage«, warnte vor einem »Vulgär-Nationalismus, der die mühevollen Bemühungen des Außenministeriums konterkariert«, und vor einem »Nationalismus, der durch die Hintertür von Sportreportagen wiederkommen und so ein Überlegenheitsgefühl der Deutschen entwickeln kann«. Aber *Bild* hielt dagegen, und im großen WM-Triumph scherte sich keiner groß darum.

Außer den Holländern vielleicht, die sich wie zur Rache seitdem als die Meister des modernen Fußballs präsentieren und Deutschland zweimal, bei der EM 1992 und nach der WM 1998, geradezu vorführten. Sie finden ohnehin, daß sie die für großen Fußball typische Mischung aus Freiheit und Ordnung, aus Chaos und Kreativität besser hinkriegen als der große Nachbar. Leider versuchen sie das nun auch noch zu beweisen.

Deutschland – Schweden

WM 1958, Halbfinale, 60. Minute. Platzverweis für den Deutschen Juskowiak nach einem Revanchefoul an Hamrin. Die Atmosphäre im Stadion von Göteborg ist aufgepeitscht durch »Blockwarte« mit Megaphonen und Schwedenfahnen. Augenzeuge Gerd Krämer schreibt: »Über allem, wie der Deckel über einem Opiumtopf, der hysterische Schrei der 50.000. Heja, heja.« Herbergers Elf mit dem 38jährigen Fritz Walter in seinem letzten Spiel verliert in Unterzahl 1:3. In Deutschland bricht der Schwedenhaß aus wie seit dem 30jährigen Krieg nicht mehr. Auf der Reeperbahn finden sich Schilder »Schweden unerwünscht«, norddeutsche Tankwarte verweigern durchreisenden Schweden Benzin, anderen werden die Reifen zerstochen. Beim Reitturnier in Aachen wird die schwedische Flagge vom Mast geholt. Gastwirte streichen das Gericht »Schwedenplatte« von der Karte.

Die *Saar-Zeitung* schreibt: »Das offizielle Schweden hat hämisch genießend zugelassen, daß rund 40.000 Repräsentanten eines mittelmäßigen Volkes, das sich nie über nationale oder völkische Durchschnittsleistungen erhoben hat, den Haß über uns auskübelte, der nur aus Minderwertigkeitskomplexen kommt. Es ist der Haß eines Volkes, dem man das Schnapstrinken verbieten muß, weil es sonst zu einem Volk von maßlosen Säufern würde.« Skål! Waren das Zeiten, als Deutsche sich über den hysterischen Schweden aufregten. Den kann man sich seit Björn

Borg nur noch als wandelnden Eisberg vorstellen, und auch Volvo- und Saabfahrer bekommen an deutschen Tankstellen wieder Benzin und Bier. Nur die »Schwedenplatten« sind für immer verschwunden aus der deutschen Gastlichkeit.

Deutschland – Dänemark

Diese Fußballbeziehung konnte an die Hitzigkeit der Schweden-WM nicht annähernd anknüpfen – nur bei Franz Beckenbauer. Fast 80 Jahre lang waren die kleinen nördlichen Nachbarn niemand, den die Deutschen auf dem Fußballplatz fürchten mußten. Den größten Erfolg der frühen Jahre, das Vordringen ins Halbfinale der Europameisterschaft 1964, verdankten die Dänen vor allem dem Losglück: Sie zogen in den drei K.o.-Runden als Gegner Malta, Albanien und Luxemburg. In Dänemark spielten bis in die 70er Jahre hinein nur Amateure, ehe mit Spielern wie Simonsen, Jensen und Le Fevre (alle Mönchengladbach) die ersten Auslandsdänen im europäischen Profifußball Erfolg hatten. Für eine WM konnte sich das Land erst 1986 qualifizieren, aber das gleich mit einer fabelhaften Mannschaft um Olsen, Lerby, Laudrup und Elkjaer-Larsen. Dieses Team besiegte die deutsche Mannschaft im letzten Spiel der Vorrundengruppe E bei der WM in Mexiko 2:0. Schon vorher waren beide fürs Achtelfinale qualifiziert, es ging nur um den Gruppensieg. Teamchef Beckenbauer tobte trotzdem, beschimpfte vor allem den australischen Linienrichter, der beim völlig regulären 2:0 durch Eriksen kein Abseits gegeben hatte (es war, wie so oft, ein Glück für die Deutschen, verloren zu haben, es brachte ihnen im Achtelfinale Marokko, während Dänemark an Spanien und dem vierfachen Torschützen Butragueno scheiterte).

Mehr aber wohl als die Niederlage provozierte Beckenbauer und seine Kraftfußballer an den lustigen Dänen deren leichte Spielfreude, die völlig ohne den heiligen Ernst einer nationalen Mission daherkam. Noch mehr peinigte das sechs Jahre später den Perfektionisten Berti Vogts, als er bei der EM 1992 einer improvisierten Spaß-Truppe unterlag. Die Dänen vertraten kurzfristig die Jugoslawen, die wegen des Balkankrieges nicht bei der EM-Endrunde in Schweden spielen durften. Die aus allen Urlaubsländern herbeitelefonierten Dänen besiegten im Halbfinale den großen Favoriten Holland, der in der Vorrunde die Deutschen vorgeführt hatte, im Elfmeterschießen (ausgerechnet der weltbeste Stürmer, Marco van Basten, verschoß) – und im Endspiel die Deutschen 2:0. Und Berti Vogts wurde nie mehr richtig locker.

Deutschland – Polen

Das ist vor allem die berühmte Frankfurter Wasserschlacht mit dem glücklichen deutschen 1:0-Sieg und dem einzigen WM-Spiel von 1974, in dem die schnurr-bärtigen Polen keine Gelegenheit hatten, ihren eigenartigen Torjubel in Form von schmatzenden Küssen zu zelebrieren. Bevor die Polen die Engländer in der WM-Qualifikation ausgeschaltet hatten, waren sie von ihrem westlichen Nach-barn fußballerisch nicht sonderlich wahrgenommen worden. Dabei war der ein-zige Deutsche, der je bei einer WM ein Tor gegen Brasilien schoß, und das gleich viermal, richtig: ein Pole. Wie ihm das gelang, obwohl die beiden erfolgreichsten Länder der WM-Geschichte bei Weltmeisterschaften nie gegeneinander spielten? Ernst (damals noch Ernest) Willimowski stürmte 1938 für sein Heimatland Po-len und schoß in einem der turbulentesten Spiele der WM-Geschichte, beim 5:6

Abb. 6b: Wasserstadion Frankfurt, 3. 7. 1974: Ein polnischer Rückenschwimmer attackiert Uli Hoeneß.

gegen Brasilien nach Verlängerung, vier Tore (von insgesamt 21 in 22 Länder-spielen für Polen). Nach Kriegsbeginn wechselte der Oberschlesier ins Lager der Deutschen und erreichte mit 13 Toren in acht Länderspielen eine Quote, die nicht einmal von Gerd Müller (68 Tore, 62 Länderspiele) übertroffen wurde. Weil aber seine alten Landsleute ihm seinen Fahnenwechsel nicht verziehen, wurde jahrzehntelang Willimowskis Name in den polnischen WM-Büchern verschwie-gen. Die Tore gegen Brasilien hatte einfach ein anderer erzielt.

Deutschland – Tschechien

Obwohl die beiden Länder schon sehr früh sehr hochrangig aufeinandertrafen – 1934 im WM-Halbfinale, als die Tschechoslowakei durch drei Tore von Nejedly 3:1 gewann –, ist die nachbarschaftliche Beziehung vor allem geprägt von zwei EM-Endspielen. Beide haben sich weniger durch ihre Klasse in der Erinnerung festgesetzt als durch ihr dramatisches Vorspiel und ihre dramatische Entschei-dung. 1976 hatte Deutschland mit einem 4:2-Sieg nach Verlängerung und 0:2-Rückstand gegen Gastgeber Jugoslawien das EM-Finale erreicht, die Tschechen mit einem 3:1 nach Verlängerung gegen die Holländer. Im Endspiel glich Höl-zenbein in der 90. Minute aus, im Elfmeterschießen setzte Hoeneß seinen be-rühmten Strafstoß in den Himmel über Belgrad, bevor Panenka mit seinem ebenso berühmten Elfer-Schlenzer (→ Kap. 11: *Tor*, Stichwort »Elfmetertor«) den größten Erfolg der CSSR besiegelte. Der Fußball der tschechischen Art, schon seit Einführung einer Profiliga in den 20er Jahren auf Weltniveau, wird gern ein wenig unterschätzt und ist in seiner verschmitzten Spielkunst immer genau dann am besten – Schwejk spielt mit. Zwanzig Jahre nach Belgrad standen die Tsche-chen im Wembleystadion vor einer Wiederholung des EM-Triumphs – diesmal hatten beide Teams das Endspiel durch Elfmeterschießen erreicht, Deutschland gegen England, Tschechien gegen Frankreich. Doch Bierhoff glich zum 1:1 aus und schoß in der Verlängerung das Golden Goal.

BRD – DDR

Die beliebte »Davor-Danach«-Reihe hatte eigentlich *Bravo* erfunden, das offizielle Teenager-Organ der 70er Jahre. Davor: das häßliche Entlein vom Lande. Danach (nach der Behandlung durch Mode-Beraterin, Friseuse, Visagistin von »Bravo«): eine schicke Schönheit mit Dackelohrkragen und Korkenzieherlocke. Die DDR aber brachte die *Bild*-Zeitung auf ihrer Titelseite zu einer unfreiwilligen Kopie von Davor-Danach. Davor: »Warum wir heute gewinnen werden.« Danach: »So nicht, Herr Schön!« Was war geschehen? Ein gewisser Sparwasser war an Vogts und Höttges vorbeigelaufen, die dabei irgendwie desorientiert wirkten, und hatte auch Maiers Krakenarme ins Leere fliegen lassen. Er schlug einen Purzelbaum, und die offiziellen DDR-Jubler mit Ausreisegenehmigung jubelten im Volksparkstadion. 1:0 für die DDR. Erich Loest beschrieb es 1976 in seinem Krimi »Rotes Elfenbein« so: »Unten umdrängten Fotografen den lachenden Sparwasser, die DDR-Kolonie sang: So ein Tag, so wunderschön wie heute, ein Showmaster erfand den Slogan: Die bundesdeutschen Fußballer kochen auch nur mit Sparwasser.«

Haben die sich aber angeschmiert, die Gag-Schreiber aus dem MfS. Wie schon einen Monat vor der WM, als ihr »Kundschafter des Friedens« Günter Guillaume aufgeflogen war – das Resultat gefiel der DDR überhaupt nicht: Sie wollten zwar gerne einen Spion bei Kanzler Brandt, aber stürzen wollten sie Brandt ganz und gar nicht, zumal ihm der hartleibige Schmidt folgte. So ähnlich das 1:0 von Hamburg – kaum hatten sie den Kapitalisten mal gezeigt, was eine Harke ist, sahen sie, was ihnen das einbrachte: nämlich die viel schwerere Zwischenrunde mit Holland, Brasilien und Argentinien – das gab zwei Niederlagen und ein Remis. Die BRD bekam Jugoslawien, Schweden und Polen – und wurde Weltmeister.

Abb. 7: Anthony Yeboah (Ghana / Frankfurt) beschwört im Dezember 1992 die multikulturelle Freundschaft.

7. Exoten

Können Neger Fußball spielen? Diese Frage bewegte die europäische Fußball-Öffentlichkeit im Sommer 1924. Zum ersten Mal war eine südamerikanische Mannschaft nach Europa gekommen, aus dem winzigen Uruguay per 3. Schiffsklasse. Dritter Klasse wurden auch ihre Fußballkünste eingeschätzt, erst recht als bekannt wurde, daß ein Schwarzer in ihren Reihen stehen sollte. Keine 2000 Zuschauer kamen zu ihrem ersten Spiel, die Fahne Uruguays wurde verkehrt herum aufgezogen, mit der Sonne nach unten, und anstelle der Nationalhymne erklang ein brasilianischer Marsch. Uruguay besiegte Jugoslawien 7:0, »und so kam es zu einer zweiten Entdeckung Amerikas«, wie der uruguayische Dichter Eduardo Galeano 70 Jahre später schrieb. Bis zum Finale, das die Südamerikaner 3:0 gegen die Schweiz gewannen, hatte sich die Zuschauerzahl auf 50 000 gesteigert, so viel wie noch nie bei einem Fußballspiel außerhalb Großbritanniens – alle wollten die Uruguayer sehen, ihre Dribblings und Kombinationen, und vor allem einen: José Leandro Andrade.

»Bei den Läufern vertrat ein waschechter Neger namens Andrade die exotische Note mit seiner Couleur«, schrieb der Korrespondent des deutschen Fachblatts *Fußball*. »Ein zielbewußteres, taktisch vollendeteres Spiel läßt sich kaum denken. Sein fabelhaftes Können rief spontan Beifall hervor.« Vor allem von Andrades Solo über 75 Meter an sieben Gegenspielern vorbei zum 4:0 gegen Frankreich wurde geschwärmt, auch von den Scherenschlägen, die er als erster Fußballer gezeigt haben soll, und selbst von seinem Kopfballspiel: »Die Neger«, schrieb der deutsche Fachmann, »scheinen Schädel wie Kokosnüsse zu haben.«

Seitdem gibt es im europäischen Fußball die Lust am Exoten, den man gern auch »schwarze Perle« nennt (gern allerdings mit dem Beiklang von »brotloser Kunst«). Andrade war die erste von ihnen, obwohl es in Brasilien schon vorher einen großen dunkelhäutigen Star gegeben hatte. Artur Friedenreich, Sohn eines deutschen Einwanderers und einer schwarzen Wäscherin, hatte Brasilien 1919 zum Südamerikameister gemacht. Zwei Jahre später durfte der Nationalheld, der in seiner Karriere 1329 Tore schoß, mehr als jeder vor oder nach ihm, nicht mit nach Argentinien, um den Titel zu verteidigen: Staatspräsident Epitacio Pessoa hatte verfügt, daß kein Spieler dunkler Hautfarbe entsendet werden dürfe. Die Mannschaft verlor zwei von drei Partien.

Schwarze Fußballmagie hat sich am Ende meist als stärker erwiesen denn weißer Rassismus. »Und so wurde der schönste Fußball der Welt geboren, der aus dem Abknicken des Oberkörpers besteht, dem Schwingen des ganzen Körpers, den fliegenden Beinen, die von der Capoeira herkamen, dem Kriegstanz der schwarzen Sklaven, und den fröhlichen Tänzen aus den Armenvierteln der großen Städte«, beschreibt Galeano das, was er »Tropikalisierung des Fußballs« nennt. Deren perfektes Resultat sah die staunende Fußballwelt erstmals 1958 beim ersten WM-Sieg der Brasilianer mit dem 17jährigen Pelé und zum zweiten Mal 1970 beim dritten WM-Sieg der Brasilianer mit dem 29jährigen Pelé.

Dennoch hat die exotische Pflanze nie Wurzeln geschlagen in europäischem Boden. Am Ende kopierten sogar die Brasilianer den nüchternen Fußball der Europäer, um 1994 endlich wieder Weltmeister zu werden. Deshalb galten die exotischen Hoffnungen mittlerweile den Schwarzafrikanern, die bei der WM 1990 durch Kamerun und 1994 durch Nigeria zauberhaft gespielt und, weil zuviel Lust und zuwenig Disziplin im Spiel war, unglücklich verloren hatten – die ideale Kombination für eine Romantisierung. Plötzlich sollte Afrika den Fußball retten, doch diese Illusion endete spätestens bei der WM 1998 durch die Geldgier und Selbstüberschätzung der Nigerianer.

Nein, die Tropikalisierung des europäischen Fußballs brauchte den Umweg über die Kolonialisierung. Frankreich und Holland, die beiden überragenden Teams der WM 1998, bestanden zum überwiegenden Teil aus gebürtigen Franzosen und Holländern, deren Wurzeln jedoch, von Ghana bis Surinam, nahe dem Äquator des ganz großen Balles lagen. Sie paaren tropisches Talent mit europäischer Disziplin.

Und wer soll nun den Fußball retten? Die Asiaten vielleicht, bei der ersten WM in Asien, 2002 in Japan und Korea? Keine Chance, wiegelt Shunichiro Okano ab. Der Präsident des japanischen Fußballverbandes sieht seine Landsleute physisch zu sehr im Nachteil. »Wir Japaner sind Nachfahren von Reisbauern, die sich wenig bewegten. Europäer stammen von mobilen und angriffslustigen Jägern ab. Uns fällt es schwer, die Gruppe zu verlassen und die Defensive zu durchbrechen.« Eine ziemlich exotische Theorie.

Afrika

1990, als Roger Milla die Eckfahne betanzte, übernahmen die Afrikaner die Rolle des sentimentalen Favoriten von den europäisierten Südamerikanern. Wohlgemerkt, die Schwarzafrikaner – die in abgeklärter, europäischer Manier spielenden Nordafrikaner haben immer wieder mal in WM-Vorrunden Favoriten überrascht (wie Algerien 1982 beim 2:1 gegen Deutschland), aber nie so die Herzen gewonnen wie die Kameruner 1990 oder vier Jahre später die Nigerianer. Welcher Unterschied zu den Prügelknaben aus Zaire, die bei der WM 1974 neun Tore von den Jugoslawen eingeschenkt bekamen.

Die 90er schienen endlich das afrikanische Jahrzehnt zu werden. Alles paßte. Spielerischer Glanz, eine prickelnde Spielfreude – etwas völlig Unverfälschtes ging von den Schwarzafrikanern aus, bis hin zu der Art und Weise, wie sie gegen europäische Favoriten (Kamerun gegen England, Nigeria gegen Italien) völlig unvernünftig, gegen jede taktische Räson, nur dem Spieltrieb gehorchend den Sieg wieder aus den Händen gaben. Herrlich afrikanisch eben. »Die Nigerianer sind die letzten großen Romantiker«, schwärmte Cesar Luis Menotti, der argentinische Weltmeistertrainer von 1978.

Doch diese »Romantiker«, längst durch die Zocker-Schule der europäischen Klubs gegangen, widmeten während der WM 1998 schon vor dem Achtelfinale ihre Aufmerksamkeit den Verhandlungen um eine Titelprämie statt ihrem Gegner Dänemark und flogen achtkantig raus – nur acht Jahre hatte es gedauert von der Entdeckung Fußball-Afrikas bis zur völligen Selbstüberschätzung. Und doch wurden 1998 zum ersten Mal vier Afrikaner Weltmeister, allerdings als Franzosen: Zidane, Thuram, Desailly, Henry. Aber das ist eine ganz andere Geschichte.

Ausländer

Die Ausländer sind schuld, wenn die Inländer schlecht sind. Dieser Logik gehorchte der italienische Fußball und verhängte nach der WM-Pleite von 1966 (0:1 gegen Nordkorea) eine Ausländersperre. Die Spanier hielten es ebenso. (Die Internationalisierung durch das Bosman-Urteil hat übrigens Ende der 90er Jahre ähnliche politische Pläne zur Beschränkung der Transfers neu entstehen lassen, etwa in Frankreich oder Italien.) Als die Sperre wieder aufgehoben war (die ein Glück war für die beiden großen Klubs der Zeit, Ajax Amsterdam und Bayern

München, die sonst Cruyff, Beckenbauer oder Müller kaum hätten halten können) – als die Grenzen also wieder offen waren, ging Netzer zu Real Madrid, und prompt verhängte der Deutsche Fußball-Bund eine Auswanderungssperre für Nationalspieler. Schließlich wollte man bei der WM 1974 im eigenen Land glänzen, und einer »Legionärstruppe« traute man das nicht zu.

Immer wieder, wenn es nun mal gar nicht läuft im deutschen Fußball, gibt es eben zu viele Ausländer, die den Jungen die Plätze wegnehmen. So redeten Bundestrainer Vogts und sein Nachfolger Ribbeck nach der WM-Blamage 1998 und alle nach dem EM-Desaster 2000. Wäre Deutschland wieder wer im Fußball, wenn die Bundesliga insgesamt nur fünf Ausländer aus vier Ländern hätte, wie in der ersten Saison 1963/64? Tatsächlich waren Mitspieler mit fremden Pässen jahrzehntelang nur eine internationale Beimischung, besonders gern als Torwart, der ohnehin als Einzelgänger galt, wie Radenkovic, Hellström oder Pfaff. Andere waren eigentlich Deutsche, nur zufällig mit ausländischem Paß (wie Willi Lippens), einige wiederum eröffneten der kleinen Bundesligawelt ganz ferne Horizonte (Okudera, Bum-Kun Cha, Wynton Rufer). In Mode waren erst Jugos (Oblak, Popivoda, Radenkovic), dann Skandinavier (in Gladbach Lefevre, Simonsen, Jensen, in Hamburg Björnmose, in Kaiserslautern Sandberg und Wendt) und schließlich Russen (Kirjakow, But, Belanow), dann Afrikaner (Yeboah, Okocha, Salou, Baffoe, Sané) und gar Brasilianer (seit den 80er Jahren vor allem in Leverkusen). Aber die Ausländer nahmen nie überhand, schließlich waren bis 1992 auch nur zwei pro Mannschaft geduldet. Seit 1988 gibt es überdies bereits eine Art doppelter Staatsbürgerschaft nach Fußballart: Wer 5 Jahre ununterbrochen in Deutschland gespielt hat, davon drei in Jugendmannschaften, gilt als »Fußballdeutscher«.

Seit dem Bosman-Urteil vom 15.12.1995 aber (das nach Artikel 48, Freizügigkeitsgebot, und 85, Wettbewerb, des EG-Vertrags die Unzulässigkeit von Transfer- und Ablösesummen erklärte) ist der europäische Fußball grenzenlos, und der Inländer wurde zur bedrohten Art. In der Saison 1998/99 gab es in den fünf europäischen Spitzen-Ligen Ausländeranteile von 40 bis 50 Prozent und nur noch vier Klubs ohne importierte Spieler: Athletic Bilbao (aus Tradition nur mit Basken bestückt), Montpellier, Piacenza und Venezia. Auch in vielen deutschen Mannschaften gibt es seit Bosman nach Eishockey-Art mehr Ausländer als Deutsche. Als Exot gilt heutzutage nur noch ein Spieler wie Markus Babbel: Im Münchener Lokalderby Bayern gegen 1860 (1:1) war er am 24. 4. 1999 der einzige gebürtige Münchener auf dem Platz.

Aber das Schöne, weil Völkerverbindende an der Sache ist, daß es eigentlich niemanden mehr interessiert (außer den jeweils erfolglosen Bundestrainer, der deswegen auch für den staatsbürgerlichen Doppel-Paß ist). Vor allem für Trainer ist seitdem vieles einfacher, denn die Entscheidung des Europäischen Gerichts-hofes beendete die verwirrende Zeit der echten Deutschen und der Fußball-deutschen, der echten Ausländer und der EU-Ausländer – all die Fallstricke, in denen sich zum Beispiel Christoph Daum verheddertete, als er 1992 im Europa-pokal in Leeds einen vierten Ausländer einwechselte (Simanic nach Dubajic, Sverisson und Knup), was den damaligen deutschen Meister VfB Stuttgart das Weiterkommen kostete (3 statt 2 Ausländer, dieser Lapsus war schon dem großen Weisweiler 1977 unterlaufen, 4 statt 3 den Kollegen Schulte 1990, Heese 1993, Sebert 1995). Inzwischen kann das nicht mehr passieren – dachte man, bis Otto Rehhagel 1998 vier Spieler aufs Feld schickte, die keine EU-Bürger waren. Da konnte auch Bosman nichts machen, und Kaiserslautern verlor gegen Bochum. Immer wieder sind die Ausländer schuld.

Einbürgerung

Die Italiener hatten 1934 von Mussolini den bitterernst gemeinten Befehl be-kommen, unter den Augen des Duce gefälligst Weltmeister zu werden. Um si-cherzugehen, bürgerten sie kurzerhand drei Argentinier ein, die vier Jahre zuvor noch im ersten WM-Finale gegen Uruguay gestanden (und verloren) hatten. Der Neo-Italiener Luis Monti ebnete seinem neuen Land den Weg zum Titel: Im Halbfinale gegen das österreichische »Wunderteam« trat er dessen Sturmkünstler Matthias Sindelar so nah, daß der verletzt ausschied. Für die Knochenarbeit such-te man sich schon damals gern Gastarbeiter. In Deutschland kam man erst 60 Jahre später auf die Idee, mit Neu-Deutschen die sportliche Durststrecke zu ver-kürzen, doch die Einbürgerung des Südafrikaners Sean Dundee und des Brasili-aners Paolo Rink brachten weder sie noch Bundestrainer Vogts weiter. Im Gegenteil, die Sache hat viele Tücken für die Paß-Wechsler: Schnell gilt man in der alten Heimat als Verräter und in der neuen als Versager.

Heimat

Fritz Walter, Uwe Seeler, Franz Beckenbauer (mit Ausnahme seiner Tournee in der US-Operettenliga) waren Exoten unter den deutschen Fußballstars: Sie blieben in Deutschland, und nicht nur das: Sie blieben bei ihrem Heimatklub. Der deutsche Fußballheld ist Stubenhocker. Diese Heimatverbundenheit zahlt sich in Popularität aus und in geldwerten Vorteilen. So bekam Seeler dafür, daß er beim HSV blieb und nicht wie Schnellinger, Brülls oder Haller nach Italien ging, ein billiges Grundstück von der Stadt. Drüben in den Niederlanden gab es zur selben Zeit einen namens Abe Lenstra, den »Uwe Seeler von Friesland«, der ebenfalls Auslandsangebote ausschlug, mit demselben Erfolg: lebenslange Popularität. Bei einer Leser-Wahl der besten holländischen Fußballer aller Zeiten mußte Lenstra sich 1998 nur Cruyff und van Basten geschlagen geben, andere wie Rijkaard, Rensenbrink, Neeskens oder Gullit ließ er locker hinter sich.

Ein anderer Holländer, Willi Lippens, hätte vor der WM 1974 Deutscher werden können, Bundestrainer Schön hatte ihn darum gebeten, und eigentlich sprach alles dafür, denn »Ente«, im Ruhrpott aufgewachsen, sprach sowieso kaum Holländisch – sein einziges Länderspiel für Holland war ein Fiasko, weil er seine Landsleute um Cruyff und Neeskens nicht verstand. Aber der Vater, der die Deutschen als Besatzer erlebt hatte, wollte keinen deutschen Sohn. So blieb Lippens ein Bottroper Holländer.

Karibik

Noch nie hatte Fußball-Lehrmeister England an einer Weltmeisterschaft teilgenommen. 1950 schließlich ließ man sich herab und reiste 1950 nach Brasilien. Dann kam der schwarze haitianische Mittelstürmer Larry Gaetjens, der für das Team der Vereinigten Staaten spielte, und traf zum 1:0-Sieg. England war geschlagen und blamiert. 24 Jahre später: Mehr als 1000 Spielminuten war der italienische Nationaltorwart Dino Zoff ohne Gegentor geblieben. Dann kam erneut ein Bursche aus Haiti und scherte sich nicht um diesen Weltrekord. Ein gewisser Emanuel Sanon umspielte Zoff, brachte Haiti in der WM-Vorrunde in München 1:0 in Führung, und die Italiener sahen in Gedanken an eine verfrühte Heimreise schon wieder die Tomaten und faulen Eier auf sich herabregnen wie nach dem blamablen 0:1 gegen Nordkorea 1966. Und so kam es wieder, obwohl die Italiener noch 3:1 gewannen gegen die Karibik-Kicker – am Ende kostete sie im Vergleich mit den zweitplazierten Argentiniern genau jenes eine Tor von Sanon das Weiterkommen.

Von diesen beiden Erinnerungstoren mußte der Karibik-Fußball lange leben. In 24 Jahren ohne weitere WM-Teilnahme wurden sie in der Weltwirkung sogar von den jamaikanischen Bobfahrern überholt. Dann qualifizierte sich Jamaika für die WM 1998, spielte ganz manierlich, glänzte aber mehr durch musikalische Fans und vor allem durch drei vollbusige Damen im Anhang, die bei den WM-Fotografen eine erstaunliche Ballverliebtheit auslösten. Sie wurden zum vielleicht populärsten Bildmotiv der WM, während die karibischen Kicker schon längst aus dem Rennen waren.

Legionäre

Für den Fußballer, der sich unter fremder Fahne verdingt, fand man diesen Begriff, der nicht schmeichelhaft ist und außerdem irreführend – denn zu den Zeiten, als die ersten deutschen »Legionäre« nach Italien gingen, waren sie keineswegs Legion, sondern nur ein kleines Fähnlein. Ludwig Janda war der erste, er wechselte 1949 von 1860 München zum AC Florenz. Später kamen Haller, Brülls, Schnellinger, der von 1963 bis 1974 blieb (und, weil er danach nur noch eine Saison für Tennis Borussia spielte, zur Antwort einer der beliebtesten Fußball-Quizfragen wurde: Wer hat mehr Länder- als Bundesligaspiele? Richtig, Schnellinger: 47:19). Es gibt immer wieder Legionäre, die unerwartet für immer ins Herz geschlossen werden in einer fremden Stadt – Spieler, die einfach den Nerv treffen: in Manchester der deutsche Torwart Bert Trautmann, ein in England gebliebener Kriegsgefangener; in München Petar Radenkovic; in Neapel Maradona; abermals in Manchester Eric Cantona. Und dann gibt es andere, die man irgendwann gerne wieder los ist, wie Bernd Schuster auf all seinen spanischen Stationen. Der wahre Legionär aber ist der namenlose Ghanaer oder Brasilianer oder Armenier, der in der Heimat kein Auskommen findet und deshalb wie ein Saisonarbeiter von einem grauen europäischen Land zum nächsten zieht, um seine Kampfkraft zu verkaufen wie einst die Landsknechte. Doch kein so schlechter Begriff: Legionär.

Mentalität

Das sagt der deutsche Fußballer gern, wenn er irgend etwas nicht versteht, was nicht deutsch ist. Mentalität ist eines der wichtigsten Fußballfremdwörter, weil es so wissend weltläufig klingt. »Daß die alle so hinter dem Ball herrennen, hat seinen Ursprung in der arabischen Mentalität«, verriet der beliebte Ko-Kommentator Kalle Rummenigge über die Marokkaner. Mentalitätsmäßig noch vornehmer drückte Rummenigges Vorgesetzter Beckenbauer die kleine Fußballvolkskunde folgendermaßen aus: »Der Deutsche kann keinen brillanten Fußball spielen wie der Brasilianer oder der Franzose. Das ist ein Ausfluß seines Grundcharakters.«

Multikulti

Das neue Zauberwort für die Vielfalt des Fußballs – spätestens seit den Erfolgen der Niederländer mit ihrer Ajax-Schule und der Franzosen mit ihrem Weltmeisterteam von 1998 ist der Fußballplatz als »Schmelztiegel« gefragt. Multikultureller Fußball statt einer Monokultur ohne Kick – und zugleich der späte und unverdiente Lohn für den Imperialismus der früheren Kolonialmächte. Das zeigte schon Olympique Marseille, das 1993 als erstes französisches Team den Europapokal der Landesmeister gewann: durch ein Tor von Basile Boli, gebürtig aus der Elfenbeinküste, nach Ecke des Ghanaers Abedi Pelé. Perfektioniert wurde das 1998 mit französischen Weltmeistern aus allen fünf Kontinenten: Drei stammten aus Schwarzafrika (Desailly, Thuram, Henry), einer aus Nordafrika (Zidane), zwei aus Südamerika (Trezeguet, Lama), einer aus Asien (Djorkaeff), einer aus Ozeanien (Karembeu). Die europäischen Franzosen Deschamps, Petit, Blanc und natürlich Trainer Jacquet waren zuständig für die Ordnung auf dem Platz.

Das Gelingen dieser Globalisierung am Ball nannte Petit nach dem WM-Sieg »den größten Tag für dieses Land seit der französischen Revolution«. Tatsächlich feierte das Land den Erfolg als integrativen Akt. »Die Globalisierung, der Aufstieg der Einwandererkinder, die europäische Herausforderung, all dies wird mit dem Weiterkommen einer zusammengeschweißten Mannschaft sichtbar, deren Eltern oft woanders geboren sind und die fast alle im Ausland spielen«, schrieb die Zeitung *Liberation*. »Für den vernachlässigten Teil der Bevölkerung wird die WM nur eine Eintagsfliege gewesen sein, eine brüderliche Illusion. Aber diese Illusionen

sind nützlich: Sie verändern die Einstellungen.« Der Philosoph Alain Finkiel-
kraut meinte: »Noch vor dem fußballerischen ist unser Sieg einer der Gast-
freundschaft und der vielfältigen Abstammung.«

Die Franzosen lassen sich diese Integrität einiges kosten. Der nationale Fußballverband pflegt in seinem Pokalwettbewerb die Zusammengehörigkeit mit
den »Outre-Mer«, den Übersee-Departements – in der siebten Runde des Wettbewerbs, an dem in der ersten Runde noch der kleinste Dorfklub teilnimmt,
kommt es zu den alljährlich ersehnten Begegnungen mit den Outre-Mer, und
der Verband übernimmt alle Reisekosten. Da hat eine Pokalauslosung noch ganz
anderen Reiz als die legendären Baresel/Kuhlins/Tietze-Ludewig-Happenings
in der Sportschau. So erhielt zum Beispiel das Provinzteam Los Armentieres für
die 7. Runde 1998/99 den Gegner Traput Lifou, und der hatte auch noch Heimrecht – in Neukaledonien, 17.000 km von Paris entfernt. »Sie trinken Rum, gehen zum Strand, und dann versuchen sie zu gewinnen«, so beschrieb ein Funktionär die übliche Motivationslage in der 7. Pokalrunde. Wenn die Übersee-
Franzosen nach Frankreich müssen, dann finden diese Auswärtsspiele stets in
Paris statt, was Party-Time bedeutet für die entsprechenden Kleinkolonien in
der Hauptstadt – Antillaner, Guayaner, Kaledonier und so weiter feiern ein Sta-
dionfest mit dem Team aus ihrer Heimat.

Rassismus

Als der Peruaner Julio Baylon Anfang der 70er Jahre zu Fortuna Köln kam, war
er der erste Farbige in der Bundesliga. Besonders willkommen waren er und sei-
nesgleichen nicht. 1989 sagte Paul Steiner zu Souleyman Sané: »Scheiß Nigger,
hau ab! Was willst du in Deutschland?« Na, was wohl: zeigen, wie man Fußball
spielt. In dem Maße jedenfalls, wie Yeboah, Okocha, Elber und andere zu den
Stars der Liga wurden, verschwanden die infantilen Affenlaute, die Bananenwür-
fe und Rufe »Husch, husch, Neger in den Busch«, die Anfang der 90er zum
deutschen Gesellschaftsbild der Ausländerangst, der Asylantenhysterie gehörten.
Ob sich nun die afrikanische Fußballkunst durchgesetzt hat oder der deutsche
Fußballverstand – der Rassismus von den Rängen war jedenfalls, mit Ausnahme
mancher Regionen in den neuen Ländern, bald kaum noch spürbar. Allerdings
stellten die Bundesliga-Fanprojekte 1999 fest, daß vermehrt wieder rechtsradika-
le Gruppierungen in die Stadien drängten.

Der Antirassismus im Fußball ist keine ethisch-moralische Kopfgeburt, sondern ein Ergebnis der praktischen Sinneslust. Irgendwann kapiert eben jeder, wie blaß ein rein weißer Fußball wäre. Selbst die Südamerikaner, die als erste die Farbigkeit des Fußball zelebrierten, mußten diese Lektion lernen. Als 1916 die erste Südamerika-Meisterschaft stattfand, besiegte Uruguay Chile 4:0. Chile forderte die Annullierung des Spiels, »weil Uruguay zwei Afrikaner aufgestellt hatte«, so die Begründung. Tatsächlich war Uruguay das erste Land mit schwarzen Nationalspielern: Isabelino Gradin schoß zwei Tore, Juan Delgado eines. Beide waren Urenkel von afrikanischen Sklaven. Der Protest wurde abgelehnt.

Der Rassismus ging weiter, vor allem in Brasilien. 1919 schoß Artur Friedenreich, der Sohn eines deutschen Einwanderers und einer schwarzen Sklavin, das Siegtor zum 1:0 der Brasilianer gegen Uruguay im Finale der Südamerikameisterschaft und wurde im Triumphzug durch Rio getragen. 1921 verfügte Brasiliens Präsident Epitacio Pessoa, daß kein schwarzer Spieler zur kontinentalen Meisterschaft nach Buenos Aires entsandt werden dürfe. Ohne Friedenreich verlor Brasilien zwei von drei Spielen. Das Land war empört, also durften auch die Farbigen wieder an den Ball, aber, bitteschön, sollten sie so weiß aussehen wie möglich. So kam Friedenreich immer als letzter auf den Platz, weil er eine halbe Stunde brauchte, sich in der Kabine die Kraushaare glattzubürsten. Der einzige Mulatte bei Fluminense, Carlos Alberto, weißte sich das Gesicht mit Reismehl.

Die Zeiten haben sich geändert. Der glatthaarige Bundesligaprofi von heute läßt sich manchmal eine Dauerwelle brennen, und die Hellhäutigen der Liga bronzieren sich gern im Solarium. Der stets tiefengebräunte Rostocker Thomas Gansauge konnte 1997 zwei Vereinskameraden für einen originellen Werbespot für eines seiner drei Sonnenstudios gewinnen. Der Spot ging so: Rein ging der weiße Baumgart, raus kam der schwarze Akpoborie.

Schwarze Perlen

Fußball ist praktizierte Sozialromantik. Für den armen schwarzen Jungen Brasiliens ist »der Ball das einzige Wunder, an das er glauben kann«, schrieb Eduardo Galeano. »Vielleicht wird er ihm zu essen geben, vielleicht wird er ihn zum Helden machen, vielleicht sogar zum Gott.« Und in noch selteneren Fällen zur schwarzen Perle – Export-Mythos aus südamerikanischer, später auch afrikanischer Produktion. Der erste farbige Fußballheld war der Brasilianer Artur Friedenreich, der jedoch seinen Kontinent nie verließ, weswegen die erste schwarze Perle ein anderer wurde: José Leandro Andrade, der mit der uruguayischen Mannschaft 1924 in Paris zum Olympiasieger und überdies zur internationalen Sensation wurde. Er blieb für ein paar Monate in der Stadt, in der mit Josephine Baker gerade schwarze Exotik und Erotik en vogue war, zog mit Zylinder, Seidentuch, Nadelstreifen, gelben Handschuhen und Spazierstock mit Silberknauf durch die Bars an der Pigalle und ließ sich feiern. Andrade war Musiker und Tänzer (seine Band hieß »Die armen kubanischen Neger«), und voller Musik soll er auch gespielt haben, der Außenläufer, der mit Uruguay alles gewann, was es gab: die Olympischen Turniere 1924 und 1928, die erste Weltmeisterschaft 1930, drei Südamerikameisterschaften. Er starb vergessen, 55 Jahre alt, als Bettler und Obdachloser.

Armut, Ruhm, dann wieder völlige Armut – ein Standardmuster der schwarzen Auf- und Absteiger. Sein Nachfolger war glücklicher: Leonidas da Silva, der brasilianische Sturmstar der WM 1938, der acht Tore in vier Turnierspielen schoß, davon vier beim 6:5 nach Verlängerung im Achtelfinale gegen Polen, davon das letzte barfuß nach einem Solo über den ganzen Platz – er wurde nach 25 Toren in 25 Spielen für Brasilien der führende Fernseh- und Radio-Fußballreporter seines Landes.

Dann war da Manoel dos Santos, genannt Garrincha, aus dem brasilianischen Urwald, dessen Beine bei der Geburt verkrüppelt waren, ehe nach mehreren Operationen das linke, nach innen geknickte Bein sechs Zentimeter kürzer blieb als das rechte, nach außen gebogene – und der mit diesen Beinen die aberwitzigsten Dribblings der Fußballgeschichte zauberte. »Außer seinem Namen hat er nicht viel schreiben können, und er hat nicht einmal den Modus einer Weltmeisterschaft begriffen. Nach jedem Spiel hat er gefragt, ob jetzt endlich Schluß sei, weil er heim wolle zu seiner Frau und den fünf kleinen Mädchen«, schrieb Hans Blickensdörfer nach der WM 1958 in Schweden. Dort hat Garrincha einen kleinen Schweden namens Ulf Lindberg gezeugt, eines seiner 13 Kinder mit fünf Frauen. Die Alimente haben ihn ruiniert, sie und der Alkohol. Er starb mit 49 in den Slums von São Paulo. »So wie Garrincha wird nie mehr jemand dribbeln können«, sagte sein Mitspieler Mario Zagallo. »Er war der Mann, der am meisten Freude schenkte in der ganzen Geschichte des Fußballs«, schrieb der Dichter Galeano.

Und dann war da Pelé. Wenn Pelé und Garrincha gemeinsam spielten, hat Brasilien nie verloren. Er war der Sohn eines schlechtbezahlten Provinz-Profis, hat den Fußball auf der Straße mit Mangos, Cola-Dosen und Wollbällen gelernt, und in den ersten Fußballschuhen seines Lebens schoß er einen Monat vor seinem 16. Geburtstag in seinem ersten Spiel für den FC Santos drei Tore. Im zweiten schoß er vier. Er erzielte mit 17 das Siegtor im WM-Viertelfinale, einen Hattrick im Halbfinale und zwei Tore im Finale. Weil danach europäische Klubs horrende Summen für Pelé boten, erklärte der brasilianische Kongreß ihn zum nationalen Kulturgut und verhinderte so seinen Wechsel ins Ausland. Er blieb 18 Jahre beim FC Santos, für den er in 1114 Spielen 1088 Tore schoß. Insgesamt wurden es 1278 Tore in 1363 Spielen. Er war als einziger dreimal Weltmeister. Trotzdem wurde er weder zum Sozialfall noch zum Selbstdarsteller. Im Gegensatz zu den sich selbst beweihräuchernden Kollegen Maradona (der bei der WM 1998 »zu viele Spieler mit viereckigen Füßen« sah), Cruyff (»wir leben in einer schlimmen Zeit des Fußballs, weil es an Ideen und wahrem Genius fehlt«) und Beckenbauer (»Kein Team und kein Match bei der WM 1998 hat mich überzeugt«) zelebriert er auch nicht das frühvergreiste Früher-war-alles-besser-Genörgel. Er war der Beste, nach ihm konnte keine echte »schwarze Perle« mehr kommen.

Zwerge

Genauer: Fußballzwerge, auch gern Exoten genannt, obwohl Länder wie Nordkorea oder die Färöer-Inseln für gewöhnlich exotische Träume aufgrund kargen Klimas nur unvollkommen zu erfüllen pflegen. Die ersten Zwerge waren ausgerechnet die US-Amerikaner, die bei der WM 1950 Lehrmeister England 1:0 schlugen – weil das einfach ein Übermittlungsfehler sein mußte, machte eine englische Zeitung daraus ein 10:1 für England. 16 Jahre später war Italien das Opfer der Exoten-Unterschätzung. Die hochbezahlten Profis verloren 0:1 gegen Nordkorea, für das der Zahnarzt Pak aus Pjöngjang traf. Was konnte nach Nordkorea noch kommen? Richtig, die Färöer-Inseln, 1:0 gegen Österreich in der EM-Qualifikation 1990 – diese Niederlage, nicht einmal auf einem windschiefen Hang in der nördlichen Nordsee erlitten, sondern in einem schmucken Stadion im schwedischen Landskrona, gehört zu den unauslöschlichen Traumata des Landes, das Dr. Freud hervorbrachte und ihn danach so nötig gehabt hätte.

Und die Deutschen? Sie haben immerhin ein 0:0 gegen die Albaner 1967 zu bieten, das die EM-Qualifikation kostete (das Fernsehen zeigte es gnädig erst einen Tag später um 23.35 Uhr), ein 0:0 gegen Tunesien bei der WM 1978 und dann das 1:2 gegen Algerien bei der WM 1982. Wer will, kann auch die EM-Finalniederlage 1992 (→ Kap. 6: *Länderspiel*, Stichwort »Deutschland – Dänemark«) gegen die Urlaubsvertretung aus Dänemark hinzurechnen.

Abb. 8: Ein guter Trainer kann die Viererkette mit höchstens zwei Händen erklären.
Umberto Barberis im Oktober 1994.

8. Trainer

Was ist ein Trainer? »Ein Trainer ist nicht ein Idiot!« So brachte es Giovanni Trapattoni 1998 in seiner legendären »Habe fertig«-Rede auf den Punkt. »Ich bin
müde jetzt Vater diese Spieler, eh, verteidige immer diese Spieler! Ich habe immer die Schulde über diese Spieler.«
    Immer die Schulde. Trainer sind Personalchefs, die Angestellte auswählen;

Dienstplaner, die deren Arbeitszeiten festlegen; Übungsleiter, die ihnen technische Vorgänge erklären; Psychologen, die gruppendynamische Prozesse analysieren; Sozialarbeiter, die persönliche Probleme der Mitarbeiter lösen; Bürovorsteher, die Informationen über Konkurrenten sammeln; Planer, die ihren Angestellten Problemlösungsstrategien aufzeigen; Pressesprecher, die hinterher erklären müssen, warum die Angestellten das nicht verstanden haben. Und, wenn das zu oft passiert, gegen einen anderen ausgetauscht werden.

Im deutschen Fußball ist der Trainer eine vergleichsweise schwache Figur: viel Verantwortung, wenig Macht. Vor dem Krieg gab es, abgesehen von den Reichstrainern Otto Nerz und Sepp Herberger, keinen Trainer, der gravierenden Einfluß gehabt hätte. Der Schalker Kreisel, der den deutschen Fußball in den 30er Jahren dominierte, war nicht das Kind eines Coaches, sondern geprägt von zwei Spielern, den Schwagern Fritz Szepan und Ernst Kuzorra. Zur selben Zeit hatte sich in England in Gestalt von Herbert Chapman (1873-1934) die allmächtige Trainerfigur herausgebildet, die bis heute die Arbeit in den Spitzenklubs auf der Insel prägt: Dort heißt der Trainer »Manager« und ist beides in Personalunion – knorrigen, oft schottischen Figuren wie Chapman, Bill Shankly, Matt Busby oder Alex Ferguson redet niemand in ihre Arbeit hinein, schon gar kein Spieler.

In England, das schon seit dem 19. Jahrhundert Profifußball hat, und in Ländern wie Italien etablierte sich eine Angestelltenkultur des Fußballs, die es Spielern nicht erlaubt, sich außerhalb des Spielfeldes oder gar gegen den Trainer zu profilieren – es gilt die eiserne Regel: mit der Presse nur über sich selbst reden. Dagegen haben die deutschen Vereinstrainer erst mit der späten Legitimierung des Professionalismus und mit der Einführung der Bundesliga 1963 eine vergleichbare Rolle eingenommen. In Deutschland ragte, im Gegensatz zu anderen Ländern, die Rolle des Nationaltrainers heraus, dessen Mystifizierung in Gestalt von Herberger durch den WM-Sieg von 1954 Jahrzehnte vorhielt.

Während in den lateinischen Ländern die Arbeit des eleganten, schlauen Helenio Herrera prägend wurde für die Rolle des Trainers und die disziplinarischen Anforderungen an die Spieler, dominierten den deutschen Fußball lange Zeit verschlagene Serben (Cajkovski, Zebec), zynische Österreicher (Merkel, Happel) oder Deutsche, die diese Einflüsse aufnahmen (Lattek). Sie kultivierten ein »Schleifer«-Image, ein Bild des Trainers als kalter Feldherr, als Dompteur im Fußballzirkus, der die Peitsche schwingt, weil die trägen Tiere in der Manege nur diese Sprache verstehen. Weil das Gegenmodell des langfristigen, behutsamen Aufbaus, das Hennes Weisweiler in Mönchengladbach zur ersten Trainerlegende der Bundesliga machte, nur auf wenige Provinzklubs übertragbar blieb (Rehhagel in Bremen, Schäfer in Karlsruhe, Finke in Freiburg), ist die Branche bis heute eher vom Bild des »Feuerwehrmanns« geprägt. Der springt ein, wo es brennt, auch wenn er manchmal nur ein Schaumschläger ist.

Schon in den 70er Jahren bekamen die Profis heraus, daß ihnen nicht viel passieren kann, wenn sie schlecht spielen, weil am Ende der Trainer der Dumme ist. »Herr Rife schaut aus wie ein Aff und ist auch einer«, sagte Stürmer Hans Krankl über seinen Chef beim FC Barcelona. Die Autorität von Bundestrainer Jupp Derwall schwand zusehends, weil Profis wie Kaltz oder Hrubesch sich von ihm nichts sagen ließen und ihm im Trainingslager am Schluchsee vor der WM 1982 auf der Nase herumtanzten (→ Kap. 16: *Ritual*, Stichwort »Wohnen«). Seinen Asisstenztrainer Ribbeck kanzelten sie ab: »Du hast hier gar nichts zu sagen.« Hinzu kam, daß erst in den großen Klubs (Netzer ab 1978 beim Hamburger SV, Hoeneß seit 1979 bei den Bayern) hauptamtliche Manager, da und dort auch noch »Sportliche« oder »Technische« Direktoren für die eigentliche, die langfristige Planung zuständig wurden – während die durchschnittliche Verweildauer eines Bundesligatrainers auf weniger als zwei Jahre sank. Kein Wunder, daß die taktischen Neuerungen des modernen Fußballs nie aus deutschen Vereinen kamen.

In den 90er Jahren gerieten die Trainer noch mehr unter Druck. Alle wurden mächtiger: das Fernsehen, weil es immer mehr Geld für Fußball bezahlte; die Manager, weil sie mit immer mehr Geld hantierten; die Spieler, weil sie immer mehr bekamen. Selbst das Publikum bekam immer mehr Einfluß. Es trug zum Beispiel entscheidend zur Entlassung von Winfried Schäfer beim VfB Stuttgart Ende 1998 bei. Sind die Fans erst einmal Aktionäre, haben sie über fallende oder steigende Kurse noch mehr Einfluß auf die Trainerwahl.

Und die Trainer selbst? Die zeigen den Wandel vom autoritären Sportkameraden zum Gruppenleiter im Außendienst, der Krawatte trägt, Manager in Motivationstechniken unterrichtet und nie einen Mitarbeiter nach außen kritisiert. Die Schlaueren suchen den langen Weg durch die Institutionen, streben eine dauerhafte Position im Klub an mit verankerten Rechten und Einflußmöglichkeiten. Diese enden aber weiterhin bei den Spielern. Wenn die sich dumm stellen, kann der Trainer noch so schlau sein. Trapattoni scheiterte in Deutschland nicht nur, weil sein Deutsch zu schlecht war, sondern auch, weil die Bayern-Profis keine Lust hatten auf neue, zeitintensive Trainingsinhalte. Aber immer, da machte sich Trapattoni keine Illusionen, »immer habe ich die Schulde über diese Spieler.«

Assistenztrainer

Der Assistenztrainer ist dazu da, die Kommandos und die gelben Leibchen bei der Trainingsarbeit zu verteilen, vor allem aber gibt es ihn, um zu zeigen, daß der Cheftrainer der Chef ist. Es ist das Prinzip Derrick. Wo Harry schon mal den Wagen holen ging, hatte auch Rainer Bonhof seinen rituellen Part: die Antwort auf das immergleiche Reporterstichwort: »Rainer, was hat Berti Vogts in der Kabine gesagt? Wird ausgewechselt?« Während aber Harry auch nach der Zwangspensionierung seines Vorgesetzten nicht zum Chef gemacht wurde – die Stelle wurde lieber gestrichen –, machten die Gladbacher den Assistenten Bonhof zum Chef. Mit wenig Erfolg: Gladbach stieg im Mai 1999 ab, und nach vier Auftaktniederlagen in der Zweiten Liga warf Bonhof im September 1999 das Handtuch. Manchem allerdings reichen nur ein paar Wochen im Assi-Amt, um bleibenden Eindruck zu hinterlassen, so wie Bonhofs Nach-Nachfolger Horst Hrubesch mit seiner EM-2000-Parole nach dem 1:1 gegen Rumänien: »Wir müssen das Spiel erst noch einmal Paroli ziehen lassen.«

Viele Assistenten werden Chefs, manche werden auch gute Chefs, aber nur die, bei denen nichts daran erinnert, daß sie eher der geborene Assistent sind. Horst Köppel, einst Chef bei Borussia Dortmund, wurde später freiwillig wieder Assistent bei Eintracht Frankfurt. Mancher bliebe vielleicht sogar sein Leben lang am liebsten Assi, wird aber irgendwann aus dem Nest geworfen. So wie Klaus Augenthaler, der es bei seinem einzigen Einsatz als verantwortliche Chef-Vertretung schaffte, viermal auszuwechseln – einen zuviel, Punktabzug – und der bei einem Einsatz in angestammter Rolle während des Spiels auf der Bank einschlief. Die Bayern schickten ihn weg, ihm blieb nichts übrig, er mußte Chef werden, aber nur beim Grazer AK.

Bundestrainer

Wie wird man Bundestrainer? Jedenfalls, eine deutsche Besonderheit, nicht als erfolgreicher Vereinstrainer, sondern eher als braver Verbandsbeamter. Oder einfach so: »Du, Papa, ein Herr Braun ist dran.« Originalton Max Breitner, 17, zu Paul Breitner, E-Jugend-Trainer beim TSV Brunnthal. Es war September 1998, der DFB-Präsident war dran, und er fand per Mondscheintarif einen Nachfolger für Berti Vogts. Naja, beinahe. Wie wird man nicht Bundestrainer? Indem man vor der Anwerbung ein Interview gibt, das kurz nach der Anwerbung erscheint und dem neuen Chef nicht gefällt. So blieb Breitner Chef für einen Tag. Aber was heißt hier schon Chef? Den Herberger nannten sie so, aber danach war eigentlich nur noch Beckenbauer der Chef. Schon Herbergers Nachfolger und früherer Assistent Schön wirkte wie ein allzu freundlicher Harmoniemensch, der sich schwere Entscheidungen gerne abnehmen ließ, vom Franz natürlich.

Oder Derwall – ebenfalls viel zu weich, sich gegen kaltschnäuzige Profis durchzusetzen. »Häuptling Silberlocke« hatte zudem das Pech, keine Indianer auf dem Feld zu haben, die seine Autorität anerkannten. Im Gegenteil, die Chefs in der Mannschaft machten mit Derwall, was sie wollten. »Der war völlig unsicher und hat viele Fehler gemacht«, fand Karl-Heinz Förster. Briegel und Rummenigge konnten ihn leicht beeinflussen, Kaltz und Hrubesch machten, was sie wollten. Und dann hatte er auch noch Beckenbauer im Nacken, den *Bild* längst als Nachfolger forderte. Nach dem Aus bei der EM 1984 war's aus mit Derwall.

Dann kam der Kaiser, der nicht mal Bundestrainer wurde, sondern, mangels Trainerschein, Teamchef. Der Teamchef hatte das große Glück, die reichlichen Pannen und Peinlichkeiten seiner Amtszeit mit dem WM-Sieg von Rom vergessen zu machen. Danach kam Vogts, der den Glanz seines Vorgängers acht Jahre lang als Ballast herumschleppte. Und dann kam auch noch Ribbeck, der 14 Jahre vorher, als vormaliger Assistent von Derwall laut den Regeln der DFB-Dynastik zu dessen Nachfolge bestimmt, übergangen worden war – natürlich zugunsten von Beckenbauer. So gesehen, hätte es auch der Breitner werden können. Der hatte als Spieler unter Beckenbauer auch nicht viel zu bestellen.

Erfolgstrainer

Was macht den Trainer zum Erfolgstrainer, zur gesuchten Attraktion? Was unterscheidet die Latteks, Weisweilers, Rehhagels, Daums, Hitzfelds, Trapattonis von den durchschnittlichen Kollegen? Ein Tip: erstens das Gespür für die Mischung in einer Mannschaft. Zweitens das kommunikative Talent für die Vereinfachung des Wichtigen. Drittens die Sturheit, die unwägbaren Zufallsmomente des Fußballs im Glücksfall auszunutzen, im Unglücksfall auszusitzen. Viertens den Dusel, daß der richtige Fuß im richtigen Moment den richtigen Tritt macht. »Die Trainer sind alle erfolglos, bis auf den, der mit seiner Mannschaft Meister wird«, schrieb der Kabarettist und Torwart Werner Schneyder. »Leider weiß man nicht vorher, welcher Trainer Meister wird, denn sonst würden alle finanzkräftigen Clubs ja nur den engagieren.«

Feuerwehrmann

So heißt der Kurzarbeiter der Trainermaschinerie, die früher ein Karussell war, auf dem lauter neue Besen sitzen, oder so ähnlich. Wie der berühmte Bohrloch-Löscher Red Adair aus Texas zu jenen Brandherden flog, die anderen zu feurig waren, so war der Feuerwehrmann in der Bundesliga immer dann gefragt, wenn die Situation irgendeinem nervenschwachen Präsidenten zu heiß wurde – der letzte Löscheinsatz gelang Jörg Berger Mitte 1999, als er die Frankfurter Eintracht mit vier Schlußsiegen punktgenau vor dem Abstieg bewahrte; im Winter 1999 mußte er den Stuhl allerdings bereits wieder räumen, um dem Löschkollegen Felix Magath Platz zu machen. Man könnte die Feuerwehrmänner auch als die Notärzte unter den Fußballpädagogen bezeichnen. Sie bemühen sich in der Regel, ein rigoroses Image aufzubauen, um von den Profis, die sie kurzfristig auf Erfolgskurs bringen sollen, gefürchtet zu werden (→ Schleifer). Zu diesem Image gehören durchgreifende Sofortmaßnahmen wie Abservieren von ein, zwei Spielern, Vorverlegung des Trainingsbeginns, Videoverbot auf Klassenfahrt und ähnlich Bedrohliches für motivationsschwache Millionäre. Aber ach, irgendwie wirken all die Muskelspielchen nicht mehr sonderlich zeitgemäß – der Feuerwehrmann ist ein Auslaufmodell, weil personelle Kontinuität erwiesenermaßen mehr bringt. Deshalb sitzen die meisten alten Besen immer länger auf dem Karussell herum.

Fuchs

Das Gesicht des Trainerfuchses wird in Deutschland auf ewig das von Sepp Herberger sein. »Das Leben hatte ihn gewitzt gemacht, listig, schlau, opportunistisch, giftig, bockbeinig«, schrieb sein Biograph Jürgen Leinemann. Dieser »Erik Ode auf der Trainerbank« (Walter Jens) mit seinem berühmten Notizbuch war auch ein begnadeter Bürokrat, der der Nachwelt 361 Ordner hinterließ. Als seine größte Finte wird immer das 3:8 in der WM-Vorrunde gegen Ungarn 1954 angeführt, das die Favoriten später im Finale in Sicherheit wiegte – in Wirklichkeit war es nur aus der Vernunft geboren, seine besten Spieler für das entscheidende Vorrundenspiel gegen die Türken zu schonen. Die Ungarn waren nicht so klug, spielten mit den Besten, Puskas wurde von Liebrich verletzt.

Seit Herberger haben es die Füchse schwer im deutschen Fußball. Franz Beckenbauer wollte 1988 vor dem EM-Halbfinale gegen Holland einer sein und schrieb, um Rinus Michels zu verwirren, Littbarski auf den Aufstellungsbogen. Kurz vor Spielbeginn veröffentlichte der DFB eine Pressemitteilung: Magenverstimmung beim Aufwärmen, Littbarski spielt nicht, statt dessen Mill als dritter Stürmer. Und siehe da, der angeblich verhinderte Littbarski wird später, als die Sache mit Mill nicht eingeschlagen hat, eingewechselt. Holland gewinnt 2:1. Beckenbauer hat das schwer gefuchst.

Globetrotter

Diese Rolle hat neben einigen vielbeschäftigten Jugoslawen wie Bora Milutinovic und dem liebenswürdigen Entwicklungshelfer Holger Obermann keiner besser ausgefüllt als Rudi Gutendorf, genannt »Riegel-Rudi«, weil er mit einer Art Catenaccio den MSV Duisburg einmal zum Vizemeister gemacht hatte. Aus Dutzenden exotischer Länder kam Gutendorf immer mit überraschenden Erfolgen, noch überraschenderen Geschichten und meist mit schönen Frauen zurück, die anders als er immer jünger wurden. Zu seinen bisher letzten Jobs kam er 70jährig auf Mauritius und in Ruanda – zwei Ländern, die ihm in seiner Sammlung noch gefehlt hatten. Berlins Olympiawerber für die Spiele 2000 wollten gern die Stimme von IOC-Mitglied Ram Ruhee haben, der zugleich Präsident des mauritianischen Fußballverbandes war – der wollte Gutendorf, und Berlin bezahlte. Aber nur einmal. Nach der ersten Rate von 30.000 Mark war kein Geld mehr da. Und Gutendorf war wieder auf dem Heimweg.

Professor

Wer allzu gebildet über Fußball zu reden vermag, riskiert es, »Fußball-Professor« genannt zu werden. Oder gar »Theoretiker« – Schimpfwort in einer Branche, die glaubt, daß man das, was einen guten Trainer ausmacht, nur als Fußballer erlernen kann und nicht in irgendwelchen Seminaren. Deshalb legen Exprofis als bevorzugte Neu-Trainer den enggefaßten Horizont des Gewerbes fest. Dabei hatte Juancito Lopez, der Uruguay 1950 überraschend zum Weltmeister machte, »nie in seinem Leben einen Ball mit dem Fuß berührt«, wie der berühmte Reporter Diego Lucero, Augenzeuge aller Weltmeisterschaften von 1930 bis 1990, schrieb. »Aber er war ein Demagoge.« Deshalb war die Bezeichnung »Professor« im südamerikanischen Fußball immer ein Lob, ganz anders als im europäischen.

Die Folge dieser Verachtung der Theorie: »Es gibt zu viele ungebildete Trainer.« Das jedenfalls behauptet Egil Olsen, der die vorher erfolglosen Norweger mit eigenartigen Spieltheorien zweimal zur WM-Teilnahme führte (→ Kap. 9: *Taktik*, Stichwörter »Kick and Rush«/»Konter«). »Fußball ist so sehr kommerzialisiert worden, doch Trainingslehre und Spielanalyse sind absolut altmodisch«, fand Olsen. »Überall im Sport wird mit modernster Technik geforscht, doch wenn im Fußball einer wie ich wissenschaftlich arbeitet, heißt es: der komische Professor mit seinen Zahlen.«

Auch allzu wohlformulierte Weisheiten machen Trainer schnell theorieverdächtig. »Guter Fußball, das ist geordnete Unordnung« – so redet keiner, der in der Praxis als Torschütze glänzen konnte. Aber der es sagte, schaffte es, als Bayern-Trainer den Torschützen vom Dienst von einer Ladehemmung zu befreien: Dettmar Cramer ließ Gerd Müller stundenlang von seinen schönsten Toren erzählen – schon traf er wieder. Ein kleines praktisches Meisterwerk, das der »Professor« stolz in seinem Buch über »Fußballpsychologie« verewigte. Da heißt es auch: »Der Umgang mit Spielern ist wie mit jungen Hunden: Da muß auch klar sein, wer der Boß ist!«

Aber Cramer wußte auch, daß man es mit der Theorie nicht übertreiben darf – so wie es etwa Walter Winterbottom tat, der Manager der englischen Nationalmannschaft in der völlig erfolglosen Zeit von 1946 bis 1963. Er pflegte seine Spieler mit 90 Minuten langen Mannschaftsbesprechungen zu nerven (vermutlich als Strafe dafür wird ihm seitdem Jahr für Jahr an Silvester als Mr. Winterbottom in »Dinner for one« übel mitgespielt). Man darf einfach nicht zu viel voraussetzen bei den Spielern – manche können sich zum Beispiel die Bilder und Kreuze auf der Taktiktafel »nicht projiziert auf den Platz vorstellen«, wie Cramer weiß. Die Brasilianer zum Beispiel verstanden 1970 die Strategie von Mario Zagallo erst, als der ihnen eine Holzplatte grün anstrich und kleine Holzspieler bastelte, mit aufgemalten Schnurrbärten. Sie wurden Weltmeister.

Psychologe

Wenn das Spiel erst einmal läuft, hat der Trainer nicht mehr viel zu bestellen. »Die Spieler haben uns immer wieder bestätigt, daß es sie eher durcheinanderbringt, wenn der Trainer ihnen etwas zuruft, weil sie häufig nicht genau verstehen, was er meint«, resümierte ein Psychologe seine Tätigkeit für deutsche Profiklubs in den 80er Jahren. Also muß das Wesentliche vorher passieren, und weil das einzig Hilfreiche, das der Fußballer mit auf den Platz nehmen kann, sein Kopf ist, muß ein Trainer immer auch Psychologe sein. Wenn er ein guter Psychologe ist, dann ist in dem Kopf etwas drin, was der Spieler im Spiel brauchen kann.

Das ist eine Kunst, die der große Mime Bernhard Minetti bei seinem Freund Sepp Herberger lobte: »Er hatte eine ganz unwissenschaftlich-unintellektualistische Fähigkeit, Psyche zu behandeln und zu erkennen. Das war eine einmalige Fähigkeit. Seppl hatte die Intuition und die Instinkte genialischer Menschen. Er war imstande, eine Aufführung zu betrachten, und sagte, zum Beispiel im Sinne des Konkurrenzschaffens innerhalb einer Mannschaft, eines Ensembles: Der ist schwach und wird nur mitgenommen vom Ensemble; der findet nicht zu sich, der hat noch nicht genug Technik, der kann nicht genug, will aber, der ist originell; der ist handwerklich perfekt.«

Nach Herbergers Tod wurde die Fußballseelenkunde zu einer Massenbewegung. »Psychologisch«, sagte der bekannte Ko-Kommentator K.-H. Rummenigge bei jedem Spiel, das kurz vor der Pause die deutsche Mannschaft im Rückstand sah, »psychologisch wäre es unheimlich wichtig, vor der Pause noch den Ausgleich zu erzielen.« Um unter den vielen Hobby-Analytikern noch als »Psychologe« zu gelten, muß sich ein heutiger Trainer schon irgendetwas Originelles in der Rubrik »Motivation« ausdenken. Kölns Trainer Christoph Daum nagelte 23 Tausend-Mark-Scheine an die Kabinentür: Seht her, das ist eure Prämie; Köln gewann 2:1 gegen Bremen. Klaus Toppmöller hängte den Eintracht-Adler in die Umkleide.

Helenio Herrera stellte Schilder mit der Aufschrift SCHNELLIGKEIT und TECHNIK in der Inter-Umkleidekabine auf, warf beim Training reihum mit Bällen nach seinen Spielern und schrie: »Was denkst du über das Spiel? Warum werden wir gewinnen?« Die Spieler mußten laut antworten: »Wir gewinnen, weil wir gewinnen wollen.« Herrera hielt am Ende den Ball hin, die Spieler mußten ihre Arme nach ihm ausstrecken und rufen: »Das ist der Europa-Cup!

Wir müssen ihn haben! Wir werden ihn haben! Ahahahah!!!« (→ Kap. 16: *Ritual*, Stichwort »Berührung«). Es geht natürlich auch einfacher, wie Franz Beckenbauer zeigte, als er vor dem WM-Finale 1990 zu seinen Spielern sagte: »Geht's raus und spielt's Fußball.« Herberger lebt.

Schleifer

Wozu brauchen Fußballer eigentlich einen Trainer? Schließlich trainieren ja sie. Und nicht der Trainer. Jedenfalls war der Berufsstand des Trainers einer, der zunächst als eher entbehrlich für fußballerischen Erfolg galt und deshalb einige Jahrzehnte brauchte, um sich Respekt zu verschaffen. Noch Mitte bis Ende der Fünziger »leiteten Spieler die Mannschaften: di Stefano, Mazzola, Sivori, und der Trainer trug die Taschen«, erinnerte sich Helenio Herrera. »Ich habe das alles geändert. Ich habe gesagt, daß ich der Trainer bin und damit der Boß. Und danach haben Trainer angefangen, gutes Geld zu verdienen.« Herrera führte nicht nur den Catenaccio mit stürmenden Verteidigern ein, sondern auch Trainingslager, Disziplinkontrollen, Bespitzelung, befohlene Rituale, Psychotricks. »Inter Mailand zu verlassen war wie aus der Armee entlassen zu werden«, erinnerte sich ein früherer Untergebener Herreras.

Die Ära der Schleifer hatte begonnen, die von Merkel, von Happel (der die despotischen Methoden aber mit genialen taktischen Neuerungen kombinierte), von Lorant und Zebec (ehe er 1980 betrunken auf der Bank einschlief) – jener Trainer also, vor denen die Spieler im besten Fall eine solch tiefe Angst hatten wie die Klinkenputzer in einer Drückerkolonne vor ihrem Einpeitscher. Die beste Zeit dieser Stabsfeldwebel waren die 60er und 70er Jahre, ehe ein eher kooperativer Führungsstil aus dem Wirtschaftsleben mit üblicher Verspätung auch das Fußball-Business erreichte.

Der Wendepunkt im Deutschland war das Aufbegehren der Bayern-Profis 1979 gegen die Verpflichtung Max Merkels, die erste große Spielerrevolte im deutschen Fußball. Präsident Neudecker, bis dahin der mächtigste Mann der Bundesliga, schimpfte über den »Anarchisten« Breitner und trat zurück – Merkel blieb im Vorruhestand. Uli Hoeneß wurde Manager, die Bayern gewannen sieben der nächsten elf Meisterschaften und machten sich auf den Weg vom Gutsherrenklub zum Unterhaltungskonzern. Im modernen Dienstleistungsbetrieb Fußball ist jeder Hauch von militärischem Drill schlecht fürs Image. Deshalb ist die teamfähige, kommunikationsstarke Führungskraft gefragt, die sich in die psychische Problemsituation ihrer Kreativkräfte feinstens hineinfühlen kann. Und der Schleifer? Leider keine neuen Stellen reingekommen, als Arbeitskraft einfach nicht mehr integrierbar.

Abb. 9: Die Steppke-Taktik »Immer druff« sieht sich heute geadelt als »Paralleles Verschieben« und »Herstellen von Überzahl in Ballnähe«. E-Jugend-Szene in Hamburg, September 1997.

9. Taktik

»Freiheit mit Ordnung«, so definierte Picasso die moderne Kunst. Die moderne Kunst des Fußballs droht in ihrer Freiheit immer wieder erstickt zu werden, erstickt von der Ordnung. »Der heutige Fußball ist gefangen in Systemen, die verhindern, daß die Spieler ihre Individualität ausdrücken. Dagegen müssen wir kämpfen«, sagte der Brasilianer Mario Zagallo, 1958 als Spieler Mitglied der vielleicht begeisterndsten Mannschaft der Fußballgeschichte und 1970 der letzte Trainer, der mit vier Stürmern (Pelé, Jairzinho, Tostao und Rivelino) Weltmeister wurde. 28 Jahre später ließ Zagallo im WM-Finale gegen Frankreich mit zwei Stürmern (Ronaldo, Rivaldo) spielen und verlor.

Ordnung in allen Dingen, sei es die natürliche Symmetrie von Zugvögeln oder die Musik eines Orchesters oder das weltmeisterliche 4-2-4 der Brasilianer von 1958. Einer, der 1958 dabei war, der zweimalige Final-Torschütze Vava, sagte 30 Jahre später: »Ich bin nicht einverstanden mit all dieser Taktik. Alle Systeme werden erfunden, um zu zerstören.« Aber was, fragte ihn ein Journalist, tut er, wenn er das schlechtere Team trainiert? »Okay, ich würde mit einem Ausputzer hinter der Abwehr spielen.« Und so ließ Vava, einst der Sturmpartner von Pelé, als Trainer der brasilianischen Junioren-Auswahl in den 80er Jahren bei einem Länderspiel mit Ausputzer spielen. Das Resultat gegen die ebenso sicherheitsbewußten Jung-Engländer war ein schauriges 0:0. Beide Nationen hatten ihre einst revolutionären Systeme (Brasilien als Weltmeister 1958 mit 4-2-4, England als Weltmeister 1966 mit 4-4-2) wegen langer Erfolglosigkeit verlassen und das erfolgserprobteste System des Kontinents kopiert: das deutsche.

Heute kopiert niemand mehr deutsche Taktik, aber diese Episode verdeutlicht die Crux des Spieles: Unsicherheit produziert Sicherheitsfußball. »Die Reise vom Wagnis zur Angst, Geschichte des Fußballs im 20. Jahrhundert, ist der Weg vom 2-3-5 zum 5-4-1, über das 4-3-3 und das 4-4-2«, beklagt der uruguayische Fußballromantiker Eduardo Galeano. Das Dreieck hat sich umgedreht. Beim 2-3-5-System, der »schottischen Furche«, das erstmals 1877 gespielt wurde, stand die Spitze des Aufstellungs-Dreiecks auf der eigenen Torlinie: Vom Torwart aus verbreitete es sich bis zum fünf Spieler umfassenden Schenkel der Sturmreihe. Inzwischen machen sich zum Beispiel im System der norwegischen Nationalmannschaft fünf Abwehrspieler nahe der eigenen Torlinie breit, während vorne eine einsame Spitze das auf den Kopf gestellte Dreieck abschließt.

Dazwischen lagen in mehr als hundert Jahren mehrere Entwicklungsschritte, in denen immer mehr offensive in defensive Kräfte umgewandelt wurden. Das WM-System von Herbert Chapman Anfang der 30er machte einen Stürmer zum Stopper. Der Schweizer Riegel von Karl Rappan in den 40ern und 50ern zog noch einen Angreifer mehr ab und spielte mit Stopper und Ausputzer. Der Catenaccio (»Riegel«) von Helenio Herrera trieb die Raumverengung in den 60ern noch weiter, mit vier Abwehrspielern, einem Libero und drei defensiven Mittelfeldspielern. Das 4-3-3 der Engländer 1966 ohne echte Außenstürmer, dafür mit dem neuartigen »Sweeper« (Feger) vor der Abwehr, leitete die Rückentwicklung in die Richtung ein, daß ein Übergewicht im Mittelfeld erzielt werden muß, bis hin zum Fünfermittelfeld der Franzosen bei der Europameisterschaft 1984.

In Zusammenhang mit Raumdeckung und Forechecking entwickelte sich, vorgeführt beim AC Mailand mit Trainer Arrigo Sacchi Ende der 80er, der moderne Raumfußball, der sich weniger an starren Positionsverteilungen orientiert als an dem Ziel, in Ballnähe immer eine Überzahl zu schaffen, den ballführenden Gegner schon in dessen Hälfte unter Druck zu setzen, ihm die Räume eng, die Zeit knapp zu machen. Für diesen Zweck hat der Fußball das taktische Rückzugsgefecht, das er hundert Jahre lang bestritt, indem er Stürmer zu Verteidigern machte, erstmals wieder umgekehrt: Der Libero hinter der Abwehr wurde der Mann davor, entweder weiter als »Libero« wie Franco Baresi beim AC Mailand, als »sweeper« in England oder als »Staubsauger«. Der moderne Fußball lebt von laufstarken Mittelfeldspielern, die Hennes Weisweilers Ziel wahr machen: »Sind wir am Ball, sind alle in der Offensive. Ist der Gegner am Ball, sind wir alle in der Defensive.« Die Universität Liverpool ermittelte nach der WM 1998, in welchem von insgesamt 18 Teilfeldern des Fußballplatzes die stärksten Mannschaften ihre entscheidenden Vorteile haben – in der »Zone 14«, dem Areal vor dem Strafraum.

Die fixen Spielpositionen haben sich vor allem im Zuge des »Fußballs total« der Niederländer in den 70ern aufgelöst, ebenso, durch den internationalen Spielverkehr, nationale Stilformen. »Das letzte, was wir an Neuerungen gesehen haben, das waren die Holländer bei der WM 1974«, sagte Pelé nach der WM 1998. »Sie haben einen total anderen Fußball gespielt. Das war die große Wende. Bis heute haben wir taktisch nichts Neues gesehen. Fast alle Teams spielen gleich. Eine Menge von ihnen spielen das 4-4-2-System, manchmal die Variation 5-3-2 oder 4-3-3.« Frankreich und Brasilien, die WM-Finalisten, spielten jeweils 4-4-2, also mit Viererkette. Laut der WM-Analyse durch den Technischen Direktor der UEFA, Andy Roxburgh, spielten 75 Prozent aller Teams sogar mit nur drei Spielern in der Abwehr, allen voran die Niederländer. Nur die Deutschen wahrten so etwas wie nationale Fußballidentität, indem sie mit Manndeckung und Libero spielten statt mit Dreier- oder Viererkette. Doch dieser Widerstand gegen die taktische Globalisierung hat sich nicht gerade ausgezahlt.

Abseits

Schon bei den Fußball-Grundregeln 1863, als weder Zahl der Spieler noch Dauer des Spieles noch Größe des Feldes oder der Tore festgelegt waren, bestand die erste Abseitsregel: Es galt als unfair, Tore hinter dem Rücken des Gegners zu erzielen. Seitdem ist sie die Regel mit dem größten Einfluß auf die Fußballtaktik.

Erst ihre Neufassung im Jahr 1925 nach achtjähriger Regeldiskussion hat dem Fußball das Gesicht gegeben, das er bis heute hat. Seitdem reichen zwei Gegenspieler (in der Regel Torwart und ein Abwehrspieler) zwischen vorderstem Angreifer und Torlinie bei Ballabgabe aus, um nicht abseits zu sein. Vorher waren drei nötig. Da war es leicht, den Gegner abseits zu stellen. Es war kaum konstruktives Spiel möglich, man spielte Kick and Rush wie im Rugby, in einem starren System mit vier Abwehrspielern, fünf Stürmern und nur einem Mittelfeldspieler (Mittelläufer). Und es fielen wenig Tore. Durch die Änderung der Abseitsregel wurde der Fußball modern, Spielaufbau und Ballkontrolle lohnten sich nun. Es entstanden neue taktische Systeme, als erstes Herbert Chapmans WM-System, und es fielen viel mehr Tore: So kam der legendäre Dixie Dean für Everton in der Saison 1927/1928 auf 60 Ligatore in 38 Spielen.

Gut also, daß es die Abseitsregel gibt. Nicht zuletzt auch deshalb, weil man sich so wunderbar über sie und ihre geheimnisvollen Verwinkelungen und Ermessensräume erregen kann – eine Regel, die alle Sinne fordert, weswegen man auch sagt: Das roch nach Abseits. So kompliziert die Abseitsregel zu erklären ist und so vielfältig ihre Ausnahmen, so sicher prägt sie sich auch schlichteren Gemütern dauerhaft ein. Trotz ihrer theoretischen Komplexität und ihrer praktischen Überforderung für das menschliche Auge (das in vielen Situationen nicht gleichzeitig den abgespielten Ball und den angespielten Akteur im scharfen Blickfeld haben kann) hat sie die Karriere des Fußballs zum weltweiten Volkssport nicht behindert, sondern befördert. Denn mehr als jede andere Regel prägt sie die taktische Dynamik auf dem Platz und zwingt zum Laufspiel, macht Fußball damit erst attraktiv.

Der ursprüngliche Begriff »offside« wurde wie alle englischen, also feindlichen Wörter kurz vor dem Ersten Weltkrieg auf staatliches Geheiß von einer Kommission ins Fußballdeutsche übersetzt (während man in der Schweiz immer noch Offside sagt). Wörtlich genommen ist die Übersetzung ein Fehlgriff. Abseits im ursprünglichen Sinn, das ist immer etwas Passives, jemand, der beiseite steht, nicht eingreift. Der Fußballer aber ist nur abseits, wenn er aktiv ist; wenn er passiv bleibt, wird nicht Abseits gegeben, selbst wenn er abseits steht. Alles klar? Um so aktiver sind hinterher meist alle beim Protestieren.

Abseitsfalle

Die erste Form der Abseitsfalle, die in der Frühzeit des englischen Profifußballs besonders der FC Newcastle perfektionierte, wurde zu einem solchen Hemmnis für das Offensivspiel, daß die Abseitsregel 1925 entschärft wurde – danach dauerte es fast fünfzig Jahre, bis dieses taktische Mittel abermals entstand. Aber das Schöne an ihr ist, daß mitunter der hineintappt, der sie stellt. Deshalb ist das überfallartige Ausschwärmen aller Abwehrspieler auf Kommando, mit dem Belgier und Holländer seit Mitte der siebziger Jahre ihre ballführenden Gegner unter Streß setzten, nur eine Episode der Fußballhistorie geblieben. Das Verfahren erwies sich als zu riskant – ist ein quicker Gegner am Ball, vermeidet er die Falle, indem er sich den Ball selber vorlegt, in den von der gegnerischen Abwehr freiwillig geöffneten Raum. Dennoch war die Abseitsfalle, an deren Entstehung der Österreicher Ernst Happel als Trainer bei Feyenoord Rotterdam und beim FC Brügge entscheidend beteiligt war, ein Meilenstein auf dem Weg, den der Fußball seit der geräumigen Zeit der großen Mittelfeldstrategen der frühen siebziger Jahre genommen hat – hin zur ständig forcierten Raum- und Zeitverknappung für den ballführenden Gegner. Ein Jahrhundert lang mußte sich der Angreifer kaum unter Druck fühlen, durfte Raum und Zeit nutzen, um die richtige Entscheidung für einen Paß oder Schuß zu treffen – die gegnerische Abwehr setzte erst kurz vor dem Strafraum ein, und sie reagierte nur. Mit der Abseitsfalle begann die Zeit der aktiven Vorwärtsverteidigung, die die Ära der raumgreifenden Spielmacher beendete.

Catenaccio

Die italienische Form (und Übersetzung) des Schweizer »Riegels« machte den internationalen Fußball der 60er Jahre zu einer trüben Angelegenheit – 1962 galt als Beton-WM, 1966 als Ausputzer-WM, und den Europapokal dominierte Inter Mailand mit dem öden Tresor-Fußball, den Trainer Helenio Herrera zur Vollendung gebracht hatte. Der Österreicher Karl Rappan hatte den »Riegel« in den 30er Jahren als Trainer von Servette Genf und Grasshopper Zürich aus dem weltweit üblichen WM-System entwickelt. Weil im WM-System der Mittelläufer Probleme bekam, wenn zwei Angreifer durch die Mitte kamen, funktionierte Rappan einen Halbstürmer in einen Innenverteidiger um, den Ausputzer, der zusammen mit dem Mittelläufer den »Doppelstopper« bildete – ein Verteidiger spielte gegen den Mann, einer als Absicherung. War die Mannschaft in der Verteidigung, zogen sich alle zehn Feldspieler in die eigene Hälfte zurück. Erstmals erhielten damit Angreifer auch Abwehraufgaben.

In den 50er und 60er Jahren waren es vor allem die Italiener, die das »Hintendichtmachen« perfektionierten – als erste tat das die Mannschaft von Triest 1948 als Notmaßnahme gegen den Reichtum der Mailänder und Turiner Klubs, die sich erstmals mit teuren ausländischen Stürmern eingedeckt hatten. Weil das Triester Modell funktionierte, übernahmen auch die großen Klubs schnell das Sicherheitssystem, das erst »Verrou«, dann »Catenaccio« hieß. Herrera, unter dem es den größten Erfolg hatte, vermischte die Aufgaben und Positionen: Vor dem Riegel von sieben Manndeckern und einem Ausputzer war nur Platz für zwei Angreifer, davon ein nur hängender Linksaußen – dafür durften die Verteidiger stürmen, vor allem sein Lieblingsspieler Facchetti, der zum Prototyp des stürmenden Außenverteidigers wurde.

Die deutsche Variante von »Riegel-Rudi« Gutendorf mit den stürmenden Außenverteidigern Heidemann und Sabath führte den MSV Duisburg in der ersten Bundesligasaison 1963/64 auf den zweiten Platz. 1966 wurde England mit der Insel-Variante des Riegels Weltmeister, mit angreifenden Verteidigern statt Außenstürmern, dem »wingless wonder« des 4-4-2, allerdings mit dem Ausputzer vor der Abwehr, genannt »sweeper«. Die folgende Gegenentwicklung zum Riegel mit dem offensivfreudigen Libero statt des destruktives Ausputzers, die in Person von Beckenbauer dem deutschen Fußball seine besten Jahre bescherte, verpaßten sowohl Italiener als auch Engländer.

Doch der öde Catenaccio feierte noch einen späten Triumph, als Italien 1982 Weltmeister wurde, mit einem Giacinto Scirea, der ganze Spiele in der eigenen Hälfte verbrachte. Und bei genauem Hinsehen lebt der Catenaccio noch heute, wie die Italiener mit ihrem »Catenaccissimo« bei der EM 2000 bewiesen – nur ein paar Sekunden fehlten zum Titel. Das Hintenreinstellen einer in Führung liegenden Mannschaft, das Aufkonterlauern gegen die Brechstangentaktik des auf den Ausgleich drängenden Gegners – ob man es 11:0-System (elf hinten, keiner vorne) oder Theologentaktik nennt (hinten dicht, vorne hilft der liebe Gott), ist egal: Dieses Spiel funktioniert noch exakt nach den alten Schweizer Riegel-Regeln.

Fußball total

So hieß die erste Taktik, »die Fußballer als Erwachsene behandelte, als selbständige, verantwortliche Wesen«, wie die Londoner *Times* im Rückblick 1998 schrieb. Ihr Grundgedanke: Jeder Fußballer kann alles, Fußballer sind erwachsene, zivilisierte, verantwortliche Wesen. Jeder kann jede Position spielen, die Manschaft ist ständig im Fluß, so wie es jeweils Offensiv- oder Defensivsituationen erfordern. Die ersten, die das der Fußballwelt vorführten, und gleich in Perfektion, waren die Niederländer mit Ajax Amsterdam und ihrem Nationalteam bei der WM 1974. Ansätze zu einem kreativen »Fußball total« hatte auch die deutsche Nationalmannschaft bei der EM 1972 gezeigt, doch zwei Jahre später besann man sich um des Erfolgs willen auf das Bewährte und besiegte die Holländer.

Deren »Fußball total« wurde nur von wenigen Mannschaften übernommen (Barcelona, Milan, Kiew, São Paulo), weil es schwer ist, die dafür nötigen All-round-Spieler zu finden. Die Holländer erziehen sie sich in den Schulen von Ajax und anderen Spitzenklubs, in denen von kleinauf das immergleiche System auf stets wechselnden Positionen geübt wird. 1978 meinte der italienische Stürmer Paolo Rossi: »Die Holländer wechseln Positionen so leicht, als wären sie beim Kaffeetrinken.« In den 90er Jahren erlebte das Kaffeestündchen mit dem 3-4-3-System von Ajax eine Renaissance.

Kick and Rush

Ball wegschlagen, hinterherrennen: Mit dieser Urvariante des englischen Fußballs dominierte der 1. FC Nürnberg den deutschen Klubfußball der 20er Jahre. Kein Wunder, sie hatten einen englischen Trainer, William Turner. Doch schon wenige Jahre später übernahm der FC Schalke 04 das Ruder mit einem ganz andersartigen Spiel, dem »Kreisel« – einem Kurzpaßspiel nach schottischem Vorbild, kombiniert mit ständigem Freilaufen. Seitdem wird dem kontrollierten Aufbauspiel in Deutschland der Vorzug gegeben vor der unkontrollierten Angriffswucht. Doch auf der Insel findet man Kick and Rush auch heute noch, zum Beispiel beim FC Wimbledon, der sich von 1986 bis 2000 damit in der Premier League hält. »Maradona wäre bei uns nicht so groß rausgekommen, er hätte den Ball immer nur über sich hinwegfliegen sehen«, räumt der norwegische Wimbledon-Spieler Oyvind Leonhardsen ein. Der frühere englische Nationalstürmer

Gary Lineker brachte die Mehrheitsmeinung der englischen Fans auf den Punkt mit dem Satz: »Die Spiele von Wimbledon schaut man sich am besten nur im Videotext an.«

Ähnlich weit verbreitet sind die ästhetischen Einwände gegen die Spielweise der norwegischen Nationalmannschaft, die sich mit einer Mischung aus Kick and Rush und Catenaccio 1994 und 1998 für die WM qualifizieren und mehrfach Brasilien besiegen konnte – »Fußball für Höhlenmenschen« hieß es über das destruktive 4-5-1 mit neun Verteidigern und einem Stürmer. Der norwegische Trainer Egil Olsen, der 1999 zum FC Wimbledon wechselte, hielt dagegen: »Wir haben Kick and Rush durch eine radikale Raumdeckung modernisiert und schlagen systematisch lange Pässe nach vorne. Das Mittelfeld benutzen wir gar nicht.« Entscheidend ist den Norwegern nicht Ballbesitz, sondern Ballgewinn – es gilt nicht, den Ball möglichst lange zu kontrollieren, sondern ihn zu erobern und sofort in die torgefährlichen Räume zu bringen. »80 Prozent aller Tore fallen nach Spielzügen mit drei oder weniger Pässen«, hat Trainer und Hochschullehrer Olsen herausgefunden. Seine taktisch-wissenschaftliche Maxime: »Ballbesitz ist nicht sehr wichtig.« Und vermutet, daß die Brasilianer, so gut, wie sie sind, unschlagbar wären, würden sie auch noch so schlau spielen wie die Norweger. Also doch: Kick and Rush? Vielleicht ist das System aus dem 19. Jahrhundert ja das richtige für das 21.

Konter

Das ist in der Regel die dankbarste taktische Situation auf dem Spielfeld, denn sie erwischt einen Gegner, der soeben den Ball verloren hat und noch in der Vorwärtsbewegung ist. Früher betrachtete man den Konter als Zufallsprodukt einer soliden Abwehr, kombiniert mit schnellen, technisch starken Angreifern – begünstigt mitunter von der Unvorsicht des Gegners, der bei eigenem Ballbesitz die nötige Absicherung versäumte. Berühmt für diese Konter »aus dem Lehrbuch« (das es natürlich nicht gab), war die Gladbacher Borussia der 70er Jahre.

In den 90er Jahren entstand eine Theorie, die den schnellen Angriff nach Ballgewinn vom Gegner, also den Konter, gewissermaßen zur strategisch verfolgten Zielsituation macht. Sie stammt von dem früheren norwegischen Nationaltrainer Egil Olsen. »Die auf Ballbesitz fixierten Teams verbringen zu viel Zeit damit, den Ball in der Abwehr und im Mittelfeld hin und her zu passen. Man schießt aber um so mehr Tore, je häufiger der Ball in des Gegners Strafraum ist; und dabei ist es zunächst egal, ob Ihr Team am Ball ist. Entscheidend ist nicht, wer den Ball hat, sondern wo, vor welchem Tor der Ball ist.« Empirische Untersuchungen stützen die Kontertheorie: Die meisten Tore im Fußball fallen demnach, wenn der Ball nach dem Ballgewinn in weniger als sieben Sekunden vors gegnerische Tor gebracht wird.

Manndeckung

Diese uralte Stärke des deutschen Fußballs wurde am Ende des Jahrhunderts als seine Schwäche ausgemacht. »Die Deutschen sind die letzten, die dem Gegner noch hinterherrennen«, konstatierten Fachleute schon vor der WM 1998. Nach der Blamage in Frankreich beklagten deutsche Jungtrainer wie Ralf Rangnick, Jugendspieler würden im besten Lernalter als »Nummerndecker« dressiert: »Man befiehlt ihnen wie Hündchen: Lauf dem oder dem hinterher. Sie werden in ihrem Kindsein völlig reduziert. Denn eigentlich wollen Kinder entdecken, den Ball erobern, Piraten sein.« Günter Netzer bedauerte: »Leider entspricht die Manndeckung der deutschen Mentalität. Selbst Beckenbauer ließ immer Manndeckung spielen.«

Kein Wunder, schließlich wurde Deutschland dreimal Weltmeister, weil es den jeweils weltbesten Spieler in Manndeckung nahm: durch Liebrichs Tritt 1954 gegen Puskas, durch Vogts als Kettenhund von Cruyff 1974, durch Berthold gegen Maradona 1990. Noch 1991 wurde der 1. FC Kaiserslautern mit sturer Manndeckung deutscher Meister. Wie tief die Manndeckermentalität im deutschen Denken verankert ist, zeigt die immergleiche Fußballreporterfrage bei der Zeitlupenwiederholung des Gegentores: »Wo war Gegenspieler xyz?« Der Manndecker war nicht da, wo das Tor fiel, also ist er schuld, denn ein Tor ist immer ein Deckungsfehler, und ein richtig gedeckter Torschütze ist keiner. Der Perfektionsgedanke, der hinter dieser Sichtweise steckt, erlaubt es, die Systemfrage zu umgehen, weil es immer individuelle Fehler sind, nie strukturelle, die zur Niederlage führen. Dagegen wird bei Toren gegen eine Viererkette gern das System verantwortlich gemacht.

Raumdeckung

»Fußball ist ein Spiel aus Raum und Zeit«, dozierte der Fußball-»Professor« Dettmar Cramer. Und für den Feuilletonisten Karl-Heinz Bohrer und sein geflügelt gewordenes Wort galt schon 1972: »Netzer kam aus der Tiefe des Raumes.« Daraus erschließt sich eine naheliegende Fußballgleichung: viel Raum gleich viel Zeit gleich wenig Fehler. Die Gegengleichung: wenig Raum gleich wenig Zeit gleich viele Fehler. Obwohl schon Herberger die »Überzahl in Ballnähe« als wichtige taktische Maxime entdeckt hatte, erwies sich diese Rechnung als zu hoch für den deutschen Fußball. Obwohl ausländische Trainer wie Lorant, Zebec, Happel und Csernai (»Pal-System«) Ende der 70er, Anfang der 80er Jahre die Raumdeckung mit großem Erfolg bei einigen Spitzenklubs einführten, verpaßte das Gros der deutschen Mannschaften bis hin zum Nationalteam die internationale Entwicklung hin zur Raumdeckung, wie sie in Italien, Frankreich, Holland üblich wurde.

Ende der 80er Jahre wurde der AC Mailand zur besten Klubmannschaft Europas, weil seine Raumdeckung, die von den eigenen Stürmern bis zur Viererkette mit Franco Baresi als Libero vor oder in der Kette reichte, dem Gegner die Luft zum Atmen nahm. Ihr Prinzip: mit zehn Spielern die 20 bis 30 Meter hinter dem Ball abdecken. »Die Wahrscheinlichkeit, daß der Gegner da durchkommt, ist viel geringer, als wenn du wie die Deutschen mit Manndeckung spielst«, urteilt der Norweger Egil Olsen. »Da sind deine Spieler über den ganzen Platz verteilt, und der Gegner findet zu viele freie Räume.«

Raumdeckung ist geistig anspruchsvoller als die Manndeckung, in der jeder Spieler nur auf die Bewegung eines bestimmten Gegenspielers reagiert – in der Raumdeckung muß die nötige Flexibilität und Feinabstimmung im Deckungsverbund mit hohem Zeitaufwand erarbeitet werden. Doch Fortbildung ist nicht sehr populär bei den Angestellten: Als Giovanni Trapattoni bei den Bayern, wie in Italien üblich, 2,5 bis 3 Stunden täglich trainieren wollte, murrten die Spieler und setzten sich schließlich durch, es blieb bei eineinhalb. In Spanien und Italien sind Trainingseinheiten rund doppelt so lang, vor allem für das Üben von Technik, Laufwegen, taktischen Varianten.

Vielleicht ist es aber ganz gut, daß der kleine Unterschied in der Deckungstaktik bestehenbleibt. Denn zwei Mannschaften mit Raumdeckung in Perfektion, so wie beim Münchner Europapokalfinale 1993 zwischen Marseille und

Milan, sind ein trister Anblick: Sie führen zur gegenseitigen Neutralisation im Niemandsland des schmalen Streifens beidseits der Mittellinie.

Viererkette

So heißt das rote Taktik-Tuch im Libero-Land, also Deutschland. Wenn eine Mannschaft mit Viererkette, ohne den Libero in der Beckenbauer-Definition, anzutreten wagt, wird ihr jedes Gegentor als Systemfehler in mehrfacher Zeitlupe vorgehalten. »Vor einigen Jahren hat man sich den AC Mailand mit seinem 4-4-2-System und den vier Verteidigern in der Zone angeschaut. Daraus hat man sich die Viererkette herausgepickt. Das ist, als ob Sie ein Auto haben und nur die hintere Stoßstange betrachten«, sagte der Schweizer Rolf Fringer, der mit seinem taktischen Modernisierungsversuch beim VfB Stuttgart nicht durchkam. Sein Fazit: »Zusammenhänge und Unterschiede in den Systemen werden in Deutschland kaum betrachtet. Man belächelt nur bei jedem Gegentor die Viererkette.«

Und übersieht dabei den großen Vorteil des Spiels mit Viererkette: Man hat einen Mann mehr im Mittelfeld oder, wie bei Ajax Amsterdam in der Meistermannschaft von 1995, sogar zwei mehr. Während in Deutschland das 5-3-2-System mit zwei Innenverteidigern plus Libero/Ausputzer immer noch vorherrscht, wird in Italien und England 4-4-2 bevorzugt, auch in Holland (alternativ das 4-3-3 wie bei Juventus Turin oder Real Madrid) und in Brasilien (bei der WM 1998 mit einer 2-2-2-2-Röhre in der Mitte, Cafu und Roberto Carlos außen). Die Franzosen spielten bei der WM 1998 ein 4-4-2 mit pfeilförmiger Angriffsformation mit Zidane oder Djorkaeff hinter einer Spitze. Alle diese Systeme der weltbesten Teams haben vorne die 4, also die Viererkette – ebenjene Einrichtung, die Franz Beckenbauer »lebensgefährlich« genannt hat. Mit dieser lebensgefährlichen Abwehr wurde Frankreich 1998 mit zwei Gegentoren in sieben Spielen Weltmeister und zwei Jahre später Europameister. Mit der Viererkette Thuram-Desailly-Blanc-Lizarazu hat Frankreich in vier Jahren, von 1996 bis zu Blancs Rücktritt 2000, von 26 Spielen 22 gewonnen, viermal remis gespielt und keines verloren. Doch wenn schon nicht Beckenbauer lernte, so doch sein Klub: Mit wechselnder Dreier- und Viererkette wurden die Bayern 1999 überlegen deutscher Meister. Und die Bundesliga begann das zu kopieren.

WM-System

Dieses erste »moderne« Spielsystem entwickelte Herbert Chapman, der Manager von Arsenal London, Ende der 20er Jahre als Reaktion auf die 1925 geänderte Abseitsregel. Es ersetzte das mehr als vierzig Jahre lang angewendete 2-3-5-System (zwei Verteidiger, drei Läufer, fünf Stürmer), indem ein Läufer als »Stopper« in die Abwehr und zwei Angreifer (halblinks und halbrechts) aus der Sturmreihe ins vordere Mittelfeld zurückgezogen wurden – daraus ergab sich eine W-förmige Abwehr und ein M-förmiger Angriff. Dieses WM-System, mit dem Arsenal den englischen Fußball der 30er Jahre dominierte, setzte sich weltweit durch und bestimmte den Fußball bis in die 50er Jahre. Die berühmte »Wundermannschaft« der Ungarn perfektionierte es mit der Variante, daß nicht die Halbstürmer (Puskas und Kocsis) zurückgezogen spielten, sondern Hidegkuti, der »hängende« Mittelstürmer. Damit demontierten sie die englischen Lehrmeister beim berühmten 6:3-Sieg in Wembley 1953 und kurz darauf beim 7:1 in Budapest.

Herberger aber, der das Spiel in Wembley gesehen hatte, sagte schon auf der Fähr-Rückfahrt zu Jupp Posipal über die Chancen gegen Ungarn: »Ich weiß, wie's geht.« Herberger »durchschaute« das System der Ungarn, weil er es in der berühmten Breslauer Elf 1937 mit dem hängenden Mittelstürmer Otto Siffling (er schoß damals fünf Tore beim 8:0 gegen Dänemark) selbst praktiziert hatte. Deshalb ließ er Mittelläufer Liebrich nicht gegen Hidegkuti spielen, um die Abwehr nicht zu entblößen, sondern gegen Puskas, dafür Außenläufer Eckel gegen Hidegkuti. Und so gewann Deutschland das WM-Finale mit dem alten WM-System, obwohl mit Fritz Walter als Spielmacher hinter den Spitzen (wie bei den Ungarn mit Hidegkuti) schon Ansätze zum 4-2-4 der Brasilianer von 1958 erkennbar waren.

»Die Brasilianer von 1958 wären wahrscheinlich mit jedem System Weltmeister geworden«, glaubt der deutsche Trainer Erich Rutemöller. Dennoch bedeutete das unglaublich offensive, oft sogar als 2-4-4 gespielte System der Brasilianer mit zwei Mittelstürmern (Pelé und Vava), einem vorgeschobenen Rechtsaußen (Garrincha), einem hängenden Linksaußen (Zagallo), zwei offensiven Mittelfeldspielern und zwei mitangreifenden Außenverteidigern die endgültige Abkehr vom WM-System.

Abb. 10: La bicicleta. Fallrückzieher von Oliver Neuvillle (Bayer Leverkusen) am 13. 8. 1999 gegen den MSV Duisburg.

10. Technik

Technik ist das, worüber man nicht reden muß. Nur wer Technik und Tempo hat, beherrscht den Ball wirklich, statt mit ihm zu kämpfen, hat Zeit und den Blick frei für andere – kann also Fußball spielen.

Die Technisierung des europäischen Fußballs begann 1924. Die Engländer hatten ihr Spiel in alle Welt verbreitet, auch ihre Spielweise, die man Kick and Rush nannte: Wegschlagen und Hinterherrennen. Und so spielte man denn auch in den Ländern des europäischen Kontinents, weil man dem Vorbild nacheiferte – der schottische Flachpaß, der sich in den 20er Jahren langsam herumsprach, galt schon als der letzte Schrei. Dann kamen die Südamerikaner, in Gestalt der Uruguayer, die 1924 das olympische Fußballturnier in Paris gewannen, und der französische Schriftsteller Henri de Montherlant schrieb: »Eine Offenbarung!

120

Dies hier ist der eigentliche, der wirkliche Fußball. Das, was wir bisher kannten, was wir spielten, war, verglichen mit diesem hier, nicht mehr als ein Zeitvertreib von Schuljungen.«

Dieser »wirkliche« Fußball wollte den Ball nicht wegschlagen, um ihm hinterherzurennen, sondern ihn behalten, behandeln, etwas mit ihm tun, mit ihm spielen. Dribblings, Kurzpässe, Finten, Rhythmuswechsel, Kombinationen. Der Ball als Partner. Was man dazu benötigt, heißt Technik, und es zählt zu den Tücken des Fußballs, daß immer diejenigen die Technik am besten beherrschen, die sie nie gelernt haben oder gar nie wußten, daß es im Fußball eine Technik gibt. Die der Südamerikaner kam von der Straße, aus den Vorstädten, aus dem Spiel mit Lumpenbällen, aus den tänzerischen Bewegungen auf kleinem Fleck. Die Kunst der Zick-Zack-Dribblings, genannt moñas (Schleifen), mit denen die Uruguayer die Europäer stehenließen, erklärte ihr Star Andrade der staunenden Presse so: Die Spieler trainieren die Dribblings, indem sie Hühnern nachjagen. Und die beschreiben bei der Flucht s-förmige Schleifen.

Vielleicht sollte das den Europäern eine gutgemeinte Warnung sein: Laßt den Versuch bleiben, uns zu kopieren, vergeßt es einfach. Aber der Einfluß war spürbar: Erstmals gab es für den europäischen Fußball ein anderes Vorbild als das britische, und aus dem Nacheifern des neuen Fußballideals erwuchsen Ende der 20er, Anfang der 30er Jahre Mannschaften, die ziemlich unbritisch, also »technisch« spielten: der Schalker Kreisel, das österreichische »Wunderteam« mit seinem »Scheiberl«-Spiel, die Italiener, Tschechen, Ungarn. Nur die Engländer nicht. Als die sich wieder mit den Kontinentaleuropäern maßen, nach dem Zweiten Weltkrieg, hatten sie den Anschluß verpaßt.

Aber natürlich ist es nicht so, daß der englische Urtyp des Fußballs, dessen Grundelemente immer noch in jeder Fußballpartie der Welt stecken, technikfrei wäre: Es gibt sehr wohl die technischen Wissenschaften von Spannstoß und Kopfball, Tackling und Ablaufen, Flanke und Finte, Ballannahme und -mitnahme. Außerdem ist Technik ohne Tempo allenfalls eine Show (während Tempo ohne Technik nur Leichtathletik ist, kein Fußball).

Das Schöne an der Fußballtechnik ist, daß sie eben eine Technik ist und keine Technologie wie in anderen Sportarten – eine motorische Fertigkeit, eine menschliche, keine maschinelle. Materielle Aufrüstung wie in hochtechnisierten olympischen Sportarten (Bob, Rodel, Radfahren, Rudern), wie im Powertennis der Graphit-Rackets oder erst recht wie im Kampf der Techniker, Programmierer, Reifenwechsler der Formel 1, all das ist im Fußball nicht möglich.

Deshalb kann ein Fußballspieler technische Defizite wettmachen durch andere Stärken, vor allem körperliche, aber auch durch andere technische. Stürmer wie Jürgen Klinsmann, die immer Probleme beim Stoppen hatten und deshalb lernten, den Ball direkt zu nehmen, sind gar nicht so selten. Obwohl Klinsmann bei der WM 1998 einen Partner wie Oliver Bierhoff hatte, der bei Aktionen unterhalb der Stirnhöhe auch nicht immer sehr elegant wirkt, blieb dem deutschen Fußball – anders als zehn und zwanzig Jahre zuvor nach der EM 1988 und der WM 1978 – diesmal eine Technikdiskussion nach dem Motto »Wo sind die Straßenfußballer geblieben?« erspart. Dafür kam eine Taktikdiskussion.

Es ist nicht immer ein Kompliment für einen Spieler, wenn er »Techniker« genannt wird – das kann auch heißen: Er ist zu langsam oder zu wenig zielstrebig oder zu zweikampfschwach, oder er schießt zu wenig Tore – aber wenigstens Techniker. Herbert Prohaska, Spielmacher der Österreicher beim 3:2-Sieg von Cordoba 1978, der den Deutschen eine Fußballkrise bescherte, sagte hellsichtig über das Klischee des deutschen Kraftfußballs: »Vielleicht ist die Technik der Österreicher nur aufgefallen, weil sie körperlich unterlegen waren.«

Es mag Jahre gegeben haben, in denen bullige Renner und Treter die Außenwirkung der deutschen Nationalelf geprägt haben – doch man wird nicht dreimal Weltmeister, wenn man nur rennen und kämpfen kann. Seit der südamerikanische Einfluß der 20er Jahre bis in den Kohlenpott reichte, seit dem Schalker Kreisel, hat es immer technisch vorzügliche deutsche Vereinsmannschaften gegeben und technisch glänzende Nationalspieler. Ein Fall fürs Technische Hilfswerk ist der deutsche Fußball nie gewesen. Bis zur Europameisterschaft 2000.

Absatzkick

Abgesehen von dem überraschenden Kurzpaß nach hinten, wie ihn Wolfgang Overath mit der Sohle im Repertoire hatte und Gerd Müller als Doppelpaßpartner von Günter Netzer bei dessen »Tor des Jahres« 1972 mit der Hacke (beim 5:1 gegen die Schweiz), ist der Schuß, der nach hinten losgeht, strenggenommen keine Technik, also nichts Wiederholbares, Einstudierbares, sondern eine Improvisation. Die gesamte Fußballtechnik ist darauf ausgerichtet, den Ball vor sich zu haben, in Blick- und Bewegungsrichtung. Nur wenn das einmal nicht funktioniert hat, kommt manchmal das zum Schießen ungeeignetste Fußteil ins Spiel, die Hacke. Weil es so schwer ist, damit zu zielen und auch noch zu treffen, sind die gelungenen Versuche so selten und deshalb so berühmt – etwa die Hacken-tore von Fritz Walter 1956, Rabah Madjer 1987 und Zico 1993 (→ Kap. 11: *Tor*, Stichwort »Hackentor«).

Abstoß

Dem Abstoß kommt im Zuge der zunehmenden Fernsehvermarktung des Fuß-balls eine entlastende Dienstleistungsfunktion zu, die meistens unterschätzt wird. Beim Tennis kann der Zuschauer getrost bei Satzbeginn oder Seitenwechsel, beim Formel-1-Rennen in der Werbepause, beim Boxen zwischen zwei Gongs den Raum verlassen, um überschüssige Flüssigkeit zu ent- und neue zu besor-gen. Im Fußball muß er mindestens 45 Minuten warten und dann noch einmal so lange. Jeder, der schon einmal vorher den Raum kurzzeitig verließ, kennt mindestens ein Spiel, in dem er das entscheidende Tor verpaßte. Dieses Risiko minimieren erfahrene Fernsehfußballer, indem sie den Raum vorzugsweise nach weit über das Tor getretenen Vorstopper-Schüssen verlassen. Denn von allen Si-tuationen des Fußballspiels ist der Torabstoß in der Regel die torungefährlichste – im Gegensatz zum Ab*schlag* aus der Hand, mit dem zum Beispiel Lew Jaschin, die russische Torwartlegende, einst ein berühmtes Tor über mehr als 80 Metern Entfernung schoß. Bis 1996 konnte man beim Abstoß vor solchen Überraschun-gen sicher sein – dann aber hob die FIFA die Regel auf, wonach per Torabstoß kein Tor erzielt werden dürfe. Im November 1997 gelang dem schottischen Amateurtorwart Darren Castle auf einem Dorfplatz bei Aberdeen das erste regu-läre Abstoßtor der Fußballgeschichte.

Ballannahme

So heißt es, wenn Energie möglichst schonend vernichtet werden soll: die Be-wegungsenergie, die der Paßgeber dem Ball mitgegeben hat. Nötig ist dazu eine federnde, balancierende Bewegung, gesteuert durch Tempogefühl und Timing. Fußballern, die schlecht stoppen, springt der Ball zu weit weg vom Fuß oder zu hoch: zu wenig Energie absorbiert. Sie brauchen länger, um den Ball unter Kon-trolle zu bekommen, und geben ihrem Gegner Zeit, ihn zu erobern. Technisch noch schwieriger sind meist das Direktspiel und die Ballmitnahme. Bei beiden wird die Energie des Spielgerätes nicht abgebaut, sondern umgeleitet – beim Direktspiel, etwa dem Doppelpaß, als Paß zum Mitspieler, bei der Ballmitnahme in den eigenen Lauf. Ballannahme und -mitnahme sind die mitentscheidenden Techniken im modernen Fußball, dessen »ballorientierte Gegnerdeckung« Raum und Zeit für die Ballkontrolle immer mehr verringert hat. Der zunehmende Zeitdruck durch die immer bessere Organisation der Raumdeckung macht technische Mängel eher sichtbar: »Leider beherrschen selbst manche deutsche Bundesligaspieler die An- und Mitnahme des Balles nicht auf dem inzwischen international erreichten Niveau«, schrieb Gerhard Bauer 1998 in seinem Buch »Fußballtechnik heute«.

Doppelpaß

Dieses Dreiecksspiel, bei dem der angespielte Akteur den Ball direkt in den Lauf den Paßgebers zurückprallen läßt, ist vermutlich in Uruguay erfunden worden. Jedenfalls wurde es erstmals in Europa vorgeführt bei den Olympischen Spielen 1924 und 1928 von den Uruguayern Scarone und Cea. Es setzte eine Fortentwicklung der Spielidee voraus, die sich in Deutschland erstmals im Schalker Kreisel wiederfand: daß der Spieler, der den Ball abgibt, nicht stehenbleibt, wie es bis dahin meist der Fall war, sondern sich sofort wieder freiläuft – die Briten nennen das »give and go«. In der besten Zeit des Doppelpasses, der Manndeckungsära der 60er und 70er Jahre, bildeten sich »Doppelpaßpaare«, von denen Pelé/Coutinho (mit dessen Hilfe Pelé viele seiner 1088 Tore für den FC Santos schoß) und Beckenbauer/Müller die bekanntesten waren. Das schönste Doppelpaßtor einer deutschen Nationalmannschaft gelang Günter Netzer am 15.11.1972 beim 5:1 gegen die Schweiz: Gerd Müller spielte ihm dabei den Ball mit der Hacke zurück. Während der Doppelpaß ein probates Mittel ist, die Räume im Manndeckungssystem schnell und direkt zu öffnen – es reicht, den direkten Gegenspieler zu düpieren, um viel Platz zu gewinnen –, läßt sich eine engmaschige Raumdeckung damit kaum noch ausspielen. Deshalb macht er heute eher Karriere als Wortspiel in Glossen (»Fußball und Geschäft im Doppelpaß«) oder bei Plebiszit-Versuchen (»CDU gegen Doppelpaß«).

Dribbling

Die Spielweise, mit der alles begann – weshalb Fußball in seiner Frühzeit zur Unterscheidung vom »running game« des Rugby »dribbling game« genannt wurde. In den 60er Jahren des 19. Jahrhunderts, als Fußball und Rugby begannen, sich in zwei verschiedene Sportarten zu entwickeln, erlaubte das Fußballregelwerk nach Rugby-Art nur den Rückwärtspaß. Die einzige Art, den Ball nach vorn zu befördern, war das Laufen mit dem Ball, also das Dribbeln – in dieser Spielart taten sich besonders die Wanderers F.C. unter C.W. Alcott hervor, weswegen ihre Spielweise (mit acht Stürmern) »Alcott's dribbling game« genannt wurde. Mit der Modernisierung der Regeln begann der Siegeszug des Paßspiels, und die Kunst des Dribblings geriet wieder in den Hintergrund.

In Deutschland scheiterte Anfang des 20. Jahrhunderts der Versuch, das Dribbeln in der Übersetzung als »Treiben« sprachlich einzubürgern. Auf den Straßen und Plätzen Südamerikas wurde die Kunst des Dribblings zur selben Zeit neu erfunden – als eine Art Tanz mit dem Ball, genannt »toque«. Als die Uruguayer 1924 nach Europa kamen, um Olympiasieger zu werden, waren die Europäer vor allem von der südamerikanischen Dribble-Kunst überwältigt.

Bis heute bleiben die legendären Fummelkünste eines Matthews, Garrincha, Maradona unerklärlich – eine geniale Abfolge von Finten, Haken, Tempowechseln, von Ball- und Körperbeherrschung, die sowenig erlernbar ist wie Rastellis Jonglagen. In Südamerika pflegte man schöne »Schleifen« lange Zeit so zu beklatschen wie ein Tor, doch europäische Zweckmäßigkeit, die den Kindern von klein auf das Dribbeln ab- und das Abgeben angewöhnt, hat sich auch dort durchgesetzt. Erst in den 90ern, als die modernen Raumverteidigungssysteme das Spiel zu lähmen drohten, wurde der Dribbler, der Mann, der so etwas Überraschendes mit dem Ball kann wie Romario bei der WM 1994 mit seiner Ballführung unter der Sohle, wieder zur gesuchten Spezies. Aber wo soll er noch herkommen?

Elfmeter

Schieben oder schlagen? Die alte Glaubensfrage beim Elfmeter. Die Vertreter der Vollspann-Haudrauf-Theorie verweisen gern auf den Holländer Johan Neeskens, der nicht nur im WM-Finale 1974 die Kugel mitten ins Tor jagte. Oder auf den Frankfurter Bernd Nickel, genannt Dr. Hammer, der ohne Anlauf zu schießen pflegte. Aber die Tücke der wuchtigen Variante ist ihre Ungenauigkeit. Besonders wenn der Ball ein wenig zu tief getroffen wird, steigt er manchmal schneller als beabsichtigt. So scheiterte Jugoslawien bei der WM 1998, weil Mijatovic gegen die Niederlande an die Latte drosch (es war der erste vergebene Elfmeter bei einer WM nach 38 verwandelten), und Italien schied aus, weil di Biagio im Elfmeterschießen gegen Frankreich ebenfalls mit dem Vollspann an die Latte schoß. Der argentinische Sturmstar Martin Palermo verschoß mit voller Wucht beim 0:3 bei der Copa America gegen Kolumbien 1999 gleich drei Elfmeter. Mit der Innenseite des Fußes läßt sich genauer, dafür weniger hart schießen – die sichersten Elfmeterschützen der Bundesliga, der Bochumer Jürgen Abel (16 von 16 Elfmetern verwandelt) und der Duisburger Ludwig Nolden (15 von 15) beteuern, daß der Innenrist reicht. (→ Kap. 11: *Tor*, Stichwort »Elfmetertor«)

So bleibt die sicherste Elfmeter-Variante immer die, den Torwart zu täuschen. Dem Neuseeländer Wynton Rufer (Werder Bremen) gelang das meist durch seinen schleppenden, kurz vor dem Schuß fast bis zur Vollbremsung verzögerten Anlauf. Eine ebenfalls wirksame Methode fand Francis Lee, der in der Saison 1971/72 15 Elfmeter in Folge für Manchester City verwandelt hatte. Als er sich bei einem Spiel in Schweden den Ball auf dem Punkt zurechtlegte, prophezeite ihm der Torwart, er werde der erste sein, gegen den er nicht treffe. »Also gut«, sagte Lee.»Ich werde ihn auf deine rechte Seite schießen, und nicht zu hart.« Der Schwede sprang nach rechts, Lee knallte ihn wuchtig in die andere Ecke. »So«, sagte er dem geschlagenen Torwart, »so schießt man 15 Elfer rein, ohne einen zu verschießen.«

Finten

Die Finte, das ist wenn der Zweikampf im Kopf stattfindet. Die vermutlich erste, heute aber mangels entsprechend langsamer Gegenspieler kaum noch zu sehende Finte war der »Schuster-Schmäh«, den Ludwig Hussak, rechter Flügelstürmer der Wiener »Cricketer« (heute Austria), um 1905 erfand: den Ball auf der einen Seite am Verteidiger vorbeischieben und auf der anderen vorbeilaufen. Im Informationszeitalter ist die Kunst des Fintierens im Schwinden, weil gelungene Finten immer und immer wieder im Fernsehen wiederholt werden. Die Gegenspieler wissen dann, wer was im Repertoire hat. Große Unterschiede gibt es kaum noch, weil gelungene Täuschungsmanöver vielfach nachgeahmt werden. Zum Beispiel die Schußfinte von Thomas Häßler: angetäuschter Schuß mit folgendem Haken, eng am Gegner vorbei, um eine noch bessere Schußposition zu erreichen. Oder der Matthews-Trick: Ball mit Innenseite und Sohle nach innen gezogen und sofort anschließend im Sprint mit der Außenseite nach außen genommen (ein Haken, der in Deutschland später auch Libuda-Trick genannt wurde).

Im Lehrbuch stehen auch die Stop-Start-Finte (aus dem Ballführen heraus abstoppen, Oberkörperdrehung antäuschen, dann wieder mit Ball in ursprüngliche Laufrichtung) und die sehr schwierige Doppelkickfinte (kurzer, schneller Doppelpaß mit sich selbst, von einem Fuß auf den anderen und zurück). Die berühmteste Finte aber ist die Scherfinte, populär Übersteiger genannt: nach innen angetäuscht, nach außen angetreten. Garrincha, der König der Dribbler, perfektionierte sie: Er verdoppelte die Scherfinte, täuschte nach beiden Seiten an (doppelter Übersteiger) und startete dann in die ursprüngliche Laufrichtung. Diese »Garrincha-Doppelschere« haben auch 40 Jahre später nicht viele im Repertoire, Zidane und Denilson sind seltene Ausnahmen. In Deutschland, wo Hannes Bongartz und Rudi Völler die Scherfinte perfekt beherrschten, reichte schon ein Einzel-Übersteiger, um als »Diego« zum Namensvetter von Maradona ernannt zu werden: So geschah es Guido Buchwald, der im WM-Achtelfinale 1990 seinen holländischen Gegenspieler per Übersteiger aussteigen ließ und Klinsmann den Ball zum 1:0 servierte. Die besten Finten schaffen halt die, denen sie keiner zutraut.

Freistoß

Ein ballpflanzender Schütze, sieben, acht angespannte Männer, die ihr Gemächt nervös umklammern, und ein Torwart, der wild fuchtelt und ohnmächtig brüllt – Drehbuch einer »Standardsituation«. Standard ist, daß in mehr als 95 Prozent der Fälle der Ball in die Mauer, in die Hände des Torwarts oder ins Aus fliegt. Wenige haben bessere Quoten, etwa Häßler oder Balakow zu besten Zeiten, oder Ernst Happel. Dem gelang das Kunststück, mit Rapid Wien im Europapokal der Landesmeister 1956 beim 3:1 gegen Real Madrid drei Freistoßtore zu schießen (dadurch wurde nach dem 2:4 im Hinspiel ein Entscheidungsspiel nötig, das Real 2:0 gewann). Wenn die Distanz nicht so groß ist (ab knapp 30 Metern etwa), daß nur ein mit dem Vollspann getretener Ball Erfolgsaussichten hat (andere Schußarten geben dem Torwart zu viel Zeit), werden direkte Freistöße mit dem Innenspann getreten, der Effet und Wucht vereinigt. Manchmal auch mit dem Außenspann, so wie Roberto Carlos' berühmtes Kurventor beim Tournoi de France 1997 (→ Kap. 11: *Tor*, Stichwort »Freistoßtor«).

Solche Kunstschützen verstehen es, dem Ball durch versetztes Treffen und enorme Rotations-Beschleunigung aus Knie und Fußgelenk einen Effet mitzugeben, der es fast unmöglich macht, die Flugbahn durch eine Mauer zu verstellen. Die Faustregel besagt, daß der vorletzte Mann in der Mauer auf der direkten Verbindung zwischen Ball und Pfosten der vom Torwart nicht gedeckten Ecke stehen soll – der letzte steht also als nach außen versetzter Vorposten gegen einen Kurvenball. Manchmal reicht das aber nicht. Günter Netzers Ruhm als Effetschütze war so groß, daß der zypriotische Torwart von Epa Larnax in einem Europapokalspiel seine Mauer seitlich versetzt aufstellte, weil er die Flugkurve fürchtete. Da schoß Netzer den Ball gerade hinein.

In Gladbach erfanden sie auch den Volley-Freistoß: Einer lupfte den Ball hoch, Netzer nahm ihn direkt. Ein anderes Mal, 1971 beim Länderspiel gegen Norwegen, zelebrierte Netzer das gewohnte Zurechtlegen des Balls und kniete noch daneben, da machte Beckenbauer zwei Schritte und schlug den Ball am verdutzten Torwart vorbei ins Tor.

Einstudierte Freistoßtricks sieht man selten, obwohl sie sich lohnen: Mit der Variante des Versteckspiels hinter der Mauer erreichten Schweden 1994 durch Brolin das WM-Halbfinale und Argentinien 1998 durch Zanetti das WM-Viertelfinale. Der Berliner Football-Trainer Mario Hanratty hat in aller Welt mehr als 100 Freistoßvarianten aufgezeichnet und an alle Bundesligaklubs gesendet. Doch keiner war interessiert.

Grätschen

Die Technik hat im Laufe der Jahre einen negativen Beiklang bekommen und wird mittlerweile als »Blutgrätsche« in die Nähe der Körperverletzung gebracht. »Tackling« klingt noch ein wenig besser. Dabei stellt diese Abwehrtechnik hohe Anforderungen in Sachen Gymnastik, Timing und Genauigkeit. Der Alt-Bundestrainer entwickelte mit seinem Verteidiger Werner Liebrich sogar eine eigene Grätsch-Technik, die »Herberger-Grätsche«, in die Beine des Gegners gesprungen. Heute gäbe das Rot, damals half es, Puskas zu verletzen und den WM-Titel 1954 zu gewinnen. »Gleit- oder Sliding Tackling kann − wenn es richtig ausgeführt wird − auch ein Leckerbissen der Fußballtechnik sein«, schrieb Gerhard Bauer in »Fußballtechnik heute« (1998). Auch heute gibt es noch brillante, saubere Tacklings von hinten, wie die Holländer Davids und de Boer gegen den einschußbereiten Ronaldo im WM-Halbfinale 1998 zeigten. Aber die Stürmer, die die für sie vorteilhafte Regelauslegung kennen, lassen sich inzwischen nach so gut wie jedem Tackling von hinten, auch einem sauberen, fallen und schreien auf, was fast immer einen Freistoß, häufig Gelb für den Gegner und manchmal sogar Rot bringt. Deshalb verteidigen Verteidiger heute zunehmend anders: mit den Händen. Grabschen statt Grätschen.

Paß

Als das Vorwärtsschlagen des Balles in den 70er Jahren des 19. Jahrhunderts endlich erlaubt wurde, setzte sich rasch das neue Paß- gegen das alte Dribble-Spiel durch. Besonders taten sich darin Queens Park Glasgow und die schottische Nationalelf hervor, weswegen der sogenannte »schottische Flachpaß« zum Inbegriff moderner Fußballtechnik wurde. In Deutschland wurde er zuerst gespielt vom BFC Preußen Berlin, angeblich schon 1899/1900. Preußen-Spieler Erich Müller, von den Kollegen »Master« genannt, bezeichnete die Kick-and-Rush-Taktik der anderen Klubs verächtlich als »althochdeutsch«. Der Fortschritt des schottischen Flachpasses gegen das englische hohe Ballschlagen war die größere Kontrolle.

Bis heute ist der Paß vor allem ein Kontrollinstrument, jedenfalls wenn er ein Quer- oder Rückpaß ist. Deshalb wird er fast ausschließlich mit der kontrolliertesten Technik ausgeführt, dem Innenseitstoß. Als Steilpaß, die offensive Variante, wird dagegen auch ein Spann- oder Außenriststoß riskiert − die große Zeit der großen Räume im Fußball, die 70er Jahre, ist reich an begnadeten, gar mythisch überhöhten Paßspielern, die mit 40-Meter-Vorlagen das Spiel zu »öffnen« pflegten. Paßentscheidend ist das Zusammenspiel von Timing und Präzision − eine komplizierte, intuitive Rechnung mit mehreren Komponenten wie Laufzeit des Mitspielers, Entfernung zum Ball, Bewegung des Gegenspielers, Flugzeit des Balles, gebündelt in der Zehntelsekunde des Paßschlagens. Geht sie auf, gelingt der »tödliche« Paß, der aus einer Spiel- eine Torsituation macht.

Schlenzer

Eine Ballbehandlungsform, deren Beschreibung ausschließlich mit dem Adjektiv »gefühlvoller« geschieht. Was ist damit gemeint? Irgendwie jede Form, den Ball ohne Wucht so zu spielen, daß er sich vom Boden erhebt – eine Art Lupfer mit Unterschnitt, vergleichbar einem Chip beim Golf. Das Fußball-Lexikon von Rohr/Simon nennt mit Schlenzern erzielte Treffer »sanfte Tore ... mittels technischer Raffinesse u. mit ›Köpfchen‹. ... Dies geschieht z.B., indem man den Torhüter durch angeschnittene, ›gelupfte‹ od. geschobene Bälle ...›verlädt‹. – Für ›Schroter‹, ›Bolzer‹ u. technisch anspruchslose Aktive allgemein bleiben solche Aktionen eine Traumvision.« Selbst der gute Goethe, der unverdächtig war, als Schroter oder Bolzer zu gelten, wußte einen guten Schlenzer zu schätzen: Im Götz von Berlichingen äußert er sich süffig zum »Schlenzen und Scherwenzen mit den Weibern«. Guter Techniker, dieser Goethe.

Abb. 11: »Ein Tor würde dem Spiel gut tun« – sprach Marcel Reif am 1. 4. 1998 angesichts der vergeblichen Versuche von ca. 167 Real-Funktionären, ihre persönliche Bestzeit im Aufstellen eines Fußballtors zu verbessern. Das Trauerspiel dauerte 90 Minuten.

11. Tor

Die besten Tore werden so geschrieben: Tooooooor! Das o-reichste deutsche Tor war das von Helmut Rahn, damals im Regen von Bern. Es mußte so lang sein. Weil die meisten es nur hören konnten. 1954 waren in Deutschland erst 27 952 Fernsehgeräte angemeldet. Der dreifache Tooooor-Ruf von Rundfunkreporter Herbert Zimmermann ist so eine Art Säuglingsschrei der Republik. Unterlegt nach Wochenschauart mit den Schwarz-Weiß-Bildern aus Wankdorf, gehört er zu den unauslöschlichen Kindheitserinnerungen der BeErDe. Seit jeder die deutschen Tore sehen kann, wenn sie denn fallen, wurde das lange Tor aus dem Radio in der Fernsehreportage abgelöst durch das ganz kurze: Tor! Entweder fast beiläufig erwähnt, hubertyhaft ohne nennenswerte Stimmerhebung; oder, durch dessen aufgeregtere Nachkommen am Mikro, durch das knappe, wuchtig betonte Tor!!!

Die Reaktionen, die das Überschreiten der Torlinie durch einen kugelförmigen Gegenstand in vollständigem Umfang unter erwachsenen Menschen, insbesondere in größeren Zusammenrottungen, auslösen kann, sind immer wieder recht erstaunlich. Man kann Tage über Fußball reden, Monate taktische Konzepte wälzen, Jahre mit politischen Implikationen des Ballspiels vergrübeln und Jahrzehnte vergehen lassen, ohne zu verstehen, was Sartre meinte, als er über Fußball schrieb: »Die Funktion in jedem ist also Beziehung zum Ziel als der zu totalisierenden Totalität« – die Sekunde des Tores, der totalisierten Totalität, löscht alle Theorie.

Es sind immer die Tore, die sich ins Gedächtnis brennen. Der konkrete Augenblick, da der Ball im Netz zappelt oder hineintrudelt oder über die Linie kriecht, die Bewegung des Schützen, sein Blick, die Überraschung des Torwarts, die Verzweiflung des Verteidigers – all diese Details einer Sekunde, in der ein Tor fällt, haben gute Chancen, im entfernten Winkel eines Hirnlappens einen Stammplatz für die Ewigkeit zu erobern. Jeder, den Fußball nicht kalt läßt, erinnert sich sein Lebtag lang an irgendwelche Tore. An die, die er selbst schoß oder gern geschossen hätte. An die, die er sah oder gern gesehen hätte. Und an die, die er am liebsten vergäße.

Tore fallen mit Ansage, Brechstange, Glück, Können, Überlegung, Dusel – oder ganz einfach so. Oder auch nicht. So etwa zweieinhalb bis drei sind es durchschnittlich pro Spiel auf nationalem oder internationalem Spitzenniveau. Immer bleibt es etwas Unwägbares, Unberechenbares. Es kann immer fallen. Muß aber nicht. Immer ist alles möglich im Fußball. Im Basketball oder Handball führt im Durchschnitt jeder zweite bis dritte Angriff zum zählbaren Erfolg. Im Fußball kann man 90 oder 120 Minuten auf ein Tor spielen und 0:1 verlieren. Man sagt dann, daß der Ball einfach nicht rein will – und drückt damit nur aus, wie wenig der Mensch das Tor versteht. Schon die Wortwahl drückt das aus: Tore fallen. Das heißt: Sie sind, grammatisch gesehen, Subjekt, aktiv, handelnd. Tatsächlich sind sie natürlich Objekt, passiv, etwas, das ein Mensch macht. Und doch: Manchmal wollen sie einfach nicht.

Die Meßlatte des Tores hängt so hoch in diesem Sport, daß das zählbare Erfolgserlebnis nie nur die logische Folge der spielerischen Qualität sein kann. Auf Dauer, so die Wahrscheinlichkeit, wird sich auch im Fußball die bessere Mannschaft durchsetzen, doch diese Dauer kann zu lang sein, um auch im entscheidenden Moment zu gewinnen; so wie das schöne Roulette-System, bei dem man auf Rot oder Schwarz setzt und verlorene Einsätze einfach verdoppelt, in der Theorie irgendwann zum Gewinn führt – in der Praxis aber kann man dann schon längst pleite sein.

Tore sind männlich. Die Schönheit des Zusammenspiels ist eine eher soziale Kunst, bei der man gemeinsam etwas Angenehmes gestaltet. Trainer von weiblichen Fußballmannschaften sagen, daß Frauen das besser könnten als Männer, weil sie besser abgeben könnten, auch den Ball. Aber das Entscheidende des Fußball ist etwas zutiefst Männliches: Der Ball muß rein. Man muß nicht lange suchen, um dahinter Triebe zu entdecken, die schon ein paar Jahrtausende alt sind, Jagd, Geltung, Fortpflanzung. Jene, die man »Torjäger« nennt (und ihren Charakter »torgeil«), sind meist eine ganz spezielle Form des Fußballspielers. Ihnen haftet etwas Lauerndes an, etwas von einem geduldigen Jäger. Zugleich ist ihre Begabung beschränkt, entfaltet sich völlig unabhängig vom Intellekt, vielleicht sogar besser ohne geistige Anfechtungen.

Aber dann gibt es wieder jene ganz anderen Tore, die nicht einfach nur versenkt, vollstreckt, abgeschlossen oder gar nur reingestochert oder -gestolpert werden; die Tore, die Kunstwerke sind, die gegen härtesten Widerstand auf kunstvollste Art kreiert, choreographiert, herbeigezaubert werden. Fallrückzieher, Flugkopfball, Doppelpaß, Direktabnahme, Solo, Lupfer, Heber, Hacke. Oder jenes perfekte Mannschaftstor, das Brasilien im WM-Finale von 1970 zum 4:1 gegen Italien zelebrierte, nachdem alle elf Spieler des Teams den Ball berührt hatten, ohne daß ein Italiener dazwischengekommen wäre, ehe Carlos Alberto ihn als letzter der Stafette in den Winkel hämmerte. Tore, das flüchtigste Kunstwerk der Welt: vorbei schon in dem Moment, da der Ball im Netz zappelt. Und trotzdem manchmal für die Ewigkeit.

Billardtor

So heißt das, wenn ein Tor um die Ecke gedacht oder gemacht wird. Zu planen ist es kaum, daß der Ball mit ein, zwei blitzschnellen, unerwarteten Richtungswechseln eine Karambolage ins Tor vollführt – außer bei manchen schwierigen, nur selten funktionierenden Freistoßvarianten. Meistens ist das Billardtor, ganz anders als das Billardspiel, ein Zufallsprodukt. So wie das Tor, das ein Holländer mit dem schönen Namen Wim Kieft 1988 im letzten Vorrundenspiel der Europameisterschaft gegen Irland erzielte. Ein abgefälschter, aufsetzender Querschläger kam des Weges, da hielt Kieft den Kopf hin, und der Kopfball flog so, daß er das Tor weit zu verfehlen schien. Doch dann setzte er auf und entfaltete durch den Bodenkontakt seinen gebündelten Linkseffet – er flog um die Ecke ins Tor.

Die Niederländer gewannen 1:0, kamen glücklich weiter und wurden Europameister. Billardtor sagt man aber auch zu jenen seltenen Bällen, die erst nach zwei Aluminiumkontakten über die Linie gehen. Rainer Bonhof schoß so eines zum 2:1 in der WM-Zwischenrunde 1974 gegen Schweden (Endstand 4:2): Aus 16 Metern flog der Ball an den linken Innenpfosten, rollte von dort an den rechten und ging dann hinein:

Eckstoßtor

Bis 1924 galt es nicht als Tor, wenn ein Eckball ohne Berührung eines weiteren Spielers über die Linie flog. Nachdem Hector Scarone bei den Olympischen Spielen 1924 in Paris zweimal vom Eckpunkt aus direkt ins Tor getroffen hatte, gegen Jugoslawien und die Schweiz, stellte Uruguays Verband einen Antrag auf Regeländerung. Am 1. Oktober 1924 wurde dem stattgegeben, und prompt war der Olympiasieger Leidtragender. 24 Stunden später verlor Uruguay in Argentinien 1:2, wobei Cesar Onzari 1924 in der 10. Minute eine Ecke von links mit dem rechten Fuß direkt verwandelte. Weil das Kunststück gegen den Olympiasieger gelang, wird ein direkt verwandelter Eckball in Südamerika bis heute »olympisches Tor« genannt.

Meist gelingt das Tor um die Ecke solchen Schützen, die aufgrund ihrer guten Schußtechnik und ihres schnellen »Abzuges« besonders viel Drall auf die Kugel kriegen, zum Beispiel dem Frankfurter Bernd Nickel, der sogar mit dem Außenrist, also von links mit links, das Tor traf – bei seinem berühmten Treffer gegen Sepp Maier. Bei den meisten Eckballschützen wird ein Torerfolg allerdings als Zufallsprodukt angesehen – als Flanke gedacht, von allen verpaßt. Onzari, der Premieren-Schütze, zerstreute den Zufallsverdacht aber erfolgreich: Bei einer Europatournee mit den Boca Juniors Buenos Aires 1925 schoß er in Paris und Leipzig noch zwei Eckballtore.

Eigentor

Viermal ging allein bei der WM 1998 der Schuß nach hinten los. Selbst Beckenbauer war davor nicht gefeit. Er schoß einmal in der Bundesliga zwei – immerhin wunderschöne – Eigentore in zwei aufeinanderfolgenden Spielen, und Maier fragte vor der nächsten Partie: »Und wer deckt am Sonnabend den Beckenbauer?« Oder Kaltz, mit sechs Eigentoren Rekordhalter der Bundesliga. Oder Vogts, der in seinem letzten Länderspiel bei der WM 1978 die 2:3-Blamage gegen Österreich mit einem Treffer in die falsche Richtung einleitete. Oder Kohler in der WM-Qualifikation 1997 gegen Albanien, mit seinem völlig unbedrängten Schlenzer an Kahn vorbei zum 17. Eigentor einer deutschen Nationalmannschaft – im Tennis hätte man es einen »unforced error« genannt. Manche nehmen Eigentore mit Humor, so wie die finnischen Mitspieler von Pentti Kekkola, die ihm nach seinem fünften Eigentor der Saison 1986 einen Kompaß schenkten.

Manche Eigentore sind richtig schön, wie das von Helmut Winklhofer, der mit herrlichem Weitschuß aus 30 Metern 1985 ins eigene Netz traf (Bayern verlor 0:1 in Uerdingen). Es wurde sogar zum Tor des Monats gewählt, nur kam der Schütze zur Verleihung leider nicht ins ARD-*Sportschau*-Studio. Oder das des Gladbachers Joachim Stadler in der ersten Minute des Pokalspiels gegen Kaiserslautern 1993: Er lenkte eine Flanke von Kuntz mit der rechten Hacke von hinten über die linke Schulter aus 14 Metern in den Winkel – die Fans feierten ihn dafür ironisch als »Diego, Diego«. Gladbach verlor 2:3.

Manche Eigentore sind freiwillig zustande gekommen, wie Ernst Happels Treffer 1952 zum Ehrentor für Sturm Graz. Er hatte mit dem eigenen Torwart gewettet, daß der ein Gegentor bekommen würde. Bei 9:0-Führung für Rapid Wien drehte Happel sich um und jagte den Ball ins eigene Netz. 1954 gab er ein Dacapo beim Treffer zum 15:1 im WM-Vorbereitungsspiel gegen eine Tiroler Auswahl, vorbei am verdutzten Torwart Zeman. Andere Eigentore stehen zumindest im Verdacht, absichtlich entstanden zu sein, wie die des Nürnberger Liberos Kasalo, der nach zwei Selbstschüssen in einer Woche 1991 wegen Wettbetrügereien entlassen wurde. Eigentore gelten als peinlich, manchmal geradezu ehrenrührig, dabei sind sie für das Resultat nicht schlimmer als eine leichtfertig vergebene Torchance oder ein gravierender Torwartfehler. Aber die kolumbianischen Killer erschossen 1994 nach dem Ausscheiden ihrer Mannschaft bei der WM nicht einen der Stürmer, die Dutzende Chancen vergeben hatten, sondern den unglücklichen Verteidiger Escobar, der gegen die Vereinigten Staaten ins eigene Tor getroffen hatte.

Elfmetertor

Zu den langweiligsten Gattungen der Tore zählen die per Strafstoß. Links oder rechts, hoch oder flach, das sind für gewöhnlich schon die Varianten. Viel Ruhm kann man damit nicht erzielen, weil vom Schützen das Tor erwartet wird. Diese Erwartung hat er in den ersten 29 Bundesliga-Spielzeiten in 1892 von 2560 Fällen erfüllt, also bei 73,91 Prozent aller Elfer. Dazu trug ausgerechnet Gerd Müller die meisten verschossenen (zwölf) bei, und Beckenbauer brillierte mit drei Toren bei sechs Elfmetern auch nicht gerade (angeblich sind die begnadetsten Fußballer die beknacktesten Elfmeterschützen). Also schob Beckenbauer die Verantwortung lieber weiter. Lothar Emmerich schob eher den Ball weiter. So war die originelle Dortmunder Variante: Emmerich läuft zum Elfmeter an, legt den Ball zur Seite, von hinten spurtet Held heran und schießt ihn rein.

Aber meistens wird an den Elfmeter mit dem nötigen Ernst herangegangen. Zum Verwandeln empfiehlt sich eine gewisse Schärfe, wobei Kenner den brachialen Spannstoß nicht unbedingt empfehlen – zu viel Streuung. Ein technisch sauberer Schuß mit der Fußinnenseite kann über 100 Stundenkilometer erreichen und ist in der Regel genauer. Der Ball ist nur rund eine halbe Sekunde unterwegs, ehe er am Ziel ist.

In der Bundesliga gehen drei von vier Elfern rein, bei Weltmeisterschaften fünf von sechs (genauer gesagt 119 von 144 seit 1930). Kein Wunder, daß man sich eher an die verschossenen Elfmeter erinnert als an die Elfmetertore. Zum Beispiel die fünf von sechs, die die Holländer im EM-Halbfinale 2000 nicht ins Tor brachten. Oder die beiden von Uli Hoeneß: 1974 vergab er bei der WM gegen Polen, 1976 im EM-Finale beim Elfmeterschießen gegen die Tschechoslowakei. Vielen ist gut in Erinnerung, wie er den Ball übers Tor in den dunklen Himmel von Belgrad jagte. Dabei ist der folgende Elfer von Panenka viel erinnerungswürdiger: Er schnibbelte den Ball so lupfig in die Mitte des deutschen Tores, daß Torwart Maier genug Zeit hatte, in die Ecke zu fliegen, von wo er ihn garantiert nicht bekommen konnte. Die CSSR war Europameister durch den coolsten Elfer der Geschichte. Fünfzehn Jahre später versuchte der Engländer Gary Lineker das im Wembley-Stadion nachzumachen, im Länderspiel gegen Brasilien – doch er schaffte nur einen Kullerball, für den der Torwart sich nicht mal hinwerfen mußte. So verpaßte Lineker sein 49. Länderspieltor, mit dem er den englischen Rekord von Bobby Charlton eingestellt hätte.

Ähnlich schlecht schoß Ludwig Nolden, der in der Bundesliga für den MSV

Duisburg 15 von 15 Elfern verwandelte, den Ball bei einem Freundschaftsspiel gegen die spanische Nationalelf. Er schickte den Torwart in die falsche Ecke, trat aber in den Boden, so daß der Ball nur ganz langsam in die leere Ecke kroch. Der Torwart rappelte sich auf, krabbelte auch in die Ecke und kam knapp zu spät. Auch nicht schlecht war der Elfer von Buffy Ettmayer, 1975 bei einem Testspiel des HSV gegen Tokio. Er stellte das linke Bein rechts neben den Ball und schoß mit dem rechten Fuß hinter dem Standbein herum ins Tor. (→ Kap. 10: *Technik*, Stichwort »Elfmeter«)

Emmerich-Tor

Der spitzwinklige Treffer ist immer spektakulär anzuschauen, kann sich aber nie ganz vom Verdacht des Zufallstores befreien. Wollte der Schütze wirklich auf den Kasten zielen? Oder ist ihm nur eine Flanke ins Tor mißglückt? Ein wuchtiger, leicht über den Außenspann abgerollter Schuß, der sich fast von der Torauslinie ins Tor hineindreht, vorbei an einem verdutzten Torwart − so etwas nennt sich Emmerich-Tor, seit der gleichnamige Stürmer bei der WM 1966 im Gruppen-spiel gegen Spanien auf diese Weise an Iribar vorbei traf (zum 1:1, Endstand 2:1). Wer immer ihn trotz minimaler statistischer Chance nachzuahmen versucht, kann sich der Beschwerden der Mannschaftskollegen sicher sein, warum er nicht abgegeben hat. Ein noch besseres Emmerich-Tor als Emmerich schoß Marco van Basten im EM-Finale 1988 − nicht nur spitzwinklig, auch noch volley.

Fallrückziehertor

»In den deutschen Stadien sieht man dieses Fallrückziehertor äußerst selten«, hielt Fritz Hack 1980 in seinem Buch »Tore des Jahrhunderts« fest. »Den in den Hüften weit beweglicheren Lateinern gelingt dieses Bicicleta-Tor sehr viel leichter und spektakulärer.« Tatsächlich entspringt der Fallrückzieher südameri-kanischer Lendenkraft. Angeblich wurde er von Ramon Unzaga auf dem Fuß-ballplatz des chilenischen Hafens Talcahuano erfunden. Dessen Landsmann Da-vid Arellano zeigte das Kunststück in Europa erstmals 1927, als der chilenische Spitzenklub Colo-Colo in Spanien gastierte. Das brachte dem Fallrückzieher den Namen »la chilena«, seinem ersten Meister aber kein Glück: Arellano starb im selben Jahr in Valladolid bei einem tödlichen Zusammenstoß mit einem Verteidiger.

In Brasilien, wo Leonidas da Silva, der »Gummimensch« genannte Sturmstar der 30er Jahre, den Fallrückzieher populär machte, setzte sich wegen der radfahrähnlichen Wechselbewegung von Schwung- und Schußbein der Name »bicicleta« durch. In Deutschland wurde das Kunststück vor allem durch das berühmte Fallrückziehertor bekannt, das Silvio Piola beim Länderspiel des frisch gekürten Weltmeisters Italien 1938 gegen Deutschland zeigte. In den 40ern glänzte dessen Landsmann Carlo Parola mit dem Kunststück. Der deutsche Fan verbindet spektakuläre Rückziehertore vor allem mit Klaus Fischer, dem zwei »Tore des Jahres« so gelangen (1975 für Schalke gegen Karlsruhe, 1977 für Deutschland beim 4:1-Sieg gegen die Schweiz) und überdies der Ausgleich zum 3:3 gegen Frankreich in der Verlängerung des WM-Halbfinales 1982. Jürgen Klinsmann machte sich einen Namen durch sein Fallrückziehertor beim Stuttgarter 3:0-Sieg gegen die Bayern 1987. Die ärmeren Verwandten unter den Torschüssen ohne Bodenhaftung sind der Seitfallzieher (Jürgen Wegmann schoß so 1988 das Tor des Jahres, verletzte sich aber bei der Landung), der Scherenschlag, der Hüftdrehstoß. Auch dabei helfen elastische Hüften.

Freistoßtor

Freistoß nahe der Strafraumgrenze, das ist die Situation, mit der man sich einen Ruf als »Kunstschütze« erarbeiten kann. Das gelang vor dem Krieg Paul Janes, der sieben Freistoßtore in der Nationalmannschaft schoß, und später Spielern wie Netzer und Häßler, Balakow, Basler oder Beckham. Der Freistoß in Strafraumnähe aus zentraler Position ist die dankbarste »Standardsituation«, weil sie dem Schützen die Ruhe und Ungestörtheit gibt, die er im laufenden Spiel nicht bekommt, und weil sie ihn zugleich, anders als der Elfmeter, unter keinerlei Erfolgsdruck setzt. Jeder erwartet einen verwandelten Elfmeter, niemand kann einen verwandelten Freistoß erwarten: In der Bundesliga-Saison 1997/98 führten 70,1 Prozent aller Elfmeter (40 von 47) zum Tor, aber nur 6,5 Prozent aller direkt aufs Tor gezielten Freistöße (46 von 711). Dennoch: Nimmt man die Treffer hinzu, die nach Freistoßvorlagen fallen, sind Freistöße für rund jedes zehnte Tor gut und liegen damit etwa gleichauf mit Ecke und Elfmeter, nach denen bei der WM 1998 ebenfalls jeweils rund zehn Prozent der Treffer passierten.

Das politisch originellste Freistoßtor schoß der Brasilianer Rivelino bei der WM 1974 gegen die DDR. Während die in dieser Hinsicht erfahrenen Ostdeutschen ihre Mauer bauten, stellte sich ein Brasilianer zwischen sie, und verblüfft und erfreut über die ungeahnte Mithilfe beim Schutz des Sozialismus machten sie ihm Platz. Doch dann plötzlich, als Rivelino anlief, ließ sich sein vorgeschobener Kollege fallen, und der Ball jagte durch das Loch im DDR-Schutzwall zum 1:0-Siegtreffer.

Golden Goal

Das Mitte der 90er Jahre völlig überflüssigerweise eingeführte Entscheidungstor in der Verlängerung (um Spiele zu verkürzen und Zeit zu sparen). Das erste bei einem großen Turnier gelang Oliver Bierhoff in der 95. Minute im EM-Finale 1996. Das erste bei einer WM schoß der Franzose Laurent Blanc in der 114. Minute des WM-Achtelfinales 1998 gegen Paraguay. Bei der EM 2000 ließen seine Landsleute Zidane (117. Minute im Halbfinale gegen Portugal) und Trezeguet (103. Minute im Finale gegen Italien) zwei weitere folgen. So hat die Fußballwelt durch das Golden Goal immerhin 49 Minuten gespart.

Hackentor

Die vielleicht schönste Improvisation des Torschusses. Die Top 3: erstens Fritz Walter 1956 mit dem 1. FC Kaiserslautern in Leipzig gegen Wismut Aue – zu weit nach vorn geflogen, um die Flanke per Kopf zu erwischen, danach mit der Hacke, bäuchlings in der Luft liegend, ins Tor, eine Art umgekehrter Fallrückzieher. Zweitens Rabah Madjer 1987 beim 2:1-Sieg des FC Porto gegen den FC Bayern im Europapokal-Finale der Landesmeister: Den vom Torwart abgeprallten Ball schoß der Algerier, rücklings zum Tor stehend, mit der Ferse hinein. Drittens Zico 1993 im japanischen Pokalfinale für Kashima gegen Tohoku Sendai: Flanke von rechts, der Brasilianer startet zu schnell von der Strafraumgrenze, stoppt, schlägt einen Salto vorwärts, trifft den Ball, Gesicht nach unten, mit der Hacke – ein umgekehrter Fallrückzieher wie der von Fritz Walter, aber mit höherer A-Note durch den Überschlag.

Als Zugaben wären noch zu nennen das Tor des Jahres 1972 von Günter Netzer nach Doppelpaß mit Gerd Müllers Ferse gegen die Schweiz und die zahlreichen überlieferten, aber leider nicht übertragenen Hackentore des Paraguayaners Arsenio Erico, der Anfang der dreißiger Jahre während des Chaco-Krieges, in dem es um Ölfelder zwischen Bolivien und Paraguay ging, nach Argentinien auswanderte und mit durchschnittlich mehr als 40 Treffern pro Saison, viele mit der Hacke, bis heute Torschützenkönig der argentinischen Liga ist. Die Hacke dieses »Nijinski des Fußballs«, wie ihn der französische Dichter Paul Morand nannte, gilt in Südamerika bis heute als »treffsicherste Ferse in der Geschichte des Fußballs«.

Handtor

Das berühmteste stammt natürlich von der »Hand Gottes« – es ist der Fluch der bösen Tat, daß man sich dieses irregulären Treffers beim 2:1-Sieg der Argentinier im WM-Viertelfinale 1986 gegen England viel länger erinnern wird als aller anderen Tore des unvergleichlichen Maradona. Die damals betrogenen Engländer bewiesen allerdings ihren Sinn für Fairplay, als sie in einer Wahl der Fußballzeitschrift *Four-Four-Two* 1998 das sensationelle Solo von Maradona im selben Spiel zum besten Tor aller Zeiten wählten. Das vielleicht beste reguläre Handtor gelang aber dem Frankfurter Torwart Jürgen Pahl. Der schleuderte bei einem Bundesligaspiel in Bremen 1982 den Ball beim Abwurf ins eigene Tor.

Handstandtor

George Best hat eine Menge exklusiv in der Fußballhistorie, zum Beispiel das Dribbeln eines Balles auf dem Oberschenkel über den halben Platz, das Ausziehen des roten Manchester-United-Trikots, um damit vor dem Ball zu wedeln und einen Chelsea-Verteidiger wie einen Jungstier zu reizen, das Stoppen des Balles mit dem Gesäß (später kopiert von Ente Lippens) und das Sitzen auf dem Ball in einem Pokalfinale in Wembley; und Johan Neeskens spielte er den Ball so oft durch die Beine, daß er ihm am Ende ein Gummiband aus seinem Socken schenkte, damit der Holländer sich die Beine zusammenbinden konnte. Auch als Torjäger hat der größte Fußballartist, den Europa hervorbrachte, etwas Einmaliges gezeigt: einen Volleyschuß mit der Hacke aus dem Handstand. Der kolumbianische Torwart René Higuita wiederholte das Kunststück als spektakuläre Abwehraktion auf der Linie bei einem Länderspiel 1995 in London.

Hebertor

Der Heber aus großer Distanz ist im deutschen Fußball selten, obwohl »Stan« Libuda 1966 das Siegtor zum ersten deutschen Europokalsieg (zum 2:1 von Borussia Dortmund gegen den FC Liverpool) mit einem Schlenzer aus rund 40 Metern erzielte. In der Bundesliga wird meist mit Libero gespielt, weswegen der Torwart, anders als bei Viererketten, in seinem Strafraum bleibt und nicht als vorgeschobener letzter Mann sein Tor für Heber öffnet. Wegen der Rarität hat sich Klaus Augenthalers Heber vom Mittelkreis beim 1:0-Pokalsieg der Bayern in Frankfurt, hinweg über Torwart Stein, dauerhaft eingeprägt. Ähnliches gelang in England David Beckham (Manchester United) mit einem 60-Meter-Schuß 1997 gegen Wimbledon, der 1998 zum »Jahrhunderttor« des britischen Fußballs gewählt wurde.

Bernd Schuster, in seiner Spätkarriere in Leverkusen, wiederholte Augenthalers Kunststück gegen Steins Nachfolger Köpke 1994. Wo Schuster vorher mehr als zehn Jahre gespielt hatte, in Spanien, sind Hebertore viel häufiger zu sehen, weil die Torhüter weiter aufrücken und die Schützen sich mehr zutrauen. Der Rumäne Georghe Hagi schoß für den FC Barcelona sogar ein Tor aus dem Anstoßkreis, unmittelbar nach dem Toranstoß, über den noch jubelnden gegnerischen Torwart hinweg.

Kopfballtor

Rund jedes fünfte Tor wird mit dem Kopf erzielt, aber noch nie war ein Kopfball »Tor des Jahres«. Am besten bewertet wurde noch Pelés Kopfball zum 1:0 im WM-Finale 1970 gegen Italien, der in einer englischen Wahl der »Tore des Jahrhunderts« Platz acht belegte. Als der französische Regisseur Zinedine Zidane das WM-Finale 1998 mit zwei Kopfbällen entschied, war das Günter Netzer als ARD-Experte geradezu peinlich. Netzer hatte, ebenso wie Beckenbauer, nach seiner Jugendzeit nie ein Tor mit dem Kopf erzielt.

Die größte Chance, ein Kopftor zu machen, hat, wer dem Ball die Stirn bietet; die größte Chance, ein Kopftor zu machen, an das man sich erinnert, ergibt sich mit anderen Schädelteilen. So ging es Uwe Seeler mit seinem Hinterkopf-Hebertor im WM-Viertelfinale 1970 gegen den englischen Torwart Peter Bonetti. (Ein 1998 veröffentlichtes englisches »Was-wäre-wenn«-Buch behauptet, ohne dieses Tor wäre England Weltmeister geworden, Premierminister Wilson wäre nicht abgewählt worden, und der Thatcherismus wäre der Welt erspart geblieben – so hat Uwe Seelers Hinterkopf die Welt verändert.) Auch Bernd Hölzenbein war Spezialist für ungewöhnliche Tore mit Köpfchen: 1976 traf der Frankfurter ebenfalls per Hinterkopf zum deutschen Ausgleich in der 90. Minute des EM-Halbfinales gegen Jugoslawien; 1979 im Sitzen mit dem Kopf, in der 90. Minute des UEFA-Cup-Spiels gegen Dynamo Bukarest; und sein 150. Bundesligator erzielte Hölzenbein 1980 in Schalke mit der Backe.

Müllertor

»Wenn Sie je ein echtes Müllertor gesehen haben, dann jetzt«, sagte Fernsehreporter Ernst Huberty nach dem durch die Beine von Gegenspieler und Torwart gestocherten 2:1 im berühmten WM-Halbfinale 1970 gegen Italien. »Tore, die Gerd Müller schießt. Tore, die eigentlich nur Gerd Müller schießt«, sagte Fernsehreporter Rudi Michel nach dem 2:1-Siegtreffer im WM-Finale 1974 gegen Holland. Müllertore sind keine Traumtore – nur eines wurde Tor des Jahres, 1976 beim 9:0 der Bayern gegen TB Berlin, als er einen Ball per Grätsche abfing und in 0,8 Sekunden mit einem Drehschuß ins lange Eck gesetzt hatte. Meist waren es Tore, die einfach aussahen und die doch kein anderer schoß, 365 in der Bundesliga, für jeden Tag des Jahres eines. Wie er selber sang: »Dann macht es bumm.« Sein Motto: »Wenn's denkst, ist's eh zu spät.« Sein Rat: »Nicht am Torwart vorbeizielen, sondern ins Tor.«

Wie einzigartig seine unspektakuläre Kunst war, zeigt der Begriff »Müllern«, der sich dafür einbürgerte (zu Beginn des 20. Jahrhunderts war »Müllern« eine dänische Gymnastik). Im Französischen hat sich eine vergleichbare Sprachbildung mit Jean-Pierre Papin entwickelt, nach dem ein Tor aus schwieriger, schier unmöglicher Position »papinade« genannt wird. Nach Müller nannte sich ein brasilianischer Nationalstürmer Muller, und selbst der Name des nach Müller torgefährlichsten Müllers war eigentlich ein anderer. Denn Dieter Müller, der bei der EM 1976 drei Tore in seinem Debütspiel gegen Jugoslawien schoß, dabei den 2:2-Ausgleich mit der ersten Ballberührung, der in der folgenden Bundesligasaison 34 Tore erzielte und im folgenden Jahr einen Bundesligarekord mit sechs Toren in einem Spiel aufstellte (beim Kölner 7:2 gegen Bremen) – dieser Dieter Müller hieß eigentlich gar nicht Müller, sondern Dieter Kaster. Echte Müllertore schoß nur einer.

Phantomtor

In Deutschland gilt seit jeher das »Wembleytor« als Phantomtor, das 3:2 der Engländer im WM-Finale 1966 (→ «Wembleytor«). Doch das eigentliche Phantomtor des deutschen Fußballs »schoß« Thomas Helmer am 32. Spieltag der Bundesligasaison 1993/94 beim 2:1-Sieg der Bayern gegen Nürnberg. Helmer schaffte es, den Ball von der Torlinie aus neben das Tor zu stochern, und Linienrichter Jörg Jablonski schaffte es, ihn trotzdem drin zu sehen. Schiedsrichter Hans-Jürgen Osmers gab das 1:0, doch der DFB annullierte den Sieg. Das Spiel wurde wiederholt, Bayern gewann 5:0 und wurde Meister. Ohne das »Phantomtor« bzw. die dadurch verursachte Wiederholung, bei einem 1:1 zwischen Bayern und Nürnberg, wäre Kaiserslautern Meister geworden und Freiburg abgestiegen.

Sitztor

Die schlimmsten Sportstunden erlebten zahllose Schüler in fensterlosen, bunkerähnlichen Hallen, die raumgreifende Spiele nicht erlaubten – also wurde Sitzfußball gespielt, eine schlimme Erfindung. Aber manchmal nützen diese Erfahrungen auch im richtigen Leben. So schoß Gerd Müller ein Tor im Sitzen gegen Jugoslawien bei der WM 1974. Bernd Hölzenbein gelang im UEFA-Cup 1979/80 gegen Dynamo Bukarest in der 90. Minute das 2:0 im Sitzen per Kopf, Eintracht Frankfurt kam dadurch in die Verlängerung, gewann 3:0 und holte später den UEFA-Pokal. Eine Variante des Sitztores ist das Aufstehtor, wie es Bruno Labbadia im Meisterjahr der Lauterer 1991 in Leverkusen gelang: zweimal hingefallen, zweimal aufgestanden, zweimal verdutzte Gegenspieler stehen-, besser: sitzengelassen, und dann das Tor. Ein Jahr später wurde Labbadia zum Lohn Nationalspieler, aber nur für 11 Minuten gegen Uruguay. Die anderen 79 Minuten hieß es: sitzenbleiben.

Solotor

Das sind die Tore, die die Zuschauer von den Sitzen reißen, weil sie ein unwahrscheinlicher, sich immer weiter steigernder Slalom sind. Fast immer stammen sie übrigens von Südamerikanern oder Afrikanern, die Europäer können den Ball besser abgeben. Das erste weltberühmte Solotor schoß der Uruguayer José Leandro Andrade 1924, als er bei den Olympischen Spielen in Paris über 75 Meter sieben Franzosen ausspielte. Das Tor von Pelé 1961 mit dem FC Santos gegen Fluminense in Maracana-Stadion, als er aus dem eigenem Strafraum mit dem Ball über 70 Meter lief, sieben Gegner plus Nationaltorwart Castilho ausspielte, wird in Brasilien »gol da placa«, Tor des Jahrhunderts genannt. Ebenfalls zum Tor des Jahrhunderts wählte 1998 eine englische Fachzeitschrift den Slalom von Diego Maradona im WM-Viertelfinale 1986 gegen sieben Engländer (trotz Maradonas »Hand Gottes«-Tor im selben Spiel). Schließlich der Liberianer George Weah, der 1996 für den AC Mailand den Ball im eigenen Strafraum aufnahm und über 80 Meter an sieben Spielern von Hellas Verona vorbei ins Tor dribbelte.
Im Gegensatz zum raumgreifenden Solotor gibt es das eher verspielte, das nicht den direkten Weg zum Tor sucht, sondern ein Dribbling vollführt, in dem mehr Gegner als nötig ausgespielt werden – wie der Nigerianer Jay Jay Okocha 1993 zum 3:1 für Eintracht Frankfurt gegen Karlsruhe (→ Kap. 28: *Medien*, Stichwort »Marktschreier«). Das Meisterwerk dieser Kunstform stammt aber vom größten Dribbler, von Garrincha: Er umspielte in einem Testspiel der Brasilianer gegen den AC Florenz vor der WM 1958 drei Verteidiger im Strafraum, dann den Torwart, täuschte den Verteidiger auf der Linie, der, irritiert von der Finte, mit dem Kopf an den Pfosten sprang, spielte dem Torwart den Ball noch mal durch die Beine und schoß ihn dann endlich ins Tor.

Volleytor

Den Ball aus der Luft schießen, die Wucht mitnehmen, »volles Risiko«, wie Fernsehreporter dann gern sagen – das macht, wenn es klappt, die schönsten Tore. Finden jedenfalls die *Sportschau*-Zuschauer, die von 1971 bis 1997 in 15 von 27 Fällen ein Volleytor zum »Tor des Jahres« kürten – sieben Volleyschüsse, fünf Fallrückzieher, zwei Seitfallzieher, einen Scherenschlag. Das erste berühmte

Volleytor schoß der Uruguayer Hector Scarone (der beim Spielen besonders schön sang und wie ein Wildwestheld seine Schießkunst auf Flaschen übte) im Olympischen Finale von 1928 zum 2:1 gegen Argentinien. Das erste WM-Tor, das Lucien Laurent im WM-Eröffnungsspiel Frankreich–Mexiko am 13. Juli 1930 im Schneetreiben von Montevideo schoß, war ein Volley-Rückzieher. Das vielleicht unwahrscheinlichste Volleytor gelang dem Holländer Marco van Basten im EM-Finale 1988 gegen die UdSSR aus extrem spitzem Winkel.

Eine spielerische Abart des Volleytors ist der Direktschuß nach vorherigem Lupfer über einen Gegenspieler. In Südamerika nennt man das »den Ball als Hut auf den Kopf setzen«. Puskas gelang das beim legendären 6:3 der Ungarn in Wembley 1953. Pelé wurde im WM-Finale 1958 weltberühmt, als er den Ball gleich über zwei Schweden lupfte, ehe er ihn unter Torwart Svensson durchjagte. Und der Mönchengladbacher Däne Ulrik LeFevre schoß 1971 ebenfalls nach einem Doppellupfer über zwei Gegenspieler volley das erste »Tor des Jahres«.

Wembleytor

Auch drittes Tor genannt. Obwohl natürlich in Wirklichkeit das fünfte Tor im WM-Finale 1966. Nur Präsident Lübke sah den »Ball im Netz zappeln«, und natürlich Torschütze Hurst, für den der Ball »meilenweit über der Linie« war. Weil er es natürlich nicht war, entspann sich der vielleicht berühmteste Dialog der Fußballgeschichte. Frage von Schiedsrichter Dienst an Linienrichter Bachramow: »Was the ball behind the line?« Der nickte heftig, sagte »Yes, behind the line« und zeigte zur Mitte. »Das dritte Tor ist wie die dritten Zähne – mal drin, mal auch nicht drin«, schrieben Gerhard Henschel und Günter Willen in ihrem Buch »Drin oder Linie?«. Eine Untersuchung der Universität Oxford kam 1995 zum wissenschaftlichen Ergebnis: Nicht drin. Haben wir immer gewußt. Nützt aber auch nichts mehr. Das Wembleytor wird immer ein Tor bleiben.

Abb. 12a: »Der Ball muß die Torlinie in vollem Umfang überschreiten.« Mexikos Bernal trifft bei der WM 1994 gegen Italien.

12. Ball

Die Welt dreht sich um 20 Sechs- und 12 Fünfecke. Sie bestehen aus Poliurethan auf Polyäthylenschaum-Basis, sind zusammengenäht, »allwetter-beschichtet« und mit einem Luftdruck von 0,7 bar gefüllt. Für dieses »runde Leder« müssen schon seit den 70er Jahren keine Rinder mehr sterben. Seit dieser Zeit besteht es nicht mehr aus dem Naturmaterial, das schwer wurde bei Regen, sondern aus künstlichen Materialien, die Wasser abweisen, schneller fliegen, mehr Drall annehmen.

Der Argentinier Sergio Zarate, beim 1. FC Nürnberg eine Zeitlang als »Zaubermaus« aktiv, hielt den Ball für nicht weniger als »die wichtigste Erfindung der Menschheit«. Tatsächlich hat die Menschheit am Ball immer erstaunlichen Erfindungsgeist gezeigt. Eskimos spielen mit Bällen aus Robbenleder, gefüllt mit getrocknetem Moos oder Fellbüscheln; die Azteken kickten Kugeln aus Rohgummi, die alten Chinesen Ledersäcke mit Federfüllung. Auf Hawaii heißt der Ball Popo und besteht aus festgewickelten Blättern und Lumpen; bei den australischen Aborigines wird der Hodensack eines Känguruhs mit Gras ausgestopft; auf den Fijis spielt man mit Pampelmusen.

Doch erst mit einer Füllung aus Luft wird der Ball elastisch und damit, wie der Sozialpsychologe Klaus Hansen feststellte, »dialogfähig«. Diesen Doppelpaß zwischen Mann und Ball brachte Mitte des 19. Jahrhundert der Amerikaner Charles Goodyear in Gang, als er die Vulkanisierung des Kautschuks erfand. Das ermöglichte den Ball als luftgefüllte Gummiblase mit Lederhülle. Jahrzehntelang wurde das Leder von einem Netz zusammengehalten, was besonders Kopfbälle zu einer schmerzlichen Sache machen konnte.

Erstmals wurde bei der Weltmeisterschaft 1938 mit einem Ball ohne Netzhülle gespielt, nachdem die Argentinier Tossolini, Valbonesi und Polo die Blase mit Ventil erfunden hatten, die man mit der Pumpe aufblasen kann – seitdem erst kann man köpfen, ohne sich am Netz weh zu tun. Nun muß man nur noch aufpassen, daß das Ventil nicht stört. Zumindest bei ruhendem Ball ist das möglich. Erfahrene Freistoßschützen wie Mario Basler achten vor der Ausführung darauf: »Ventil nach oben.«

In Südamerika pflegt man seit jeher ein besonders enges Verhältnis zum Spielgerät, schon in der sprachlichen Ballbehandlung. In Brasilien ist der Ball eine Frau: »gorduchinha«, die kleine Dicke. Pelé gab ihr einen Kuß nach seinem tausendsten Tor. Vor dem Hauseingang des großen di Stefano steht ein Bronzeball als Denkmal mit der Inschrift: »Danke, Süße.«

Auch der Hang zum modischen Wandel spricht für den weiblichen Charakter des Spielpartners. Bis Mitte der 20. Jahrhunderts genügte ihm ein schlichtes Naturbraun, dann wechselte die Ballfarbe auf Weiß, zur WM 1966 war ein bräunliches Orange en vogue, zur WM 1970 ein eher gelblicher Ton, dann beendete schwarz-weiß-gefleckt die Uni-Phase, die der Ball nur bei winterlich-verschneitem Geläuf als roter Blickfang wiederaufleben läßt. Heute präsentiert er sich mindestens alle zwei Jahre in einem neuen, mehrfarbigen Design. Verkauft sich besser.

In Europa pflegt man ein weniger zärtliches oder gar erotisches Verhältnis zum Ball als in Südamerika, man behandelt ihn eher kopflastig. Für den Soziologen Hartmut Esser (»Der Doppelpaß als soziales System«) ist er ein »symbolisch generalisiertes Kommunikationsmedium«. Sein Kollege Christoph Bausenwein schrieb: »Der Erfolg des Fußballspiels beruht zu einem großen Teil auf einem Mißerfolg – nämlich dem Mißerfolg des menschlichen Versuchs, einen Ball mit dem Fuß zu greifen«. Einen praxisnäheren Befund stellte Uwe Seeler aus: »Das Geheimnis des Fußballs ist ja der Ball.«

Tatsächlich macht den Reiz des Fußballspiels die Unfähigkeit aus, den Ball zu kontrollieren, zu disziplinieren – weil die Füße im Gegensatz zu den Händen nichts festhalten können. Fußball heißt deshalb auch Loslassenkönnen. Abgeben, Weiterspielen. Fußballspieler, selbst die besten, wissen, daß der Ball nie ganz in ihrer Macht steht, daß er immer irgendwie unberechenbar bleibt – kein Wunder also, daß er für den Brasilianer eine Frau ist, und daß der Brasilianer die besten Chancen hat, sie gewogen zu stimmen, indem er sie liebkost. Der Europäer dagegen mag es nicht, wenn ein Spieler allzu »ballverliebt« ist.

Ballbehandlung entscheidet, mehr vielleicht als Ballbesitz – ein trügerisches Wort, denn nie kann einer den Ball wirklich besitzen. Neueren Statistiken zufolge sind selbst überlegen wirkende Mannschaften nie mehr als 60 oder maximal 65 Prozent in Ballbesitz. Ballkontakte hat ein Durchschnittsspieler rund 60 pro Partie, Beckenbauer hatte einmal 92 (mit vermutlich Dutzenden Hin- und Herquerpässen mit Schwarzenbeck oder Rückpässen auf Maier). Andere Forschungen zeigen dagegen, daß die meisten Gegentore in den ersten sieben Sekunden nach einem Ballverlust fallen. (→ Kap. 9: *Taktik*, Stichwörter »Kick and Rush« und »Konter«) Der Besitz trägt den Verlust schon in sich – der Ball ist eine schwierige Beziehungskiste.

Abgefälschter Ball

Der abgefälschte Ball fliegt nicht so, wie der Schütze es vorhatte – wobei der Begriff unterstellt, daß er das Richtige geplant hatte. Paradoxerweise wird aber oft erst durchs Abfälschen das Richtige daraus, nämlich ein Tor. Dabei wird ein im Aktionsplan des Schützen nicht vorgesehener Spieler vom Ball so getroffen, daß sich dieser immer noch (oder gar erst jetzt) auf das Tor zubewegt. Um eine Chance auf Abwehr eines Schusses zu haben, ist der Torwart in der Regel auf eine Art Hochrechnung angewiesen, die er aus seinen Beobachtungen der Bewegung des Schützen und des ersten Flugdrittels des Balles anstellen muß. Spätestens im zweiten Flugdrittel muß er sich für eine Bewegung entscheiden, die er, wenn die Flugdaten sich noch ändern, nicht mehr korrigieren kann.

Deshalb gehört der abgefälschte Ball zu den Unberechenbarkeiten des Fußballs, als eines der Elemente, bei denen der Faktor Zufall, der je nach Blickwinkel Glück oder Pech heißt, über ein Spiel, eine Meisterschaft, eine Karriere entscheiden kann. Im Gegensatz zu anderen Spielen, in denen der zählbare Lohn der Mühen viel leichter zu erreichen ist als ein Tor im Fußball, kann hier ein einziger Glücksmoment ausreichen, um 1:0 zu gewinnen. So wie 1968 beim ersten deutschen Länderspielsieg gegen England, als Beckenbauer einen Verteidiger anschoß, der den Ball ins Tor ablenkte. Oder das 1:0 im WM-Halbfinale 1990, als Brehmes Freistoß von einem Engländer über Torwart Shilton ins Tor verlängert wurde (das Spiel endete 1:1, Deutschland gewann im Elfmeterschießen). Oder das 2:1 in der Verlängerung des EM-Finales 1996, als Bierhoffs Linksschuß von einem Tschechen zum ersten Golden Goal der Fußballhistorie abgefälscht wurde.

Bananenball

Der Bananenball in seiner Ausformung als Bananenflanke ist, möglicherweise durch den Verdruß über die EU-Bananenpolitik, ein wenig aus der Mode geraten, zumindest als Begriff. Natürlich stammt diese Erfindung ursprünglich aus Lateinamerika, vermutlich aus Brasilien, wo man sie kuriöserweise nicht Bananenball, sondern »folha seca«, trockenes Blatt, nennt — berühmt dafür war bei Flanken und Freistößen vor allem Didi, der Spielmacher der Weltmeistermannschaft von 1958. Später wurde die Bananenflanke in der Bundesliga neu erfunden und gilt seitdem gewissermaßen als deutsches Patent. Das geht zurück auf den Hamburger Verteidiger Manfred Kaltz, dessen nicht sonderlich scharfe, aber scharf angeschnittene Hereingaben von der rechten Seite wegen der Biegung ihrer Flugbahn mit der beliebten Krummfrucht verglichen wurden. Warum ist die Bananenflanke krumm? Weil kugelförmige Gegenstände, die seitlich getroffen werden, im Flug um die eigene Längsachse rotieren und durch die unterschiedliche Reibung ihrer Oberfläche mit der Luft eine kurvenförmige Bahn nehmen. Dieses Drehmoment erfordert weniger Härte als eher einen schnellen »Abzug«

aus Unterschenkel und Fuß (das hilft auch bei Freistößen um die Mauer, weshalb gute Freistoßschützen wie Beckham, Basler, Roberto Carlos meist auch gute Flankengeber sind). Hilfreich bei der Ausführung ist auch eine gewisse O-Beinigkeit.

Bis in die siebziger Jahre hinein wurde gern lang, aber wenig hart und allenfalls mit leichtem Unterschnitt in den Strafraum geflankt, butterweich statt bananenscharf, was die Sache für die Torhüter erleichterte – der Ball war lange in der Luft, ließ sich gut berechnen und machte es dem Stürmer schwer, viel Wucht in den Kopfball zu legen. Mit der Bananenflanke, die weniger Zeit zum Nachdenken ließ und sich zudem vom Torwart wegdrehte, endete die Ära der bei Flanken oder Eckbällen bis hinter den Elfmeterpunkt herausstürzenden Keeper vom Schlage eines Sepp Maier. Dafür brachte die reichliche Versorgung mit Bananenflanken auf Stürmerseite eine neue Spezies der fußballerischen Evolution hervor (→ Kap. 3: *Spieler*, Stichwort »Kopfballungeheuer«).

Doppelball

Im Gegensatz zum Doppelpaß eine ungute Erscheinung. Seit 1997 wird sofort, wenn der Ball im Aus ist, ein neuer ins Spiel gebracht, um Verzögerungen zu vermeiden. Beim Pokalspiel Alemannia Aachen gegen Waldhof Mannheim am 3. Dezember 1997 führte das zum Eklat. Ein Ball war auf den Rängen verschwunden, wurde ersetzt, um dann zum blödesten Zeitpunkt wieder aufs Feld geworfen zu werden: Elfmeter für Aachen, gehalten, der Schütze kommt ganz frei zum Nachschuß, aber der Schiedsrichter pfeift ab, weil in diesem Moment der zweite Ball aufs Spielfeld zurückgeworfen wird. Die Regel schreibt vor: Schiedsrichterball. So wurden die Aachener vermutlich um den Sieg gebracht. 20 000 tobten, doch der DFB bestätigte die Entscheidung.

Früher, in Kriegs- und Nachkriegsjahren, mußten oft Spiele abgebrochen werden, wenn der Ball verloren oder kaputt ging, weil kein Ersatzball vorhanden war. Inzwischen stören eher zu viele Bälle. Der erste Doppelball kam übrigens schon beim ersten WM-Endspiel 1930 ins Spiel, aber in verschiedenen Halbzeiten. Die Argentinier, größter Lederproduzent der Welt, kamen mit einem eigenen Ball; die Uruguayer aber als Gastgeber bestanden auf dem englischen Fabrikat, das sie gewohnt waren. Weil es keine offiziellen Bestimmungen gab, fand der belgische Schiedsrichter John Langenus eine salomonische Lösung: Er ließ mit beiden Bällen spielen. Die Argentinier gewannen die Platzwahl, und so wurde die 1. Halbzeit mit ihrem Ball angestoßen – zur Pause führten sie 2:1. Dann kam der Uru-Ball ins Spiel, und die Gastgeber gewannen 4:2.

Effetball

Daß ein Fußball eher krumm als gerade fliegt, heißt physikalisch Magnus-Effekt. Nur ein Ball, der exakt im Mittelpunkt getroffen wird, kann ohne Drall fliegen. Rechts von der Mitte getroffen, ergibt sich ein Links-Effet: Der Ball erhält eine Linksrotation um seine Mittelachse, dreht sich auf der rechten Seite schneller, wird dadurch dort schneller angeströmt, es entsteht ein höherer Luftwiderstand auf der rechten Seite – deshalb wird er nach links abgelenkt. Das gleiche gilt umgekehrt: links getroffen, Rechtseffet. Die Drehung um die Querachse spielt dagegen im Fußball eine viel kleinere Rolle als etwa im Tennis mit Topspin und Slice: Topspin, also Vorwärtsrotation, ist, von einigen Freistoß-Kunstschützen abgesehen, im Prinzip nur bei Volleyschüssen möglich, die entsprechend schneller »zu Boden fallen« als gedacht; Slice, der Ball also auf der Unterseite getroffen, verleiht eine lange Flugbahn ohne großen Druck, die nur bei Abschlägen oder langen Pässen sinnvoll ist.

Flankenball

Schon Hannibal wußte, daß man den Gegner von der Flanke her schlägt, weil man von dort in dessen Rücken kommt. Im Fußball verlief die Entwicklung aber irgendwann immer mehr in die Mitte. Als man wegen der zentralen Enge wieder mehr auf die Flügel auswich, stellte sich heraus, daß die Kunst des Flankenschlagens nur noch wenige Virtuosen hat. Die Flanke aus vollem Lauf, mit Schärfe und Schnitt, ist eine technisch-athletische Übung, in der sich die wenigsten Bundesliga-Spieler hervortun. Allerdings wird heute schärfer, mit mehr Zug geflankt als früher, was technisch schwieriger ist. Auch für den Torwart. Die früher üblichen Lederbälle standen lange in der Luft, man konnte sie pflücken. Die Synthetikprodukte von heute fliegen schneller, schärfer, dazu mit wechselhaftem Verhalten in der Luft.

»Mit Maier im Tor konnte man sich, wenn geflankt wurde, umdrehen und

nach vorn laufen«, erinnerte sich Horst-Dieter Höttges an die Zeit in der Nationalmannschaft. Mit seinen langen, schwarzbeärmelten Spinnenarmen schnappte
sich Maier in den 70er Jahren selbst Flanken nahe der Strafraumgrenze, und der
Kölner Welz kam im berühmten Pokalfinale gegen Mönchengladbach 1973 bei
einer Ecke einmal so weit aus dem Tor, daß er mit dem gefangenen Ball aus dem
Strafraum fiel. Mit Andreas Köpke stand dagegen in den 90ern ein Mann im Tor
der Nationalmannschaft, der sich bei hohen Bällen kaum einmal aus dem Fünfmeterraum hinauswagte. »Früher hast du von 100 Flanken 70 abfangen können,
heute sind es noch 30«, sagt Maier als Bundestorwarttrainer. »Einen guten Torhüter zeichnet aus, daß er sich diese 30 schnappt.«

Flatterball

Der Flatterball ist eine Erfindung der Volleyballer. Jeder Ball hat, abhängig von
seinem Gewicht, seiner Größe und seiner Oberfläche, eine physisch exakt zu be-
stimmende Fluggeschwindigkeit, bei der sein Flug die größtmögliche Instabilität
erreicht – beim leichten Volleyball beträgt dieses Tempo etwa 60 km/h. Deshalb
werden viele Angaben ohne große Wucht und ohne jedes stabilisierende Effet
übers Netz gebracht, eher geschoben als geschlagen. Dadurch wird der Ball auf
der Höhe seiner Flugkurve anfällig für Luftzirkulationen, was das Geschäft der
Annahmespieler erschwert. Beim Fußball ist dieser Effekt kaum mit Absicht zu
erzielen, dafür ist der Ball zu groß, zu schwer und zu schwierig genau in der Mitte, also ohne Drall, zu treffen. Der flatternde Fußball ist vor allem bei Glücks-
schüssen zu beobachten, bei denen der Ball leicht über dem Rasen exakt mittig
voll mit dem Spann erwischt wird – er fliegt ohne Rotation und erreicht
manchmal genau im richtigen Moment, also kurz vor Erreichen des Torwarts,
die Tempozone der größten Instabilität, fängt also an, in der Luft zu »flattern«.
    Ein besonders spektakuläres Flattertor gelang dem Österreicher Hintermaier
für den 1. FC Nürnberg im DFB-Pokalfinale 1982 gegen den FC Bayern München – sein Schuß aus fast 40 Metern »stand« aus Sicht von Torwart Jean-Marie
Pfaff sekundenlang in der Luft, ehe er die überraschende Abzweigung in den linken Winkel nahm. Häufiger als Flatterbälle aber sind flatternde Nerven, die gern
mit Flatterbällen entschuldigt werden.

Kopfball

Das war früher eine schmerzhafte Sache, als das Leder noch von einem Netz zusammengehalten wurde, ehe in den 30er Jahren die Blase mit Ventil erfunden wurde. Aber auch heute noch hält nicht jeder gern den Kopf hin – schon weil Spätfolgen der ständigen Kopfkontakte im Hirn von Fußballern medizinisch nachgewiesen worden sind. Kopfschmerzen macht vor allem schlechte Technik beim Köpfen, wenn die Nacken- und Schultermuskulatur sich nicht im richtigen Moment anspannt. Wer die Technik beherrscht und die Stirn sauber einsetzt, hat aber eine unschlagbare Waffe im Strafraum – denn der Nachteil, daß man den Ball mit dem Kopf nicht stoppen oder führen kann, verwandelt sich bei hohen Bällen vor dem Tor in den Vorteil des Direktspiels, das per Kopf fast genauso wuchtig wie per Fuß, aber wesentlich kontrollierter möglich ist. Anders als der per Fuß gestoppte und dann geschossene Ball gibt der Kopfball dem Torwart kaum Zeit zu reagieren und bietet kaum Hinweise auf die Richtung.

Abb. 12b: Fußball kann so leicht sein... Thomas Gravesen (HSV) bietet im Oktober 1999 dem SC Freiburg die Stirn.

Lederball

Ist seit Ende der 60er out. Der pure Lederball war bei Regen schwer, verhielt sich aber ansonsten immer gleich. Heute dominiert Synthetik, und die verhält sich eigenwillig: »Der eine fliegt, der andere flattert«, sagt Nationaltorwart Jens Lehmann. »Wenn er zu hart ist, haust du drauf wie ein Schmied, aber er fliegt nicht.«

Zauberball

Die Ballzauberer pflegen nicht einfach draufzuhauen, sondern befassen sich intensiv mit dem Spiel- und Flugobjekt. »Da war ein sinnliches Verhältnis zu meinem Objekt, das bei jedem Fußtritt anders reagierte, das stets anders behandelt werden wollte«, sagte Netzer über den Ball. »Das machte für mich die Faszination des Fußballspieles aus. Nie wird etwas in diesem Spiel eine Kopie von dem sein, was gerade geschehen ist. Jede Sekunde ist einmalig.« Der Zauberball wird meist um die Ecke geschossen wie die Tempo-150-Banane von Roberto Carlos beim Tournoi de France 1997.

Abb. 13a: Was Aspirin so alles vermag... Eric Meijer (Bayer Leverkusen) am 25.10. 1997 im Spiel bei Borussia Mönchengladbach. Sein Double: Markus Feldhoff (halbverdeckt).

13. Zahl

Ein einziger Versprecher reichte, um die erste Frau im *Aktuellen Sportstudio* wieder loszuwerden: Carmen Thomas und »Schalke 05«. So jemand war nicht zu halten (im Gegensatz zu Arnim Basche und seinen »Kickenbacher Offers«). Denn Fußball ist ein Zahlenspiel für Millionen von Fans, die Torkonten, Spielminuten, Rückennummern in- und auswendig kennen; da ist mathematische Genauigkeit gefragt. Zum Beispiel: »Ihr fünf spielt jetzt vier gegen drei« (Trainer Fritz Langer 1966). »Zwei Chancen, ein Tor, das nennt man wohl hundertprozentige Chancenauswertung« (Stürmer Roland Wohlfahrt 1986). »Der Klinsmann und ich, wir sind ein gutes Trio« (Fritz Walter, der Jüngere, 1988).

Und erst die Regeln. Wie weit ist der Rand des 16-Meter-Raums von der Torlinie entfernt? Richtig, 16,5 Meter. Die Ecken sind natürlich noch weiter von der Torlinie entfernt, rund 23 Meter. Und was ist der Fünf-Meter-Raum genaugenommen? Ein 5,50-Meter-Raum. Kein Wunder also, daß viele Fußballer all die Rechnerei und Zahlenspielerei nicht so genau nehmen wollen. Bernd Hölzenbein brachte das zum Ausdruck, als er die Dominanz des Kapitäns bei der WM 1974 erläuterte: »Wenn Beckenbauer gesagt hat: Eins plus eins ist drei, dann war das eben so.«

Oder die Fußball-Arithmetik. So sagt der Fußballer, daß im Europapokal die Auswärtstore »doppelt zählen«. Doppelt ist natürlich Blödsinn, denn dann käme man ja mit einem 0:0 im Heimspiel und einer 2:3-Niederlage auswärts weiter – richtig ist, daß erst bei Torgleichheit in der Addition von Hin- und Rückspiel die Auswärtstore entscheiden. Und erst das »Torverhältnis«! Einfach nicht auszurotten. Dabei werden seit Jahrzehnten Tore und Gegentore nicht mehr in einen komplizierten Quotienten dividiert. Weil das zu schwierig war (und eher wenige Gegentore als viele Tore belohnte), zieht man nun einfach Gegentore von Toren ab, schon hat man eine simple Tordifferenz zum Ermitteln der Tabellenplätze punktgleicher Teams. Noch einfacher geht es in den unteren englischen Profiligen: Da zählt nur, wie viele Tore ein Team geschossen hat, die Gegentore interessieren nicht.

Auch die Bruchrechnung erwies sich mitunter als Tücke. So war Horst Szymaniak aus Erkenschwick, genannt »Schimmi«, angesichts verlockender Angebote aus Italien mit dem Angebot seines Klubs, sein Gehalt um ein Drittel zu erhöhen, nicht einverstanden: »Ich will mindestens ein Viertel mehr.«

Dabei kann Fußball so einfach sein. Torerfolge werden nur in ganzen natürlichen Zahlen gewertet und Spiele in einer Größer-Kleiner-Rechnung entschieden, die sich schon Dreijährigen erschließt: »Ein Tor mehr schießen als der Gegner«, mehr müsse man sich nicht merken, empfahl bereits Herberger. Auch die Skala der Noten, die der Profi am Montag in seiner Boulevardzeitung für seine Leistung findet, ist überschaubar und aus der Schule vertraut. Weil Fußballer aber abergläubisch sind, glauben sie manchmal, daß es einen telepathischen Einfluß auf ihre Benotung haben könnte, dem Reporter ab und an ein paar geheime Informationen zu stecken oder einen Kollegen anzuschwärzen.

Empirische Zahlen sind noch weniger bestechlich. Sie sagen uns, daß ein Fußballer bei einem Fußballspiel nur zwei bis drei Minuten am Ball ist – und damit auch im Blickfeld der Benotung. Dafür ist er durchschnittlich 12 bis 14 Kilometer unterwegs, mehr als die Hälfte davon gehend, ein Drittel trabend, nur zehn Prozent im schnellen Lauf und nur drei bis vier Prozent, 400 bis 500 Meter, im Sprinttempo – eine Art Kombination aus Golf- und Joggingrunde mit gelegentlichen Unterbrechungen durch Ballkontakt. Wer will, kann dem ballistischen Blickfeld aber gut aus dem Weg gehen, der Platz ist groß und der Ball klein genug. Das Spielgerät, das die Blicke der Zuschauer auf sich und den ballführenden Spieler zieht, füllt den dreidimensionalen Spielraum, selbst wenn man ihn gedanklich auf zwei Meter Höhe begrenzt, nur zu einem Sechsmillionstel aus. Und das ist schon schmeichelhaft gerechnet, denn strenggenommen ist das Spielfeld natürlich nach oben offen, also unendlich groß und der Fußballer ein statistisches Staubkorn.

Damit er dabei wenigstens erkennbar ist, hat man die Trikotnummern erfunden. Diese Einrichtung von ursprünglich ganz nüchterner Funktion hat sich zur beliebtesten Zahlenmystik im Fußball gewandelt. Zum ersten Mal gab es Rükkennummern im englischen Pokalfinale 1933 zwischen FC Everton (Nummern 1 bis 11) und Manchester City (12 bis 22). Seit 1939 galt international, daß beide Teams nach dem Aufstellungsbogen durchnumeriert wurden: von 1 Torwart über 5 Mittelläufer und 9 Mittelstürmer bis 11 Linksaußen. Das Prinzip hielt sich bis in die 80er Jahre, obwohl das taktische Modell, das ihm zugrunde lag, das WM-System, längst nicht mehr aktuell war.

Die calvinistischen Holländer, die 1974 das Spiel mit ihrem »Fußball total« revolutionierten, brachen auch als erste mit der Zahlentradition, indem sie alphabetisch durchnumerierten, weswegen Torwart Jongbloed bei der WM 1974 die 8 trug – einzige Ausnahme war Cruyff mit der 14. Bei zwei Weltmeisterschaften scheiterten die Holländer damit unglücklich im Endspiel. Erst 1988 übernahmen sie das herkömmliche System mit der 1 für Torwart van Breukelen und der 9 für Mittelstürmer van Basten – und wurden prompt Europameister.

Auch die Argentinier spielten 1978 alphabetisch, weswegen Torschützenkönig Mario Kempes zufällig zur Nummer 10 kam. Vier Jahre später machten sie eine Ausnahme: Maradona bekam die 10, die sonst einer mit K oder L getragen hätte. Denn diese Zehn, ursprünglich die Position des halblinken Verbinders, war längst zur mythischen Zahl des Spielmachers geworden, die einen Netzer, Maradona oder Platini schmückte. Das war einmal. Wer bekam die Zehn bei Eintracht Frankfurt, der Mannschaft, die den »Fußball 2000« zu spielen glaubte? Richtig, Torsten Legat.

0

»Die Null muß stehen«, forderten die Schalker und wurden mit dieser Maxime 1997 UEFA-Pokalsieger. Wenn aber beide Teams die Null stehenlassen, wird Fußball zur Ödnis: »Ein 0:0 schaut mich wie zwei geöffnete Münder an, ein ganz großes Gähnen«, schrieb Eduardo Galeano. Besonders der Beginn vieler Weltmeisterschaften war zum Gähnen. Alle sechs WM-Eröffnungsspiele von 1962 bis 1982 endeten torlos. Dafür gingen nur drei der 108 Länderspielklassiker zwischen England und Schottland 0:0 aus – zwischen 1872 und 1970 endete kein einziges torlos. Daß man auch mit einer Null weit kommen kann, zeigten die Argentinier, die im Jahr 1989 als amtierender Weltmeister in acht Spielen kein Tor schossen, sich 1990 leicht steigerten und mit nur zwei Toren das WM-Finale erreichten.

1 ...

...Tor gelang deutschen Bundesligaprofis bei der gesamten Weltmeisterschaft 1998 – es war der erste Treffer der deutschen Mannschaft zum 1:0 gegen die USA durch Andreas Möller. Ausländische Bundesligaspieler kamen immerhin auf sieben Tore. Aber kein Vergleich zur spanischen Primera Division. Spanien scheiterte zwar in der Vorrunde, doch die Vertreter seiner Liga kamen auf 35 Tore, mehr als ein Fünftel der 171 WM-Treffer.

2...

... Dosen Kaviar gab Tofik Bachramow einem malaysischen FIFA-Funktionär und erreichte damit seine Nominierung als Linienrichter für das WM-Finale 1966 – das zumindest behauptete dreißig Jahre später der russische Schiedsrichter Nikolai Latyschew. Wenn es so war, hat es sich gelohnt für Bachramow: Er sah den Schuß von Hurst drin, England wurde Weltmeister und Bachramow der bekannteste Linienrichter der Fußballgeschichte.

3...

... Sekunden brauchte Vinnie Jones, genannt die Axt, der frühere Kapitän des FC Wimbledon, für seine schnellste Gelbe Karte, 1991 im Spiel bei Manchester City.

4

Die Zählweise, die in den 30er Jahren aus dem englischen WM-System entstand, wurde rund 50 Jahre lang weltweit angewendet: 1 Torwart, 2 Rechter Verteidiger, 3 Linker Verteidiger, 4 Rechter Läufer, 5 Mittelläufer, 6 Linker Läufer, 7 Rechtsaußen, 8 Halbrechts, 9 Mittelstürmer, 10 Halblinks, 11 Linksaußen. Durch die Verschiebungen der moderneren Spielsysteme bekamen einige Nummern den Charakter einer Auszeichnung. Aus der 5 (Mittelläufer) wurde der Libero, der Stratege also, die 9 (Mittelstürmer) zeichnete den Torjäger aus, die 10 den Spielmacher. Anders dagegen die 4. Der Mann, der vom rechten Läufer im Zusammenspiel mit dem Libero zum Vorstopper verwandelt worden war (also etwa Schwarzenbeck neben Beckenbauer), wurde in vielen Stadien mit dem Ruf empfangen: »Kein Mensch, kein Tier – die Nummer vier.«

5...

...mal in die Bundesliga aufzusteigen, das gelang nur Bayer Uerdingen. Aber auch seine fünf Abstiege sind exklusiv.

6

Die Zahl der Elfmeter, die Franz Beckenbauer schoß (von denen nur drei drin waren) und die Rückennummer von Franco Baresi, der nach Beckenbauer »Franz« genannt wurde – nach seinem Rücktritt soll sie kein anderer Spieler im Trikot des AC Mailand mehr tragen.

7...

... Hattricks in Länderspielen – dieses Kunststück gelang nur zwei Spielern, dem Brasilianer Pelé und dem Ungarn Sandor Kocsis. Dabei ist Hattrick in der international gebräuchlichen, der britischen Definition verstanden: drei Tore in einem Spiel. Nicht die eigentümliche deutsche: drei Tore in einer Halbzeit in ununterbrochener Folge.

8...

... Sekunden dauerte es bis zum schnellsten Länderspieltor der Geschichte. Erzielt wurde es von ... San Marino. Geschehen gegen Fußball-Lehrmeister England beim 1:7 in der WM-Qualifikation 1993.

9...

... Gegentore sind recht selten. Die Österreicher schafften dies 1999 beim 0:9 in Spanien. Geprobt hatten sie das 1953 ganz anders: 9:0 gegen Portugal.

10...

... ist ursprünglich die Nummer des Halblinken (ideal verkörpert von Puskas) und wurde mit der Zeit zum Erkennungszeichen des Strategen mit Tordrang, von Netzer, Maradona, Platini. Längst funktioniert die Nummernvergabe meist nicht mehr nach der Rollenverteilung auf dem Spielfeld, aber in manchen Fällen macht man, vielleicht aus Aberglauben, für die Nummer zehn eine Ausnahme. Die Argentinier taten das bei der WM 1982 mit Maradona, die Italiener 1994 mit Roberto Baggio.

11...

... ist die besondere Zahl des Fußballs, wo elf gegen elf spielen und die gravierendste Strafe ein freier Schuß aus elf Metern ist. Von diesen Elfmetern während des Spiels hat die deutsche Mannschaft bei Weltmeisterschaften elf verwandelt. Nur einer verschoß: Uli Hoeneß 1974 gegen Polen.

12

Gerd Müller hat mehr Tore geschossen, als je jemand in Deutschland schoß oder schießen wird, aber es hat auch niemand mehr Elfmeter verschossen als derselbe

Müller: zwölf an der Zahl (bei 63 Versuchen). Natürlich steckt darin zugleich eine einmalige Auszeichnung für den Torjäger: Keinen anderen hätte man nach so vielen Fehlversuchen noch einmal antreten lassen.

13

Gerd Müllers berühmte Nationalmannschafts-Rückennummer 13 hatte nichts mit Aberglauben zu tun, eher mit dem Gegenteil. In den ersten Jahren seiner Karriere trug Müller selbstverständlich die 9, die den Mittelstürmer markierte. Doch bei der Weltmeisterschaft 1970 ließ Bundestrainer Helmut Schön mit zwei Mittelstürmern spielen, mit Seeler und Müller. Seeler spielte zwar etwas zurückgezogen im Mittelfeld, hatte jedoch die älteren Rechte auf die 9. Frei war die 13, die viele abergläubische Spieler meiden, doch Müller war das egal. Er nahm sie, wurde mit zehn Toren WM-Torschützenkönig und behielt die 13, bis er in seinem letzten Länderspiel mit seinem 14. WM-Tor die Bundesrepublik Deutschland 1974 zum Weltmeister machte.

14

Die große Nummer von Cruyff. Als junger Ajax-Spieler war er einmal angeschlagen, erhielt als Einwechselspieler die 14, kam rein und wendete das Spiel. Daraufhin behielt er die Nummer bis an sein Karriereende.

15...

... Meter sind die optimale Entfernung des Schiedsrichters zum Geschehen. Laut einer niederländischen Untersuchung von 1998 treffen die Unparteiischen ihre objektiv besten Entscheidungen aus diesem Abstand, wobei das günstigste eigene Lauftempo 2 Meter pro Sekunde beträgt.

16...

... Elfmeter verwandelte Jürgen Abel in Bundesligaspielen für den VfL Bochum, ohne einen zu verschießen. Damit führt er die Bundesliga-Riege der Weißwesten vom Elfmeterpunkt an, knapp vor dem Duisburger Ludwig Nolden (15 von 15). Ein gewisser Otto Rehhagel schaffte 12 von 12.

17...

... Eigentore unterliefen deutschen Nationalmannschaften im 20. Jahrhundert. Es trafen für den Gegner die Herren Breunig (1910 und 1912, jeweils gegen Holland), H. Müller (1924 Finnland), Münzenberg (1931 Frankreich), Stubb (1932 Schweden), Klodt (1939 Jugoslawien), Rohde (1941 Schweiz), Posipal (1951 Irland), Mai (1955 Italien), Erhardt (1958 CSSR und 1961 Dänemark), Rüssmann (1978 Schweden), Vogts (1978 Österreich), Kaltz (1981 Argentinien), Immel (1988 Jugoslawien), Helmer (1993 Brasilien) und Kohler (1997 Albanien).

18...

... Unentschieden erreichte der 1. FC Kaiserslautern in der Saison 1995/96 und stieg aufgrund der Dreipunkteregel ab. Nach der alten Zweipunkteregel hätte die Remis-Serie deutlich zum Klassenverbleib gereicht.

19...

... Sekunden brauchte 1984 der damalige Mönchengladbacher Uwe Rahn, um in seinem ersten Länderspiel sein erstes Länderspieltor zu erzielen. Der Einwechselspieler traf zum 2:0 gegen Schweden.

20...

... Pfund als Wochenlohn war bis 1960 jahrzehntelang die Gehaltshöchstgrenze für englische Fußballprofis. Nationalspieler Neil Franklin sagte deshalb Ende der 40er Jahre vor dem traditionellen Match zwischen Schottland und England vor 130 000 Zuschauern im Glasgower Hampden Park zu seinem Kollegen Tom Finney: »Da stimmt was nicht, wenn die Dudelsackpfeifer im Vorprogramm mehr verdienen als wir.« Franklin ging dann, wie die besten Südamerikaner, darunter Alfredo di Stefano, in die »Millionärs-Liga« in Kolumbien, wo man, ausgeschlossen von der FIFA und deren Gehaltsgrenzen, hohe Summen zahlte. Als das Heimweh ihn zurück auf die Insel trieb, war der Nationalspieler ein Ausgestoßener: Er mußte für ein Gnadenbrot in der 3. Liga dankbar sein.

21...

... Monate und 1142 Spielminuten lang war Dino Zoff ohne Gegentreffer im Tor der italienischen Nationalmannschaft, ehe ein Haitianer namens Sanon die Serie bei der WM 1974 beendete. Weltrekord ist sie immer noch.

22...

... Titel hat Alex Ferguson als Trainer des FC Aberdeen (1978 bis 1986) und von Manchester United (seit 1986) in Meisterschaft, nationalen und europäischen Pokalwettbewerben gewonnen. Mit dem »Triple« 1999 überholte er mit der Zahl seiner Titel Bob Paisley (20) und Ernst Happel (19). Giovanni Trapattoni kommt auf 18 Titel, Udo Lattek auf 14.

23...

... Elfmeter hielt Rudi Kargus für den Hamburger SV von 1970 bis 1980. Er ist damit der »Elfmeterkiller« Nummer eins in der Bundesliga-Geschichte.

25...

... Spiele bei Weltmeisterschaften, das ist der Weltrekord von Lothar Matthäus. 25

ist auch die höchste zulässige Rückennummer im Europapokal (Artikel 12 der UEFA-Richtlinien). Im letzten Spiel von Borussia Mönchengladbach im UEFA-Pokal, 1996 beim AS Monaco, trug Marco Villa unzulässigerweise die Nummer 30. Eine Strafe gab es nur deshalb nicht, weil Gladbach sowieso ausschied.

26...

... Fouls pfiffen die Schiedsrichter bei der Weltmeisterschaft 1998 gegen den Niederländer Edgar Davids, mehr als gegen jeden anderen Spieler. Davids wurde nach dem Turnier in die Weltelf gewählt und war für viele, darunter Pelé und Günter Netzer, der beste Spieler der WM. Der am häufigsten, 28mal, gefoulte Spieler war der Argentinier Daniel Ortega, der für seine vorletzte WM-Aktion, eine Schwalbe, Gelb, und für seine unmittelbar folgende letzte, einen Kopfstoß gegen Hollands Torhüter van der Sar, Rot erhielt.

27...

... Ecken und 68 Torschüsse erzielte die Auswahl der Sowjetunion bei den Olympischen Spielen 1956 in einem einzigen Spiel, dem gegen Indonesien. Es endete 0:0. Die Sowjets wurden trotzdem Olympiasieger.

28

... Torschüsse verzeichnete die Olympia-Auswahl Brasiliens 1996 in Atlanta gegenüber vier Torschüssen der Japaner. Brasilien verlor die Partie 0:1.

31...

... Spiele lang blieb Ungarn vom 14. Mai 1950 an (3:5 gegen Österreich) ungeschlagen – eine sagenhafte Serie von 27 Siegen und 4 Unentschieden, die ausgerechnet im WM-Finale gegen Deutschland am 4. Juli 1954 endete und die bis heute »Europarekord« ist. Von 50 Spielen 1950 bis 1955, davon 34 auswärts, gewannen die Ungarn 42, spielten siebenmal remis und verloren nur das eine, das entscheidende Spiel. Ihre Torbilanz dabei: 215:58. Die große Zeit des »Wunderteams« endete im Februar 1956 mit einem 1:3 in der Türkei.

33...

... Spiele ohne Niederlage dauerte die Serie, mit der Argentinien das ungarische Wunderteam der 50er Jahre noch übertraf. Sie endete 1993 mit einem 0:5 gegen Kolumbien. Eine Serie von ebenfalls 33 Spielen hat Chile: So lange dauerte es in der 1910 begonnenen Länderspielstatistik des Landes bis zum ersten Sieg, 1926 gegen Bolivien.

34...

... Tore in 30 Länderspielen schoß Ernst Willimowski: 21 in 22 Einsätzen für Polen (allein vier beim 5:6 im WM-Achtelfinale 1938 gegen Brasilien), anschließend 13 Treffer in nur acht Länderspielen für Deutschland. Die Quote von 1,625 Toren in der deutschen Nationalmannschaft ist bis heute unübertroffen (Gerd Müller kam auf 1,097, allerdings über eine viel längere Strecke als Willimowski).

35...

... Länderspiele ohne Gegentor sind der Weltrekord von Gordon Banks. Der Engländer kam damit, bei 73 Einsätzen, auf eine einmalige Zu-Null-Quote von fast 50 Prozent.

36...

... Bundesligaspiele in Folge ohne Niederlage, das ist der deutsche Rekord, den der Hamburger SV 1982/83 aufstellte. Die meisten Serien aber hält Bayern München: 73 Heimspiele in Folge unbesiegt (1970 bis 1974), 26 Auswärtsspiele nacheinander unbesiegt (1985 bis 1987). Den »Weltrekord« an Meisterschaften in Folge hält Dynamo Berlin mit zehn (von 1979 bis 1988 unter notorischer Rückendeckung von Stasi-Chef Erich Mielke). Die Niederlande blieben von 1970 bis 1982 zwölf Jahre lang in Heimspielen ungeschlagen.

37...

... Spiele in Folge unbesiegt blieb Brasilien von 1993 bis 1996 – Weltrekord. Auch bei Siegen in Serie sind die Brasilianer unübertroffen: 13 in Folge von 1960 bis 1962. Den Europarekord an ungeschlagenen Spielen hält Ungarn mit 29 (1950 bis 1954), den deutschen Rekord haben ausgerechnet die beiden erfolglosesten Bundestrainer aufgestellt: Jupp Derwall, 23 Spiele ohne Niederlage von 1978 bis 1981, und Berti Vogts, 22 von 1997 bis 1998.

38...

...Jahre überstand die deutsche Nationalmannschaft, ohne einen Elfmeter zu verschießen: von 1923 bis 1961. Vorher hatte sie vier vergeben, danach scheiterte sie in den 33 Jahren bis 1994 gleich vierzehnmal.

39...

...Tore fielen im längsten Elfmeterschießen der Geschichte, das die Argentinos Juniors 20:19 gegen Racing Club Buenos Aires gewannen.

40...

...Tore in einer Bundesligasaison sind ein Rekord für die Ewigkeit. Gerd Müller schaffte das in der Spielzeit 1971/72 – drei der 18 Bundesliga*klubs* hatten weniger Treffer als er allein!

42...

... Gegentore in 46 Länderspielen war das legendäre Ergebnis von Ricardo Zamora, genannt »El Divino« (Der Göttliche) – und das in einer Zeit, als beinahe doppelt so viele Tore fielen wie heute. Seine Dienste waren Real Madrid schon in den 20er Jahren die damals ungeheuerliche Summe von 50.000 Peseten Handgeld und 100.000 Peseten Ablöse an den FC Barcelona wert.

43...

... zu null Tore schoß die Sowjetunion in 18 Heimspielen von 1980 bis 1985, die sie allesamt gewann.

44...

... war die unerreicht hohe Nummer auf dem Trikot von Fortuna Düsseldorf, mit der Igor Dobrowolski 1997 aus der Bundesliga abstieg. Holger Fach trug die 40. Noch höher waren die Nummern einiger Reservisten im Zweitligakader von Manchester City, der zeitweilig auf über 50 Spieler kam. Doch der Weg ist noch weit zur 99 von Eishockey-Legende Wayne Gretzky.

46...

... Jahre als Trainer, diesen Rekord im englischen Profifußball erreichte Fred Everiss bei West Bromwich Albion (1902 bis 1948). Noch länger schaffte es Bill Maley, der erste Trainer von Celtic Glasgow: 50 Jahre, schottischer Rekord und vermutlich Weltrekord.

47...

... Länderspiele, aber nur 19 Einsätze in der Bundesliga – einen größeren Vorsprung von Länderspielen gegenüber Ligaspielen hat kein anderer geschafft.

Karl-Heinz Schnellinger gelang es, indem er vor Gründung der Bundesliga nach Italien wechselte und am Ende nur noch eine Saison, 1974/75, bei Tennis Borussia Berlin spielte.

48...

... Spiele hat nur ein Deutscher im Europapokal der Landesmeister geschafft, und zwar nicht Beckenbauer oder Müller, sondern ein Bayern-Kollege, mit dem sich manche Wette gewinnen läßt: Bernd Dürnberger.

49...

... Tore im Europapokal der Landesmeister schoß nur Alfredo di Stefano (in 58 Spielen).

50...

... Jahre alt war Stanley Matthews, als er 1965 seine Karriere beendete – nach 35 Jahren in der ersten englischen Liga.

54...

... Tage nur war Santos Ovejero Trainer von Atletico Madrid – und das in fünf Etappen. Die kürzeste dauerte sieben Tage. Damit entfallen auf ihn allein 17,8% der 28 Trainerentlassungen (Stand: Dezember 1999), die Präsident Jesus Gil y Gil sich in den ersten 20 Dienstjahren nach seinem Amtsantritt 1978 geleistet hat.

55...

... Prozent aller WM-Tore fallen in der zweiten Halbzeit – von 1675 bei den

Weltmeisterschaften 1930 bis 1998 exakt 930 (55,5 Prozent). Am torträchtigsten ist die Schlußviertelstunde, wenn in einem Sechstel der Spielzeit mehr als ein Fünftel der Tore fällt. Das geringste Risiko, beim Holen oder Wegbringen von Flüssigkeiten ein Tor zu verpassen, geht der Zuschauer in den ersten fünf Minuten der beiden Halbzeiten sowie zwischen der 31. und 40. Minute ein. Allerdings trog dieser statistische Hinweis bei der WM 1998 für den Beginn der zweiten Halbzeit – waren bis 1994 nur 4,1 Prozent der Tore in den ersten fünf Minuten nach der Pause gefallen, waren es 1998 mehr als doppelt so viel, 8,8 Prozent.

56...

... Länderspiele, in denen Garrincha mitwirkte, verlor Brasilien nicht – nur sein letztes, das 2:4 bei der WM 1966 gegen Ungarn.

57...

... Prozent aller Endspiele im Europapokal der Landesmeister (später Champions League) von 1978 bis 1998 endeten mit dem Ergebnis von 1:0 – zwölf von einundzwanzig Partien. Die durchschnittliche Häufigkeit dieses häufigsten aller Ergebnisse ist sonst viel geringer. In der WM-Geschichte bis 1998 beträgt sie 17,2 Prozent, also endete jedes sechste Spiel 1:0. Etwa jedes siebte WM-Spiel ging 2:1 aus, jedes zehnte 2:0 und jedes elfte 1:1.

60...

...Tore eines Spielers in einer Erstligasaison in England, das war die Sensation der Saison 1927/28, als Dixie Dean nur 39 Spiele für diese Ausbeute benötigte. In 16 Länderspielen machte er 18 Tore. Die meisten erzielte er per Kopf, obwohl er bei einem Motorradunfall einen Schädelbruch erlitten hatte. Sein Rekord besteht bis heute, ebenso der von 379 Erstligatoren insgesamt.

65...

...Verletzungen erlitt Uwe Seeler allein in seiner Profikarriere 1961 bis 1971. Achtmal wurde er operiert. Die Gesamtzahl seiner Verletzungen in mehr als 1400 Spielen betrug mehr als 100.

70...

... Gegentore in 78 Länderspielen war die überragende Bilanz von Lew Jaschin, der als bester Torwart aller Zeiten gilt. Die »schwarze Spinne«, wie man ihn nannte, soll überdies in mehr als 20 Jahren 150 Elfmeter gehalten haben.

74...

... Prozent der Deutschen sind an Fußball interessiert. Das ergab 1998 eine Untersuchung von Ufa Sports. 1994 waren es erst 61 Prozent gewesen. 34 Prozent nannten sich »fußballverrückt«. 8 Millionen Anhänger ergab die Studie allein für Bayern München.

75...

...Tore erzielte Sandor Kocsis, genannt »Goldköpfchen«, in 68 Länderspielen für Ungarn, elf allein bei der WM 1954. Ein Glückskind aber war er nicht. Er floh wie Puskas und viele andere aus dem ungarischen »Wunderteam« nach dem Volksaufstand 1956 in den Westen, wo er sich 1979 das Leben nahm.

76...

... Länderspiele machte Tom Finney, das Gegenstück zu Stanley Matthews, für England. Das ist nicht ungewöhnlich, aber seine beidfüßige Brillanz ist es: 43 machte er als Rechtsaußen, 33 als Linksaußen.

78...

... Spiele ohne Sieg, das ist die Weltrekord-Minusserie von Luxemburg (ein Land, das immerhin Lehrmeister England bei den Olympischen Spielen 1952 mit einem 5:3 nach Verlängerung eliminiert hatte). Die Serie begann 1980 nach einem 3:2 gegen Südkorea mit 32 Niederlagen in Folge (9:96 Tore) und endete 1995 mit einem 1:0 auf Malta. Gesamtbilanz der 15 Jahre: 26:242 Tore.

85...

... Heimspiele in Folge blieb der englische Rekordmeister FC Liverpool von 1978 bis 1981 unbesiegt.

89...

... ist die höchste jemals erzielte Trefferzahl, mit der eine Mannschaft aus der höchsten Liga abstieg. Das schaffte Manchester City 1926. Zwölf Jahre später schoß City drei Tore mehr als Meister Arsenal London, kam auf die Bilanz von 80:77 Toren – und stieg wieder ab. Dafür schafften sie es 1958, mit hundert Gegentoren Platz fünf zu erreichen – mit der einmaligen Torbilanz von 104:100.

90

Die ultimative Zahl des Fußballs, die Minute der letzten Gelegenheit. Die Zeit bleibt stehen, bis zum Schlußpfiff. Bei Europapokalspielen müssen die Stadionuhren nach 90 Minuten angehalten werden, weil sonst die Zuschauer nach Ablauf der »regulären Spielzeit« mit Pfiffen Druck ausüben würden. In der 90. Minute trafen Renzenbrink, Amoros und Kutzop den Pfosten, weshalb Holland 1978 nicht Weltmeister wurde, Frankreich 1982 nicht WM-Finalist und Werder Bremen 1986 nicht deutscher Meister. In der 90. Minute traf Macedo für Spanien und warf Deutschland damit aus der EM 1984. In der 90. Minute traf Jürgen Wegmann in der Relegation 1986 gegen Fortuna Köln, Borussia Dortmund stieg nicht ab, spielte ein Jahr später im Europapokal und wurde ein Spitzenklub.

In der 90. Minute traf Bakero 1991 für den FC Barcelona, Kaiserslautern verpaßte die Champions League und das große Geld. In der 90. Minute traf Kosta-
dinow in der WM-Qualifikation 1993 für Bulgarien, weswegen Deutschland ein
Jahr später das WM-Viertelfinale (eben gegen Bulgarien) nicht überstand und
die Franzosen gar nicht dabei waren – dafür nutzten sie die Gelegenheit, ganz
neu anzufangen, nicht ewig weiterzuwursteln wie die Deutschen, und wurden
1998 Weltmeister. In der 90. Minute führte Bayern München 1:0 und fühlte sich
als Champions-League-Sieger; als die 90. Minute vorbei war, lag Manchester
United 2:1 vorn (→ Kap. 1: *Spiel*, Stichwort »1999: Die längste Minute«). Und
ebenfalls in der 90. traf 1970 ein Abwehrspieler zu seinem einzigen Tor in 47
Länderspielen, mit dem er dem WM-Halbfinale 1970 die Gelegenheit gab, das
»Spiel des Jahrhunderts« zu werden, und Ernst Huberty die Gelegenheit zu fol-
genden Zeilen:
»Noch eine Möglichkeit
Grabowski
Schnellinger!!
Nein, nein, nein, nein
Tor durch Schnellinger
Unglaublich
Ausgerechnet Schnellinger
Werden die Italiener sagen
Ausgerechnet Schnellinger
Es ist nicht zu glauben.«

91...

... mal eingewechselt wurde in der Bundesliga nur Stefan Kohn. Immerhin
153mal durfte er schon bei Anpfiff auf den Platz.

93...

... Spiele machte Francisco Gento Lopez im Europapokal der Landesmeister,
mehr als jeder andere – und alle für Real Madrid. In 18 Jahren für die »Königlichen« gewann Gento die Rekordzahl von 20 Titeln: 6 Europapokale in 8 End-

spielen (er war als einziger bei allen Siegen von 1956 bis 1960 und 1966 dabei), 12 Meisterschaften, 2 Pokalsiege.

97...

...Tore in Länderspielen, das schaffte nur Pelé. Er brauchte dafür 93 Einsätze im brasilianischen Team.

100...

...prozentig sind im nachhinein immer solche Torchancen, die einer vergeben hat. Dabei ist nie eine Torchance wirklich hundertprozentig (außer denen, die ein Tor werden). Nicht einmal Ted Drake von Arsenal London, der weltbesten Vereinsmannschaft der 30er Jahre, hat das geschafft, obwohl ihm am 14.9.1935 gegen Aston Villa sechs Tore mit den ersten sechs Schüssen gelangen. Denn dann ließ er ein wenig nach und brauchte mehr als einen Versuch für sein siebtes Tor. Statistisch gesehen werden weniger als zehn Prozent aller Torschüsse ein Tor. Zumindest war das so bei der Weltmeisterschaft 1998. Pro Spiel gab es durchschnittlich 28,8 Torschüsse pro Spiel (davon 4,3 per Kopf), aber nur 2,67 Tore pro Spiel. Das heißt, daß die durchschnittliche Torchance eine 9,3prozentige ist.

102...

...Jahre spielte West Ham United mit nur acht Trainern, von 1896 bis 1998.

103...

... Gegentore bei Weltmeisterschaften, so viele kassierte nur ein Land: Deutschland. Allein 14 waren es beim Turnier 1954, dem ersten, das Deutschland gewann. Den 103 Gegentreffern stehen aber 162 geschossene Tore entgegen. Nur Brasilien hat mehr: 172.

104...

... Tore schoß, elf Rote Karten erhielt der Bulgare Hristo Stoitschkow in fünf Jahren für den FC Barcelona (1990 bis 1995).

111...

... Auswechslungen sind der Bundesliga-Rekord von Norbert Meier. Er machte 292 Spiele für Werder Bremen und Borussia Mönchengladbach von 1981 bis 1992.

122...

... Heimspiele am Stück blieb Real Madrid in der spanischen Meisterschaft un-geschlagen: acht Jahre lang, von Februar 1957 (2:3 gegen Atletico Madrid) bis März 1965 (0:1 gegen Atletico). In dieser Zeit kam Real auf 114 Siege und 8 Unentschieden.

127...

... Tore schoß der 18jährige Pelé in einer einzigen Saison für den FC Santos. Zwei Jahre später, 1961, schoß er 110, 1965 immer noch 101. Im Karrieredurch-schnitt schoß er pro Jahr mehr als 70 Tore für seinen Klub, insgesamt 1088 in 1114 Spielen und 18 Jahren.

144...

... Spiele in Folge blieb der FC Liverpool von 1980 bis 1987 immer dann unge-schlagen, wenn Stürmer Ian Rush mindestens ein Tor schoß.

150...

... Stundenkilometer hatte der Bananenfreistoß um die französische Mauer beim Tournoi de France 1997, mit dem Roberto Carlos auf einen Schuß zum Weltstar wurde.

160...

... mal kam es (bis Ende der Saison 1998/99) zum Derby zwischen dem FC Liverpool und dem FC Everton. Seit 1888 ist immer mindestens einer der beiden Liverpooler Klubs in der höchsten Spielklasse vertreten gewesen. Das gibt es in keiner anderen Stadt der Welt.

172...

... Spiele haben Uruguay und Argentinien bis 1998 gegeneinander bestritten. Keine andere Länderspielpaarung kann da mithalten.

175...

... Quadratzentimeter maß die Stirn von Horst Hrubesch, dem »Kopfballungeheuer« des deutschen Fußballs.

210...

...Tore schoß der Schwede Gunnar Nordahl von 1948 bis 1956 in 257 Ligaspielen für den AC Mailand – in einer Zeit, in der in der italienischen Serie A der Catenaccio vorherrschte, eine sensationelle Quote. Vor seiner Zeit in Italien hatte Nordahl 43 Tore in 33 Länderspielen erzielt.

290...

...Tore, die Silvio Piola in 566 Spielen erzielte (die meisten davon 1934-43 für Lazio Rom), sind bis heute Rekord der italienischen Serie A. Der Weltmeister von 1938 kam außerdem auf 30 Tore in 34 Länderspielen, darunter ein berühmtes Fallrückziehertor 1938 gegen Deutschland.

315...

...Sekunden, also fünf Minuten und fünfzehn Sekunden war Günter Netzer im Länderspiel gegen Schottland am 14. November 1973 in Glasgow insgesamt am Ball. Das ist ein rekordverdächtiger Wert – Durchschnitt pro Einzelspieler sind zwei bis drei Minuten. Netzer war 51mal am Ball, durchschnittlich jeweils 6,2 Sekunden.

351...

...Tore in 383 Meisterschaftsspielen gelangen dem Juristen Dr. György Sarosi (1912-1993), WM-Zweiter mit Ungarn 1938, dazu 42 Tore in 61 Länderspielen. Er wurde später Italiener und Meistertrainer mit Juventus Turin 1952.

365...

...Tore von Gerd Müller bleiben ein unerreichter Bundesligarekord, ebenso wie seine 68 Treffer in 62 Länderspielen. Eine Quote von mehr als einem Tor pro Länderspiel haben nur vier weitere deutsche Nationalspieler geschafft, als erster der später als Jude vor den Nazis geflohene Gottfried Fuchs mit 14 Toren in 6 Spielen (darunter allein 10 beim 16:0 gegen Rußland 1908), die weiteren drei in Kriegszeiten, als kaum ernsthafte Gegner zu Länderspielen gewonnen werden konnten: Ernst Willimowski (13 in 8), Helmut Schön (17 in 16), Franz Binder (10 in 9). Knapp an der Einser-Quote scheiterten Edmund Conen (27 in 28) und Richard Hofmann (24 in 25). In der Nachkriegszeit hat kaum ein Spieler neben Müller noch eine Karriere-Quote von 0,5 übertreffen können, knapp gelang das Fritz Walter (33 in 61), Helmut Rahn (21 in 40) und Rudi Völler (46 in 90) und, in der DDR-Auswahl, Joachim Streich (55 in 102).

387...

... Tore in 541 Spielen auf der Insel schoß Schottlands größter Mittelstürmer Hugh Gallacher von 1921 bis 1939. Er war einer der ersten Fußballer, die erst zum Liebling der Gesellschaft und dann zum sozialen Absteiger wurden. Völlig verarmt, warf er sich 1957, einen Tag bevor er wegen Mißbrauchs seiner Tochter vor Gericht stehen sollte, vor einen Zug.

Abb. 13b: Es müllert. Gerd M. bei der WM 1970

391...

... Tore schoß Oldrich Nejedly, der WM-Torschützenkönig von 1934 in Italien (wo er alle drei Tore beim 3:1 im Halbfinale gegen Deutschland erzielte), in 421 Liga- und Pokalspielen für Sparta Prag.

442...

... Bundesligaspiele in Folge stand Sepp Maier von 1966 bis 1979 im Tor von Bayern München. Über seinen Ersatzmann spottete er: »Der Junghans wird hier noch ein Althans werden, bis er spielt.«

518...

... Tore schoß Josef Bican in 341 Erstligaspielen in Österreich und der Tschechoslowakei von 1931 bis 1955. Sein Karriere-Durchschnitt von 1,52 pro Spiel ist Weltrekord für alle ersten Ligen der Welt.

850...

... Tore schoß José Manuel Moreno, der beliebteste Spieler der berühmten »Maschine« von River Plate Buenos Aires, der vor jedem Spiel, so die Sage, eine Schüssel Hühnersuppe und eine Flasche Rotwein leerte, in 950 Ligaspielen in fast allen südamerikanischen Ligen der 40er und 50er Jahre. Noch als 45jähriger Trainer wechselte er sich ein und schoß zwei Tore.

869...

... Spielminuten war der spanische Nationaltorwart Reine im Europapokal der Landesmeister ohne Gegentor. Dann traf Schwarzenbeck in der 120. Minute des Finales 1974 gegen Atletico Madrid zum 1:1. Bayern gewann das Wiederholungsspiel 4:0.

969...

...Spiele bestritt František Planicka (1904–1996), neben Ricardo Zamora der beste Torwart der Vorkriegszeit, für Slavia Prag, wurde achtmal Meister, sechsmal Pokalsieger. Als Torwart und Trainer führte er die Tschechoslowakei ins WM-Finale (1:2 gegen Italien).

1000...

...Tore, diese Marke übertraf als erster der Brasilianer Artur Friedenreich im Jahr 1929. In seiner mehr als zwanzigjährigen Karriere kam der erste farbige Fußballstar auf die unübertroffene Zahl von 1329 Toren. Als zweiter übertraf Franz »Bimbo« Binder die Tausender-Marke. In 756 Spielen für ASV Sturm St. Pölten und Rapid Wien sowie 28 Länderspielen (26 Tore) kam er auf die Gesamtquote von 1006 Toren. Schließlich Pelé: Er erzielte sein 1000. Tor am 19. November 1969 im Maracana, sein 1282. und letztes (im 1364. Spiel) schoß er bei seinem Abschiedsspiel 1977.

Abb. 14: Deutscher Kampfgeist: Harald Schumacher attackiert Battiston im WM-Halbfinale BR Deutschland – Frankreich 1982 gezielt und bricht ihm einen Halswirbel. Deutscher Sportsgeist: Er bietet später an, seinem Opfer die Jacketkronen zu bezahlen.

14. Foul

Es gibt eine Moral im Fußball, eine ganz eigene sogar. Sie hat weniger mit Ethik zu tun oder mit Fairplay als mit Sekundärtugenden wie Selbstdisziplin und Kampfgeist, Leidensfähigkeit und Willenskraft, Aufopferung und Korpsgeist. Die Mannschaft hat Moral bewiesen, sagt der Trainer und meint, daß sie sich nicht hat hängenlassen. Die deutsche Nationalmannschaft hat diese Art von Moral vermutlich öfter bewiesen als jede andere. Das trug ihr den Ruf ein, daß man sie, wie die Holländer sagen, erst besiegt hat, wenn man unter der Dusche steht und immer noch vorn liegt. Deutschland hat zum Beispiel »Moral« bewiesen beim berühmten WM-Halbfinale von Sevilla 1982, als sie auch dank Schumachers Foul an Battiston, einem der brutalsten der WM-Geschichte, die Chance bekam, in der Verlängerung einen 1:3-Rückstand auszugleichen und im Elfmeterschießen zu gewinnen.

Es siegt halt nicht immer der Gute, das ist das Eigentümliche am Sport, das ihn von vornherein dramaturgisch vom anderen Massenvergnügen des 20. Jahrhunderts, dem Kino, abgehoben hat. »Die Leute gehen zum Fußball, weil sie nicht wissen, wie es ausgeht«, sagte Sepp Herberger. Und weil sie wissen, daß nicht immer die Gerechtigkeit triumphiert. In keinem Sport gibt es so viele unverdiente Sieger, soviel Hader mit dem Schicksal, soviel Groll über Fouls, die nicht bestraft werden, also Schlechtigkeiten, die letztlich belohnt werden.

Das Foul gehört zum Fußball, wenn er als Wettkampf betrieben wird und nicht nur als Zeitvertreib. Denn Fußball lebt auch vom Körpereinsatz, vom Zweikampf, und der ist nur dann mit der richtigen Intensität möglich, wenn beim Rempeln, Grätschen, Spitzeln die Grenzbereiche zum Foul ausgelotet werden. Aber die Verteidigungsrede für das Foul, das dazugehört, ist immer auch ein Feigenblatt für dessen fiese Formen. Die körperliche Auseinandersetzung ist nicht immer nur ein Weg, den Ball zu gewinnen, sondern auch eine Art der psychologischen Auseinandersetzung, die den Gegner einschüchtert, die ihm zeigen soll, daß man ihm weh tun kann (und das gerne tut) – die Südamerikaner nennen das »Weichmachertritt«. Natürlich gibt es das Foul auch als rein taktisches Mittel, um das Tempo und den Fluß aus dem Spiel zu nehmen, oder als letzte Maßnahme, ein Tor zu verhindern – was als sogenannte »Notbremse« erst seit Anfang der 90er Jahre schwerere Konsequenzen für den Täter hat als nur einen billigen Freistoß.

Die häufigsten Fouls aber sind die versteckten, die als Rippenstoßen, Kneifen, Kratzen, Spucken, Halten, Treten abseits des Balles und des Blickfeldes des Schiedsrichters gepflegt werden – Italiener, Spanier und Südamerikaner entwickelten diese Disziplinen in den 60er und 70er Jahren zu einer wahren Kunst, was besonders beim Aufeinandertreffen mit den gradlinigen Rauhbeinen von der Insel zu einigen blutigen Resultaten führte. Um sich bei diesem heimlichen Kampfsport keine Blöße zu geben, ist medizinische Geheimhaltung gefragt: »Wenn der Gegner die Zehenprobleme des anderen kennt, dann macht er halt den Schritt rückwärts und tritt ihm auf den Zeh«, sagte Torjäger Olaf Marschall, der beim 1. FC Kaiserslautern in der Meistersaison 1997/98 elf Spiele ausfiel. »Fußball ist heute ein knallhartes Geschäft.« Der walisische Torjäger Ian Rush berichtete von einem Europapokalspiel gegen Panathinaikos Athen, bei dem er in den ersten Minuten fünf Tritte gegen sein bekanntermaßen schon zuvor verletztes Fußgelenk erhielt.

Rustikale Spielweise, rauhe Gangart, zur Sachen gehen, Nickeligkeiten, Haken und Ösen, Ruppigkeiten, Allerweltsfouls – der Fußball hat viele verharmlosende Wendungen für die taktische Kunst der Körperverletzung. Das Foul als Folklore findet sich in vielen Fußballsprüchen und Anekdoten, etwa in dem Spruch eines Spielers der schlechtesten Mannschaft der Bundesligageschichte, Tasmania 1900 Berlin (8:60 Punkte, 15:108 Tore in der Saison 1965/66): »Mein Name ist Finken, und du wirst gleich hinken.« Um eher »rustikale« Fußballfiguren rankt sich mitunter ein wahrer Kult, wie um »Eisen-Dieter« Schlindwein beim FC St. Pauli (Klinsmann: »Das ist aber ein weiter Weg bei euch von den Kabinen zum Platz.« Schlindwein: »Macht nix. Zurück wirst du getragen.«)

Während meist derjenige moralisch verurteilt wird, der ein gegnerisches Foul vortäuscht oder zumindest in den Verdacht gerät, ein »Schauspieler« oder »Schwalbenkönig« zu sein, wird das tatsächliche Foul milde beurteilt, wenn es nicht gerade von hinten erfolgt (oder als »Blutgrätsche«, noch so ein ironisch verharmlosendes Wort). Andere Fachbegriffe zeigen, daß in Wirklichkeit das Foul nicht nach ethischen, sondern nach praktischen Kriterien bewertet wird: dummes, unnötiges, taktisches (also: notwendiges) Foul, Allerweltsfoul. Wer dagegen nicht foult, wie der Türke Alpay Özalan bei der Europameisterschaft 1996, als er den Kroaten Vlaovic auf dem Weg zum Siegtor nicht umtrat, erhält zwar von der UEFA einen Fairplay-Preis, wird aber zu Hause mit Eiern beworfen. Trainer Fatih Terim sagte, er hätte ihm eine Prämie gegeben, wenn er den Kroaten gefoult hätte, und Özalan selbst sah sich als Versager: »Ich kann mir selbst nicht vergeben.« Welche Schande! Hätte er nur zugetreten, die Türken wären nicht mit null Punkten und 0:5 Toren Gruppenletzter geworden, sondern mit einem Punkt und 0:4 Toren.

Das schlimmste Foul ist immer noch: sich erwischen lassen. Wer sich nicht erwischen läßt, wie Maradona bei seinem Handtor gegen England auf dem Weg zum WM-Sieg 1986, wird von den eigenen Fans vergöttert. »Schlitzohr« ist das mindeste Kompliment. Wer dagegen mit einem Betrugsversuch scheitert, wie der chilenische Torwart Rojas mit einer vorgetäuschten Verletzung durch ein angebliches Wurfgeschoß in der WM-Qualifikation 1990 (Chile wurde für zwei Weltmeisterschaften, Rojas auf Lebenszeit gesperrt) – der wird von den Fans, und sei er ihr größter Held gewesen, augenblicklich fallengelassen. »Alles, was ich über Moral weiß, habe ich vom Fußball«, schrieb der frühere Torwart der Universitätsmannschaft von Algier und spätere Literatur-Nobelpreisträger Albert Camus. Dank seines existentialistischen Praktikums zwischen den Pfosten kannte Camus den wahren Kern der Fußballethik: Wenn einer »moralischer Sieger« ist, dann hat er verloren.

Allerweltsfoul

Das echte Allerweltsfoul kann jedem passieren. Immer. Es ist ein bißchen Foul, wenn überhaupt. Leichter Rempler, kleiner Schubser, kurzer Tritt, Pfiff, weiter geht's. Der Grenzbereich des Verbotenen gehört zum Zweikampfspiel wie das Salz zur Suppe – nichts ist fader als ein Kick ohne Foul. In der Familie der Regelwidrigkeiten ist das Allerweltsfoul der Vegetarier, ein harmloser Zeitgenosse. Ganz anders ist sein fleischfressender Vetter, der sich als Pflanzenfreund getarnt hat: das unechte Allerweltsfoul. Es greift gern aus dem Hinterhalt an. Um nachträgliche Harmlosigkeit zu heucheln, folgt ihm im Falle der Enttarnung durch Schiedsrichterpfiff gern das Hochwerfen beider Arme oder das unschuldige Vorzeigen der Handflächen. Könner des Mimikry-Fouls beherrschen zugleich den völlig unbeteiligten Gesichtsausdruck, der mit naiv-überraschtem Blick sagt: Ich kam zufällig hier vorbei, da lag der da am Boden und krümmte sich. Die größten Meister dieser Kunst hat die jahrtausendealte Schauspieltradition des Mittelmeerraums hervorgebracht.

Beleidigung

»Normale Umgangsformen haben auf dem Spielfeld nichts zu suchen«, entschuldigte sich Wolfgang Overath. Er sagte zum Kollegen Siemensmeyer: »Du altes Dreckschwein«, zu Gerd Müller: »Du fette Sau« und zu Vogts: »Zieh die Schuhe aus, Berti, du lernst es ja doch nie.« Fußballspieler werfen sich gern allerlei an den Kopf, was glücklicherweise nur in Ausnahmefällen fremde Ohren erreicht. WM 1978, Deutschland gegen Österreich, Rüdiger Abramczik zu Robert Sara: »Du Scheißkicker verdienst nicht mal ein Drittel von mir«, darauf Sara: »I hau dir in die Zähn, i hau dir in die Goschn.« Oder Bundesliga, Paul Breitner zu

Schiedsrichter Wolf-Dieter Ahlenfelder: »Du pfeifst wie ein Arsch.« Ahlenfelder zu Breitner: »Und du spielst wie ein Arsch.«

Die spielerische Beleidigung kann allerlei Gründe haben, Aggression, Arroganz, Dampfablassen, meist aber Berechnung. Arm dran die Minderbemittelten, deren Provozierbarkeit von Gegenspielern taktisch ausgenutzt wird. Stan Libuda war so einer. »Wo ist denn euer Assistenztrainer, der fickt bestimmt deine Alte«, sagte einmal sein Verteidiger, schon sah Stan rot und traf den Ball nicht mehr. Subtiler sind Psycho-Fragen wie: »Du siehst so blaß aus. Bist du krank?« oder »Ist deine Zerrung weg? Oder hast du immer noch Schmerzen?« Oder Bemerkungen wie: »Meine Gegner schreiben mir immer noch nette Ansichtskarten – aus dem Krankenhaus.«

Besonders perfide ist die scheinbare Entschuldigung nach einem Foul per Handschlag, den die Fans sehen, ohne zu hören, was dabei gesagt wird, zum Beispiel: »Na, hat's gut getan? Oder willst du gleich noch einen verpaßt bekommen?« Der offenbar undankbare Gefoulte verweigert dann den Handschlag und wird ausgepfiffen. Das ist die Kunst des Verbal-Fouls. Es passiert in jedem Spiel, es bleibt immer ungeahndet, außer wenn es ungeschickterweise an den Schiedsrichter gerichtet ist. Der versteht manchmal mehr, als er soll, so wie der Engländer David Elleray, der 1997 von Joe Royle, dem Trainer des FC Everton, als Pterodactylus bezeichnet wurde – das ist ein ausgestorbener Stummelschwanzsaurier und damit eine ziemlich idiotensichere Beleidigung. Elleray aber war Schulhausmeister und schob täglich die Saurierschautafeln in den Biologie-Saal. Das brachte Royle eine Geldstrafe von mehr als tausend Pfund wegen prähistorischer Schiedsrichterbeleidigung.

Das einzige, mit dem Fußballer nie durchkommen, sind Zuschauerbeleidigungen wie der Stinkefinger von Effenberg bei der WM 1994. Nicht mal Beckenbauer ließ man Verächtlichkeiten gegen Fans durchgehen. Für seine Mäneken-Pis-Pose vor dem Hannoveraner Publikum bekam er 1968 tausend Mark Geldbuße vom DFB-Sportgericht wegen unsportlichen Betragens, für seine verächtlich wegwerfende Geste nach Pfiffen des Publikums bei der WM 1974 mußte er sich öffentlich entschuldigen. Ein paar Umgangsformen gelten auch am Ball.

Einwurf

Eine ungeschriebene Regel besagt, daß der Ball ins Aus zu spielen ist, wenn ein Gegenspieler verletzt am Boden liegt, damit er behandelt werden kann. Dem Franzosen Emmanuel Petit, der im WM-Viertelfinale 1998 gegen Italien diese Rot-Kreuz-Regel trotz aussichtsreicher Spielsituation beherzigte, brachte das sogar einen Fairplay-Preis ein. Teil zwei des kleinen Fairneß-Rituals besteht darin, daß die Gegenseite den Ball per Einwurf prompt wieder zurückgibt (und dafür höflichen Applaus erhält).

Manchmal aber hält sich jemand nicht daran. Im englischen Pokal 1999 warf Arsenal London den Ball nicht zurück zu Sheffields Torwart Alan Kelly, der ihn ins Aus gespielt hatte, um dem gegnerischen Stürmer Lee Morris eine Versorgung zu ermöglichen, sondern zu Stürmer Kanu, der spielte ihn an den verdutzten Sheffield-Spielern vorbei zu Overmars, und der schoß ihn unbedrängt ins Tor. Weil der Schiedsrichter nur Verstöße gegen die geschriebenen, nicht gegen die ungeschriebenen Regeln ahnden kann, war das Tor regulär. Nach Tumulten auf dem Platz bot Arsenal-Trainer Arsene Wenger eine Spielwiederholung an, die die FIFA zuerst sogar untersagen wollte. Doch die Paragraphenreiter gaben nach, Arsenal gewann das Wiederholungsspiel 2:1.

Der gravierendste Fall von Mißachtung der Rot-Kreuz-Regel im deutschen Fußball geht auf das Konto des Brasilianers Sergio. Zwischen den beiden strauchelnden Spitzenklubs Bayer Leverkusen und 1. FC Kaiserslautern ging es am letzten Spieltag der Saison 1995/96 um den Verbleib in der Bundesliga. Lautern führte 1:0, wäre gerettet gewesen und Leverkusen abgestiegen, da warf Sergio neun Minuten vor Schluß den von Lautern aus Behandlungsgründen ausgeschossenen Ball zu einem Mitspieler, Leverkusen schoß den Ausgleich und blieb in der Bundesliga.

Elfmeter

Diese Strafe wurde bei ihrer Einführung 1891 von den Gentleman-Fußballern der ersten Stunde noch als ehrenrührig aufgefaßt. »Es ist eine Beleidigung des Ansehens von Sportleuten, wenn sie unter einer Regel spielen müssen, die unterstellt, daß die Spieler ihrem Gegner absichtlich ein Bein stellen, treten oder schlagen und sich benehmen wie üble Kerle der gewissenlosesten Sorte«, meinte

C. B. Fry, einer der bekanntesten Kicker seiner Zeit. Die Empörung der üblen Kerle hat sich inzwischen gelegt.

Ethik

Auch die Ethik taucht im Fußball auf, aber nur in der feststehenden Redewendung »Ethik und Moral«, wahrscheinlich um damit deutlich zu machen, daß nicht wie üblich die Siegesmoral gemeint ist. »Ethik und Moral« sind wichtig, um ethisch und moralisch verwerfliche Entwicklungen zu verhindern, etwa den Einzug der Kondomwerbung. Wegen »Ethik und Moral« (so die Begründung des damaligen DFB-Präsidenten Hermann Neuberger) durfte einst der FC Homburg in der 2. Liga nicht für die gesundheitförderlichen Pariser namens London werben.

Fälschung

Ein Tor kann man nicht fälschen, aber einen Torschützen. Als Wacker München 1920 keine Spielerlaubnis vom DFB für den eingekauften Ungarn Alfred Schaffer bekommt, erscheint in der Zeitschrift *Fußball* eine fingierte Verlobungsanzeige von Schaffer mit Olga Seybold, der Schwester des Herausgebers. Den Herausgeber gibt es (ein Wacker-Fan), die Schwester nicht. Der DFB ist überlistet, denn nun genießt Schaffer, ein europäischer Spitzenspieler, Heimrecht in München und kann spielen.

Man sieht, Fußball hat vielleicht keine Hitler-Tagebücher hervorgebracht, aber durchaus einige Fakes, die sich lohnten. Einer entschied sogar die erste deutsche Meisterschaft. So erreichte vor dem Halbfinale 1903 den Karlsruher FV das Telegramm: »Meisterschaftsspiel verlegt. DFB.« Der KFV blieb daheim, statt nach Leipzig zu fahren. Doch die Depesche war eine Fälschung, deren Urheber nie ermittelt werden konnte. Karlsruhe wurde vom DFB disqualifiziert, Leipzig kam kampflos ins Finale und wurde erster deutscher Meister (7:2 gegen DFC Prag).

Vierzig Jahre später gab es eine andere Fälschung, ohne die Deutschland 1954 vermutlich nicht Weltmeister geworden wäre. Der Major Graf gab den Gefreiten Fritz Walter gegenüber General Fromm als »Vetter« aus, um ihn zu seinem Geschwader »Rote Flieger« zu holen – weit weg von der Front. Der Trick klappte, der beste deutsche Fußballer erlebte Kriegseinsätze dadurch nur auf dem Fußballplatz.

Ein wenig zu weit aber trieben es die Mexikaner, die zumindest auf dem Papier das Geheimnis der ewigen Jugend fanden. 1988 enthüllte der Journalist Miguel Angel Ramirez, daß die Spieler der mexikanischen Jugendauswahl zwei, drei oder sogar sechs Jahre zu alt waren. Funktionäre hatten Geburtsurkunden manipuliert und falsche Pässe anfertigen lassen. Einer war dadurch zwei Jahre jünger als sein Zwillingsbruder geworden.

Gift

Mitte der 90er Jahre mischte der Vizepräsident des französischen Fußballklubs Sully-sur-Loire im Abstiegskampf Ethanol ins Mineralwasser der Gegner. Die wanden sich schon kurz nach Anpfiff mit Magenkrämpfen. Noch vor der Pause lagen alle flach und mußten ins Krankenhaus. Der giftige Funktionär wurde verhaftet, sein Verein suspendiert. Das war eine ziemlich ungewöhnliche Methode, den Gegner aufs Kreuz zu legen – aber auch im Profifußball ist man vor Giftmischern nicht sicher. So gelang Carlos Bilardo, der als Spieler einst berüchtigt war für seine versteckten Fouls, ein besonders perfides Kunststück als Trainer der Argentinier: Im WM-Achtelfinale 1990 schaffte er es, dem durstigen Brasilianer Branco eine Wasserflasche mit Brechmittel auf den Platz zu schicken. Argentinien gewann und kam bis ins Endspiel. Um so etwas zu vermeiden, nahmen die Bayern schon 1973 ihr eigenes Essen und ihren eigenen Koch mit zum Europapokalspiel bei Dynamo Dresden – den Kommunisten war schließlich alles zuzutrauen.

Lohnendes Foul

Fouls heißen taktisch, wenn sie einen Vorteil, und unnötig, wenn sie einen Nachteil bringen. Fouls lohnen nicht immer, wie die 50 Fouls der unterlegenen Niederländer im WM-Finale 1978 bewiesen. Aber manchmal lohnen sie ganz besonders. Zum Beispiel der Tritt von Werner Liebrich gegen das Sprunggelenk von Ferenc Puskas beim 3:8 in der WM-Vorrunde 1954 gegen Ungarn; Puskas konnte danach nicht mehr spielen, kam erst im Finale gegen Deutschland wieder, war aber nicht fit. Für den berühmten englischen Fußballhistoriker Brian Glanville war das »der Tritt, der die WM gewann«. Für ihn sind die Ungarn »das beste Team, das nie die Weltmeisterschaft gewann. Sie hätten es sicherlich geschafft, wäre Puskas nicht im ersten Spiel gegen Deutschland zusammengetreten worden«.

Das Zusammentreten hat allerdings Tradition. Im WM-Halbfinale 1934 verletzte der Italiener Monti den österreichischen Wunderspieler Sindelar vorsätzlich. 1966 machten Bulgaren und Portugiesen erfolgreich Jagd auf Pelé. 1985 foulte der Bayern-Spieler Klaus Augenthaler den gerade genesenen Bremer Nationalstürmer Rudi Völler auf perfide Weise – Völler fiel ein halbes Jahr aus, Bremen verlor den Titel am letzten Spieltag gegen die Bayern. 1998 und 1999 versuchten die Bayern, das DFB-Pokalfinale durch das Verletzen des überragenden Spielers der Gegenmannschaft zu gewinnen – 1998 (gegen den Duisburger Torschützen Salou) mit Erfolg, 1999 dann (gegen Bremens Spielmacher Herzog) vergeblich.

Lüge

Lügen haben vielleicht kurze Beine, aber im Fußball kann man auch mit kurzen Beinen weit kommen. Der Schalker Oliver Held wehrt am vorletzten Spieltag der Bundesligasaison 1997/98 bei 1:0-Führung gegen den 1. FC Köln den Ball auf der Torlinie mit der Hand ab. Schiedsrichter Kemmling sieht es nicht, fragt nach, Held beteuert: »Es war der Kopf, ich schwöre.« Es war die Hand, was zu beweisen ist, aber zu spät. Schalke kommt in den UEFA-Cup (und nicht Hansa Rostock), Köln steigt ab (und nicht Mönchengladbach).

Natürlich gibt es auch richtig dumme Lügen, wie Andreas Möllers Mikrofon-Bekenntnis vor den Fans: »Ich bleibe bei Borussia Dortmund« – kurz vor dem schon feststehenden, aber noch geheimen Wechsel zu Eintracht Frankfurt. Die Highlights dieser Gattung stammen aber von Torsten Legat. Der prügelte sich einmal an Silvester mit einem Nachbarn seiner Eltern in Bochum, wurde angezeigt und behauptete, er wäre in Stuttgart gewesen. Der VfB bestätigte dämlicherweise diese Version wider besseres Wissen – leider war Legat in Bochum von genug Leuten gesehen worden. Einmal erklärte er eine schwache Leistung im Trikot von Eintracht Frankfurt intern damit, daß sein Vater gestorben sei – der

Klub kondolierte daraufhin und schickte einen Trauerstrauß an die Familie. Der quietschlebendige Vater Legat nahm ihn überrascht entgegen. Wegen solcher Geschichten behaupten manche, daß Legat die Trikotnummer zehn bei Eintracht Frankfurt nur bekam, weil sie seinem IQ entsprach. Aber das ist bestimmt gelogen.

Notbremse

So heißt eine an sich ganz nützliche Einrichtung im internationalen Schienenverkehr, die leider durch die euphemistische Verwendung im Fußball in schlechten Ruf gekommen ist. Erstaunlich, daß sich in Deutschland ein solch harmlospositiver Begriff für ein zwingend rotbestraftes Vergehen durchgesetzt hat, während in Österreich das moralisch viel deutlichere Wort »Torraub« verwendet wird. Das Regelwerk fordert seit den 90er Jahren für die Notbremse, also das Foul des letzten Abwehrspielers, dessen Hinausstellung – was inkonsequent ist, denn so wird ein taktisches Vergehen (regelwidriges Verhindern einer Torchance) mit einer disziplinarischen Strafe versehen statt mit einer taktischen (wie einem Elfmeter). Mittlerweile kennen die Stürmer die große Chance, die in der Notbremse liegt, und suchen im Zweikampf mit dem letzten Mann gezielt die Handgreiflichkeit, den harten Körperkontakt – ein Spiel mit ungleichen Chancen: Gibt der Schiedsrichter Stürmerfoul, ist das nur ein Freistoß, gibt er Verteidigerfoul, ist es Rot.

Schwalbe

Das vorgetäuschte Foul ist das stürmerische Gegenstück zum versteckten Foul des Verteidigers. »Man kann von der WM 1998 ein Video nur mit Schwalben machen, es würde eine Stunde dauern. Es gab eine Menge schöner Schwalben. Die Stürmer rennen in dich rein und fallen plötzlich. Wenn du dann den Pfiff hörst, kannst du nur die Augen schließen.« Das resümierte der holländische Verteidiger Jaap Stam nach der WM in Frankreich. Die besten Schwalben sind natürlich die, die keiner sieht. Die zweitbesten sind die, die der Schiedsrichter nicht sieht, nur der Zuschauer, zumindest der Fernsehzuschauer.

Die peinlichste Schwalbe der Bundesliga flog Andreas Möller 1995 im freien

Luftraum gegen Karlsruhe, rund zwei Meter von Gegenspieler Dirk Schuster entfernt, was Dortmund einen Elfmeter, einen 2:1-Sieg und die erste deutsche Meisterschaft (mit einem Punkt vor Bremen) einbrachte (und Möller nachträglich zwei Spiele Sperre wegen »sportwidrigen Verhaltens«). Aber das war nur gerecht, denn drei Jahre zuvor war die Borussia nur durch eine peinliche Schwalbe des Nürnbergers Wück um den Meistertitel gebracht worden.

Die Steigerung des vorgetäuschten Fouls ist die vorgetäuschte Verletzung durch Zuschauer: Roberto Rojas, Torwart Chiles, genannt »Kondor«, brach in der WM-Qualifikation für 1990 im Spiel gegen Brasilien blutend zusammen, offenbar getroffen von einem Gegenstand, den ein Zuschauer im Maracana-Stadion geworfen hatte. Später stellte sich heraus, daß Rojas sich den Schnitt selber zugefügt hatte. Chile wurde für zwei Weltmeisterschaften gesperrt, Rojas lebenslänglich.

Stürmerfoul

Das wird außerhalb des Strafraums kaum gepfiffen, im Strafraum dafür um so öfter. Englische Forscher haben herausgefunden, daß 90 Prozent aller Fouls im Strafraum von der verteidigenden Mannschaft begangen werden, 90 Prozent der Foul-Entscheidungen im Strafraum aber gegen die stürmende Mannschaft fallen. »Der Elfmeter ist etwas Dramatisches, deshalb läßt man es durchgehen, wenn Verteidiger klammern und drücken«, sagt der frühere norwegische Nationaltrainer Egil Olsen. »Wenn diese Tricks geahndet würden, hätten die Stürmer mehr Freiräume, das Spiel wäre spektakulärer.«

Tätlichkeit

Die persönlichen Formen des Fouls, alle Körperkontakte, die der Rache dienen und nicht dem Ballgewinn, sind seit jeher im Fußball rigoros bestraft worden. Wofür ein Eishockeyspieler zwei Minuten raus muß, kriegt ein Fußballspieler sechs Wochen. Gegenüber Tätlichkeiten ist die Fußballwelt nachtragend – Uli Stein war nicht etwa durch seine Eskapaden und Beleidigungen im WM-Trainingslager 1986 untendurch, sondern erst durch seinen »Stein-Schlag« gegen den Torschützen Wegmann im Supercup 1987. Die Gründlichkeit mit der Tätlichkeit geht so weit, daß im Zweifel wie einst auf dem Schulhof beide Streithähne bestraft werden, auch wenn man dabei ein unschuldiges Opfer fälschlich belangt – wie Rudi Völler, der im WM-Achtelfinale 1990 gegen Holland nachweislich nichts gemacht hatte, aber mit dem Spucker Frank Rijkaard vom Platz mußte. Wenn schon, denn schon, dachte sich Völler, nachdem Rijkaard auf dem Weg vom Platz noch mal spuckte, und langte dem Holländer im Kabinengang eine.

Denkwürdig ist auch die Schlägerei zwischen den englischen Nationalspielern Graeme Le Saux und David Batty bei einem Champions-League-Spiel in Moskau – schließlich spielten sie für dieselbe Mannschaft, die Blackburn Rovers. Die originellste Hinausstellung wegen Tätlichkeit gab es wohl 1997 in England, als Amateurschiedsrichter Melvin Sylvester, ein 42jähriger englischer Schulhausmeister, beim Spiel zwischen zwei Armeemannschaften von hinten geschubst wurde. Er drehte sich um, langte dem Schuldigen eine und gab sich dafür selbst die Rote Karte. Ein Zuschauer ersetzte ihn, es gab sechs Wochen Sperre und 20 Pfund Strafe. Die blödeste Tätlichkeit der deutschen Fußballgeschichte aber unterlief Ende der 50er Jahre einem unbekannten Jugendspieler von 1860 München. Er verpaßte einem Gegenspieler vom SC 1906 München namens Beckenbauer eine Watsch'n. Darauf wechselte der lieber zum FC Bayern als zu den Löwen.

Verhaftung

Die vielleicht originellste Art, sich unbequemer Gegenspieler zu entledigen, fand 1914 Borussia Neunkirchen gegen den SV 06 Völklingen. Der Klub ließ die beiden besten Abwehrspieler der Völklinger, die Feldwebel Breuler und Mobis, mitten im Spiel durch Gendarmen mit der Behauptung verhaften, sie hätten sich illegal von der Truppe entfernt. 80 Jahre später kam es zur bekanntesten Verhaftung im deutschen Fußball, als Maurizio Gaudino nach einer Fernsehshow, in der er mit Katarina Witt getanzt hatte, wegen Verwicklung in Autoschiebereien verhaftet wurde. Taktische Auswirkungen hatte das aber nicht mehr. Denn Gaudino, der für DFB-Juniorentrainer Hannes Löhr einst nur eine Perspektive als »Hausmeister in Neapel« hatte, sich aber mit 16 von Berti Vogts zur deutschen Staatsbürgerschaft überreden ließ, war zwei Wochen vor der Verhaftung mit Anthony Yeboah und Jay Jay Okocha vom Frankfurter Trainer Jupp Heynckes suspendiert worden.

Verstecktes Foul

Die Kunst der unsichtbaren Körperverletzung, der fußballerischen Bearbeitung von empfindlichen Organen anderer, ist nach Ansicht der englischen Fußball-Väter von Italienern und Spaniern erfunden worden: Spucken, Beißen, Kneifen, Haareziehen, Festhalten, Ellbogenschlagen, Treten, Hodengrapschen, Finger-ins-Auge-Stechen. Der große Pelé lobte den Italiener Bertini, seinen Gegenspieler im WM-Finale 1970, ironisch: »Ein Meister im Begehen von Fouls, die man nicht sieht. Er schlug mir die Faust in die Rippen oder in den Magen, trat mir gegen die Knöchel. Ein echter Künstler.« Den kategorischen Imperativ der foulenden Versteckspieler formulierte Basile Boli von Olympique Marseille, der Mann, der 1983 Roger Milla per Kopfstoß eliminierte und 1992 Jürgen Klinsmann den Ellbogen in den Kehlkopf rammte: »Schlag zu, ehe du geschlagen wirst, aber schlag so, daß es keiner sieht.«

Abb. 15: »Osram« Heynckes ist am 17. 3. 1976 mit Recht außer sich: Leonardus van der Kroft hat Borussia Mönchengladbach gerade einen von zwei regulären Treffern bei Real Madrid aberkannt.

15. Skandal

Es gibt Skandalspiele, die erkennt man sofort. Entweder weil es gleich rücksichtslos zur Sache geht. Oder weil es gar nicht zur Sache geht. Das eine sind solche Spiele wie die WM-Nahkämpfe zwischen Ungarn und Brasilianern 1954 oder Chilenen und Italienern 1962 oder gar die notorischen Weltpokal-Treibjagden zwischen den besten Klubs aus Südamerika und Europa, die wegen zu großer Verluste in den 70er Jahren sogar zur vorübergehenden Einstellung des Wettbewerbs führten – danach wurde er auf neutralen japanischen Boden verlegt. Noch länger erinnern die Fans sich aber an die andere Kategorie, obwohl oder gerade weil in diesen Spielen eigentlich gar nichts passiert. Das Paradespiel dafür ist der sogenannte »Nichtangriffspakt« von Gijon 1982, als Deutsche und Österreicher rasch ihr Wunschresultat von 1:0 erreicht hatten, das beiden in die

WM-Zwischenrunde weiterhalf. Danach boten sie die ödesten 80 Minuten der Fußballgeschichte.

Während übertriebene Gewalt auf dem Platz zwar bedauerlich ist, aber irgendwie doch als Möglichkeit im Rahmen der körperbetonten Spielidee angelegt ist – und somit auch mit den Mitteln des Regelwerks auf dem Platz zu bekämpfen –, während also der übertriebene Wettkampf den Wettkampfgedanken nicht gefährdet, tut es der ausgeschaltete Wettkampf um so mehr. »Die Leute gehen zum Fußball, weil sie nicht wissen, wie es ausgeht«, wußte Sepp Herberger. Wenn die Leute aber sehen, daß die Spieler schon wissen, wie es ausgeht, gehen sie irgendwann nicht mehr hin.

Am schlimmsten sind deshalb die Skandalspiele, von denen man erst später erfährt, daß sie welche waren. Ein »Nichtangriffspakt« wie der zwischen Deutschland und Österreich entlarvt sich gerade dadurch, daß eben kein »Pakt«, keine Verhandlungsabsprache stattgefunden hat – sonst würde man das clevererweise durch einen Schein-Wettkampf wie bei den Catchern kaschieren und keinen Nicht-Wettkampf vorführen. Die dabei ausgebooteten Algerier wedelten auf der Tribüne sarkastisch mit Geldscheinen, doch um Geld ging es nicht, vielmehr darum, daß ein wenig durchdachter Spielmodus es zwei Gegnern ermöglichte, gemeinsam ans Ziel zu kommen. Sobald Geld im Spiel ist, wird die Sache in der Regel diskreter gehandhabt – man tut so, als gäbe es einen Wettkampf, und tarnt so ein abgesprochenes Resultat.

Dabei kann es um Geld gehen, um Gefälligkeiten oder darum, daß ein abstiegsgefährdeter Klub sich überlegt, die »Nichtabstiegsprämie« lieber an einen Gegner zu zahlen, der sich kooperativ zeigt. Noch öfter geht es vermutlich darum, daß im Wett- und Lotteriegeschäft durch bezahlte Niederlagen hohe Profite gemacht werden – so wie Ende der 70er Jahre im »Toto nero«, dem illegalen »schwarzen« Toto in Italien. Wahrscheinlich wird nur ein Bruchteil dieser Bestechungsspiele als Skandalspiel bekannt. In der Regel muß, um diese Spezialform der organisierten Kriminalität zu entlarven, einer auspacken, so wie es 1971 Horst-Gregorio Canellas tat, der damalige Präsident von Kickers Offenbach. Da saß er auf der Terrasse seines Hauses, mit wichtiger Miene neben seinem altmodischen Tonbandgerät, und spielte einer überraschten Öffentlichkeit die Mitschnitte der Absprachen vor, mit denen Spiele verkauft und verschoben worden waren. Das war der Anfang vom Bundesliga-Skandal, bis heute Inbegriff des Fußballskandals in Deutschland.

Nur als kleiner Kontrast einmal ein kleiner Blick in den Fußballalltag Kolum-

biens: Dort wuschen die Kokain-Könige wie Pablo Escobar, mit Nationaltorwart
René Higuita persönlich befreundet, und die Brüder Miguel und Gilberto Rodriguez Orejuela vom Cali-Kartell ihre Drogengelder mit Hilfe der Fußballklubs. Nacional Medellín wurde dank Escobars Geld 1989 erster kolumbiani-
scher Klub, der die Copa Libertadores, die südamerikanische Klubmeisterschaft,
gewann. Nach Escobars Erschießung 1993 löste America de Cali Medellín als
Spitzenklub ab. Auch nach der Verhaftung der Rodriguez-Brüder und der offiziellen »Zerschlagung« der Kokain-Kartelle blieb die Meisterschaft ein Mario-
nettenspiel der Bosse – noch 1997 konnten 15 von 16 Profiklubs nicht erklären,
woher ihr Geld kam. Auch die Schiedsrichter hielten die Hand auf, was nicht
immer gesund war – zumindest nicht für den, der beide Hände aufhielt. Alvaro
Ortega hatte 1989 im entscheidenden Spiel zwischen Independiente Medellín
und America de Cali ein Tor von Independiente annulliert. Cali gewann 3:2, weil
es mehr geboten hatte. Ortega kam nicht weit. Beim Verlassen des Stadions wurde er erschossen.

Auch die Bundesliga hatte übrigens mal ihren »Schiedsrichterskandal«. Das
war 1990, als aus den Büchern des 1. FC Nürnberg abzulesen war, daß der Klub
sich die sogenannte »Schiedsrichterbetreuung« von 37 Unparteiischen 174 000
Mark hatte kosten lassen – unter anderem durch mobilmachende Präsente wie
etwa teure Heimtrainer. Das war zwar auch nicht die feine sportliche Art. Aber
doch deutlich gesundheitsfördernder als die kolumbianische Variante des Fußballskandals.

Alkohol

Im Jahr 1998 kritisierte der Deutsche Caritasverband den Alkoholkonsum in
Sportvereinen: Viele Jugendliche würden in Vereinen zum Alkoholtrinken
verführt, weil »jeder Sieg, aber auch jede Niederlage« mit Alkohol gefeiert
werde. Aber das war nur eine kleine, nüchterne Pflichtmeldung im Vermisch-
ten. Saufen im Sport, das ist allenfalls ein Skandälchen. Zumindest behandelt
man es so. Das ging schon damit los, daß der erste Trikotsponsor im deutschen Fußball Jägermeister hieß. Während die UEFA die Alkoholwerbung im
Europapokal Mitte der 90er Jahre verbat, durfte im deutschen Fußball mun-
ter weiter die Bierreklame auflaufen – Borussia Mönchengladbach umging
das Problem bei seinem letzten internationalen Auftritt 1996, indem es die in

der Bundesliga getragenen »Diebels«-Trikots mit »Diebels alkoholfrei« über-
klebte. Ansonsten hält man es eher mit dem Motto: Ein Schlückchen hat
noch nie geschadet. So bekam der aufgeregte Jungstar Rummenigge vor dem
Europapokal-Finale 1976 gegen AS St. Etienne von Bayern-Trainer Cramer
einen Cognac. Er spielte, so wurde berichtet, »wie aufgedreht«, Bayern gewann 1:0.

Weil Männer eine Schwäche fürs Leistungstrinken haben, dient die Schluck-
fähigkeit manchmal gar als eine Art Persönlichkeitstest für die Verwendbarkeit in
der Mannschaft. Paul Gascoigne, der 1998 wegen seiner alkoholischen Hobbys
aus dem englischen WM-Kader flog, hatte einmal mit glühenden Augen von seinem großen Helden Bryan Robson berichtet: »Er ist der einzige Spieler, den ich
je traf, der 16 Pints trinken und immer noch am nächsten Tag Fußball spielen
konnte.« Später, als Trainer beim FC Middlesborough, schickte Robson Gascoigne in eine Entzugsklinik. Das ist halt England, wo man offener mit dem Thema
umgeht, man säuft offener und redet offener über die Probleme, die damit entstehen. Der frühere Nationalmannschaftskapitän Tony Adams schrieb sogar ein
Buch über seinen überstandenen Alkoholismus (so wie Nationalmannschaftskol-
lege Paul Merson zu seiner Kokainsucht stand). Der Psychologe, der Adams behandelte, prophezeite Gascoigne drei Möglichkeiten, sollte er sein Leben nicht
ändern: »Er landet in der Gosse, er landet im Knast, oder er erlebt seinen 40. Geburtstag nicht.«

So offen wie die Engländer hat kein deutscher Nationalspieler über den Suff
gesprochen, es wurde immer nur getuschelt. Horst Szymaniak zum Beispiel,
heißt es, hatte beim ersten DFB-Lehrgang keine Schuhe in der Tasche, dafür
zwei Flaschen Bier. Bei der WM 1958 schloß er sich in die Toilette ein, um
heimlich Steinhäger-Fläschchen zu kippen – das Leergut warf er aus dem Fenster. Helmut Rahn, der WM-Held von 1954, landete zweimal wegen Trunken-
heit am Steuer im Gefängnis (1957 für zwei Monate in Deutschland, 1963 in
Holland, weil er besoffen in eine Baustelle gefahren war). Als er einmal auf seinen
Trainer Rudi Gutendorf in dessen Haus wartete, soff er, um den Pegel zu halten,
zu Gutendorfs Entsetzen dessen feinste Tropfen aus dem Weinkeller weg: Dom-
taler Eiswein 1949 und Trockenbeerenauslese Bernkastler Doktor.

Auch viele Trainer kompensieren den Druck ihrer Profession mit Promille, allen voran Branko Zebec, der 1980 nach einem volltrunkenen Auftritt (3,25 Promille) beim Auswärtsspiel des HSV in Dortmund entlassen wurde. Von ihm ist
überliefert, daß er sich während eines Bundesligaspiels, nach einem Ausnüchte-

rungsnickerchen auf der Trainerbank, beim Elfmeter für die Gegenmannschaft beschwerte, daß »der Mann so frei zum Schuß kommt«.

Und dann war da noch der offenbar angesäuselte Schiedsrichter Wolf-Dieter Ahlenfelder, der in seinem sechsten Bundesligaspiel 1975 nach 36 Minuten die erste Halbzeit abpfiff. Er verteidigte sich später für seine Getränkewahl: »Wir sind Männer und trinken keine Fanta.« Prost.

Amateure

Während viele mitteleuropäische Länder in den 20er Jahren dem britischen Beispiel folgten und den Profifußball einführten, bestand der Deutsche Fußball-Bund weiter auf dem Amateur. Weil der Fußball als Massenspektakel schon längst viel Geld bewegte, das wiederum den Weg zu den Spielern suchte, waren Skandale programmiert. Der erste deutsche Profi-Skandal betraf ausgerechnet einen gewissen Josef Herberger, den seine Freunde Seppl und die Nachwelt Sepp nannte. Der Mannheimer Arbeiterjunge wechselte im Jahr 1922 für eine Kücheneinrichtung vom proletarischen Waldhof zum bürgerlichen VfR Mannheim – ein Klassenverrat, den ihm viele nie verziehen haben (und der ihm eine allerdings bald wieder aufgehobene DFB-Sperre wegen »Berufsspielertums« einbrachte).

Acht Jahre später der Schalke-Skandal: Die Spruchkammer des Westdeutschen Fußballverbandes erklärt am 25. August 1930 sechzehn Schalker zu Berufsspielern und schließt sie für ein Jahr aus dem Verband aus. Der Verein hatte ihnen, um Gehaltszahlungen zu kaschieren, Spesen in doppelter Höhe gezahlt. 24 Stunden nach dem Urteil wird Schatzmeister Willi Nier, der die Transaktionen durch eine falsche Buchführung zu vertuschen versuchte, tot aus dem Rhein-Herne-Kanal gefischt. Die Beerdigung wird zur Prozession, Zehntausende folgen dem Sarg, die gesperrten Spieler, darunter Szepan und Kuzorra, halten die Ehrenwache. Kurz darauf macht der DFB einen Rückzieher, die Schalker dürfen wieder spielen und holen von 1934 bis 1942 sechs Meistertitel, und in den mehr als dreißig Jahren, bis endlich der Vertragsspieler offiziell wird, schaut bei den Zahlungen an die »Amateure« keiner mehr so genau hin.

Bestechung

Korrupte Kicker hatte der deutsche Fußballfreund zwar für möglich gehalten, aber nur in Bananenrepubliken. Der Obsthändler Horst-Gregorio Canellas zerstörte die Illusion, als er am 6. Juni 1971, beim Grillfest zu seinem 50. Geburtstag, mit triumphierendem Blick vor einem Tonbandgerät auf der Terrasse der Rosenstraße 19 im Offenbacher Vorort Hausen saß. Ein schwungvolles Fest, es gab Champagner, Atika-Zigaretten, Miniröcke und Max Greger vom Band. Einen Tag vorher waren die Offenbacher Kickers, deren Präsident Canellas war, durch eine 2:4-Niederlage in Köln abgestiegen. Die Bänder, die Canellas den überraschten Gästen, darunter Bundestrainer Helmut Schön, vorspielte, belegten eine großangelegte Verschwörung – den sogenannten Bundesligaskandal. Mit schnellen Sperren gegen Canellas, der nur zum Schein mitgespielt hatte, um die Sache aufzudecken, aber vom DFB zum Sündenbock gemacht wurde, gegen den Kölner Torwart Manglitz, die Berliner Spieler Patzke und Wild sowie dem Lizenzentzug für die Kickers versuchte der DFB die Angelegenheit in Wochenendverhandlungen hinter verschlossener Tür möglichst unauffällig aus der Welt zu schaffen – der *Spiegel* verglich das Gericht mit »einer Laienbühne, die Kleists Zerbrochenen Krug deklamiert«.

Doch Canellas ließ nicht locker und deckte als Amateurdetektiv einen wahren Abgrund der Korruption auf, der das DFB-Gericht sechs Jahre beschäftigte und einigen Schalkern sogar Strafen wegen Meineids vor einem ordentlichen Gericht einbrachte. Offenbart wurde ein reger Geld- und Gefälligkeitsverkehr mit Figuren wie aus einem Jerry-Cotton-Heft, mit Geldübergaben auf Autobahnraststätten und Rollfeldern, in Spelunken und Swinger-Klubs, mit Promi-Friseuren, Baulöwen, Spielerbräuten, puffbetreibenden Assistenztrainern und anderen Geldboten. Es fing damit an, daß Manglitz von Canellas 25 000 Mark forderte, damit er gegen Offenbachs Konkurrenten Essen nicht »zufällig« ein paar Bälle durchließ. Beim letzten Saisonspiel gegen Offenbach wollte Manglitz 100.000 Mark, ließ sich dann aber im Tor vertreten, als er merkte, daß Canellas bluffte. Die Berliner holten für die Gegenleistung, sich gegen Bielefeld »anzustrengen«, ein Gebot von Offenbach ein (140 000 Mark), kassierten dann aber lieber von den Bielefeldern 250 000 – die gewannen 1:0 (obwohl der Ungar Zoltan Varga, der sich um seinen Anteil geprellt glaubte, nach der Pause wie aufgedreht spielte und einmal sogar die Latte traf, ehe ihm seine Kollegen keinen Ball mehr gaben). 1:0 hatten die Bielefelder auch in Schalke gewonnen (für 40 000 Mark) und gegen Stuttgart (für 60 000 Mark), und Braunschweig hatten sie 170 000 Mark für einen Sieg gegen die Oberhausener versprochen (die ihrerseits auch kräftig zahlten und deshalb den Abstieg verhinderten).

Die Bilanz des Skandals war erschütternd: Mindestens 18 Spiele der letzten acht Spieltage der Saison 1970/71 waren verschoben worden, zehn von 18 Klubs waren beteiligt, 52 Spieler und zwei Trainer wurden gesperrt, teilweise lebenslänglich, es gab hohe Geldstrafen, Amtsentzug für sechs Funktionäre, Zwangsabstieg für Bielefeld und Offenbach. Die Zuschauerzahl der Bundesliga sank von 6,3 Millionen (70/71) auf 5,4 Millionen (72/73).

Seitdem ist die Liga frei von Bestechung – oder zumindest von Bestechungsenthüllungen. Die kommen nur aus Nachbarländern wie Polen, wo Legia Warschau 1993 nachträglich den Meistertitel verlor, weil es zwei Spiele gekauft hatte. Oder aus Frankreich, wo Olympique Marseilles Präsident Bernard Tapie 1993 den Sieg im letzten Auswärtsspiel der Saison in Valenciennes, sechs Tage vor dem Champions-League-Triumph gegen den AC Mailand, kaufte – wofür der Meister in die 2. Liga mußte und Adidas-Chef Tapie für acht Monate ins Gefängnis. Olympique-Generaldirektor Jean-Pierre Bernes gab später zu, daß für solche »Maßnahmen« pro Jahr 5 bis 6 Millionen Mark zur Verfügung standen. Oder aus Belgien, wo der RSC Anderlecht 1997 für ein Jahr von den europäischen Wettbewerben ausgeschlossen wurde, weil Präsident Vanden Stock 1984 vor dem UEFA-Cup-Halbfinale gegen Nottingham Forest den spanischen Schiedsrichter Gurizeta Muro mit mehr als 50 000 Mark bestochen hatte. Der Spielervermittler René van Aaken, der Vanden Stock mit diesem Wissen jahrelang erpreßt hatte, behauptete, Belgiens Meisterschaft sei zwölf Jahre lang von Anderlecht verfälscht worden, pro Saison habe der Klub fünf, sechs Spiele gekauft.

Tradition hat diese Art von Rückversicherung in Italien, wo der Ungar Deszo Solti in den 60ern bei Inter Mailand fürs Kaufen von Schiedsrichtern zuständig war. 1965 gewann Inter im Europacup-Halbfinale gegen den FC Liverpool durch einen direkt verwandelten indirekten Freistoß von Corso und durch ein Tor, bei dem Peiro dem englischen Torwart den Ball aus den Händen trat. Als der italienische Klub Perugia 1993 bezichtigt wurde, Schiedsrichter gekauft zu haben, verteidigte sich der Präsident: »Der Fußball ist zu 80 Prozent korrupt.« 1997 wurde der international renommierte Schweizer Schiedsrichter Kurt Röthlisberger lebenslänglich gesperrt, weil er Grashoppers Zürich angeboten hatte, den russischen Referee Wadim Schuk vor dem Champions-League-Spiel gegen AJ

Auxerre im Oktober 1996 mit 100 000 Franken zu bestechen. Ein anderer Spitzenschiedsrichter, der Holländer Dick Jol, wettete in einem Den Haager Gemüseladen auf Partien, die er selber leitete – eine praktische Idee, die unpraktischerweise aufflog.

Büchsenwurf

Die Beule eines gewissen Boninsegna vermasselte 1971 das größte Spiel einer deutschen Mannschaft im Europapokal. Weil der Italiener sich auswechseln ließ, nachdem er von einer Büchse von den Rängen getroffen worden war, wurde der 7:1-Sieg von Borussia Mönchengladbach gegen Inter Mailand annulliert, und Gladbach schied aus. Weil der Trend in den Stadien dahin geht, die Zuschauer näher ans Geschehen zu bringen und die Laufbahnen zwischen Feld und Tribüne zu entsorgen, ist es seitdem gelegentlich vorgekommen, daß Fans Spieler treffen. Weil es aber keine Flaschen oder Dosen mehr gibt in den Stadien und die Taschen kontrolliert werden, sind diese Treffer meist glimpflich, weil den Wurfgeschossen das Gewicht fehlt. Manchmal aber reicht schon ein Feuerzeug, wie jenes, das den Gladbacher Christian Hochstätter 1988 in Karlsruhe traf – das Spiel, das Gladbach 1:3 verloren hatte, wurde wiederholt und endete 2:2. Weil es sich also lohnen kann, getroffen worden zu sein, neigen Spieler, die von einem kleinen Gegenstand erwischt worden sind (zum Beispiel einer Münze, wie sie griechische Zuschauer gern werfen), dazu, sich erst mal fallenzulassen (eine vertraute Routine in Zweikämpfen zum Schinden von Freistößen). Das könnte hinterher, sollte das Spiel verlorengehen, für einen Protest gut sein.

Ein Beispiel für Fairneß, die manche ihm gar nicht zugetraut hätten, lieferte Stefan Effenberg 1999, als er im Frankfurter Waldstadion beim Eckstoß von einer Trillerpfeife (nicht der des Schiedsrichters) getroffen wurde und zwar zu Boden ging, aber nicht lange den Verletzten mimte, obwohl seine Bayern zu diesem Zeitpunkt hinten lagen. (Am Ende gewannen sie, mit Tarnat zwischen den Pfosten, der gleich zwei verletzte Torhüter vertreten mußte, mit 2:1.)

Doping

Diego Maradona wurde bei der WM 1994 mit fünf verschiedenen Ephedrinen, also Aufputschmitteln, erwischt, einem Cocktail aus Schlankheitsmitteln – das Ende seiner internationalen Karriere. Um die Belanglosigkeit der Einnahme zu belegen, formulierte er später den Vergleich mit den hohen FIFA-Herren: »Herr Havelange oder Herr Blatter könnten das schlucken und würden doch nur herumschlurfen wie alte Männer.« Das ist hübsch gesagt, aber doch nur eine Variation des uralten Selbstverteidigungsspruches aller Kicker: Im Fußball bringt Doping nichts. Auch Otto Rehhagel beherrscht das Argumentationsmuster: »Wer mit links nicht schießen kann, kann das auch nicht, wenn er sich dopt.« Vielleicht kann der Kicker aber, ob nun Linksschütze oder nicht, mit EPO länger laufen und wird mit Steroiden schneller wieder fit? Schließlich ist bekannt, daß in vielen Profimannschaften (etwa Juventus Turin oder Arsenal London) das umstrittene, aber erlaubte Muskelmittel Kreatin geschluckt wird.

Die wenigen positiven Dopingproben im Fußball schienen jahrelang die »Bringt nichts«-Theorie zu belegen, sie zeugten eher von Zufall und Dummheit als von Systematik: etwa die des Bochumers Roland Wohlfarth, den man 1994 bei einem Hallenturnier mit Mitteln aus einem Appetitzügler erwischte und zum ersten verurteilten Dopingsünder im deutschen Fußball machte, oder die seines Kollegen Thomas Ernst, dem der Mannschaftsarzt in der Pause des Spiels in Kaiserslautern 1998 »versehentlich« etwas Falsches gab. Daß da schon lange vorher etwas gewesen sein könnte, vermutete Ferenc Puskas nach dem WM-Finale 1954, als er behauptete, in der deutschen Kabine habe es verdächtig nach Klatschmohn gerochen – der natürlich nicht beweisbaren Beschuldigung des enttäuschten ungarischen Kapitäns folgten mehrere rätselhafte Fälle von Gelbsucht bei den deutschen Weltmeistern.

Peter Geyer, der 258 Spiele in der Bundesliga absolvierte, gab zu, über Jahre das Aufputschmittel Captagon benutzt zu haben, das in der Kabine jederzeit vorhanden gewesen sei. Auch Nationaltorwart Toni Schumacher probierte den Aggressiv-Macher. Er stolperte 1987 in seinem Buch »Anpfiff« über die Behauptung, bei der WM 1986 seien dem deutschen Team »jede Menge Spritzen und Pillen« und »große Mengen eines geheimnisvollen Mineralwassers« verabreicht worden. Die Verwendung von Anabolika und Stimulanzien, so Schumacher, sei im Profifußball weit verbreitet.

Genau das bestreiten die Verantwortlichen bis heute, obwohl Wilfried Kindermann, der Teamarzt des DFB, die Möglichkeit einräumte, »einen Spieler mit einer richtigen Dosierung für ein Spiel so zu stimulieren, daß er über seine Leistungsgrenze hinausgehen kann. Mit Stimulanzien kann man ein Spiel entscheiden.« Weil sich aber viele Fußballverbände praktischerweise selbst kontrollieren, kontrollieren sie auch die möglichen Gegenbeweise zu ihrer Darstellung. Oder, wie Schumacher es formulierte: »Was gar nicht kontrolliert wird, kann also auch gar nicht existieren.«

Peinlich wird es nur, wenn in anderen Ländern schärfer kontrolliert wird, wie in Frankreich, wo allein in der Saison vor der WM 1998 acht Erstligakicker als Dopingsünder entdeckt wurden, davon fünf mit Anabolika. Oder wenn ein Spitzentrainer wie Zdenek Zeman (AS Rom) plötzlich von Doping redet und unabhängige Institutionen sich einmischen, wie die italienischen Strafverfolgungsbehörden 1998, die prompt herausfinden, daß es im Fußball EPO-Doping und jede Menge verschlampte Proben gibt.

Drogen

Mindestens ein Exprofi schulte anschließend auf Drogenhändler um, was dem früheren Duisburger Kees Bregman die zum Zebra-Trikot passende JVA-Kleidung einbrachte. Mancher Weltstar greift zu sogenannten »sozialen« Drogen, weil er sich das finanziell leisten kann und weil die Kombination von Langeweile und Lethargie, als welche die Phantasieschwächlinge ihr Millionärsdasein empfinden, empfänglich für schneeweiße Abwechslung macht. Das gilt im übrigen auch für die nervlich am stärksten belasteten Akteure, wie der tragische Fall des Leverkusener Coaches und Fast-Bundestrainers Christoph Daum im Herbst 2000 nahelegte. Diego Maradona hat mit dem Kokain den zweiten Teil seiner Karriere zerstört und der Fußballwelt die Reifephase seines Jahrhunderttalents gestohlen. Das beweist auch, daß Drogen etwas anderes sind als Doping (obwohl die Amerikaner beides gleichsetzen). Das gilt erst recht für ertappte Cannabis-Freunde wie die französischen Nationaltorhüter Fabien Barthez und Bernard Lama. Denn Haschisch und Marihuana verschaffen, so die Wissenschaft, »kontemplative Stimmung bei apathischer Antriebslage« – im Fußball eher eine Anti-Doping-Maßnahme.

Finsternis

Dunkle Machenschaften beeinflussen mitunter den Fortgang von Fußballspielen. Das erste Spiel unter künstlichem Licht fand schon 1878 in Sheffield statt. Seitdem sind unzählige Spiele wegen Unterbelichtung abgebrochen worden, weil eine Birne durchbrannte oder die Stromrechnung nicht bezahlt war oder ein Hausmeister früher Feierabend machen wollte – oder aber, weil jemand den Saft abdrehte, um zu Geld zu kommen. So konnten in der englischen Premier League allein im Herbst 1997 drei Spiele nicht beendet werden, weil in der zweiten Halbzeit das Spielfeld dunkel wurde. Doch Scotland Yard ging ein Licht auf. Anfang 1999 verhaftete die englische Polizei drei Männer unter dem Verdacht, in das Stadion von Charlton Athletic eingebrochen zu sein, um die elektronische Anlage zu manipulieren – sie wollten offenbar eine Schalteinlage einbauen, mit der die Stromversorgung ohne erkennbare Spuren unterbrochen werden konnte. Der Hintergrund ist Wettbetrug. Während in England bei abgebrochenen Spielen der Wetteinsatz zurückgezahlt wird, gilt in Südostasien, wo Milliarden auf die Premier League gewettet werden, das Spielergebnis bei Abbruch, sofern dieser in der zweiten Halbzeit geschieht. Da ist es natürlich hübsch, wenn man das Wunschergebnis im Laufe des Spiels per Knopfdruck zum Endergebnis machen kann.

Auch in Deutschland gibt es Fälle von Unterbelichtung. So gingen für die Offenbacher Kickers im Regionalliga-Aufstiegsspiel 1997 gegen Memmingen gerade rechtzeitig die Lichter aus – die in der Schlußminute hinten liegenden Offenbacher kamen zu einem Wiederholungsspiel und stiegen auf. Der skandalöseste Fall von Fußball-Finsternis ereignete sich aber im Champions-League-Halbfinale 1991 zwischen Olympique Marseille und dem AC Mailand. In der 90. Minute beim Stand von 1:0 für Marseille nach 1:1 im Hinspiel schaltete der Platzwart einen Flutlichtmast 30 Sekunden zu früh ab. Als nach 17 Minuten das Licht wieder an war, weigerte sich Mailand weiterzuspielen. Weil die vorgeschriebene Wartezeit aber 30 Minuten beträgt, wurde Milan, zuvor drei Jahre lang die dominierende Mannschaft Europas, von der UEFA für ein Jahr gesperrt.

Nichtangriffspakt

Mit diesem eigentlich positiven Begriff, der immerhin kriegerische Handlungen für unerwünscht erklärt, ist seit 1982 das Fußballspiel Deutschland gegen Österreich belegt. Nach dieser laut Hans Blickensdörfer größten »Hanswurst-Kickerei« der WM-Geschichte schrieb die spanische Zeitung *El Pais*: »Es fehlte nur noch, daß sie sich küßten.« Doch ganz exklusiv haben die verschwägerten Nachbarn diese Erfindung nicht. Auch die sozialistischen Brüder aus der Sowjetunion und der DDR einigten sich im Spiel um Platz drei bei den Olympischen Spielen 1972 in München stillschweigend auf ein friedliches Ende: Jedenfalls griff nach dem Ausgleich der DDR in der 78. Minute niemand mehr an, auch in der Verlängerung nicht, und beide wurden mit Bronze belohnt.

Als Erfinder des »Nichtangriffspaktes« gelten die englischen Klubs Stoke und Burnley, die es 1898 als vermutlich einzige Mannschaften der Fußballgeschichte schafften, keinen einzigen Schuß aufs gegnerische Tor abzugeben. In der Relegation zur ersten Liga reichte ein 0:0 Stoke zum Nicht-Abstieg und Burnley zum Aufstieg.

Besonders grotesk wurde dieses Beispiel hundert Jahre später nachgeahmt, beim »Tiger Cup« 1998 in Vietnam: Indonesien war vor dem letzten Gruppenspiel schon qualifiziert, Thailand brauchte noch ein Unentschieden. Aber keiner der beiden Gegner wollte Gruppensieger werden, weil man dann im Halbfinale gegen das favorisierte Heimteam in Hanoi hätte antreten müssen. Niemand versuchte also ein Tor zu schießen. Der Schiedsrichter mußte in der ersten Halbzeit kein einziges Mal pfeifen. Die Zuschauer waren bis zur 15. Minute verschwunden. In der letzten Spielminute verlor Indonesien durch ein absichtliches Eigentor, als der Torwart der Rückgabe eines Abwehrspielers aus dem Weg ging. Der asiatische Verband bestrafte beide Teams mit je 40.000 Dollar Buße.

Platzverweis

Das ist ein ganz normaler Vorgang, der in annähernd jedem vierten Bundesligaspiel vorkommt. Seltener allerdings in Länderspielen: Nur zwölfmal gab es in 90 Länderspieljahren Rote Karten für deutsche Nationalspieler: Kalb und Hofmann (1928 gegen Uruguay), Pesser (1938 Schweiz), Juskowiak (1958 Schweden), Netzer (1968 Chile), Berthold (1986 Mexiko), Matthäus (1986 Österreich), Völler (1990 Holland), Berthold (1991 Wales), Kirsten (1992 Österreich), Kohler (1998 Brasilien), Wörns (1998 Kroatien). Der einzige, der zweimal dabei war, Thomas Berthold, behauptet immer noch, die erste, im WM-Viertelfinale 1986, sei ein Irrtum gewesen, weil er nach einem Kahnbeinbruch eine Manschette trug: »Ich hatte gefoult, ganz normal. Ich will mich abstützen mit der gesunden linken Hand, reiße den rechten Arm mit der Gipsmanschette hoch, um nicht darauf zu stürzen. Ich treffe meinen mexikanischen Gegenspieler im Gesicht. Ein Versehen, wirklich.«

In moralisch rigideren Zeiten konnte ein Platzverweis mehr sein als eine Match-Strafe: eine menschliche Degradierung, eine soziale Verbannung. So erging es Erich Juskowiak, der im WM-Halbfinale 1958 in Göteborg gegen Schweden nach einem Revanchefoul an Kurt Hamrin vom Platz flog und Deutschland die Siegchance kostete – was ihm Herberger nicht verzieh. Die Karriere des Verteidigers, der im Krieg einen Kopfsteckschuß erlitten hatte, knickte abrupt ab, er war mit den Nerven am Ende, stritt sich mit Zuschauern, wurde von Fortuna Düsseldorf vereinsintern gesperrt, mußte sein Tabakwaren-Geschäft aufgeben, als er 1962 wegen »versuchter Unzucht mit Kindern« vor Gericht stand, obwohl er mit 600 DM Geldstrafe wegen Erregung öffentlichen Ärgernisses davonkam. Er hatte behauptet, eine quälende Hautflechte habe ihn zu den Handlungen vor einem siebenjährigen Mädchen veranlaßt – ein medizinischer Sachverständiger bescheinigte, derlei Erkrankungen seien bei Spitzensportlern häufig. Zwei Jahre später wurde der frühere Kapitän der deutschen Fußballnationalmannschaft zu sechs Monaten Gefängnis auf Bewährung verurteilt, nach »unzüchtigen Handlungen an sich selbst« in einem Auto, beobachtet von einem neun- und einem zwölfjährigen Mädchen. Juskowiak starb, ein Ausgestoßener der Fußballgesellschaft, mit 56 Jahren in seinem Auto an Herzinfarkt.

Rausschmiß

Noch schlimmer als der Platzverweis ist der Teamverweis, der Rausschmiß aus dem wärmenden Zusammenhalt der Nationalauswahl. Diese basispädagogische Maßnahme, die den Verbliebenen Disziplin durch Durchgreifen eintrichtern soll, ist im 20. Jahrhundert nur drei Deutschen bei einer Weltmeisterschaft widerfahren: Siggi Haringer 1934, weil er auf dem Bahnsteig eine Apfelsine aß, was für Reichstrainer Nerz eine grobe Disziplinlosigkeit war; Uli Stein 1986, weil er behauptete, Adidas und nicht der »Suppen-Kaspar« Beckenbauer habe seinen Konkurrenten Schumacher ins Tor gestellt; schließlich Stefan Effenberg 1994, weil er den Zuschauern im Spiel gegen Südkorea seinen längsten Finger zeigte. Ein Jahr nach Stein entfernte sich auch Schumacher aus dem Nationalteam, als er unter die Schriftsteller ging und nach seinem »Anpfiff« nicht nur vom 1. FC Köln, sondern auch vom DFB suspendiert wurde.

Torbruch

Manchmal fällt ein Tor und nimmt das wörtlich. 1971, Mönchengladbach gegen Bremen. 87. Minute, es steht 1:1. Netzer flankt, Laumen und Torwart Bernard springen, landen im Netz, der Pfosten bricht. Das Tor ist hin. Spielabbruch, Wertung 0:2, Gladbach wird trotzdem Meister. Seitdem sind Ersatztore Pflicht in den Bundesligastadien. Wie schnell das gehen kann, zeigten die Amerikaner 1994 im WM-Achtelfinale Bulgarien gegen Mexiko im Giants-Stadion bei New York. Der Mexikaner Bernal stürzt ins Netz, an der Latte bricht die Querverstrebung, die das Netz spannt. Nach sieben Minuten steht ein neues Tor. Wie lange das dauern kann, erlebten mehr als zehn Millionen deutsche Fernsehzuschauer 1998. Kurz vor dem Anpfiff des Champions-League-Halbfinales Real Madrid gegen Borussia Dortmund fällt ein Tor um. Es dauert eineinhalb Stunden, bis die spanischen Heimwerker ein neues hingestellt haben. Marcel Reif sagt den schönen Satz: »Ein Tor würde dem Spiel guttun.«

Wetten

Wetten, daß sich beim Fußball mancher nicht gern auf sein Glück verläßt? Der kolumbianische Drogen-Boß Gilberto Rodriguez Orejuela gründete vor der WM 1982 eine neue Art von Sport-Toto: In Bars und Kneipen wurde darauf gewettet, in welcher Minute ausgewechselt oder auf welcher Seite zum ersten Mal eingeworfen wird. Mindesteinsatz: 500 Dollar. Vor dem WM-Spiel USA-Kolumbien 1994 bot seine Wettmafia 19:1 für einen Sieg der Yankees. Kolumbien verlor durch ein Eigentor von Andres Escobar. Am 2. Juli wurde Escobar in Medellín von der Wettmafia erschossen.

Aber auch in ganz legalen Fußballwettbetrieben läuft das Geschäft manchmal wie geschmiert. Ende der 50er Jahre deckten die Behörden einen Totoskandal in Hessen und Rheinland-Pfalz auf: Spieler und Vereine waren von Wettern bestochen worden. Italien hatte sein »Toto nero« (schwarzes Toto), den großen Totoskandal Ende der 70er Jahre, in dessen Folge der AC Milan in die Serie B degradiert wurde. Enrico Albertosi, Torwart beim 4:3-Sieg der Italiener gegen Deutschland im WM-Halbfinale 1970, mußte als Drahtzieher für zwei Jahre ins Gefängnis. Paolo Rossi, beteiligt beim bestellten 2:2 zwischen Avellino und Perugia, wurde für drei Jahre gesperrt, auf Betreiben von Nationaltrainer Enzo Bearzot aber nach zwei Jahren begnadigt – so konnte er mit Italien 1982 Weltmeister und WM-Torschützenkönig werden.

In den 90er Jahren machte sich besonders die aggressive asiatische Wettmafia mit ihren Einsätzen vor allem im englischen Fußball einen berüchtigten Namen – gesetzt wird dort gern auf exakte Ergebnisse, mit denen sich bis zu 80 000 Dollar pro Spiel verdienen lassen (→ »Finsternis«). Premier-League-Torhüter Bruce Grobbelaar soll laut Beweisaufnahme der Strafverfolgungsbehörden in 25 Spielen absichtlich Tore zugelassen haben für ein malaysisches Wettsyndikat – in einem Video sagt er: »Ich bin absichtlich falsch runtergetaucht, aber der Ball knallte gegen meine verdammte Hand.« Aber wegen Verfahrensfehlern erhielt er einen Freispruch dritter Klasse. Bei der WM der U-20-Junioren 1995 in Katar versuchte die asiatische Wettmafia unverhohlen Spieler aus Portugal, Kamerun und Burundi zu bestechen oder zu erpressen (zum Beispiel mit Fotos mit Prostituierten). Und im selben Jahr flog ein flächendeckender Betrugsskandal in Malaysia auf: 85 Prozent der Spiele wurden dort von den Buchmachern entschieden, mehr als 70 Spieler landeten in Haft. Der Auslöser der Aufdeckung war das Endspiel der Meisterschaft, das Singapur gegen Pahang 4:0 gewann. Danach war aufgefallen, daß die unterlegene Mannschaft sich mit einer Sammelbestellung von Sportwagen tröstete.

Abb. 16: Nigeria tanzt: Führungstreffer gegen Argentinien bei der WM 1994 in den USA.

16. Ritual

Fußball: ein Ritual. Fußballspieler: Meßdiener eines heidnischen Kultes, die vor der Kulthandlung ihre Wohnstatt, ihr Essen, ihre Zeit teilen. Sie berühren einander unmittelbar vor Beginn, wobei kultische Kurzgesänge ausgestoßen werden. Sie befruchten das Spielfeld mit rituellen Ausscheidungen aus Nase und Mund. Sie verständigen sich dann in einer Gestensprache, die sie von der Opferrolle über Auflehnung gegen ungerechtes Schicksal bis hin zum ekstatischen Jubelrausch kommunizieren läßt. Die Besucher dieser Messe begleiten die Liturgie mit Sprechgesang und Chormusik, sei es auf dem »heiligen Rasen« von Wembley, auf dem »Altar des Fußballs«, wie Pelé das Maracana-Stadion empfand, oder auf irgendeinem Stoppelacker in Burkina Faso.

Wenn das kein Ritual ist – ein Ritual aber ist, so das Lexikon, »die Ordnung der Bräuche des Kultus einer Religion«. Die Religion des Fußballs ist, wie der uruguayische Dichter Eduardo Galeano schrieb, »die einzige, die keine Atheisten kennt«. Dafür viele Götter. »El Divino«, der Göttliche, wurde der große spanische Torwart Ricardo Zamora genannt, sein Nachfolger Toni Turek, der den deutschen WM-Sieg 1954 festhielt, wurde dafür vom Rundfunkreporter Herbert Zimmermann angeblich mit dem Glaubensbekenntnis verehrt: »Toni, du bist unser Fußballgott!« (Was Bundespräsident Theodor Heuss später milde tadelte.) Hinten dicht, und vorne hilft der liebe Gott – so lautet die älteste Fußballtaktik der Welt.

Um so erstaunlicher, daß die Kirche bis in die 80er Jahre brauchte, um den Fußball für sich zu entdecken. »Nicht Defensive, Offensive ist die Sache der Christen«, forderte der Essener Alt-Bischof und Schalke-Fan Franz Hengsbach ein Ende des kirchlichen Catenaccio. Hans-Georg Ulrichs, Stammspieler in der Fußballauswahl der badischen Pfarrer, nahm predigend das Wort Herbergers auf, das nächste Spiel sei immer das schwerste: »Ist das nicht eine treffliche Übersetzung von Jesu Bergpredigt: Sorget nicht für den morgigen Tag; es ist genug, daß jeder Tag seine eigene Plage habe?« Und Karl-Fritz Daiber entdeckte in einem theologischen Kommentar zur »dionysischen WM 1990«, der Fußball biete »Momente der Überschreitung in unserer entzauberten Welt«. Das in den italienischen WM-Stadien häufig gezeigte Bibel-Transparent »John 3.16« (»... auf daß jeder, der an ihn glaubt, nicht verloren gehe ...«) wurde allerdings von weniger frommen Fans mit »Ilse 4.17« gekontert.

Zur gleichen Zeit hatte sich der bekennende Christ auch unter den Bundesligaprofis ausgebreitet, was allerdings erst durch den missionarischen Import einiger ausländischer Stars möglich wurde. Der Südkoreaner Bum Kun Cha, der Neuseeländer Wynton Rufer, der Norweger Rune Bratseth und vor allem der Brasilianer Jorginho, Autor des Glaubens-Beststellers »Steilpaß. Ehrliche Bekenntnisse«, bereiteten den Boden für die Predigt des Stefan Effenberg im November 1995 in der Pfarrkirche Sankt Franziskus in Mönchengladbach. Giovanni Trapattoni bereicherte die Bundesliga überdies nicht nur um völlig neue Vokabeln (→ Kap. 25: *Sprache*, Stichwort »Trapattoni«), sondern auch um die Sitte, aus einem Fläschchen Weihwasser auf die Erde zu träufeln.

Daß der Glaube im Fußball zugleich immer nahe am Aberglauben liegt, zeigen zahllose Marotten der Profis wie etwa das Papstbild, das Torwart Norbert Nigbur nach einer Audienz in Rom bei jedem Spiel bei sich trug – sein Klub Schalke 04 nahm später Johannes Paul II. sogar als Ehrenmitglied auf (wie die

Bunte Liga Aachen übrigens auch). Spätestens bei der WM 1998 war Gott ein beliebter Mitspieler auf allen möglichen Positionen geworden. »Mit Gottes Hilfe« sah der Kroate Davor Suker Deutschland geschlagen. Dabei hatten deutsche Pfarrer ein »Beten für Berti« veranstaltet, Motto: »Gott zeigt uns nie die Rote Karte« – trotzdem sah sie Christian Wörns. »Uns können nur die Götter stoppen«, glaubte der Nigerianer Taribo West, am Ende reichten die Dänen.

Predrag Mijatovic glaubte nach dem Aus für Jugoslawien gegen Holland durch seinen verschossenen Elfmeter: »Es war Gottes Wille.« Für Cesar Samapaio waren »Gott und Dunga« die wichtigsten Mitspieler im brasilianischen Team, und sein Teamkamerad Taffarel hat die Elfmeter im Halbfinale gegen Holland nicht allein gehalten, sondern »Gott hat mir geholfen«. Im Finale aber half der Verbündete dem Gegner der Brasilianer, den Franzosen, die schon beim Viertelfinalsieg im Elfmeterschießen gegen Italien den, wie der Fußballer glückliche Siege gern kommentiert, »Papst in der Tasche« hatten. Der französische Verbandsfunktionär Gerard Rousselot jedenfalls war sich sicher: »Der Papst ist ein Italiener, aber Gott ist Franzose.« Genaugenommen war der Papst natürlich Pole, aber Polen hat sich seit 1986 leider nicht mehr für die WM qualifiziert.

Und doch: Wer den Papst auf seiner Seite weiß, hat bessere Karten im Fußball. Zwar lieferte der 1979 verstorbene Theologieprofessor Joachim Staedtke eine 13seitige »Reportage eines ökumenischen Fußballspiels zwischen der katholischen und der evangelischen Theologie aller Zeiten« ab, das durch Tore von Martin Luther und Thomas von Aquin 1:1 endete. Doch in der Wirklichkeit steht es 12:4 für die Katholiken. Zwölf Weltmeistertitel gewannen die katholischen Länder aus Südamerika und Südeuropa, nur das halbwegs protestantische Deutschland mit drei Titeln und die anglikanischen Engländer mit ihrem Heimsieg von 1966 hielten dagegen.

Wenn man es genau bedenkt, wird es noch deutlicher: War nicht die deutsche Nationalmannschaft der glorreichen frühen 70er eine ziemlich katholische Mischung aus Bayern und Niederrheinern? Wohl um davon abzulenken, verschweigt man gern die Mönche und sagt einfach Gladbach. Aber das kann nicht darüber hinwegtäuschen, daß der Fußball eine Domäne der Katholiken ist – vielleicht weil sie seit Jahrhunderten im Spagat aus Regelgehorsam und Spielfreude geübt sind.

Aberglaube

Lothar Sippel trug stets einen Pfennig im rechten Schienbeinschoner. Norbert Nigbur: ein Papstbild in der Tasche. Toni Polster: immer als Drittletzter auf den Platz. Andere kommen immer als letzter oder betreten den Platz immer zuerst mit dem rechten Fuß oder küssen den Pfosten oder schieben den Ball immer erst einmal ins leere Tor. Dann gibt es wieder solche, die, solange eine Siegesserie andauert, nie die Kleidung wechseln oder die Speisenfolge, oder immer die dritte Dusche von links nehmen. Je unwägbarer ein Spiel, je größer der Anteil unvorhersehbaren Glücks am Erfolg, desto verbreiteter der Aberglaube, das Vertrauen in Talisman, Glücksbringer, Ritual, Prophezeiung. Deshalb ist Fußball auch ein Spiel für Abergläubische. Trainer Carlos Bilardo verbot 1986 seiner Mannschaft den Verzehr von Hühnerfleisch, weil es Unglück bringe – die Argentinier aßen nur Rindfleisch und wurden Weltmeister. Der Kolumbianer Freddy Rincon ging vor der WM 1994 zu einer Hellseherin, die ihm Niederlagen vorhersagte – Rincon glaubte daran und spielte entsprechend schlecht.

Auflehnung

Zum Ritual der Unterordnung gehört auch das selektive Auflehnen dagegen. Einige Spieler (meist blonde Mittelfeldakteure mit dominanter Gattin) machen daraus einen Image-Faktor, als Nachfolger für den »Rebell am Ball«, wie Netzers erste Biographie hieß. Nur nichts gefallen lassen. Als Jugend-Nationalspieler pinkelte Wolfram Wuttke Auswahltrainer Dietrich Weise ins Bett. Junior Torsten Frings maulte in seinem ersten Training bei Werder Bremen dessen Star Andreas Herzog an: »Gib den Ball her, du Lutscher« (was Frings ebendiesen Spitznamen eintrug). Aus diesem Holz sind die Spieler geschnitzt, die mal als Leitwölfe und nicht etwa als Weicheier gelten wollen wie etwa Andreas »Heintje« Möller (»Paß auf, Schatzi, am liebsten würde ich dich morgen mitnehmen, du bist nicht zu beneiden«, sagte Frau Möller ihm übers Handy bei der WM 1998).

Möglicherweise ist das Aufmucken gegen Kapitäne, Trainer, Präsidenten und das daraus folgende Rebellenimage aber nur eine Notwehrmaßnahme gegen die Gefahr, als Pantoffelheld dazustehen wie etwa Thomas Häßler. Denn ein »Weichei« oder »Softie« will keiner sein. Das mußte ein Stuttgarter Journalist im VfB-Trainingslager 1997 erleben, nachdem ihm die Redaktion ein »Softie« in die

Überschrift seiner Geschichte über Frank Verlaat redigiert hatte. Verlaat riß ihm die Brille von der Nase, zertrat sie und fragte: »Tut so was ein Softie«?

Begrüßung

Einzelne Mannschaften pflegen ein besonderes Aufnahmeritual für Neulinge. Die gröbste Begrüßung hat der FC Wimbledon am ersten Arbeitstag eines neuen Spielers parat: Die Kollegen werfen seine Kleider durch die ganze Kabine, schneiden Ärmel und Hosenbeine ab und zerkleinern den Rest in winzige Fetzen. Jeden Tag gibt es nach dem Training das gelbe Trikot für den schlechtesten Spieler des Tages, das der am nächsten Tag tragen muß, mit der Aufschrift: »Gestern war ich eine Flasche«. Wer Geburtstag hat, wird schon mal nackt in einem Supermarkt in Roehampton ausgesetzt und muß die halbe Meile zum Trainingsplatz zurücklaufen. John Hartson, Anfang 1999 für 7,5 Millionen Pfund von West Ham United gekommen, kam etwas glimpflicher davon: Sein Designer-Anzug wurde zwar abgefackelt, aber die Trainingsklamotten durfte er anlassen. Dafür wurde er in eine gewaltige Pfütze getaucht. (→ Kap. 27: *Kult*, Stichwort »Treter«)

Berührung

Die körperliche Kontaktaufnahme durch Gruppenrituale wie Händchenhalten, Ringelreihen, Abklatschen findet sich schon bei Herberger. Dessen Spieler nahmen sich vor dem Spiel an den Händen und schworen einander Kampf bis zum Umfallen. Jupp Derwall wollte, daß sein Team einen Kreis bildete und einen Kampfruf ausstieß, doch die Spieler lehnten das verächtlich ab. (Auch der DFB-erprobte Karl-Heinz Heddergott scheiterte in den 80er Jahren erwartungsgemäß in Köln, als er die FC-Spieler mit solchen Wandervogel-Ritualen motivieren wollte.) Unter Vogts wurden Kreisbildung und Kampfruf wiederaufgenommen, aber das war nur ein leeres Ritual wie das Absingen der Nationalhymne. Origineller trieb es Helenio Herrera in den 60er Jahren bei Inter Mailand (→ Kap. 8: *Trainer*, Stichwort »Psychologe«). Er ließ seine Spieler vor dem Spiel den Ball berühren, sich umarmen und laut rufen: »Ich vertraue dir, und du vertraust mir.« Vertrauen ist gut, aber Kontrolle ist besser, wußte Herrera und verließ sich nicht auf die Versprechungen: Er ließ seine Spieler auch in der Freizeit überwachen.

Duschen

Den Raum des Nachspiels beschrieb der Autor und Amateurfußballer Harald Braun so: »Kahler, schlecht beheizter Kachel-Raum, in dem verdreckte Fußball-spieler gleichzeitig ihre Fußballschuhe säubern, aromatisches Apfel-Shampoo auf den Körper schmieren und Fußpilze kultivieren … Wer sich dem Hygiene-Ritu-al mit fadenscheinigen Gründen verschließt, gilt entweder als Klemmi (unter 18) oder als stinkender Puma (über 18).« Da nutzt es auch nichts, wenn der Schieds-richter einen »zum Duschen schickt« (Rote Karte nach Geruchskontrolle?) – ob der Rotsünder tatsächlich duscht oder nur faul rumsitzt, überprüft ja niemand. Denn unter der Dusche ist der gläserne Profi noch ganz unter sich. Hier werden im inneren Kreis Siege besungen und Niederlagen verarbeitet. Manchmal geht das auch rabiat ab, vor allem früher: »Vor 30 Jahren flogen auch mal die Fäuste, und der Trainer guckte weg«, erinnert sich Atze Friedrich (1. FC Kaiserslautern). Der Rückgang der Aggressionen beim Brausen hat vermutlich mit dem gewach-senen sanitären Komfort in den Bundesligastadien zu tun – im Entmüdungs-becken verflüssigt sich der Groll über den besserverdienenden faulen Sack im Mittelfeld. Doch auf dem Dorf, da weiß man noch, wie das wirklich ist, wenn es heißt: eine kalte Dusche für die Gastmannschaft.

Essen

Der Pausentee ist natürlich keiner, aber den Kaffeeklatsch mit Kuchen hat die Frankfurter Eintracht unter Trainer Gyula Lorant stets gepflegt – vor dem Spiel. Das half, sie blieben in der Saison 1976/77 21 Spiele in Folge unbesiegt. Das ge-meinsame Essen gehört bei gemeinsamen Unternehmungen wie Auswärtsspie-len oder Trainingslagern zum Geschäft. Spitzenklubs und Nationalteams nehmen längst ihre Köche und sogar die Zutaten mit auf die Reise. Berti Vogts entwarf sogar eine mannschaftliche Tischordnung. Nur saß er nach dem Ausscheiden bei der WM 1994 peinlicherweise ganz allein am 10er-Tisch, so daß er für die WM 1998 die Revolution der DFB-Essenskultur beschloß: die Auflösung der festen

Sitzordnung, als Maßnahme gegen die Cliquenwirtschaft. Zu spät: Kurz danach fand der deutsche Tischfußball ohne ihn statt.

Farben

Siege machen Mode, Farbe schafft Identität. In der großen Zeit von Real Madrid war das Blütenweiß der »Königlichen« die beliebteste Farbe der Fußballwelt. Paul Breitner erinnerte sich, wie bei seinem Jugendklub ESV Freilassing über die Trikotfarbe beraten wurde und man dann »natürlich, wie Real Madrid« in Weiß spielte. Auch die Gladbacher Borussia wurde viel kopiert im Weiß ihrer schönsten Jahre, die lange vorbei waren, als die Gladbacher auf Schwarz wechselten. Den Brasilianern dagegen hatte das Weiß bei der WM 1950 kein Glück gebracht, deswegen spielten sie 1954 erstmals mit dem gelben Trikot mit grünem Kragen, das bis heute für unvergleichliche Fußballkunst steht. Darauf besannen sich einmal sogar die Bayern, als sie nach acht Schlappen auf dem Betzenberg 1983 erstmals nicht in Bayrisch-Rot, sondern in Brasilianisch-Gelb-Grün-Blau aufliefen. Sie gewannen in Kaiserslautern 1:0. Heute wechseln Klubs ihre Farben, um den Trikotverkauf zu steigern, wie die Frühlings- und Herbstmode. Irgendwann wird einer wieder das Real-Weiß entdecken.

Gesten

Die internationale Zeichensprache des Fußballs ist ständig im Fluß. Längst automatisiert – und vollständig losgelöst von der tatsächlichen Sachlage – ist das Heben des Arms und das Zeigen zur Eckfahne, um »Ecke bzw. Einwurf für uns« oder bei einem Gegentor »Abseits« anzuzeigen. Vor ein paar Jahren setzte sich das In-die-Luft-Zeichnen eines Kreises als »Nicht-schuldig«-Plädoyer durch – nur den Ball gespielt, keine Ahnung, warum sich der da krümmt (→ Kap. 14: *Foul*, Stichwort »Allerweltsfoul«). Varianten sind das Anzeigen angeblichen Handspiels durch Klopfen auf den Unterarm und das Nachahmen des Trikotzupfens, um das entsprechende Foul zu reklamieren. Dann kam das Wedeln von Daumen und Zeigefinger mit einer imaginären Karte hinzu – soll heißen: mindestens Gelb. Schließlich erlebten wir den verzweifelten Beter, die flach gegeneinandergedrückten Hände leicht vor- und zurückbewegend oder gar vors Gesicht schlagend und, wichtig, dabei den Blick gen Himmel richtend: Diese Geste des vom Schicksal (bzw. Schiedsrichter) ungerecht Bestraften, nach dem Platzverweis für Wörns gegen Kroatien, war 1998 die Abschiedspose des Berti Vogts.

Glaube

»An Jesus kommt keiner vorbei«, stand auf der Litfaßsäule in Gelsenkirchen. »... außer den Stan«, hatte einer draufgekritzelt. Als sie Reinhard, genannt »Stan«, Libuda in Gelsenkirchen-Bismarck beerdigten, den einstigen »Flankengott«, der am Ende nur noch ein armes Schwein war, ohne Geld, Gesundheit, Familie, da war die Zeit, das richtigzustellen. »An Jesus kommt keiner vorbei«, sagte Pfarrer Goldmann in der Totenpredigt. »Auch Reinhard Libuda nicht.« Längst aber hatten sie im Ruhrgebiet ihren nächsten »Fußballgott« gefunden, das genaue Gegenteil von Libuda, einen soliden, zuverlässigen Ausputzer, dessen Namen sie in Dortmund ironisch-liebevoll skandierten: »Jürgen Kohler, Fußballgott.«

An irgendwas muß man schließlich glauben im Fußball. Heute regt das nicht mal mehr die Kirchen auf. Als Rundfunkreporter Herbert Zimmermann im Überschwang des ersten deutschen WM-Sieges 1954 Torwart Turek als »Toni, du bist unser Fußballgott« gefeiert hatte, gab das noch einen väterlichen Tadel von Bundespräsident Theodor Heuss: »Ich glaube, er ist einfach ein guter Fußballspieler und soll das auch bleiben.« Spätere Archiv-Untersuchungen vermochten den »Fußballgott« aber nicht mehr an den Tag zu bringen. Nie gesagt? Später gelöscht? Schon wieder eine Glaubensfrage. Dabei kann man auch mit ganz simpler Fußball-Theologie ein ganz erfolgreicher Profi werden. Frage an Horst Heldt (1860 München): »Woran glauben Sie?« Antwort: »An die fünf lebenswichtigen Bausteine in Nutella.«

Jubel

»Eine gesteigerte Form von Spielfreude erlebt die Mannschaft, und in besonderer Weise der erfolgreiche Spieler, im Augenblick des Torerfolges«, erklärte der Soziologe Heinrich Väth 1994 allen, die es noch nicht wußten. Dieser Freude nachzugeben will gelernt sein. Bis in die 60er Jahre hinein erlaubten sich Fußballer kaum ekstatischen Torjubel, eher »viktorianisches Händeschütteln und

herbes Schulterklopfen« (Bernd Müllender). In den ersten Jahren der Bundesliga
entwickelte sich die Jubelform des kurzen Spurts mit Hochsprung (Emmerich,
Müller), manchmal mit ganzer Schraube (Netzer), später auch mit Klimmzug an
der Latte (Hrubesch), doch intensive Leibeskontakte mit dem Kollegen waren
noch verpönt. Küsse wie die der Polen bei der WM 1974 oder zwischen Breitner und Rummenigge Anfang der 80er führten zu einem FIFA-Beschluß, der
1981 die Knutscherei als »unmännlich, übertrieben gefühlsbetont und deshalb
unangebracht« geißelte.

In den 90er Jahren etablierte sich der Jubler als eine solistische Selbstdarstel-
lungsform, bei der allzu drückende Kollegen ohnehin gar nicht mehr erwünscht
sind – der erste, der daraus ein Markenzeichen machte, war Hugo Sanchez mit
seinen Salti. Bald danach kam Stefan Kuntz mit seiner von Boris Becker inspi-
rierten »Säge«. Roger Millas Tanz mit der Eckfahne 1990 war dagegen wohl
noch eine ganz spontane Aktion. Auch die »Wiege« der Brasilianer um Jungvater
Bebeto 1994 wirkte noch originell. Doch was die Europäer aus diesen Inspirationen machten, sind meist abgesprochene, einstudierte, manchmal schale Formen einer einst ursprünglichen Freude: Trikots über den Kopf ziehen (vor allem
in Spanien), Schneidersitz (Vieri und del Piero, WM 1998), die Liegewiese
(Brian Laudrup wie beim Sonnenbad, Kopf auf einer Hand aufgestützt, WM
1998), die Eisenbahn (mehrere Spieler krabbeln hintereinander und fassen sich
an den Unterschenkeln), der *Diver* (die Jubler rutschen nebeneinander auf dem
Bauch aufs Publikum zu), Ringe küssen (Jancker), Schuhe küssen (Präger), Füsse
küssen, Schuhe putzen als Pantomime.

Franz Beckenbauer fand darin Anlaß zu einer Fußballkulturkritik: »Es gibt
keine Freude mehr im Fußball. Die Torschützen schreien heute einen Frust hinaus, als ob sich Wut entladen müßte.« Torfreude, so die DFB-Fußballregeln, soll
»in vernünftigem Maß« gezeigt werden – Gelb gibt's für Vom-Spielfeld-Rennen,
Zäune-Hochklettern, Hemden-Ausziehen »oder ähnlich übertriebene Reaktionen«. Sehr vernünftig, das Ganze. Auf keinen Fall übertreiben, so wie Nigerias
Nationalverteidiger Celestine Babayaro: Er brach sich 1998 im Torjubel bei einem Salto rückwärts ein Bein.

Reklamieren

Bringt objektiv nichts, weil die Entscheidung des Schiedsrichters ja schon gefallen ist (allenfalls einen kleinen Bonus für die nächste) – subjektiv aber einen Abbau von Schuldgefühlen. In der teaminternen Gruppendynamik dient das Reklamieren als Ablenkung von den Vorwürfen der eigenen Mitspieler. »Wenn ich dumm gefoult oder danebengeschossen habe, bin ich nicht der passive Vorwurfsempfänger, sondern ich agiere gleich wieder und nehme den Tadlern den Wind aus den Segeln«, schrieb ein Fußballpsychologe in den 80er Jahren: »Ich bin aktiv!« Wer reklamierte logischerweise am heftigsten gegen die Rote Karte für Wörns beim WM-Viertelfinale gegen Kroatien? Der Mann, der Wörns durch seinen Stellungsfehler gegen Suker in die Bredouille gebracht hatte – Lothar Matthäus.

Singen

»Nach der Niederlage in Paris, Ergebnis war 1:3, das schlechteste Spiel, das Fritz Walter überhaupt je in der Nationalmannschaft gegeben hat. Wir saßen im Bus, das Spiel war aus, wir konnten nicht losfahren, die Pariser jubelnd und unsere Mannschaft durch die Scheiben auslachend, ich saß ganz deprimiert in der Ecke. Am meisten deprimiert war aber der Fritz. Das dauerte. Stille. Fünf Minuten lang ungefähr. Seppl ließ die Mannschaft in Ruhe, ließ sie in ihrer Scheiße sitzen. Eine ganze Zeit. Plötzlich sagte er: »Fritz! Sie sind doch der Kapitän! Wolle Se Ihre Männer net singe lasse?!« Und dann fingen die an zu singen ›Hoch auf dem gelben Wagen‹, ganz schüchtern, am Anfang, dann alle zusammen, und plötzlich sahen die Pariser durch die Fenster des Busses: Die deutsche Mannschaft sang!«

So schilderte der Schauspieler Bernhard Minetti, ein Freund Herbergers, das Sangeserlebnis von 1952. Singen als Gruppenritual, das hat natürlich etwas Militärisches, wie ein gemeinsames Marschieren – aber in einer Generation, die mit solchen Ritualen aufgewachsen war, funktionierte die melodische Mannschaftsbildung. Helenio Herrera ließ Inter Mailand auf der Rückfahrt nach verlorenen Spielen stundenlang singen. Irgendwann fingen Nationalspieler an, für die Öffentlichkeit zu singen: erst lässig fingerschnippend für die WM-Platten mit Udo Jürgens, dann strammstehend für die Nationalhymne. Nur einige trauen sich, das verordnete, verkrampfte Ritual vor dem Anpfiff des Länderspiels zu verweigern: »Ich werde nie die Marseillaise grölen, nur um einigen Leuten einen Gefallen zu tun«, sagte Zinedine Zidane bei der WM 1998, nachdem der französische Verband auf Druck der rechtsradikalen Partei Front National zum Singen der Nationalhymne aufgefordert hatte.

Spucken

Fußball ist ein Ausscheidungsspiel im engeren Wortsinne. Es fließen die Körpersäfte bei der kickenden Betätigung. Der Schweiß findet allein den Weg hinaus, der Mund- und Nasenschleim aber bedarf der aktiven Entsorgung, entweder oral oder nasal oder, die technisch anspruchsvollste Variante, nasal links-rechts. Das führt zu ästhetisch meist nicht sehr ansprechenden Rotzereien auf dem Platz, die in anderen Lokalitäten tabu sind. Aufregen tut das Spucken keinen, außer wenn man den Gegner trifft wie Rijkaard Völler 1990 oder Mihajlovic Jeremies 1998 – dann gilt es als nicht mehr zu steigernde Beleidigung. Otto Baric, der Trainer von Austria Salzburg, wurde nach einem Europapokalspiel gegen Eintracht Frankfurt 1994 wegen dauernden Spuckens sogar auf die Tribüne verbannt.

Als »symbolische Befreiung von Blockaden« sieht der Psychologe Heinz-Georg Rupp, früherer Mentaltrainer von Bayer Uerdingen, den Auswurf. »In einer Situation, in der sich der Spieler als Versager fühlt, etwa nachdem er eine Torchance vergeben hat, spuckt er, um zu zeigen: Es geht weiter, ich habe mein Rohr wieder freigelegt.« Die Ausscheidungen hätten sich »mit der Zeit ritualisiert«, besonders bei Einwechslungen: »Jetzt komme ich und besame ersatzweise das Feld. Die Botschaft: Ich werde das Spiel befruchten!« Eine weitere tiefenpsychologische Komponente hat der Nasal-Psychologe möglicherweise übersehen: der offensichtliche Versuch des Profis, durch die alt-proletarische Geste des taschentuchlosen Rotzens («Charlottenburger«) seine Verbundenheit zum einfachen Mann auf den Rängen auszudrücken.

Wohnen

Das gemeinsame Wohnen unter Jugendherbergsbedingungen hat zweimal zum deutschen WM-Sieg geführt, und beide Male gegen favorisierte Gegner, die es locker nahmen. Zuerst gegen die Ungarn 1954, deren Match-Vorbereitung Ror Wolf in seinen »WM-Moritaten« beschrieb:

»Salami, Gulasch, mächtige Portionen,
Champagner knallend und gewaltig große
Zigarren, ach, ein Leben lax und lose,
in dem Hotel, in dem die Ungarn wohnen.
Die Späher mit den falschen Hüten schleichen
davon, vermummt – dagegen unverblümt
sieht man die Ungarn, singend, weltberühmt,
die Korken ziehen und die Damen streichen.«

Dann gegen die Holländer 1974 – sie hatten laut *Times* ein Trainingslager
»wie ein Sommernachmittag im Vondelpark, mit Frauen und Freundinnen,
Leuten, die kommen und gehen, Kumpels und Mädchen, die herumhängen,
alles frei und leicht«. Für einen wie Berti Vogts muß das nach 68er Kommune
geklungen haben. Dagegen stand der deutsche Tugendterror, der auf den Mythos des Trainingslagers seit Herbergers »Geist von Spiez« zurückging: »Aus
der Gemeinsamkeit der Stubenkameradschaft kommt und strömt unsere ganze Kraft« und »Drei Wochen Spiez sind drei Wochen Hohelied bester Kame-
radschaft«.

Trainingslager, Bullenkloster, Schöner Wohnen mit dem DFB. Zum Beispiel
1962, eine Militärschule in Santiago: Torwart Tilkowski, hinter Fahrian zurück-
versetzt, zertrümmert das Mobiliar. Oder 1974, vier Wochen Sportschule Malente: Man pokert um Prämien, fährt heimlich auf die Reeperbahn oder in die
»Russische Botschaft«, ein Etablissement in Eutin. Der Tiefpunkt war Ascochinga 1978, ein Ex-Trainingscamp der argentinischen Luftwaffe. Für die leichte
Muse war Franz Lambert als Lager-Organist zuständig. »Vermutlich ist nie zuvor
ein größerer Haufen Elend schärfer bewacht worden als die deutsche Nationalmannschaft in Ascochinga«, schrieb Horst Vetten. Innen wachte die GSG 9, außen Militär, dazwischen Geheimpolizei. Nur erlesene Gäste kamen hinein, wie
der Alt-Nazi Ernst-Ulrich Rudel, der vom DFB empfangen wurde. »Wir ödeten
uns an in einem ehemaligen Trainingscamp der argentinischen Luftwaffe. Das
Fernsehen konnte niemand verstehen, für einen Troß von 100 Personen gab es
eine einzige Telefonleitung, die Kellnerinnen waren gegen 60jährige Männer ge-
tauscht worden«, beklagte Rolf Rüssmann später und erkannte: »Das war kein
Klima für Erfolg.«

Dann 1982, das Trainingslager am Schluchsee (genannt »Schlucksee«): Bis in
die Nacht wird gezockt und gesoffen. Kaltz und Hrubesch bestellen nachts

um vier Uhr 40 Spiegeleier, nur aus Jux, um den Koch zu ärgern und ihre Macht zu zeigen. 1994 in Malente gibt es Streit darüber, wann die Frauen zu Besuch kommen dürfen. 1998 in Frankreich bemängelt Vogts, die Spieler hätten Freizeit und freie Zeit verwechselt. Tröstlich, daß die Deutschen die Freuden der Kasernierung nicht exklusiv haben. »Wir Spieler sind wie Masthähnchen bei der Aufzucht«, sagte auch der Engländer Paul Gascoigne und erklärte, worauf es ankommt in einem guten Stall: »Genau kontrollierte Bewegungen, strenge Regeln, festgelegtes Verhalten, das immer exakt gleich wiederholt werden muß.«

Zaubern

Wenn einer zaubern will, so heißt das im Fußball, daß er übertreibt, leichtsinnig wird, eine überlegene Führung riskiert. Die »Zauberer« sind also gar nicht gern gesehen auf den Fußballplätzen. Das kann ein Fehler sein, wie zum Okkultismus neigende Fußballfreunde wissen. Uri Geller zum Beispiel, jener aus deutschen Fernsehshows der 70er Jahre bekannte telepathische Gabelbieger, arbeitete für verschiedene Klubs, etwa den englischen Zweitligisten FC Reading. Entdeckt wurde er nach eigener Aussage als Zwölfjähriger auf Zypern. Ein ungarischer Trainer, Gast im Hotel von Gellers Eltern, engagierte ihn als Motivator für sein Team. Geller ging mit in die Kabine, verbog einen Löffel, schrie die Spieler an, sie sollten sich einen erfolgreichen Torschuß vorstellen. Sie wurden zypriotischer Meister. Bei der Europameisterschaft 1996 deponierte der inzwischen in London lebende Geller vor jedem Spiel der Engländer im Wembley-Stadion Kristalle hinter den beiden Toren; das führte die Gastgeber ins Halbfinale, doch dann war Schluß, weil Berti Vogts das Stadion fürs »Geheimtraining« hatte absperren lassen und Geller nicht reinkam.

Solche Geschichten aus dem Illusionstheater, mit denen man in Europa locker in jede Talkshow kommt, gehören in Südamerika, wo der Fußball eine »große, heidnische Messe« (Eduardo Galeano) ist, zum Alltag. Besonders in Brasilien, das den ersten WM-Titel 1958 vielleicht nicht nur Pelé und Garrincha verdankt, sondern auch den Schamanen und Zeremonienmeistern, die in der Kabine Exorzismen und heidnische Dankrituale vollführten. Das Scheitern im WM-Finale 1998 durch den geheimnisvollen Kollaps erklärte der englische Schriftsteller Wensley Clarkson in seiner Ronaldo-Biographie damit, daß der Star von seinem

Zimmerkollegen Roberto Carlos im Schlaf mit dem Voodoo-Zauber »Macumba« belegt worden sei.

In Brasilien glaubt man so etwas, dort verstreut man auch Salz in der gegnerischen Hälfte und Weizen- oder Reiskörner in der eigenen. 1937 vergrub ein Fan von Arubinha nach dem 0:12 gegen Vasco da Gama in der Nacht eine Kröte mit zugenähtem Maul auf dem Spielfeld in Rio und stieß dazu den Fluch aus: »Vasco soll 12 Jahre nicht Meister werden!« Jahrelang wurde die Kröte gesucht, aber nie gefunden. Vasco wurde 11 Jahre lang nicht Meister, dann gelang es ein Jahr vor Ablauf der Fluchfrist: »Gott hat uns einen kleinen Rabatt gegeben«, sagte der Vereinspräsident.

Der afrikanische Fußballverband appellierte 1976 an seine Mitgliedsverbände, gegen »das verbreitete Übel primitiver Magie« vorzugehen. Beispielsweise gehörten die Hexenmeister zum Spiel wie die Schiedsrichter – Teams konnten sie für Preise von 5 bis 175 Pfund mieten, Zahlung im voraus. Zum Angebot gehörten Gesänge, Gebete, Blenden des Gegners mit Spiegeln, Verhexen des Balles, den der Torwart beim Schuß doppelt sieht, und das Anrühren von Säften aus Kräutern, zerriebenen Kadavern, Schlangenhaut und Wurzeln, die entweder vor dem Spiel getrunken, auf der Haut verrieben oder auf dem Feld verteilt werden.

Möglicherweise wurde auch der Aufstieg der berühmtesten Europapokalmannschaft erst durch eine okkulte gärtnerische Leistung ermöglicht. Nach dem Umbau des Real-Stadions 1948 gewannen die »Königlichen« sechs Jahre lang keinen Meistertitel, bis ein Fan im Mittelkreis eine Knoblauchzwiebel vergrub – und der Siegeszug von Real Madrid begann. Zum Trost aller Rationalisten gibt es auch Gegenbeispiele. Die Spieler von Altay Izmir tunken zwar vor jedem Heimspiel einen Finger in das Blut eines frisch geschlachteten Schafs, über einen Mittelfeldplatz in der ersten türkischen Liga hat sie das aber nicht hinausgebracht. Und vor dem WM-Finale 1994 verkündete die italienische Vereinigung für Zauberei zwar vollmundig: »Zahlreiche Hexereien schwarzer Magie werden verhindern, daß Brasilien gewinnt.« Doch das Resultat bewies: Brasilien hat die besseren Fußballzauberer.

Abb. 17: Ach, Uli! Elfmeterschießen im EM-Finale 1976, CSSR gegen BR Deutschland. Der Ball wurde nie gefunden.

17. Angst

Die Psychologie des Fußballs ist das Bekämpfen von Ängsten, die der Fußballspieler nicht zugibt. Es gibt unendlich viele Ängste in diesem Spiel, das weniger Sicherheiten gibt als jedes andere. Die Angst vor der Niederlage, vor dem Mißerfolg fängt hier schon mit dem Ball an, der einem nie richtig gehorcht oder gar gehört – daraus resultiert die Angst, den Ball nicht richtig anzunehmen, schlecht zu stoppen, falsch zu treffen, ihn prompt wieder zu verlieren. Den eingeschüchterten, den ängstlichen Spieler, der den Ball gar nicht haben will, erkennt man an seiner Körpersprache, die ihn gewissermaßen unsichtbar macht. Er »versteckt« sich, bietet sich nicht an, meidet den Augenkontakt zum ballführenden Spieler.

222

Dann ist da die Angst vor dem Gegner. Dieser Gegner ist überall, auch hinten, im toten Winkel. Anders als im Handball oder Volleyball, selbst im Football oder Rugby hat man hier nicht den entspannenden Luxus, den Gegner vor sich zu wissen. Der Radius, aus dem Überraschungen, Unvorhersehbarkeiten, nicht zuletzt Schmerzen kommen, beträgt im Fußball nicht 180 Grad, sondern 360 Grad – er übersteigt damit das menschliche Gesichtsfeld. Das betrifft in der Regel nur nicht den Torwart, doch auch dem kann es passieren, von hinten überrascht zu werden, so wie der Löwen-Torwart Meier, der beim Münchner Derby 1998 beim Rollen des Balles den hinter ihm aus dem Toraus heranschleichenden Bayern-Stürmer Jancker übersehen hatte.

Die Angst, am unberechenbaren Ball und am unsichtbaren Gegner zu versagen, geht einher mit der älteren, tieferen Angst: der Angst, nicht zu genügen, nicht dazuzugehören; nicht mehr aufgestellt zu werden. Fußballspieler werden »ausgewechselt« – ein alltäglich verwendetes Wort mit subjektiv schrecklichem Beiklang. Wie wäre es, als Arbeitskraft, als Mann, als Mensch »ausgewechselt« zu werden? Am Rand hält einer ein Schild hoch, und tatsächlich: Deine Nummer steht drauf. Das war's, Zeit abgelaufen, Chance vertan. Deinen Platz nimmt ein anderer ein, von einer Sekunde auf die andere.

Dieser Platz muß mindestens ebenso verteidigt werden wie der Ball oder ein Unentschieden. Vielleicht noch mehr. »Es kann als gesicherte Erkenntnis gelten«, schrieb 1982 der Psychologe Wolfgang Salewski, ehemals Berater von Eintracht Braunschweig, »daß Fußballspieler mehr als die Hälfte ihrer Energie in Konkurrenz- und Profilierungskämpfe investieren.« Diese Angst vor der Konkurrenz im eigenen Lager wird noch erhöht durch die unübersichtliche Größe einer Fußballmannschaft. Laut psychologischen Forschungen beträgt die optimal funktionierende Gruppengröße fünf bis sechs Personen – also die Größe einer Handball-, Volleyball- oder Basketballmannschaft. Größere Gruppen (wie eine Elf) zerfallen in Untergruppen (einer der Gründe, warum sich »Blockbildung« in der Nationalmannschaft meistens ausgezahlt hat). Diese Untergruppen haben unterschiedliche »funktionale Führer« (für die Initiative) und »emotionale Führer« (für den Zusammenhalt), die wiederum komplizierte Beziehungen zueinander, zu den anderen Untergruppen und deren Führern und natürlich zur übergeordneten Instanz des Trainers haben können. Die komplizierte Gruppendynamik schürt die Angst, sich in einem Gestrüpp von Eitelkeiten und Einzelinteressen zu verheddern und es sich irgendwie mit einem der Spieler zu verscherzen, die gern »Leitwölfe« genannt werden.

223

Vor allem bleibt die ständige Angst vor Schmerzen, vor Verletzungen, vor dem Karriereende. Die meisten Fouls, gerade die, gegen die man sich nicht schützen kann, passieren abseits vom Geschehen, außerhalb des Blickfeldes des Schiedsrichters. Seit die Fernsehkameras die Versteckfoulspieler nicht mehr so sicher vor Entdeckung sein lassen können, wird weniger offensichtlich, dafür mit mehr infamer Raffinesse gepiesackt in jenem Psycho-Duell, das zum Ziel hat, den Gegner zu entnerven. Gerade die ersten Minuten eines Spieles gelten als die, in denen man einschüchtert oder eingeschüchtert wird, tritt oder getreten wird.

Die harten Männer aus der härtesten Zeit des englischen Fußballs, den 60er und 70er Jahren, wie Nobby Stiles, Ron »Chopper« (»Hackmesser«) Harris oder Tommy Smith, pflegten ihre Gegner mit Sprüchen zu begrüßen wie: »Wenn du in meine Nähe kommst, breche ich dir das Bein.« Um dann mit den ersten zwei, drei Tacklings – bauend auf die Erfahrung, daß der Schiedsrichter in den Anfangsminuten für gewöhnlich noch keine Karte zieht – zu demonstrieren, daß das keine leere Drohung sein mußte. Smith befolgte im Zweikampf stets den Ratschlag des legendären Liverpooler Trainers Bill Shankley: »Schüttle seine Knochen!«

Mehr noch als die Knochen schütteln diese »Weichmachertritte«, wie man sie in Südamerika nennt, das Selbstvertrauen, den Mut des Attackierten. Wer sich davon nicht erschüttern läßt, wie etwa George Best, der beim ersten Zweikampf stets versuchte, seinem Gegenspieler den Ball durch die Beine zu spielen und, wenn das gelungen war, gleich noch mal zurück – ein solcher Matador, der den Tritten ausweicht wie ein Torero und dabei den Stier noch lächerlich macht, wird zum begehrten »Frontspieler«, wie Alex Ferguson, Trainer von Manchester United, seine Stürmer nennt: »Spieler, die aufstehen, wenn man sie tritt, und ein Tor schießen«. Andere aber, die Vorsichtigeren, Weicheren, Ängstlicheren, die nicht »gegenhalten«, nicht »dahin gehen, wo es weh tut«, die sich lieber verstecken auf dem Spielfeld, gelten rasch als »Weichei«. Ein Ruf, den sich zum Beispiel Andreas Möller mit diversen Versteck-Spielen, aber auch mit Schwalben und Schwindeleien dauerhaft erwarb.

Fast alle Rituale des Fußballs, fast alle Spielchen jener Trainer, die als »Psychologen« gelten, dienen dazu, Angst zu nehmen, und auch: den Gegner bange zu machen. Sie sollen dem einzelnen das Gefühl der Zugehörigkeit zum Ganzen geben, zu einer starken, furchtlosen Gruppe. Denn die größte Angst in der Männerwelt des Fußballs ist immer noch die, seine Ängste zuzugeben.

Angstgegner

Diese Spezies ist in den 80er Jahren unerwartet ausgestorben. Heute redet niemand mehr von Angstgegnern, so wie die Gladbacher einst von den Frankfurtern (gegen die sie in ihren Meisterjahren 1970 und 1977 ihre jeweils einzige Heimniederlage kassierten) und die Bayern von den Kaiserlauterern – Mannschaften, gegen die man favorisiert sein müßte, aber zu sehr mit der Vergangenheit zu tun hat. Das erste Mal hat man vielleicht verloren, weil's dumm lief, das zweite Mal aus Leichtsinn, das dritte Mal wirklich unverdient, und schon ist eine Serie daraus geworden, die sich von alleine fortsetzt. Die einen glauben felsenfest, daß ihnen der große Gegner liegt, die anderen haben plötzlich einen »Angstgegner«. Manchmal benötigt man einfach einen völlig irrationalen Befreiungsschlag, um die Serie des lähmenden Aberglaubens zu durchbrechen. Die Bayern taten das, indem sie 1983 nach acht sieglosen Spielen auf dem Betzenberg erstmals in gelb-grün-blau aufliefen (brasilianisch) – und 1:0 gegen Kaiserslautern gewannen. Seitdem haben die Bayern keine Angstgegner mehr, getreu dem Motto: Der beste Angstgegner ist man selber.

Auswärtsschwäche

Sie hängt irgendwie mit der Heimstärke (der anderen) zusammen, aber beides sind Erscheinungen, die im Schwinden begriffen sind – vermutlich parallel zu einer gewissen Angst vor der Fremde, die beim modernen Profi einer lässigen Weltläufigkeit gewichen ist. Die besondere Entschlossenheit, mit der Mannschaften auf eigenem Turf auftraten, hat natürlich mit der Psychologie der Jagdgesellschaft Fußball zu tun, mit dem Revierdenken, dem Behauptungswillen, dem: Hier bin ich der Chef. Diese Art Einschüchterung funktioniert (außerhalb Englands) nur noch an wenigen Orten, etwa dem Betzenberg, und auch das nur bei bestimmten Gegnern (zudem nur noch bei wenigen Schiedsrichtern).

Weil objektiv klar ist, daß man eine Mannschaft, die man zu Hause beherrscht, auch auswärts besiegen kann, wenn man nur genauso spielt, ist die subjektive Auswärtsschwäche bei den meisten Spitzenteams verschwunden. Die Angst vor dem Unerwarteten jenseits von Heim und Herd spielt in der modernen Mobilgesellschaft keine Rolle mehr, und kein Kicker wagt es noch, sich auf fremde »Heimstärke« rauszureden. Die Quote an Auswärtssiegen, die in den ersten Jahrzehnten der Bundesliga knapp 20 Prozent betrug, hat sich in den 90er Jahren bei rund 25 Prozent eingependelt. Während Eintracht Braunschweig 1967 mit negativer Auswärtsbilanz deutscher Meister werden konnte und in den 70er Jahren die Mönchengladbacher Borussia einen dauerhaften Ruf als »auswärtsstark« begründen konnte, weil sie mehrfach als einzige Mannschaft eine positive Auswärtsbilanz aufwies, hatten 1994/95 erstmals gleich sechs der 18 Bundesligateams mehr Auswärtsspiele gewonnen als verloren.

Während in Deutschland also die Auswärtsschwäche an Boden verliert, hat sie Malta 1996 erst erobert. Damals wurde ein zweites Stadion in Hamrum eröffnet. Bis dahin fanden alle Spiele der zehn Erstligaklubs der Mittelmeerinsel im Nationalstadion Ta'Qali statt. Wie sollte einer Auswärtsschwäche entwickeln, wenn es für alle immer nur Heimspiele gab?

Elfmeter

Die Angst des Tormanns beim Elfmeter: Das ist so ein literarischer Mythos. Die Angst, das weiß jeder, der mal einen schoß, hat natürlich der Schütze, nicht der Hüter. Bei Handke ging es ja auch nur am Rande um Fußball, eher um die Morde des Monteurs Bloch, der diverse Kassiererinnen meuchelte. Des Werkes Schluß: »Der Schütze lief plötzlich an. Der Tormann, der einen grellgelben Pullover anhatte, blieb völlig unbeweglich stehen, und der Elfmeterschütze schoß ihm den Ball in die Hände.« Das ist hübsch gedacht, geht aber an der Realität vorbei, in der die Elfer zu mehr als 90 Prozent links oder rechts plaziert werden.

Immerhin, hätte Sepp Maier Handke gelesen, er hätte im EM-Finale 1976 den Elfer des Tschechen Panenka halten können, der den Ball mitten ins Tor schlenzte. Eine Minute zuvor hatte die Angst des Schützen vorm Elfmeter zugeschlagen: »Aber nun lagen wir im Mittelkreis, lechzten nach einem Schluck Wasser aus dem Schwamm, drückten die Eiswürfel auf die erhitzten Wangen, auf die pochende Halsschlagader.« So bedichtete Uli Hoeneß später das Elferdrama von Belgrad. Beckenbauer drückte sich vor dem Elfmeterschießen, Hoeneß wollte auch nicht. »Dann muß der junge Dieter Müller schießen«, sagte Assistenztrainer Derwall vorwurfsvoll und kriegte Hoeneß rum.

»Einsam spazierte ich auf den weißen Punkt, rings um mich Sahara«, schrieb Hoeneß später. »Ich schaute dem Ball nach, sah ihn immer höher steigen. Wie eine Weltraumrakete von Cape Kennedy sauste er in Richtung Wolken.« Und bis heute kann man in der isolierten Situation des Elfmeterschießens, in der der einzelne herausgelöst wird aus der Gruppe und die Maske der grimmigen Kampfesmiene abfällt, die Angst in den Gesichtern sehen – die vorher so mühsam versteckte und nun nicht mehr versteckbare Angst vor dem Versagen.

Fans

Im Showgeschäft kennt man die Gefahr des »Stalkers«, des fanatischen Star-Jägers, in ihrem ganzen Ausmaß seit der Ermordung John Lennons durch einen »Fan«, der durch den Mord an seinem Helden unsterblich werden wollte. Im Sport ist die Angst vor dem durchgeknallten Fan spätestens seit dem Messer-Attentat auf die Tennis-Weltranglistenerste Monica Seles 1993 verbreitet. Im Fußball aber sind solche Ängste nicht sehr aktuell. Die Gewalt des rabiaten Teils der Fans richtet sich in der Regel gegen ihresgleichen, der Spieler ist vor ihnen, von den üblichen Schmähungen auf fremden Plätzen abgesehen, sicher, und die eigenen Fans hätscheln ihn.

Um so mehr war die Häme der eigenen Fans für Profis der deutschen Spitzenklubs im Frühjahr 1998 eine neue Erfahrung. »Scheiß-Millionäre« sangen sie den Dortmunder Borussen nach, und die Bayern konnten sich vier Tage nach Trapattonis »Habe fertig«-Anschiß auch noch das Echo im eigenen Stadion anhören: »Außer Olli könnt ihr alle gehn.« Nur Torwart Kahn fand Gnade.

Für gewöhnlich ist man in Mitteleuropa recht sicher vor den eigenen Fans, die als treu und nachsichtig gelten. Nachtragend dagegen sind die Anhänger in Südeuropa oder Südamerika, und das, ganz im Gegensatz zu den Bayern-Fans, besonders gegenüber Torhütern. Während keiner auf die Idee kommt, einem verhinderten Torjäger seine vergebenen Chanchen nachzutragen, kann dort eine Niederlage, für die ein Torwart verantwortlich gemacht wird, einer lebenslänglichen Verbannung gleichkommen. »In Brasilien ist die Höchststrafe für ein Verbrechen 30 Jahre«, sagte 1993 Moacyr Barbosa, der beste Torhüter der WM 1950. «Doch ich zahle jetzt schon 43 Jahre für ein Verbrechen, das ich nicht einmal begangen habe«. Seine Landsleute nehmen ihm immer noch das Gegentor durch den Uruguayer Ghiggia übel, das Brasilien damals den Titel kostete.

Ähnlich erging es dem Argentinier Amadeo Carrizo, dem Begründer des besonders offensiven, mitspielenden Torhüterstils im südamerikanischen Fußball (mit Nachfolgern wie Gatti, Higuita, Chilavert) – er wurde nach dem WM-Scheitern 1958 durch ein peinliches 1:6 gegen die CSSR in seiner Heimat ein Ausgestoßener. Ebenso erging es 1993 seinem Landsmann Goycoechea in der Folge eines 0:5 gegen Kolumbien, nachdem Argentinien – mit ihm im Tor – zuvor 33 Spiele lang unbesiegt geblieben war. Oder dem Kameruner Torwart Bell, dessen Haus in der Heimat nach dem Scheitern bei der WM 1994 angezündet wurde. Auf eine besonders perfide Weise nachtragend zeigten sich die Brasilianer gegen ihren Torwart Manga, der bei der WM 1966 nur ein Spiel machte (gegen Portugal) und dabei nur einen Fehler (beim Herauslaufen). Das war einer zuviel. Portugal gewann, der Weltmeister war ausgeschieden, und einen Torwartfehler nannten sie in Brasilien für lange Zeit so: »mangueirada«.

Gegenspieler

Ein Gegner, der Angst hat, spielt ängstlich. Also macht man ihm angst. Ehe die Regeln den Schutz der Offensivspieler in den 90er Jahren verbessert haben, etwa durch die Drohung des Platzverweises für Grätschen von hinten, haben viele Teams und viele Spieler davon gelebt, daß sie ihren Gegnern die Gewißheit gaben, ihnen weh zu tun. »Ein Alan Shearer hätte in den 70ern keine 30 Tore pro Saison geschossen«, behauptet Ron »Chopper« Harris, der größte Treter der englischen Fußballgeschichte. »Er hätte Gegenspieler wie Tommy Smith und mich gehabt, die große Stücke aus ihm rausgetreten hätten.« Günter Netzer fand nach seinem berühmten Spiel 1972 in Wembley, »jeder Engländer hat ein Autogramm auf mein Bein gesetzt«. Die Mutter von einem von Netzers Gegenspielern, dem berüchtigten Norman Hunter, soll ihrer Nachbarin nach einem Ligaspiel einmal geklagt haben: »Norman ist mit einem schlimmen Bein nach Hause gekommen.« Darauf die Nachbarin: »Hat er gesagt, wem es gehört?«

George Best, der als der meistgefoulte Spieler der englischen Liga-Geschichte gilt, konnte fast ein ganzes Buch über die Tritte schreiben, die er bekam, manchmal schon beim Einlaufen ins Stadion, verbunden mit dem Satz: »Das ist erst der Anfang, Bestie.« Best lernte, mit gleicher Münze zurückzuzahlen: »Beim Tackling von hinten bricht kaum mal ein Knochen, weil die Bewegung des Beines nach vorn geht. Dafür um so eher beim Tackling von vorne, und darin kennen sich Stürmer aus.« Best brach zwei Gegenspielern die Beine. Aber am Ende steckte auch er, der wie ein Ballettänzer Verteidiger austanzen konnte, mehr ein als seine

Gegner und wurde der Jagdszenen müde, so wie der ähnlich leichtfüßige Johan Cruyff, und selbst Pelé verließ die Lust, weil er mehr getreten wurde als jeder andere. Besonders Italiener und Argentinier waren Meister des versteckten Fouls, des Kneifens, Spuckens, Haareziehens, Auf-die-Zehen-Tretens, Festhaltens, Ellbogenschlagens. »Jeder schmutzige Trick, den es gibt«, wußte Alan Ball, Weltmeister mit England 1966, »wird genutzt, um die Spieler zu stoppen, die die Fußballgötter mit außerordentlichen Fähigkeiten beschenkt haben.«

Das ist keine Erfindung der Fußballneuzeit. Dixie Dean, der Sturmstar der 20er Jahre, erzählte, wie er in seinem ersten Spiel für Everton gleich zwei Tore schoß und dann vom gegnerischen Abwehrchef informiert wurde, daß dies seine letzten Tore gewesen seien – kurz danach bekam er einen Tritt in die Genitalien und verbrachte den Rest des Tages im Krankenhaus. »Es war mein erster Vorgeschmack auf das, womit ich mich für den Rest meiner Karriere herumschlagen mußte.« Dean revanchierte sich mit kleinen Psychotricks – so schickte er dem gegnerischen Torwart vor dem Derby Everton-Liverpool immer ein Päckchen Aspirin.

Fouls sind nur manchmal mißglückte Versuche, den Ball zu erwischen, sie sind oft geglückte Versuche, den Gegner zu erwischen. Nicht daß das eine Erfindung der Engländer wäre, auch Deutschland, Italien und alle anderen großen Fußballnationen haben große Treter hervorgebracht, und alle ihre Siege bei Weltmeisterschaften wären nicht möglich gewesen ohne Blut, Schweiß und Tränen – bei den Gegnern. Das gilt natürlich auch für die Fußballkünstler aus Südamerika. Nicht nur für die Argentinier, auch für die Brasilianer übrigens, die an einigen Fußballschlachten beteiligt waren, darunter dem wahrscheinlich brutalsten Spiel der WM-Geschichte, dem WM-Viertelfinale 1954 gegen Ungarn (→ Kap. 2: *Kampf*, Stichwort »Haßspiel«).

Nicht nur in England ist der Treter ein Held, auch im Deutschen pflegt man ihn gern als »Eisenfuß« zu heroisieren (z.B. Horst-Dieter Höttges oder die Förster-Brüder). Ihre Arbeit am Gegner wird als »neutralisieren« oder »abmelden« beschrieben und ihre Arbeitsweise gern als »rustikale Spielweise« und als »zur Sache gehen« verniedlicht. Oder gern auch als »Blutgrätsche«. Im wörtlichen Sinne traf das zu beim bekanntesten Foul der Bundesliga-Historie, dem Grätsch-Schritt des Bremers Norbert Siegmann, der am 14. August 1981 den Oberschenkel des Bielefelders Ewald Lienen auf 25 Zentimeter Länge aufschlitzte. »Ich spiele schon seit zehn Jahren so und kann es eben nicht wie Beckenbauer«, entschuldigte sich Siegmann. Lienen warf Trainer Rehhagel vor, für die Verletzung verantwortlich zu sein. Beim Rückspiel in Bielefeld im Januar 1982 trug Rehha-

gel nach Morddrohungen eine kugelsichere Weste. Im »Fußball-Lexikon« von
Rohr/Simon findet sich unter »Rehhagel, Otto« übrigens die Eintragung »Verteidiger (furchtbarer Klopper)«.

Mitspieler

Das mit den elf Freunden, ein Gedicht aus den 20er Jahren, verewigt als Gravur
in der Viktoria, dem alten deutschen Meisterpokal, und als Titel eines Jungen-
buchs von Sammy Drechsel in den 50ern, ist natürlich, jeder weiß es, ein Märchen. »Gute Fußballspieler sind außen wie innen blitzsauber, sind harte Männer,
hilfsbereite Kameraden und treue Freunde«, hatte Dettmar Cramer als Trainer
des Westdeutschen Fußballverbandes fromm heruntergebetet. Doch nach ein
paar Jahren Bundesliga war es allen klar: »Da sind elf Geschäftsleute auf dem
Platz, von denen jeder seine eigenen Interessen vertritt«, wie es der Gladbacher
Bereichsleiter Günter Netzer für seine Niederlassung formulierte. »Wie die Elf
nun harmoniert, ist in erster Linie eine Sache der Geschäftsleitung.« Ja, das liebe
Betriebsklima. Mancher der Fußballhelden, der in der Öffentlichkeit und auch
im Privatleben ein wahrer Menschenfreund ist, zeigt sich den Kollegen gegenüber als Tyrann. Etwa Uwe Seeler, der gute Mensch von der Waterkant: Er ver-
schliß mehr als ein halbes Dutzend Sturmpartner, weil er keinen neben sich beim
HSV dulden wollte – er nörgelte, stänkerte, mobbte, bis sie sich einen neuen Verein suchten. Das galt selbst für Klaus Stürmer, seinen Spielpartner von der Jugendmannschaft an, über den Seeler sagte: »Wir spielten zusammen Fußball, gingen zusammen ins Kino, hörten zusammen Jazzplatten und entwickelten eine
gemeinsame Leidenschaft für Bockwürste.« Weil die Gemeinsamkeiten bald zu
Ende waren, wechselte Stürmer in die Schweiz.
    Die Klaviatur des Fußball-Mobbings ist reich an Möglichkeiten, sie reicht
vom Nicht-Abspielen, Anbrüllen, Abschieben auf unwichtige Positionen bis hin
zum Anschwärzen bei Trainer oder Presse. So schürt man Ängste bei den Schwächeren im Team und stärkt die eigene Stellung. Auf diese Weise haben es viele
Stars in vielen Teams bis heute betrieben, und nur manche trieben es so weit, daß
sich das Mobbing letztlich gegen sie richtete – so erging es dem Gladbacher Geschäftsmann, über den die *Sport-Illustrierte* seinerzeit schrieb, er habe in Deutschland »Millionen Fans, aber in Mönchengladbach keinen Freund mehr«. Da ging
Netzer lieber nach Madrid.

Niederlage

Die Angst vor der Niederlage ist eine Perversion der Grundidee des Fußballs. Denn die eigentliche Idee des Spieles ist es, den Ball zu bewegen, ihn ins Tor zu bringen. Am Ende schaut man, wer das öfter geschafft hat. Aber das war einmal, daß das Spiel, die Torszenen und die Tore den Sinn des Spiels ausmachten – heute ist ein Tor nicht vor allem ein Tor, sondern ein Abwehrfehler der einen, ein taktischer Vorteil, ein strategisches Faustpfand für die anderen. Im Profifußball macht der Sieg den Sinn des Spiels aus, und weil davon Geld und Anerkennung abhängen, ist die Angst vor der Niederlage die stärkere Triebfeder geworden als die Lust am Spielen (außer natürlich in den Hunderttausenden von Theken-, Freizeit- und Betriebsmannschaften, die das Spiel am Leben erhalten).

Cesar Luis Menotti, der Weltmeistertrainer von 1978, sieht in dieser Furcht eine zerstörerische Kraft: »Angst und Verkrampfung, keine schöpferische Freiheit, keine Lockerheit. Die Risikofreude geht verloren.« Die Paradoxie dieser Situation: Dieselben Trainer, die ihren Spielern das Erfolgsdenken einrichtern, wenden zugleich einen großen Teil ihrer Zeit dafür auf, denselben Spielern die Angst vor dem Mißerfolg wieder auszureden.

Pech & Glück

Gegen die Seuche am Fuß hilft keine Impfung. Denn Fußballer haben ihre Tage: die Tage, an denen der Ball einfach nicht reingeht. So wie bei den Ungarn an jenem 4. Juli 1954. Kocsis köpfte an die Latte, Hidegkuti traf den Pfosten, Puskas & Co. scheiterten ein paarmal frei vor Turek. Deutschland war Weltmeister, aber nur die paar Tausend, die dabei waren, und die paar Zehntausend, die damals schon einen Fernseher hatten, wissen, wieviel Dusel Herbergers Leute dabei hatten. Der Dusel ist das Gegenstück zur Seuche. Wer ihn hat, redet danach gern vom Glück des Tüchtigen.

Oder die Holländer. 1974 waren sie als beste Mannschaft des Turniers und bessere des Finales an den sperrigen Deutschen gescheitert. Weil Gerd Müller bei seinem Drehschuß genau die Lücke zwischen den Füßen von Ruud Krol erwischte und weil die Niederländer eine Halbzeit lang bei mehreren großen Torchancen nicht die Lücke vor dem deutschen Tor fanden. Vier Jahre später stand es

231

1:1 im WM-Finale zwischen Argentinien und Holland, als Rensenbrink in der 90. Minute den Pfosten traf.

Hätten die Ungarn mehr Glück gehabt und den Weltmeistertitel gewonnen – hätte es dann vielleicht nicht den Ungarn-Aufstand von 1956 gegeben? Hätte Rensenbrink ein paar Zentimeter nach links gezielt und Holland zum Weltmeister gemacht – hätte sich dann die argentinische Junta nicht mehr halten können?

Was wäre, wenn ... ein Spiel, für das Fußball wie geschaffen ist, weil in keinem anderen Sport das Unvorhersehbare, Unkontrollierbare, Unwägbare eine solch große Rolle spielt. »Ein Fußballer muß mit dem Dasein der Torbalken leben, so gut es geht«, hat Uwe Seeler beinahe philosophisch festgehalten. »Pfostenschüsse sind üblich, Lattentreffer gibt es eben.«

Es gibt aber auch das Abschlußglück. Den abgefälschten Ball – wie den von Rada leicht touchierten Schuß von Oliver Bierhoff, der im EM-Finale von 1996 das »Golden Goal« bedeutete (welches wiederum nur fallen konnte, weil sich Monika Vogts bei ihrem Mann erfolgreich für die Mitnahme Bierhoffs nach England ausgesprochen hatte). Den abgerutschten Ball – wie er Günter Netzer bei seinem legendären Einwechseltor im Pokalfinale 1973 »über den Schlappen« in den Torwinkel rutschte. Oder ganz einfach den »Sonntagsschuß«, der bis vor einigen Jahren in der Regel samstags stattfand – einfach draufgehalten, weil sich keiner anbot, und unerklärlich gut erwischt, so wie Karl-Georg Schwarzenbeck in der letzten Minute der Verlängerung des Europapokalfinales der Landesmeister 1974 gegen Atletico Madrid.

Das nannte man Bayern-Dusel. Er wurde ergänzt vom Gladbach-Pech – etwa beim 7:1-Büchsenwurfsieg gegen Inter Mailand, oder beim verhinderten Sieg bei Real Madrid, als den Borussen durch den holländischen Schiedsrichter van der Kroft zwei Tore aberkannt wurden. Und abgelöst vom deutschen Dusel, der bei beiden Weltmeisterschaften der 80er Jahre dazu führte, daß die deutsche Nationalelf sich durch Losglück, schwache gegnerische Torhüter und glückliche Schiedsrichterentscheidungen trotz dürftiger Leistungen ins Finale mogelte. Und andererseits: Vielleicht wäre alles ganz anders, nämlich besser gewesen, wenn der beste deutsche Spieler Karl-Heinz Rummenigge nicht bei beiden Turnieren angeschlagen gewesen wäre? Oder wenn Bernd Schuster nicht Gaby kennengelernt, sondern weiter in der Nationalelf gespielt hätte? Das war Pech.

Die Sache mit dem Glück hat natürlich eine ganz handfeste Seite: Wer an sein Glück glaubt, spielt einfach besser, wer an das Glück des anderen glaubt, spielt oft so, daß es tatsächlich eintritt, wie die Orakel der griechischen Mythologie. 1994 war es mit dem deutschen WM-Glück vorbei, als Möller im Viertelfinale gegen Bulgarien nur den Pfosten traf, statt das wohl entscheidende 2:0 zu erzielen. Deshalb nützte 1998 das notorische Losglück nichts mehr, weil außer Mexiko im Achtelfinale keiner mehr Angst hatte vor den Deutschen und ihrem Dusel.

Mehr Einfluß noch haben die spielerischen Zufälle auf Entwicklungen im Vereinsfußball. Das galt besonders in der ersten Hälfte der 90er Jahre, als die Weichen gestellt wurden für Gewicht und Geltung im europäisierten Fußballmarkt der Zeit nach dem Bosman-Urteil 1995. Die Verdienstmöglichkeiten explodierten, und die Klubs, die in der sich ausweitenden Champions League präsent waren, konnten sich dauerhaft als internationale Kraft etablieren. Dem 1. FC Kaiserslautern fehlte dazu im Meisterjahr 1991 nur ein winziges bißchen Glück. In der zweiten und letzten Qualifikationsrunde, die damals der Champions League noch vorgeschaltet war, gelang dem FC Barcelona in der Schlußminute mit dem ersten Torschuß auf dem Betzenberg, einem glücklichen Kopfball von Bakero in den Winkel, der »Ehrentreffer« zum 1:3, der nach dem 2:0 aus dem Hinspiel reichte – Barcelona gewann danach den Titel in der Champions League, Kaiserslautern stieg 1996 ab. Eintracht Frankfurt fehlte am letzten Spieltag der Saison 1991/92 ein einziges Tor beim Absteiger Hansa Rostock zum Meistertitel, aber die Mannschaft scheiterte, weil der Schiedsrichter einen Elfmeter nicht gab (was er später bedauerte) – Frankfurt stieg 1995 sogar ab. Dagegen bereiteten sich andere, Bayern München und Borussia Dortmund, mit Erfolgen in diesen Goldgräbertagen des europäischen Fußballs den Boden für eine dauerhafte nationale Vormachtstellung.

Wetter

Die Ungarn hatten 1954 keine Angst vor dem Regen von Bern. Hätten sie aber haben sollen. Denn Fritz Walter hatte keine Angst vor dem Wetter, und das sollte etwas heißen. Der deutsche Kapitän war ein Sensibelchen, das sich vor fast jeder Partie, und sei sie irgendein Freundschaftsspielchen, übergeben mußte. Und ganz besonders litt er bei Hitze. »Ich hab halt lieber bei Regen gespielt. Ich war Soldat auf Sardinien, Korsika und Elba, und dort bekamen wir alle Malaria. Deshalb mochte ich keine Hitze. Wenn es regnete, fühlte ich mich wohl.« Deshalb bildete Sepp Herberger den bekanntesten Genitiv der deutschen Fußballsprache: »dem Fritz sei Wetter«.

Abb. 18: Ein nachdenklicher Hasan Salihamidzic (Bayern München) fragt sich:
Wie komme ich da wieder raus? (30. 11. 1998)

18. Körper

Fußball ist nicht Fußball. Fußball ist Beinball, Knieball, Brustball, Kopfball, Bauchball, Hüftball. Mit allen Fußballerkörperteilen haben Fußballer Fußballtore geschossen. Außer mit dem Unterleib vielleicht, der dafür bei effektiver Mauerbildung schon manche verhindert hat. Selbst mit der Hand wurden Fußballtore gemacht, und das nicht einmal immer regelwidrig. Wer erinnert sich nicht gern an den dussligen Fehler des Bayern-Torwarts Jean-Marie Pfaff aus der Saison 1982/83, der den Einwurf des Bremers Uwe Reinders berührte, bevor er die Linie überschritt, und damit zum Tor machte? Der direkte Einwurf ins Tor führt, wie eine leider selten angewendete Kostbarkeit des Fußballregelschatzes festlegt, nicht zum Tor, sondern zum Abstoß. Davon abgesehen, führen Handtore zu gelben Karten oder aber zu Weltmeistertiteln, wenn die Hand Gottes im Spiel war oder wenigstens die von Maradona.

Während man das Handballtor nur mit der Hand erzielen kann und das Hokkeytor nur mit dem Krummstab, gilt beim Fußball die ganzheitliche Methode: Nutze alles, was du hast. Horst Hrubesch schoß bei der Weltmeisterschaft 1982 das 1:0 gegen Österreich mit dem Oberschenkel, ehe dann die Mannschaften das für beide nützliche Ergebnis verteidigten. Willi Lippens, nicht nur deshalb Ente genannt, stoppte den Ball gern mit dem Hintern – am Tor zu seinem Landgut in Bottrop stellt sein geflügeltes Wappentier den Trick mit dem Bürzel nach. Uwe Seelers Hinterkopf wurde zu seinem wichtigsten Körperteil beim 2:2-Ausgleich gegen England im WM-Viertelfinale 1970. Und Gerd Müller schoß seine 365 Tore in der Bundesliga und 68 im Nationalteam mit allen Ausformungen seines Körpers, der nur dafür geschaffen schien.

Man sieht erstens: Der Fuß wird völlig überschätzt im Fußball. Allenfalls gibt er dem Ball den letzten Tick. Selbst der legendäre Paß aus dem Fußgelenk – ein orthopädischer Unsinn. Nicht mal ein Beckenbauer kam für seine Außenristschlenzerchen ohne Schwung aus Schenkel und Knie aus. Zweitens: Fußball war immer ein Ganzkörperspiel. Selbst Arme und Hände spielen mit, nicht nur beim Torwart. Weil ihnen der spielerische Orgasmus des Torschusses vorenthalten bleibt, haben sie irgendwann begonnen, den Zweikampf ohne Ball zur Handgreiflichkeit zu machen. Insbesondere in Erwartung von Standardsituationen in Tornähe erweisen sich die Hände bei Positionskämpfen der Sparte griechisch-römisch (oberhalb der Gürtellinie) als nützlich. Kenner sprechen vom »Zupfen« oder »Textilfoul«. Nur bei gelegentlichen Übergriffen in die Freistilregion (unterhalb der Gürtellinie) wird etwas strenger geurteilt.

Fußball ist das körperlichste aller Spiele. Trotzdem kein Platz für Körperkult. Begnadete Körper findet man hier nicht, eher begnadigte – solche, die verschont bleiben vom Verschleiß, von der Zermürbung durch Tritte, Pferdeküsse, Prellungen, Dehnungen, Zerrungen, jenen alltäglichen Zipperlein, die sich irgendwann zu dauerhaften Schmerzlichkeiten summieren. Kicker stellen keine ästhetischen

Muskelreize zur Schau, entblößen keine erotischen Schauspiele wie den zucken-
den Schenkel des Hochspringers, den prallen Bizeps des Preisboxers oder die
breite Brust des Delphinschwimmers. Fußballer haben Knick-, Spreiz-, Senkfü-
ße, X-Beine, O-Beine oder alles zusammen, weiche Leisten, krumme Zehen, ka-
putte Knie und dünnes Haupthaar. Außerdem sind sie, wenn nicht gerade aus der
Spezialabteilung Innenverteidigung, deutlich kleiner als der Durchschnittsmann.
Und erst recht als der Traummann der durchschnittlichen Frau.

Dafür weiß der Kicker seinen Kopf einzusetzen. Während der Kopfmensch
der Angestelltenzivilisation unter der Entfremdung von Kopf und Körper, Hirn
und Herz leidet, gehört zwischen vier Pfosten und zwei Latten noch alles zusammen. Kickers Kopf ist ganz Körper, die Verlängerung des Spielinstrumentari-
ums nach oben; schlechter geeignet als andere Körperteile, um den Ball zu stoppen, zu führen, zu halten, zu passen – aber unübertroffen im wuchtigen, direkten
Weiterleiten, Verwerten, Verwandeln des hochfliegenden Spielgeräts. Mag der den
Kopf schütteln, der ihn nur dazu hat, seinen Inhalt zu schützen – allein im Fußball ist der kostbarste Teil des Körpers zugleich dessen Werkzeug.

Fußballverächter wenden ein: Wo weniger drin, hält eher hin. Was weder zu
beweisen noch zu widerlegen ist, denn anatomisch seriöse Untersuchungen des
Zusammenhangs von Intelligenz und Kopfballstärke sind nicht bekannt. Sicher
ist nur, daß die Bedeutung von Kickers Kopfinnerem viel später als das Kopfballtor entdeckt wurde, später auch als die mentalen Zusammenhänge in anderen
Sportarten. Tennismatches wurden schon längst im Kopf gewonnen, als Fußballer erst langsam lernten, wie hilfreich es ist, wenn man »mentalmäßig gut drauf
ist« (Andreas Möller).

Während der durchrationalisierte Arbeitsmarkt des Info-Zeitalters kaum noch
Chancen bietet für den Erwerbsmenschen, der bei der Arbeit gern schwitzt, der
eher mit Hand als Hirn wirkt, eher manuell als mental – während also die körperliche Arbeit verschwindet, ist das Fußballfeld zum letzten lukrativen Arbeitsplatz der Arbeiterklasse geworden. Allein hier gibt es noch die sprichwörtliche
»Drecksarbeit« zu tun. Die begehrte »richtige Mischung« in erfolgreichen Teams
sieht neben Denkern und Lenkern immer auch die Decker und Läufer vor, die
Wasserträger und Blutgrätscher – die Männer am Fließband des Fußballs, die
ohne Klagen und Allüren ihre Spezialaufgaben erfüllen. Besonders in der Fach-
sparte Torjäger ist es bekannt, daß intellektuelle Überqualifikation zu einem
Überangebot an grüblerischen Gedanken führen kann. Was mehr als hinderlich
ist bei der zentralen, philosophisch klar umrissenen Aufgabe: Der Ball muß rein.

Die Kehrseite der Spezialisierung: Gerade die, die vor dem Tor besonders zielsicher waren, hießen sie Rahn oder Garrincha, Müller oder Libuda, Brunnenmaier oder Kostedde, wußten oft nach dem Fußball nicht mehr, wo es langging.

Natürlich, man kann auch schlau guten Fußball spielen. Aber ein Team mit elf Neunmalklugen, das wäre zu dumm. Acht Kraft- und drei Schlaumeier sind eine intelligentere Mischung. Die reizvolle Diskrepanz zwischen intellektueller Ausgangsleistung und fußballerischem Endergebnis steckt unübertrefflich in dem schönen Begriff »Spielintelligenz«. Weniger kunstvoll drückt es der Volksmund aus: Dumm kickt gut.

Achillesferse

Die war schon damals, beim griechischen Sturmstar in der Auswärtsschlacht in Troja, ein wunder Punkt und hat seit Homers Spielbericht ihren Namen weg. Schon schön komisch, daß die stärkste Sehne am menschlichen Körper das Synonym für seine Verletztlichkeit geworden ist. Das kommt wohl daher, weil man hinten so schlecht sieht und so ungeschützt ist und gerade von hinten gern der Verteidiger kommt. Die FIFA, der über die guten Fußballsitten wachende Weltverband, hat allerlei getan, um die unsittliche Annäherung des Tacklings a tergo aus der Welt zu schaffen. Wer es doch tut, sieht rot. Und alle Stürmer mit Achillessehnenproblemen freuen sich.

Genauer spezifizierte Blessuren hat man selten an diesem verletzlichen Stück, deshalb hat man immer Achillessehnenprobleme. Außer natürlich, wenn es ganz schlimm kommt und sie reißt, was aber zum Glück nur selten vorkommt. Die es erleben, auf dem Platz oder selbst auf der Tribüne, berichten von dem fürchterlichen Peitschenknall, mit dem die Verbindung von Fersenbein und Wadenmuskel reißt. Die bekannteste Rekonvaleszenz nach Achillessehnenriß bot 1965 Uwe Seeler, der nur sieben Monate nach dem Sehnenriß beim Spiel in Frankfurt das entscheidende Tor für die deutsche WM-Qualifikation beim 2:1-Sieg in Schweden schoß. Heute liegt Fußballers Schwachstelle oft woanders, wie ARD-Reporter Winfried Mohren bei der WM 1998 treffend feststellte: »Möllers Achillesferse liegt zwischen seinen Ohren.«

Adduktor

Tauchte erstmals gegen Ende der achtziger Jahre im Wortschatz von Profis und Berichterstattern auf. Verlieh der Begründung von Ausfallerscheinungen ganz neues rhetorisches Gewicht. Die gemeine Zerrung im Oberschenkel fand sich nun immer häufiger im Adduktorenbereich wieder, in demselben Maße, wie etwa Achillessehnenreizungen oder weiche Leisten aus der Mode kamen. Mit Adduktor ist im allgemeinen ein heranziehender Muskel gemeint. Im fußballspezifischen sind es der lange, der kurze und der große Anzieher (Musculus adductor longus, brevis und magnus), die drei Muskeln, die den Oberschenkel nach innen führen (häufig verletzt auch bei Keglern und Reitern, dort Reiter-Zerrung genannt). Genaugenommen liegt der Adduktorenbereich in der ewigen Zerrungstabelle nicht wesentlich vor Tensoren-, Extensoren-, Semitensinodus-, Semimembranosus-, Gastrocnemius- und Glutaeusbereich. Von denen wird man vielleicht bei den Profis hören, wenn der Adduktor bis in die Kreisliga vorgedrungen ist.

Arm

Man sollte meinen, die Arme störten nur beim Fußball, außer beim Abstützen nach Stürzen, beim Einwerfen und beim Schutz vor halbhohen Freistößen. Aber der moderne Fußballer wäre ohne beidarmigen Einsatz völlig aufgeschmissen – die üblichen Handgreiflichkeiten im Zweikampf, genannt »Textilfoul« oder »Zupfen«, fänden ohne ihn statt. Deshalb hätte der »Einarmige« heute keine Chance mehr, ein Spitzenspieler zu werden: Robert Schlienz, der legendäre Stuttgarter, der bei einem Autounfall am 14. August 1948 den linken Arm bis zum Ellbogen verlor. Er kehrte vier Monate später zurück, bestritt bis 1958 für den VfB 391 Spiele in der Oberliga Süd, schoß 143 Tore, wurde 1950 und 1952 deutscher Meister mit dem VfB, 1954 und 1958 Pokalsieger. Schlienz kam allerdings nur auf drei Länderspiele 1955/56 – Herberger soll ihn nicht gewollt haben, weil, so seine Vermutung, der amputierte Arm die Gegner zu besonderer, die Kampfesehre schmälernder Rücksicht veranlassen würde. Dabei konnte man auch mit einem einarmigen Torjäger Weltmeister werden: Hector Castro, dem Schützen des Siegtors beim 1:0 für Uruguay in der WM-Vorrunde 1930 gegen Paraguay und zum 4:2 im Finale gegen Argentinien, fehlte der rechte Arm.

Auge

Einem Torhüter, der lässig den Arm hebt und den Ball um Zentimeter am Tor vorbeifliegen läßt, bescheinigt man ein gutes Auge. Wichtiger als die reine Sehkraft oder -schärfe ist eine spezielle Eigenschaft, die Sinneswahrnehmung und Bewegung verbindet und die man beim Tennis »Hand/Auge-Koordination« nennt – beim Feldspieler wäre das eher eine »Fuß/Auge-Koordination«. Erstaunliche Leistungen vollbrachte hier der Mönchengladbacher Libero Wilfried Hannes in den 70er und 80er Jahren – er hatte nur ein Auge, womit ihm eigentlich die physische Voraussetzung für räumliches Sehen und also Stellungsspiel fehlte.

Ansonsten ist eher das Blickfeld von Bedeutung, das ein Spieler beherrscht, der Überblick, den er hat, doch das ist mehr eine Fähigkeit des Hirns als des Auges. Aber wer gar nichts sieht, kann natürlich auch nicht gewinnen, wie es Trainer Uwe Klimaschewski nach einer Niederlage hübsch auf den Punkt brachte: »Ich muß jetzt zu meinen Spielern. Die sind so blind, daß sie den Weg von der Kabine zum Bus nicht finden.«

Augenbraue

Verletzungsträchtiger Körpervorsprung vor allem bei Innenverteidigern. Viele von ihnen haben Narben von Cuts wie Berufsboxer: Resultate von Schädelkollisionen, wie sie außer im Rugby in keiner anderen zivilisierten Sportart vorkommen. Der schottische Torwart Jim Leighton beugte bei der WM 1998 Zahn- und Blutverlusten vor, indem er sein Gebiß in der Kabine ließ und die Augenbrauen mit Vaseline einschmierte.

Außenrist

Körperteil zum Bälleschlenzen und Zungeschnalzen, wenn gekonnt eingesetzt. Am fußballfreien Körper meist unbeachtet; wenn schon der Fuß je nähere Aufmerksamkeit erhält, dann mit seinen anderen Ausprägungen, Zehen, Ballen oder Ferse, nie mit dem Außenrist. Am Kicker aber wird er zu der Extremität, die per pedes den Unterschied macht. Der Innenrist ist der gutmütige Handwerker unter den Fußteilen, der saubere Pässe liefert, kontrollierte Zuspiele, auch Torschüsse, aber nur aus günstigster Position, wo Präzision wichtiger ist als Schärfe. Der Spann, das ist der Kraftprotz, der den Hammer schwingt, mit Wut und Wucht den Ball ins Netz prügeln will. Der Außenrist aber ist ganz anders, der Beau unter den Fußteilen, der Bohemien per pedes; noch mehr als die Hacke, der einzige Verwandte, dem er ähnlich ist. Allem, was er tut, haftet etwas Elegantes, zugleich Schräges an. Er zeichnet seinen Eigentümer als einen aus, der Fußball mit Effet und Effekt zeigt, der um die Ecke denkt und spielt, den Bogen schlägt, die Kurve kriegt.

Wer es versucht, hat große Vorbilder: die langen gebogenen Schlenzpässe des Beckenbauer; die wuchtigen Ecken von »Dr. Hammer« Bernd Nickel, der dem Maier Sepp einmal eine irre Ecke unters Tordach kachelte; das krumme Ding, das Roberto Carlos beim Tournoi de France 1997 wie einen Bumerang um die englische Mauer säbelte; das schönste Tor der WM 1998, das Bergkamp zum 2:1 für Holland gegen Argentinien schoß; und erst recht die krummen Tricks des krummbeinigen Garrincha, des größten aller Dribbler, der den Ball mit dem rechten Außenrist links am rückwärtigen Verteidiger vorbeilegte und den dann rechts überholte. »Der Außenspann ist der absolute Hexer unter den Stoßarten«, schreibt Gerhard Bauer in seiner »Fußball-Technik« (1998). »Mit ihm werden völlig überraschend verdeckte Pässe gespielt, und es wird aus dem vollen Lauf oft überraschend auf das Tor geschnippelt.«

Bein

Ob O, ob X, ohne das geht nix. Das sieht man schon an den Preisen. Michael Owens Beine wollte nach der WM 1998 keiner versichern – laut der Londoner Zeitung *Guardian* wären sie 171mal so teuer wie die Brüste von Dolly Parton. Was in Beinen alles drin sein kann! Der österreichische Dichter Friedrich Torberg schrieb im Nachruf auf Matthias Sindelar: »Er hatte sozusagen Geist in den Beinen, es fiel ihnen, im Laufen, eine Menge Überraschendes, Plötzliches ein.« Häufiger sind aber Schmerzen drin und Sehnen und Knochen und Gelenke, die kaputtgehen können.

Ein anderer Dichter, Ludwig Harig, schrieb eine einfühlsame Geschichte über Pelés Knie, aus dem seit einem Tritt, den Pelé als 17jähriger erhielt, fast täglich ohne Vorwarnung lähmende Schmerzen kommen. Die Spieler gehen meist weniger feinfühlig mit ihren Knochen um als die Dichter. Der Kölner Wolfgang Weber testete 1965 im Europapokal-Entscheidungsspiel gegen Liverpool, ob er mit seinem angeknacksten Bein noch weiterspielen konnte, indem er in der Pause von einem Stuhl mit dem rechten Fuß auf den Boden sprang. Es hielt. Hinterher wurde festgestellt, daß es gebrochen war.

Typisch fürs Fußballerbein sind Abnutzungen der Gelenke, vor allem von Meniskus-, Innen- und Kreuzbändern im Knie, sowie die regelmäßigen kleineren Blessuren, wie Prellungen, Schwellungen oder der Pferdekuß, ein stark schmerzhafter Bluterguß im Musculus quadriceps femoris, meist durch eine Kollision des Oberschenkels mit einem Knie. Das schönste an den Fußballerbeinen ist aber, daß sie alles sein können: klein und dick wie bei Gerd Müller, lang und dünn wie bei Socrates, X oder O oder sogar beides, wie beim unvergleichlichen Garrincha: Der hatte durch Geburtsfehler und Operationen ein X-Bein und ein sechs Zentimeter längeres O-Bein.

Eingeweide

Der Einzug der Sportmedizin sorgte dafür, daß man auch Fußballer auf Herz und Nieren prüfte. Was nicht immer zum erwünschten Ziel führte. So erwies sich Rivelino als der Schlechteste beim Cooper-Test, jener Überprüfung amerikanischer Astronauten, die Brasilien vor der WM 1970 auf seine Fußballer anwendete. Doch am Ende traute man lieber dem Fußballverstand als der Wissenschaft − Rivelino spielte und lief alle in Grund und Boden. Weniger klug war 1972 der FC Metz, der einen Jungprofi namens Michel Platini wegen »Herzinsuffizienz und schwacher Atemfunktion« ablehnte − der schwächliche Knabe wurde der größte Fußballer, den Frankreich je hatte.

Fuß

Das eigentliche Mysterium beim Fußball ist der Fuß − dieses im sonstigen Leben so unterschätzte, ja unterdrückte Körperteil. Anders im Fußball. Da kann er als Knick-, Senk-, Spreiz- oder als Beidfuß daherkommen, er kann auch ein klinischer Plattfuß sein wie der von Pelé oder im sportmedizinischen Lexikon einen Nebeneintrag unter »schwarzer Zehennagel (Läufer-, Fußballer-, Tenniszehe)«

bekommen – doch am Ball steckt er voller Wunder: »Da hätte Schillaci mit dem angeschnittenen Fuß schießen müssen«, sagte einmal Karl-Heinz Rummenigge. Noch mehr Rätsel: Wenn einer beidbeinig schießen kann, heißt er beidfüßig; wenn einer aus dem Kniegelenk Pässe spielt, heißt das »aus dem Fußgelenk«. Kommt man zu den nackten Fakten, unterscheidet der anatomische Kenner sieben Fußteile (denen der Fußballkenner typische Charaktereigenschaften zugesteht): Innenseite (Zuverlässigkeit), Außenrist (Extravaganz), Fußrist/Vollspann (Dynamik), Außenspann (Überraschung), Innenspann (kontrollierte Offensive), Fußsohle (Lässigkeit), Ferse/Hacke (Genius). Ende der Fußnote.

Gesäß

Die Azteken pflegten wie viele präprofessionelle Völker ein Fußballspiel, lange vor den Konquistadoren. Doch es war, wie Spielberichte belegen, eher ein Steißballspiel. Diese Tradition setzten George Best und Willi Lippens fort, als sie den Ball mit dem Hintern stoppten. Oder der Ungar István Sztani, der sich im Oberligaspiel gegen Pirmasens Anfang der 60er Jahre auf den Ball setzte, um die Überlegenheit von Eintracht Frankfurt zu demonstrieren (Best wiederholte das in einem englischen Pokalfinale). Der Verteidiger Sesta aus dem österreichischen Wunderteam hatte das schon 1934 im WM-Spiel um Platz drei mit dem Deutschen Conen gemacht – beim zweiten Versuch spitzelte Conen ihm den Untersatz weg, und Kollege Lehner schoß das 3:1. Also: Nicht übertreiben mit dem Gesäßeinsatz.

Ein Meister im taktischen Einsatz des rundesten Körperteils war Gerd Müller, der sich damit Freiraum für seine schnellen Drehungen schuf. Was so ein Hintern aushält, zeigte Friedel Rausch, bei dem 1969 nach dem 1:0 für Schalke in Dortmund ein Wachhund zubiß – er erhielt eine Tetanus-Spritze und spielte weiter (es waren noch keine Auswechslungen möglich). 1913 schon war dem Mannheimer Stemmle Ähnliches beim Spiel um die süddeutsche Meisterschaft bei den Stuttgarter Kickers widerfahren, doch der Protest gegen die Spielwertung mit Biß wurde abgelehnt. Entblößt zeigte Torwart Kleff seine Rückseite nach seinem letzten Spiel für Fortuna Düsseldorf 1984 in Richtung VIP-Tribüne mit Präsident Richter, von dem er im Streit geschieden war.

Schließlich der Beweis, daß man sein Hinterteil auch konstruktiver einsetzen kann – eine Begebenheit aus dem Jahr 1904. Schwarz-Weiß Essen benötigte damals dringend Tornetze. Der Spieler G. Kotthaus knüpfte sie aus Hanf zusammen. Als der Rohstoff ausging, brauchte man Geld, und Kotthaus kam auf die rettende Idee: Bei Auswärtsspielen stellte er sein, wie es hieß, gut trainiertes Gesäß zur Verfügung, »zu beliebiger Mißhandlung gegen entsprechendes Geld«.

Hand

Das unerwünschteste unter allen Fußballkörperteilen. Schon die Schüler aus Harrow, die 1857 den FC Sheffield gründeten, den ersten Fußballklub der Welt, fanden, daß das »Spiel ohne Hand« dem Gentleman-Ideal mehr entspreche als das rabiate Zupacken beim Rugby. So legten sie als Spielprinzip fest, daß die Spieler mit weißen Handschuhen und einem Zwei-Shilling-Stück in den Händen anzutreten hatten. Wurden die Handschuhe schmutzig oder ging das Geldstück verloren, war das der Beweis für regelwidriges, wenig vornehmes Verhalten. Im aktuellen Zeitalter der Grabscher auf dem Fußballplatz wäre die Idee mit den Handschuhen eine Wiederbelebung wert – wenn alle Fausthandschuhe tragen, hat das »Textilfoul« ausgespielt.

Knochen

Fußballer halten die Knochen hin, manchmal kracht's. Nach dem Motto: Lieber ein Bruch im Bein als ein Bruch im Spiel. Hundert Jahre lang konnte im Fußball nicht ausgewechselt werden, wer also verletzt ausfiel, war nicht ersetzbar, und so gibt es eine Reihe von Geschichten mit angeknacksten, aber nicht wankenden Helden. Vor allem Torhüter, jene Spezies, die laut Reporterspruch so gern »Kopf und Kragen riskiert«. Manchmal galt das wörtlich. So spielte der tschechische Torwart František Planicka 1938 gegen Brasilien eine Halbzeit lang mit gebrochenem Arm. Sepp Maier erlitt bei einem Europapokalspiel einen Anbruch des Armes und beendete es mit einer selbstgebastelten Schiene. Und natürlich Bert Trautmann, der vom deutschen Kriegsgefangenen zur englischen Fußball-Legende wurde: Der Torwart rettete Manchester City im Pokalfinale 1956 den Sieg gegen Birmingham mit gebrochenem Halswirbel.

Kopf

Da ist die Spielintelligenz drin. Doch weil der Kopf im Fußball nicht nur zum Denken, sondern auch zum Köpfen benutzt wird, nicht nur als Zentrale, auch als Außenstelle, ist das Innere in Gefahr, durchgeschüttelt zu werden. So ergab eine niederländische Studie 1998, daß regelmäßige Kopfbälle zu Gedächtnisstörungen führen können. Bei den untersuchten 53 Erstligaspielern waren Kurzzeitgedächtnis und Konzentrationsfähigkeit schlechter als bei Vergleichspersonen. 54 Prozent der niederländischen Erstligaspieler haben mindestens einmal während ihrer Karriere eine Gehirnerschütterung erlitten. Pro Saison köpft der Durchschnittsprofi rund 800 Bälle, als Innenverteidiger sogar 2500. Manchmal ist die Wirkung vergleichbar mit einem Auffahrunfall.

Eine norwegische Studie wies 1999 bei Profis neurophysiologische Beeinträchtigungen im Laufe der Karriere nach. Der britische Arzt David Kernick, Betreuer des Drittligaklubs Exeter City, forderte daraufhin ein Kopfballverbot außerhalb des Strafraums. Er scheiterte damit ebenso wie Billy McPhail, ein früherer Spieler von Celtic Glasgow, der wegen vorzeitiger Senilität durch Kopfbälle Sozialhilfe einklagen wollte.

Zähne

Die stören im Grunde genommen beim Fußball nur, weswegen Nobby Stiles, der Sohn eines Totengräbers, sie bei der WM 1966 stets in der Kabine zu lassen pflegte – das machte Eindruck auf die Gegner der Engländer. Auch die Schotten Jim Leighton und Craig Burley geizten bei der WM 1998 mit ihren Prothesen, während viele Spieler (wie etwas Karlheinz Riedle) sich den Kollisionen in den Strafräumen der Insel lieber mit einem Zahnschutz nach Art der Boxer stellen. Schließlich weiß jeder seit Toni Schumachers Angebot von 1982, dem bewußtlos getretenen Franzosen Battiston »die Jacketkronen zu bezahlen«, daß es beim Fußball auch auf dentale Stärke ankommt. Die Frankfurter Eintracht leistete sich mehrere Jahre lang sogar einen Zahnarzt auf dem Platz: den Torwart Dr. Peter Kunter.

Abb. 19: Der weiße Riese.
Oliver Bierhoff zeigt seinen Waschbrettbauch.

19. Schönheit

Das schöne Spiel hat einen guten Klang im Fußball, der Schönspieler nicht. Dieser Sport hat eine ganz eigene Ästhetik. Ein Schuß kann von perfekter Schönheit sein. Oder ein Kopfball, eine Parade, ein Doppelpaß, ein Angriff, ein ganzes Spiel gar. Selbst eine Abwehraktion, wenngleich »das Tackling als Kunst« (Bobby Moore, der Kapitän der englischen Weltmeistermannschaft von 1966) nur auf der Insel wirklich honoriert wird. Während in aller Welt die Dribblings von Pelé lebendig geblieben sind, gehören zum Fußballvermächtnis der Engländer auch das Tackling von Moore 1970, mit dem er Pelé den Ball beim Torschuß abnahm, und die Parade von Banks gegen den Kopfball von Pelé und scheinbar gegen die Physik, ebenfalls 1970. Im Rest der Welt wird die Defensive eher für das Gegenteil verantwortlich gemacht, für den häßlichen Fußball, der im Catenaccio der 60er Jahre sein Abbild gefunden hat.

Dabei macht das Können der Defensive die Offensive erst zur Kunst. So wie ein Gewinn auf dem Schachbrett ästhetisch nichts zählt, wenn er gegen einen Schwachspieler gelingt, sondern erst gegen umsichtige Verteidigung. So ist das Schöne am Fußball, daß die Schönheit selten gelingt, daß sie dem Kampf, dem Krampf, dem Ball, dem Gegner abgerungen werden muß. Diese Schönheit strahlt nicht von jedem Zeitschriften-Cover, aus jedem Kaufhaus-Katalog als reproduzierbare Perfektion; sie bleibt Rarität. Aber sie ist auch keine Exklusivität des Profis – auf jedem Dorfplatz der Fußballwelt können Momente spielerischer Schönheit gelingen.

Viele behaupten, die ursprüngliche Schönheit des Fußballs sei im Schwinden. »Die Geschichte des Fußballs ist eine traurige Reise von der Lust zur Pflicht«, schrieb der uruguayische Dichter Eduardo Galeano. »In dem Maße, wie dieser Sport zur Industrie geworden ist, hat er immer mehr die Schönheit verbannt, die aus der reinen Freude am Spiel entsteht.« Der Praktiker sieht das etwas anders, auch wenn er selbst ein Fußballromantiker ist, wie Cesar Luis Menotti. »Wenn einer schön spielen möchte, spielt er in der Regel schlecht. Wenn einer gut spielen will, spielt er immer gleichzeitig schön. So wird der Fußball zur Kunst«, urteilte der Trainer der argentinischen Mannschaft, die 1978 mit »schönem«, mit offensivem Fußball Weltmeister wurde. »Die Schönspieler aber müssen leider im Zirkus auftreten. Ich will sie auf dem Rasen nicht sehen.«

Schönspieler bieten brotlose Kunst, haben keinen Zug zum Tor, sterben in Schönheit. Noch schlimmer ist nur der Schönwetterspieler, einer, der beim kleinsten Gegenwind aufgibt. Ein Beiname wie der »schöne Hansi«, für den früheren Stuttgarter und Mailänder Profi Hans Müller, ist im Fußball kein Kompliment. Denn die ganz Großen des Fußballs waren nie die Schönen: klein und rundlich wie Müller oder Maradona, pummlig wie Puskas, mit frühen Glatzen wie Matthews und Charlton, Sindelar und Zidanc, Seeler und di Stefano, mit Plattfüßen wie Pelé, Säbelbeinen wie Garrincha oder Hasenzähnen wie Ronal-

do. Von der meist unterdurchschnittlichen Körpergröße und den fortschreiten-
den Deformationen durch Spielbetrieb zu schweigen.

Außerdem sind Fußballprofis bei der Arbeit meist äußerst unvorteilhaft ge-
kleidet, in modisch nicht gerade aktuelle Kurzbein-Langärmel-Ensembles mit
wenig prickelnden Knallfarb- und Kunstfaser-Kombinationen. In dieser Hinsicht hat die Trikot-Ästhetik noch nicht ganz den modischen Tiefpunkt der
Dackelohrkragen-Ära der 70er Jahre hinter sich gelassen, mit ihren hauteng an-
liegenden Hemden und im Schritt aufreizend knapp sitzenden Hosen, die etwa
die argentinische Weltmeistermannschaft von 1978 trug. Noch weiter trieb es
der Hamburger SV bei seinem ersten Europokalgewinn (1977 im Pokalsieger-
wettbewerb gegen den RSC Anderlecht) mit Spitzkragen, die bis fast an die
Brustwarzen lappten. Auch die Farbkombination der sogenannten »Ampelkarte«
zeugt nicht gerade von modischem Fingerspitzengefühl: Gelb und Rot haben
zusammen noch nie gut ausgesehen (weswegen Schalke 04 die ursprünglichen
Vereinsfarben Gelb und Rot noch rechtzeitig gegen das klassische Königsblau
mit Weiß tauschte).

Die Hoffnung kommt von der Bank. Das modische Erscheinungsbild des
Trainers in Deutschland, jahrzehntelang geprägt vom durchnäßten Trenchcoat
Herbergers im Regen von Bern und von der Sportkameraden-Optik im Adidas-
Look, tendierte seit Ende der 80er Jahre unter dem Einfluß Italiens und des Her-
renausstatters von Teamchef Beckenbauer zur sportlichen Sakko-und-Krawatte-
Eleganz. Zu einem unerwarteten Höhepunkt dieser modischen Entwicklung
führte die Vorstellung von Uli Stielike als DFB-Trainer 1998, dessen atemrau-
bende Karosakko-Streifenwesten-Punktschlips-Kombination nahezu alle opti-
schen Elemente der Trikothistorie aufnahm. Da war es, das erste modische Revanchefoul.

Adilette

Die Hochleistungs-Badeschlappe ist der populärste deutsche Beitrag zur sportlichen Freizeitkultur. Sie hat ihren modischen Niederschlag inzwischen millio-
nenfach im Fanalltag gefunden – überall da, wo verdiente Entspannung sich mit
federnder Leistungsbereitschaft paart, sei es im Trainingslager oder beim Mallor-
ca-Urlaub. Führende Fußballprofis tragen die Adilette an Ruhetagen von Län-
derspielreisen oder internationalen Turnieren gern kombiniert mit weißen

Baumwollsocken, deren oberer Rand über die Trainingshose gezogen ist. Der Name der Adilette geht auf Adolf Dassler zurück, den legendären Materialwart der Herbergerschen Weltmeistermannschaft von 1954, der als Erfinder des Schraubstollens ein Weltimperium des Sportschuhs begründete. Mehr noch als Adis Stollen faßten seine Schlappen in der athletischen Alltagskultur Fuß. Sie überlebten alle modischen Zeitströmungen der Konkurrenz. Um so bitterer, daß Deutschland den EM-Titel 1992 ausgerechnet gegen die Dänen verspielte, die, weil sie als kurzfristiger Ersatz für Jugoslawien aus dem Urlaub gekommen waren, als Badelatschen-Europameister gefeiert wurden. So was nennt man eine Schlappe.

Haar

Die Frisuren von Fußballern begannen in den 60er Jahren interessant zu werden, als lang oder kurz zur politischen Frage wurde. In einigen Teams entstanden Haarappelle nach Art der Bundeswehr. So entschied Albert Sing, der Trainer des VfB Stuttgart, daß die Haare von Gilbert Gress zu lang seien, und verordnete gemeinsame Friseurbesuche der Mannschaft. In England wurde der langmähnige Dribbelkönig George Best zum ersten Popstar des Fußballs. In Deutschland übernahm diese Rolle Günter Netzer mit seinem wehenden Blondschopf. Horst Köppel, ein früher Glatzenträger, erhielt einen Werbevertrag mit einem Toupet-Hersteller und war einen Spieltag lang das Ereignis der Bundesliga, als er mit dem gescheitelten Kunstteppich auflief – kurz danach verschwand das Toupet wieder in der Requisite. Vergleichbare Bekanntheit erreichten nur noch die mob-artige Blondperücke des Kolumbianers Valderrama (oder wer immer sie unter seinem Namen trug) und die Rasta-Frisur des Holländers Ruud Gullit.

Einen neuen Standard in fußballerischer Haarpflege setzte Jürgen Grabowski, der in der Halbzeitpause die Wellen per Fön wieder in Ordnung brachte. Von diesen aufregenden Jahren der Fußballerfrisierkunst ist man weit entfernt. Heute ist alles erlaubt, von der Vokuhila-Frisur (Vorne kurz, hinten lang) des von der Freundin frisierten Zweitliga-Manndeckers bis zum Wasserstoffblond des prominentencoiffeurbedienten Nationalspielers. Immerhin, Andreas Möllers Schopf inspirierte Wiglaf Droste zu folgenden Zeilen:

Die Frisur sieht seltsam aus
Nach 2 Pfund 3-Wetter-Taft
Tapfer haben Spielerfrau
und Frisör daran geschafft.

Und manchmal spielen Haare sogar noch eine fußballstrategische Rolle. 1998 nahm der argentinische Nationaltrainer Passarella den überragenden Real-Regisseur Redondo wegen dessen langer Haare nicht mit zur Weltmeisterschaft. Argentinien scheiterte im Viertelfinale, Passarella trat zurück. Erst da ging Redondo zum Friseur.

Hemd

Als der Hamburger SV in den späten 70ern unter dem Präsidenten Dr. Peter Krohn die Show entdeckte, mit weißen Elefanten und Orchester bei der Saisoneröffnung und anderen Versuchen, aus Fußball ein Spektakel zu machen, wurden auch die Trikots einer Generalüberholung unterzogen. Der HSV spielte fortan mit metallic-schimmernden Hemden, in Rosa oder Bleu. Beim Publikum kam das aber nicht besonders an. Der gemeine Fan schätzt es mehr, wenn er seinen Klub wiedererkennt, weil der, wie etwa in England üblich, seit hundert Jahren in derselben Farbe spielt. Die Mode ist ziemlich egal beim Trikot. Wichtig ist allerdings, daß der Fußballer überhaupt ein Trikot hat. Als der Kölner Trainer Köstner im Oktober 1997 den verletzten Verteidiger Schuster durch den Amateur Marcell Fensch ersetzen wollte, merkte der, daß er sein Trikot mit der 22 in der Kabine vergessen hatte. Er brauchte vier Minuten, um es zu holen – in dieser Zeit ging Karlsruhe gegen die dezimierten Kölner in Führung und entschied das Spiel. Köln fehlten am Ende der Saison drei Punkte (also ein Trikot) zum Klassenverbleib.

Hose

Der italienische Stürmerstar Giuseppe Meazza legte sich gerade den Ball zum Elfmeter zurecht, mit dem er seine Mannschaft gegen Brasilien ins Finale der Weltmeisterschaft 1938 schießen sollte. Da merkte er, daß der Gummizug an seiner Hose gerissen war – eine recht peinliche Vorstellung, vor 70 000 Zuschauern beim Elfmeter ohne Hosen dazustehen. Meazza überlegte kurz, hielt die Hose mit der linken Hand fest, machte einen Schritt zurück und traf zum 2:0. Der populärste englische Spieler zwischen den Weltkriegen, Alex James aus dem berühmten Arsenal-Team der 30er Jahre, war auf der ganzen Insel bekannt für sein Markenzeichen, die drei Nummern zu großen, von den Brustwarzen bis zur Wade reichenden Hosen, die ihm unzählige Karikaturen einbrachten. Auch für eine internationale Karriere kann die Wahl der Hose entscheidend sein. Als der Torhüter Jens Lehmann zu seinem ersten Lehrgang bei der Junioren-Nationalmannschaft mit Jeans erschien, empfing ihn der zuständige DFB-Sachbearbeiter, der Juniorentrainer Berti Vogts, mit den Worten: »Beim nächsten Mal hast du aber eine Stoffhose an.« Der Blick fürs Wesentliche zeichnet eben den Weltklassetrainer aus.

Krawatte

Die hatte jahrzehntelang im deutschen Fußball nichts zu suchen – Spieler und Trainer trugen Trainingsklamotten, fertig, aus. Als modischer Akzent unter Bundestrainern war allenfalls eine Schiebermütze genehm, die Helmut Schön prompt zum besungenen »Mann mit der Mütze« machte. Dann aber kam der Teamchef. Franz Beckenbauer brachte nicht nur die Angewohnheit mit auf die Trainerbank, nicht auf ihr zu sitzen, sondern nach Feldherrenart neben ihr zu stehen, sondern auch die neue Eleganz, die sich in gepflegten Sakko-Schlips-Kombinationen ausdrückte. Der Kaiser muß diesen Einfluß in Italien aufgenommen haben, wo Trainer seit jeher Krawattenträger sind.

Dieses Vorbild setzte sich in den 90ern auch in der Bundesliga durch, mit der Krönung durch die seidige Eleganz Giovanni Trappatonis, während sich allerdings zugleich eine speziell deutsche, recht herbe Kombination von Eleganz und Sportlichkeit durch die Modeschöpfer Klaus Toppmöller und Berti Vogts bildete: Sakko und Schlips, Bundfaltenhose, darüber die Adidas-Thermo-Trainingsjacke. Doch der Trend geht wieder zur ehrlichen Arbeiterkleidung, vermutlich auch deshalb, weil die klotzigen Taxofit-Kleber auf dem Kragen jede noch so ausgewogene Krawatten-Sakko-Abstimmung zerstören. 1998 wurde Otto Rehhagel deutscher Meister im Trainingsanzug, während der neue Bundestrainer Uli Stielike mit einer neuartigen Sakko-Schlips-Westen-Kombi die Modewelt erschüt-

terte. Der Österreicher Hans Krankl empfahl: »Allein wegen seiner Sakkos müßte man ihn entlassen.« Entlassen wurde Stielike tatsächlich, kurz vor der Europameisterschaft 2000 – weil sein Chef Ribbeck sich auf den Schlips getreten fühlte.

Pelzmantel

Mit diesem Kleidungsstück, sonst eher ein Fall für unterkühlte Spielerfrauen, sicherte sich der Nationalspieler Ronald Borchers einen Ruf als Beau der Branche. 1995 griff Dynamo Kiew die Idee wieder auf und verehrte dem Schiedsrichter vor einer Champions-League-Partie einen kostbaren Nerzmantel, damit
der Spanier in der kalten Ukraine nicht friere und vermutlich freundlich pfeife –
der Mantel kostete den Verein ein Jahr Europapokal-Sperre.

Rock

So einen trug David Beckham bei irgendeinem Auftritt an der Seite seines »Spi-
ce Girls« – eine Art Kilt von irgendeinem japanischen Modeschöpfer. Die *Times*
illustrierte damit eine Geschichte zum Thema: »Warum sich Fußballer so be-
schissen kleiden«. Später verbot Beckham seiner Frau den Mini. Die einflußrei-
cheren Rock-Stars im Fußballgeschäft sind aber die Spielerfrauen, jedenfalls
jene, die sich auch Managerinnen nennen. Bianca Illgner hat sich den Ruf er-
worben, das Minimale an Rocklänge mit dem Maximalen an Verhandlungser-
gebnissen für ihren stumm haltenden Gatten zu kombinieren.

Schuh

Die Fußballer haben ihr Hand-, pardon Fußwerk sozusagen von der Pike auf gelernt. Die ersten Fußballstiefel, die es in England Ende des 19. Jahrhunderts gab,
hatten Stahlkappen für den Schuß mit der Spitze, der »Pike«. Dafür waren sie
schwer wie Blei, je 585 Gramm. Die Reduzierung auf 545 Gramm war 1914 ein
technologischer Fortschritt. Noch 1950 waren in England Fußballschuhe mit
Stahlkappe gebräuchlich. Auf dem Kontinent hatten sich die Schuster schon vor-

her der technischen Entwicklung angepaßt: Der Spannstoß ersetzte den Schuß mit der Pike, die Stahlkappe war out. Adidas entwickelte 1953 bereits die ersten Schraubstollen, mit denen das Schuhwerk verschiedenen Bodenverhältnissen angepaßt werden konnte. Der Schuh, mit dem Helmut Rahn Deutschland 1954 auf dem seifigen Boden von Wankdorf zum Weltmeistertitel schoß, wog nur noch 380 Gramm. Trainer Herberger träumte von Schuhwerk unter 300 Gramm. Heute wiegen erstklassige Fußballschuhe nur noch 150 bis 175 Gramm und haben eine Sohlenkonstruktion, die Biegsamkeit in der Länge und Breite garantiert – eine Art zweite Haut.

Weil der Schuh das einzige Instrument ist, das der Fußballer benötigt, hat er oft ein besonderes Verhältnis zu ihm. Als Ritual der Unterwürfigkeit hat jeder Jugendspieler bei Manchester United und bei vielen anderen englischen Klubs die Schuhe der Profimannschaft zu putzen. Franz Beckenbauer weigerte sich, den Schuh während der Saison zu wechseln. Lothar Matthäus verzichtete im WM-Endspiel 1990 auf die Ausführung des entscheidenden Elfmeters, weil er in der Pause seine in 32 Länderspielen getragenen Schuhe wegen abgebrochener Stollen hatte wechseln müssen. Gerd Müller hatte nur Schuhgröße 38, trug aber 41 mit dick bandagierten Füßen, damit die Knöchel geschont wurden und er sich schneller drehen konnte. Buffy Ettmayer dagegen spielte in Schuhen, die zwei Nummern zu klein waren: »Ich wollte immer ein Kondom an den Füßen haben, sonst hast du ja doch kein Gefühl.«

Für die frühen Straßenfußballer bedeuteten Schuhe noch viel mehr, einen sozialen Aufstieg. Pelé spielte zuerst nur barfuß mit Lumpenbällen (wie auch der Ungar Sandor Kocsis, der WM-Torschützenkönig von 1954, Giovanni Trapattoni und viele andere) und unterschrieb seinen ersten Profivertrag mit 16 nur unter der Voraussetzung, daß er von dem Klub zwei Paar Schuhe bekam. Der Dichter Albert Camus spielte in den 30er Jahren in der Universitätsmannschaft von Algier nur im Tor, weil er dort seine teuren Fußballschuhe am wenigsten abnutzte.

So haben jahrzehntelang Fußballer ihr Schuhwerk als eine Kostbarkeit behandelt und gepflegt, ehe mit den Ausrüsterverträgen der Sportartikelfirmen der Überfluß kam und die Geringschätzung. Bei der WM 1970 »vergaß« Willi Schulz seine Schuhe vor dem Spiel um Platz 3 gegen Uruguay, weil er nur als Einwechselspieler für Schnellinger eingeplant war – er wurde danach von Bundestrainer Schön nicht mehr berücksichtigt, und Max Lorenz bekam sein WM-Debüt.

Schuhmode wird übrigens eher selten gemacht auf dem Platz, dafür ist der

Schuh vielleicht zuviel Arbeitsgerät und zuwenig Modeartikel. Ab und zu traut sich mal einer mit weißen oder goldenen Schuhen auf den Platz. Das wirkt extravagant und kommt bei Gegen- und manchmal auch bei Mitspielern nicht gut an. So scheiterte Murat Yakin beim VfB Stuttgart auch wegen seiner weißen Schuhe. Der Schweizer Türke wurde von den Chefs im Team prompt zurechtgewiesen: Weißes Schuhwerk stand nur dem »magischen Dreieck« (Balakow, Bobic, Elber) zu.

Smoking

Vor dem ersten deutschen Länderspiel 1908 gegen die Schweiz ergeht der Bescheid an die Spieler, sie hätten in Basel mit einem Smoking im Gepäck einzutreffen. Der 18jährige Frankfurter Gymnasiast Fritz Becker leiht sich die Abendgarderobe für 10 Mark im Pfandhaus. In der Nacht nach dem Spiel (Becker hat das erste deutsche Länderspieltor bei der 3:5-Niederlage erzielt), beim Bankett im »Baseler Bären«, versucht der besoffene Schweizer Torwart Dreyfuß seine Paraden nachzuspielen, fegt dabei ein Tablett mit Essig und Senf auf Beckers Leihsmoking, in den die Säure Löcher frißt, und Becker muß ihn für weitere 12 Mark reinigen und reparieren lassen. Seitdem gilt unter Kickern: No Smoking.

Stutzen

Der sockenlose Kniestrumpf, mit einem Gummiband um die Sohle befestigt, wurde jahrelang gern hängend getragen, ohne den gepolsterten Schienbeinschutz. Der erste, der diese Mode vorführte, war wohl George Best, der erste Popstar des Fußballs, der damit seinen gewaltbereiten Gegenspielern von Beginn an die arrogante Botschaft unterbreitete: Tretet ruhig, ihr trefft ja doch nicht. In Deutschland wurde die Hängstrumpf-Variante vor allem von Paul Breitner und Manfred Kaltz vorgeführt. Heute sieht man das nicht mehr, der Stutzen hat korrekt straff gespannt unterhalb der Kniescheibe zu sitzen – die FIFA hat das Spielen ohne Schienbeinschoner aus Sicherheitsgründen verboten. Für den Fußballer ist damit eine der wenigen Möglichkeiten verschwunden, auf dem Platz modisch lässig, unangepaßt, rebellisch zu wirken.

Trainingsanzug

Im Mode-Olymp des deutschen Fußballs thront die hellblaue Kunstfaser-Schlaghosen-Trainingskluft der deutschen Weltmeisterelf von 1974, verewigt in lässig schnippender Körperhaltung auf dem LP-Cover mit Udo Jürgens. Bei Sammlern mindestens so begehrt wie die dunkelblauen DDR-Klamotten aus dem Medaillenkollektiv.

Abb. 20: Marilyn Monroe wie stets in vorbildlicher Körperhaltung: Anstoß zum Länderspiel USA – Israel 1957 in Brooklyn New York.

20. Lust

»Fußball kräftigt die Muskeln des ganzen Körpers. Indem er überschüssige Säfte nach unten befördert, sorgt er für einen klaren Kopf.« Das wußte schon Richard Mulcaster, ein Zeitgenosse von Shakespeare. Doch jahrhundertelang wurde so getan, als ob Fußball und Sex nichts miteinander zu tun hätten, daß man gar das eine meiden müsse, um das andere tun zu können. Sepp Herberger zum Beispiel verbrachte seine Hochzeitsnacht im Zug, unterwegs zu einem Spiel. Ähnliche Keuschheit verlangte er von seinen Leuten, wenn es um Deutschland ging. Wer sexuelle Bedürfnisse verspürte, dem empfahl der Chef das Üben am Kopfball-pendel.

Eine Generation später wurde das schon nicht mehr so eng gesehen, zumindest von den Spielern nicht. Die verdrückten sich abends aus dem WM-Trainingslager 1974 in Malente, um sich in weiblicher Gesellschaft zu vergnügen – ohne sich viel um Bundestrainer Helmut Schön zu scheren. Sein Nachfolger Jupp Derwall versuchte die bumsfidelen Ausflügler auf einer Südamerikatournee sogar noch aufzuhalten, doch die ließen ihn einfach stehen.

Um so etwas zu verhindern, nahm Helenio Herrera, der Erfolgstrainer von Inter Mailand in den 60er Jahren, gern die Spielerfrauen mit ins Trainingslager – schon stand die Deckung, der Mann war nicht umsonst der Meister des Catenaccio. Trainer lieben Pärchenbildung, nicht nur auf dem Platz. Fußballer sollen ihrer Frau, ihrem Verein und ihrem Gegenspieler treu sein. Otto Rehhagel formulierte es so: »Einer, der verheiratet ist und abends bei seiner Familie ist, der ist ausgeglichen und ruhig.«

Das Problem ist nur, daß sportlicher Erfolg die sexuelle Attraktivität steigert und damit auch das Angebot an Ablenkungen vom Wesentlichen – zumindest die Fußballstars, die das Zeug zum Teenie-Liebling haben, sehen sich heute von Groupies umzingelt wie einst nur Rockstars. Siege machen sexy. Das ist schon in der Affenhorde und im Wolfsrudel so. Im Sport weiß man das, seit die ersten großen Boxstars wie Jack Dempsey oder Max Schmeling schöne Filmschauspielerinnen heirateten oder, wie Gene Tunney, gar eine Millionenerbin. Joe DiMaggio, die amerikanische Baseball-Legende der 40er Jahre, machte sogar Marilyn Monroe schwach, mit der er eine kurze, aber turbulente Ehe führte. Ganz so prominent treiben es die Fußballer nicht, viele heiraten ihre Friseuse oder vielleicht ein Fotomodell. Viel beneidet wird zum Beispiel Christian Karembeu, in der französischen Weltmeistermannschaft 1998 zwar nur Ersatzmann, dafür mit Stammplatz bei Adriana Sklenarikova, auch als »Miss Wonderbra« bekannt.

Wer die Abwehr entblößt vorfindet, dann in den Strafraum eindringt, ohne lange zu fummeln, und mit strammem Schuß zum Abschluß kommt, zum Höhepunkt – der hat nicht nur ein ziemlich sexuelles Vokabular gewählt, sondern sich auch der vulgärpsychologischen Verbindung von Spiel- und Liebesrausch, von Geilheit und Torgeilheit, von, pardon, Kick und Fick genähert. Jürgen Klinsmann hat die Parallelen folgendermaßen formuliert: »Der Druck entlädt sich beim Torschuß. Ein Wahnsinns-Feeling. So ähnlich wie beim Sex.« Und Max Merkel, der alte Praktiker: »Es ist wie bei der Liebe. Was vorher ist, kann auch sehr schön sein, aber es ist nur Händchenhalten. Der Ball muß hinein.« Manchmal will er aber nicht, wie die Deutsche Presse-Agentur im Dezember 1996 zu berichten wußte: »Neubarth köpfte den Ball an die Latte des eigenen Torwarts.«

Wenn er aber endlich drin ist, dann entlädt sich wiederum, was mancher als

Beweis der »latenten Homosexualität« des Mannes sieht: das gemeinsame Zuk-
ken von Leibern im Torjubel. »Dort wälzen sie sich dann kreischend und quiet-
schend, ein Knäuel aus muskulösen Armen und Beinen«, beschrieb das die Kri-
mi-Autorin Uta-Maria Heim. »Mal liegt der eine oben, mal der andere. Der, der
jeweils oben liegt, verrichtet stoßende Bewegungen gegen den unteren.«

In Brasilien können sie über so etwas nur lachen. Dort gehören die Liebe zum
Ball und die Liebe zur Frau zusammen. Deshalb spielen die Brasilianer immer
dann am besten, wenn Ballspiel und Liebesspiel eins sind, wenn das Trainingslager auch Liebeslager ist, so wie vor der Weltmeisterschaft 1958 im freizügigen
Schweden. Die größte sexuelle Heiterkeit aber hat in Rio der Name jenes Spielers ausgelöst, den der Stadionsprecher im Maracana-Stadion beim Länderspiel
1987 in der deutschen Aufstellung vorlas: Franco Foda. Der konnte sich den
Lacherfolg seines Namens nicht recht erklären, bis es ihm einer übersetzte. Er
heißt auf portugiesisch: Ficken umsonst.

Bordell

Anläßlich der WM 1998 in Frankreich erinnerte das Fernsehen sich des allerer-
sten Torschützen bei einer Weltmeisterschaft, des Franzosen Lucien Laurent. Der
über 90jährige freute sich und erzählte, wie sie den 4:1-Sieg gegen Mexiko am
13. Juli 1930 feierten – in einem französischen Bordell in Montevideo. Die Details, an die sich Laurent noch erinnerte, lauteten so: »Es gab ein gigantisches Sau-
erkraut mit Speck und Würsten sowie Champagner.«

Heute gäbe so was keiner mehr zu, dabei liegt das Problem auf der Hand: Wer
je ein mehrwöchiges Trainingslager erlebt hat, weiß, daß sich dabei männliche
Bedürfnisse ergeben, die nicht allein auf dem Fußballplatz befriedigt werden.
»Wenn Liebeslust uns beutelt, sollte man zur Not lieber Callgirls zu Hilfe rufen.
Wenn jemand eine Frau in seinem Zimmer haben möchte, sei sie ihm gegönnt.
Er sollte nur seine Zimmernachbarn nicht stören«, schrieb Toni Schumacher in
seinem Buch »Anpfiff« 1987. Und: »Man hätte die Gewißheit, daß die Mädchen
clean sind. Lieber organisierte ›Liebe‹ als zusehen, wie die Jungs in die nächstge-
legene Stadt flüchten und sich in irgendeinem üblen Puff Tripper, Maul- und
Klauenseuche holen.«

Weil der frühere Nationalspieler Willi Schulz erlebt hatte, wie sich solch ein
Etablissement rentieren kann, beteiligte er sich am Café Lausen (»Die internatio-

nale Damenwelt erwartet sie«) auf der Reeperbahn. Dorthin lud er nach einem
Bundesligaspiel Anfang der 70er Jahre die unterlegenen Gegner zu einem Um-
trunk ein. »Doch dann wollten einige auch die oberen Stockwerke sehen«, beobachtete der *Spiegel.* »Stunden später schob ein Kellner dem Einlader Schulz eine
Rechnung zu. Sie betrug mehr als 900 Mark. Schulz befahl: ›Leute, ich sehe hier
gerade, daß einige einen Blauen lockermachen müssen.‹ Die Gemahnten staun-
ten: ›Wir waren doch eingeladen?‹ Schulz nickte: ›Woll, Jungs, aber dat galt nicht
für oben, bei den hohen Preisen dort.‹«

Größenvergleich

Von kleinauf drängt sich dem Juniorfußballer der Größenvergleich durch die gemeinsame Entblößung nach getaner Arbeit auf. In den Brausekabinen pubertärer
Jahre lernt man das ganze Spektrum kennen, vom verklemmten Duschverweige-
rer, der lieber stinkt wie ein Iltis, als sich dem Vergleich zu stellen, bis hin zum
Angeber, der seinen Längenvorteil selbstgefällig zur Schau stellt. »Vermeintlich
kryptische Spitznamen wie ›Hammer-Hans‹ oder ›Rohr‹, die einen Spieler sein
Leben lang begleiten, sind nicht selten das Ergebnis vergleichender Unterleibs-
wissenschaft in der Dusche«, schrieb Harald Braun in »Die kleine Fußballschule«.

Auch Lothar Matthäus hat diese Prägung der jungen Jahre nicht völlig abschütteln können und bewiesen, daß er immer noch genau hinschaut. Beim
Umsteigen auf dem Düsseldorfer Flughafen sagte er zu Basketballerinnen, die offenbar von seiner relativen Körperkürze amüsiert waren: »Unser Schwarzer« (er
meinte den Kolumbianer Adolfo Valencia), »unser Schwarzer hat so einen langen.«

Groupies

Die Mädels, die mit Popstars ins Bett gehen, weil das irgendwie spezieller ist als
nur ein Poster an der Wand, tun das auch mit Fußballern, seit die Popstars sind.
Ziemlich direkt auf den Punkt brachte das ein Transparent am Trainingsgelände
der Münchner Bayern mit dem Inhalt: »Fick mich, Scholli«. Geschickte Profis
achten aber darauf, daß sie dabei keine taktischen Fehler begehen. Murat Yakin
machte, so war seinerzeit aus Stuttgart zu hören, als Neuzugang des VfB nicht nur

den Fehler, weiße Fußballschuhe zu tragen (→ Kap. 19: *Schönheit*, Stichwort »Schuhe«) – nein, er zeigte sich auch gegenüber den Avancen eines prominenten VfB-Groupieklub-Mitglieds aufgeschlossen, worauf andere im Team ebenfalls ältere Rechte geltend machten. So verirrte sich Yakin endgültig im Magischen Dreieck.

Wie sollte nun der typische Fußball-Groupie beschaffen sein? Dan Kavanagh gab einen wichtigen Hinweis in seinem Fußball-Krimi »Abblocken«: »Fußballer stehen von Haus aus auf Blondinen.« Weitere Informationen verdanken wir »Freistoß«, einer Erzählung der Australierin Kathy Lette, in der ein erfahrenes Groupie ein unerfahrenes in die Materie einführt: »Also, wir gehen nicht auf die zu und quatschen die an. Das is schomma Regel Nummer eins. Und die Jungs ja nie zu Hause anrufen. Die meisten ham sowieso Geheimnummern oder so. Und den Mund mußte auch halten, darfste nich drüber quatschen, mit wemde im Bett gewesen bist. Oder wasde mit dem gemacht hast ... Also gut, wenn es schon sein muß, dann machs aber bitte richtig. Im Bett gips nämlich auch so 'ne Art Etikette, verstehste mich? Also zuerst möchten sie einen geblasen kriegen. Und dann hamses eilig, weilse nach Hause müssen zu ihren Frauen, also kurz einmal drüber, und das war's dann schon. Trotzdem mußte ihr Selbstvertrauen aufbaun. Das is gut für die Leistung aufm Spielfeld und so.«

Weil man aber nie sicher sein kann, die für gute Spielfeldleistungen nötigen Mitarbeiterinnen auch bei Auswärtsbegegnungen anzutreffen, war der belgische Verteidiger Eric Deflandre vor der WM 1998 bei der Wahl seines Reisegepäcks auf Nummer sicher gegangen: »Meine Fußballschuhe und eine aufblasbare Puppe, denn ein Monat ohne Frau kann schwierig sein.« Dann dauerte die WM für die Belgier aber nur zwei Wochen.

Homosexualität

Bei der WM 1998 ließ TV-Experte Karl-Heinz Feldkamp sensible Ohren aufhorchen: »Auch Babbel hat das Loch von Kohler hervorragend ausgefüllt.« Und das im Vorabendprogramm. Doch keine Frage, Feldkamp meinte das ganz taktisch, ohne jeden Unterton. Er wird sich auch hüten. Denn Homosexualität definiert sich im Fußball als Rufmord. »Vor der WM 94 hat eine deutsche Zeitung tatsächlich versucht, mir diese Geschichte anzudichten«, empörte sich Jürgen Klinsmann noch Jahre später über seltsame Verdächtigungen. »Was soll ich dazu sagen? Das ist Rufmord. Böswillig, gemein und verletzend. Eine ganz, ganz linke Tour, Gerüchte, die absolut frei erfunden sind, in die Welt zu setzen.«

Vor der WM 1994 erschien auch »Spielen und Töten«, der WM-Krimi des Amerikaners Richard Hoyt, in dessen ziemlich abstruser Handlung ein skandalöses Video auftaucht. Es belegt die Homosexualität eines deutschen Sturmstars. Weil er anschließend zusammen mit seinem Sturmkollegen per Winchester-Weitschuß auf die ewige Ersatzbank befördert wird, gerät der Präsident seines Klubs Arsenal London in Verdacht. (Wollte der 1. FC Köln als Käufer nach Ansicht des Videos abspringen? Wollte der Engländer die entgangenen Transfermillionen von der Versicherung zurückholen?) All das bleiben fiktive Fragen, weil sich kein prominenter Fußballer je zu seiner Homosexualität bekannt hat.

Die Sexualsendung »*Liebe Sünde*« fand auf der Suche nach Liebe unter Männern in der Bundesliga zwar den Wirt eines Szene-Lokals, der einige homosexuelle Profis zu seinen Gästen zählte, aber keinen, der dazu stehen wollte. Immerhin, Vampeta, Mittelfeldstar des brasilianischen Top-Klubs Corinthians, posierte 1999 fürs Schwulen-Blatt *G Magazine* (Nationaltrainer Wanderley Luxemburgo fand allerdings: »Vampeta ist sehr häßlich.«). Im März 1999 revanchierte sich der englische Nationalspieler Graeme Le Saux bei seinem Kollegen Robbie Fowler per Ellbogenschlag ins Genick für dessen Beschimpfungen, Le Saux sei schwul. Fowler hatte ihm demonstrativ sein gespreiztes Hinterteil entgegengereckt.

Dabei hat die körperbetonte Ekstase, mit der Fußballer Torerfolge engumschlungen feiern, schon mehrfach die Theorie beflügelt, sie könnten nur dort ihre unterdrückte Homosexualität ausleben. Deshalb sah sich die FIFA 1981 gefordert, jedem unschönen Verdacht vorzubeugen (→ Kap. 16: *Ritual*, Stichwort »Jubel«). Wie der Fußballer von Welt mit allzu männlichen Annäherungen umgeht, beschrieb Franz Beckenbauer in seinem Buch »Ich. Wie es wirklich war«. Als der Tänzer Rudolf Nurejew im Fonds einer Limousine seine Hand auf des Kaisers Knie legte, wies dieser den Antrag freundlich, aber bestimmt zurück. Beckenbauer beteuert: »Wir sind gute Freunde geblieben.«

Nach dem Fall Fowler/Le Saux empfing der britische Sportminister Tony Banks mehrere schwule Fußballprofis, deren Namen er geheimhielt – er wollte sie überzeugen, zu ihrer Homosexualität zu stehen. Doch keiner wollte sich »outen«. Fußballprofis wissen, daß ein Eingeständnis der Männerliebe für sie der Beginn eines ewigen Spießrutenlaufes bei Mit- und vor allem bei Gegenspielern wäre – dem Schwulen geben wir schön auf die Knochen. »Im harten Fußballgeschäft würde ein zartbesaiteter Homosexueller nicht zurechtkommen«, sagte der frühere Gladbacher Trainer Bernd Krauss.

So erging es dem ersten und bis Ende der 90er Jahre einzigen Fußballprofi, der öffentlich zu seiner Homosexualität stand, dem Engländer Justin Fashanu, der 1980 als erster Farbiger mehr als eine Million Pfund Transfererlös erbracht hatte (bei seinem Wechsel von Norwich nach Nottingham). Spätestens nach seiner Veröffentlichung im Boulevard-Blatt *Sun* mit der Schlagzeile: »Ich bin schwul«, für die er 80 000 Pfund kassierte, war seine Fußballkarriere Vergangenheit. Am 2. Mai 1998 wurde Justin Fashanu erhängt in einer Garage in London gefunden.

Spielerfrauen

Die ersten Spielerfrauen hatten nützliche Aufgaben. Bei den Spielen von Cheruskia Bielefeld hielten sie mangels fester Torstangen die Torlatte in Form einer gespannten Wäscheleine. Heute sitzen sie im Rahmen des Damenbetreuungsprogramms ihres Bundesligaklubs mäßig gespannt im Pulk auf der Ehrentribüne und sehen den Männern bei der Arbeit zu. Welcher Steuerbeamte, Maschinenschlosser oder Einkaufsleiter hielte das aus, bei der Arbeit dauernd von der eigenen Frau beobachtet zu werden? Ja, komm, die eine Steuererklärung schaffst du noch! Mitunter kommt es dabei zu solch unangenehmen Erkenntnissen wie der von Frau Pirès, die die Leichtfüßigkeit ihres Gatten bei der WM 1998 überraschend fand – »wenn er eine Einkaufskiste hochtragen soll, schnauft er schon auf der zweiten Treppe«.

Eingebrockt hat das den Fußballern Helenio Herrera. Der Trainer von Inter Mailand nahm als erster Spielerfrauen auch mit auf Reisen. Er sagte im Rückblick, die Professionalisierung in den 60ern »schuf eine neue Kategorie von Spielern. Vorher hatte man Spieler, die Whisky getrunken haben, Huren hatten, obwohl sie verheiratet waren. Mazzola und Facchetti waren eine neue Generation, ernsthaft und wohlerzogen.«

Seine eigene Frau nahm Herrera übrigens nicht mit. Dabei ist die Rolle der Trainerfrau eines der letzten Mysterien des Fußballs – welchen Einfluß hatten Helma Feldkamp oder Beate Rehhagel auf die Kaiserslauterer Meistertitel 1991 und 1998? Nicht wenige Trainer sollen ja bei der Einschätzung von Neuverpflichtungen auf das Urteil ihrer Frauen bauen. Vermutlich verdankte Berti Vogts seine glücklichste Personalentscheidung weiblicher Intuition. Monika Vogts beschrieb später, wie sie vor der EM 1996 ihren Mann dazu drängte, die Venedig-Reise zur Sichtung von Oliver Bierhoff nicht abzusagen. Man fuhr hin, Bierhoff spielte schlecht, in der Nacht darauf brannte das Opernhaus La Fenice ab, und dann ergab sich das ganze Wunder weiblicher Logik. »Es waren so schlechte Vorzeichen, und da habe ich nur gesagt: Ich würde ihn mitnehmen. Auf einen mehr oder weniger kommt's doch auch nicht an.« Auf den einen mehr kam's dann doch an: Er schoß die beiden Tore im EM-Finale.

Vorspiel

»Die würden am liebsten dreimal täglich und möglichst noch eine halbe Stunde vor dem Spiel«, gab in den 70er Jahren der FC-Bayern-Mannschaftsarzt mit dem schönen Namen Dr. Erich Spannbauer zu Protokoll. Dabei stellt sich die alte und immer wieder gleiche Frage kurz vor der erhofften sportlichen Höchstleistung: Soll man oder soll man nicht? »Gut zu spielen, das geht nur nach gutem Sex«, meinte Romario, der beste Spieler der WM 1994. Auch die anderen Brasilianer haben das immer genauso gesehen, und wer viermal Weltmeister war, kann nicht ganz falsch liegen.

»Man spazierte ins Trainingslager bis in die Zimmer der Spieler hinein, und das konnte zu gewaltigen Überraschungen führen, denn abends gegen sechs kamen Omnibusse aus Göteborg, denen Schwedens hübscheste langbeinige Mädchen entstiegen. Da empfahl es sich, vorsichtig anzuklopfen beim Besuch eines Spielers.« So beschrieb der deutsche Reporter Hans Blickensdörfer das Quartier der Brasilianer bei der Weltmeisterschaft 1958, die sie im Sturm nahmen. Und nicht nur die. Das Resultat seiner Spielvorbereitung erlebte Garrincha bei der Schweden-Tournee der Brasilianer 1961: »Zwei blonde Mädchen standen da, kaffeebraune Knaben auf dem Arm.«

Über den WM-Titel 1970 schrieb die Londoner *Times*: »Sex war Brasiliens Geheimwaffe«. Als der eigentliche Weltmeistermacher gilt Joao Saldanha, obwohl er als »zu liberal« kurz vor der WM von Militär und Verbandsführung durch Mario Zagallo als Trainer ersetzt worden war. Im Trainingscamp gingen leichte Mädchen ein und aus, die Spieler durften trinken, soviel sie wollten, ausgehen, wann sie wollten. Alkohol- und Sex-Regeln waren zur Veröffentlichung da, nicht zur Beachtung. Es war offenbar genau die leichtlebige WM-Vorbereitung, die die Brasilianer brauchten. Saldanha hatte nur eine Bitte an seine Spieler: »Wechselt die Mädchen nicht während der Woche, nur montags.« Allerdings war er vorsichtig: Nach jedem Ausgang mußten sich die Spieler vom Mannschaftsarzt untersuchen lassen. Bei der WM 1998 war alles anders: das brasilianische Quartier weiträumig abgeriegelt, die Autobahn gesperrt bei Fahrten zum Spiel, acht Wochen ohne Frauen – und Heimkehr ohne WM-Titel.

Der erste deutsche WM-Sieg hatte vielleicht auch damit zu tun, daß dem Trainer Herberger bei aller puritanischen Anmutung nichts Menschliches fremd war. Zum frischvermählten Schäfer, dessen Frau Isis sich im Kurhotel Eden, am anderen Ende der Spiezer Hafenbucht am Thuner See, einquartiert hatte, sagte er: »Nun, Hans, sagen Sie der Isis wenigstens mal guten Tag.« Und schickte den Zimmergenossen Eckel als Aufpasser mit. Mit dem vereinbarte Schäfer Lichtbotschaften: »Das Signal vor Ende der Bettruhe bedeutete: Dein Mönch denkt an dich.« Herberger sah alles.

Er wußte wie seine Kollegen, daß die Probleme für die Leistung nicht durch das sexuelle Ziel entstehen, sondern durch den Aufwand, dorthin zu kommen. Clemens Westerhof, der Trainer von Nigeria bei der WM 1994, meinte: »Das Problem ist nicht die Zeit, die sie mit den Frauen zusammen sind, sondern die Zeit, die sie ihnen jede Nacht nachstellen.« Deshalb verbot Roy Hodgson, der englische Trainer der Schweizer, Sex ab zehn Tage vor WM-Beginn 1994. Vier Jahre später war sein amerikanischer Kollege Steve Sampson überzeugt: »Fußball steigert die sexuelle Leistung.« Wenngleich man einen möglichen Zusammenhang den US-Spielern nicht direkt anmerkte.

Also: Soll man nun oder soll man nicht? Manchmal ergibt sich die Antwort schon aus den Erfordernissen des Transfermarktes. Der brasilianische Star Socrates wechselte 1984 lieber zum AC Florenz als zu Juventus Turin oder AS Rom: »Fiorentina ist der einzige Klub, der Sex in den letzten drei Tagen vor den Spielen erlaubt.« Leider hat ihnen das mehr als 30 Jahre lang keinen Meistertitel eingebracht.

Abb. 21: Den Gewinn des Pokals der deutschen Werbewirtschaft bejubeln im Mai 1994: L. Matthäus (vorn links) und Kameraden.

21. Geld

Das Geschäft mit dem Fußball in Deutschland begann an Ostern 1892. Während der Begegnung zwischen einer Berliner Fußball-Auswahl und dem Dresdner Football-Club, in dem nur Engländer spielten, gingen Ordner um den Platz und sammelten erstmals Eintrittsgelder. Aber auch die Spieler wurden zur Kasse gebeten, um den Pokal zu bezahlen. Der Sieger mußte 20 Mark berappen, der Verlierer 40.

Seitdem, seit mehr als hundert Jahren also, funktioniert Fußball nach denselben Gesetzen, denen des Marktes. Sie lauten: Wo eine Nachfrage ist, dort lohnt sich das Angebot. Zugleich hat dieser Markt, weil er so eng und limitiert ist, mit so vielen Zöllen, Subventionen, Transfererschwernissen belegt, auch einige ganz

eigene Gesetze. Das EU-Recht hat die rechtliche Kleinstaaterei mit dem Bos-
man-Urteil 1995 zum großen Teil gekappt, mit dem Ergebnis, daß die Gelder,
die zuvor über Transfersummen im Investitionskreislauf der Klubs blieben, in die
Taschen der Spieler und ihrer Berater fließen. »Als die Ablösesummen nach dem
Bosman-Urteil wegfielen, wußte niemand, wie er reagieren soll«, beschrieb es
Rainer Calmund, der Manager von Bayer Leverkusen. »Die Vereine mußten sich
verstärken, und dabei sind wirtschaftlich unvernünftige Entscheidungen gefallen.
Zu schnell wurde zu viel Geld gezahlt.«

Das schnelle Geld – finanzielles Motto einer Branche, die sich nie viel Zeit
mit dem Verdienen lassen wollte. Doch der moderne Verein muß umdenken,
langfristig planen, frühzeitig aktiv werden und das später kaum noch bezahlbare
Produktivkapital so früh wie möglich an sich binden. Arsenal London verpflichtete 1999 einen 15jährigen Franzosen, worauf im Land des Weltmeisters die
Sportministerin ein Gesetz gegen Transfers von Minderjährigen ankündigte, und
anschließend einen 16jährigen Deutschen. Der AC Turin hatte kurz zuvor ein
10jähriges Talent mit einem jährlichen Fixum von 120 000 Mark an sich gebun-
den.

Den verkauften Fußball gab es schon Ende des 19. Jahrhunderts in England –
die Arbeitermassen, die den freien Samstagnachmittag erstritten hatten, strömten
ins Stadion, brachten Geld, von dem eine neue Unterhaltungsindustrie entstand.
Auf dem Kontinent zogen in den 20er Jahren Österreich, Ungarn und die
Tschechoslowakei mit der Professionalisierung nach, Anfang der 30er Jahre folgten Spanien, Argentinien, Uruguay, Brasilien. Beim Wechsel von Torwart Ricardo
Zamora vom FC Barcelona zu Real Madrid wurden 1929 bereits 100 000 Peseten Ablöse und 50 000 Peseten Handgeld gezahlt. Deutsche Pläne einer zweige-
teilten, professionellen Reichsliga mit 24 Klubs fielen 1929 der Weltwirtschafts-
krise zum Opfer. So dauerte es bis 1963, ehe der Fußballprofi in Deutschland offiziell wurde – inoffiziell hatte er schon seit mehr als vierzig Jahren kassiert.

Die kommerzielle Phase begann in den 70er Jahren, als Fernsehsender, Trikot-
Werbekunden, Sponsoren und Ausrüster für die fußballerische Dienstleistung zu
zahlen begannen und allerlei Baulöwen und ähnliche »Mäzene« Fußballklubs als
Vehikel für Macht, Image und Geldwäsche entdeckten. Vorher waren die Ein-
trittsgelder die hauptsächliche Einnahmequelle der Klubs, Ende der 90er nahm
Bayern München damit nur noch 15 Prozent seines Etats ein. Fußball wurde
endgültig vom Spiel zum Produkt. Joao Havelange hatte bei seiner Wahl zum
FIFA-Präsidenten 1974 erklärt: »Ich bin hier, um ein Produkt zu verkaufen, das

Fußball heißt.« 1994, bei der WM in den USA, verkündete der Brasilianer im Größenwahn des Funktionärs den Erfolg seiner Mission: »Das finanzielle Aufkommen des Fußballs beträgt jährlich 225 Milliarden Dollar, mehr als die größten Unternehmen der Welt.«

Doch Havelange selbst verpaßte den Zug – die FIFA verkaufte ihr Spitzenprodukt Weltmeisterschaft jahrzehntelang völlig unter Wert. Während die Olympischen Spiele längst für mehrere Milliarden Dollar an Fernsehsender verkauft wurden, kamen ARD und ZDF noch für je 5,7 Millionen Mark an die deutschen Senderechte der WM 1998. Kein Wunder, daß Havelanges Nachfolger Joseph Blatter das Versäumte nachholen und die WM möglichst alle zwei Jahre verkaufen will.

Doch die schöne reiche Fußballwelt steht auf wackligen Füßen – das Bild der prosperierenden Großklubs, die ihren Namen als internationale Markenartikel feilbieten können wie Manchester United oder Bayern München, verstellt den Blick auf die angespannte Lage der anderen Klubs. Die Sponsoren werden immer wählerischer, stellen immer höhere Anforderungen an die Imagepflege ihres Partners – selbst der Deutsche Fußball-Bund bekam nach seinem Katastrophenjahr 1998 und der Florida-Reise Anfang 1999 unverhüllte Drohungen von seinen Partnern Daimler-Chrysler und Lufthansa.

Sogar die Ausrüster, die früher viel Geld bezahlten, um Schuhe und Trikots zu stellen, reißen sich längst nicht mehr um den durchschnittlichen Bundesligaklub. Der Traum vom »Merchandising«, ausgelöst von den märchenhaften Einkünften von Manchester United aus dem Verkauf von Fan-Artikeln, ist in der Realität der meisten Klubs ein ziemlich toter Etatposten mit oft roten Zahlen. Und selbst der Fernsehmarkt, der der Liga durch den Profilierungswettstreit unter den Privatsendern jahrelang horrende Einnahmen brachte, besinnt sich mittlerweile auf die Kosten-Nutzen-Rechnung und stellt fest, daß Angebote wie Champions League oder Bundesliga viel zu teuer geworden sind. Nach der Blamage der deutschen Nationalelf in Florida meldete sich sogar der Steuerzahlerbund zu Wort und kritisierte die öffentlich-rechtlichen Sender, die für die Nationalmannschafts-Senderechte bis 2004 720 Millionen Mark zum Fenster rausgeworfen hätten.

Zwischen all diesen Stühlen sitzen die Klubs, die manchmal überall sparen müssen: So drehte einst der Präsident des Linzer ASK Glühbirnen heraus und ließ alle Pissoirschüsseln bis auf eine abmontieren, um Kosten zu dämpfen (sein Nachfolger brannte mit der Barschaft durch und hinterließ 5,7 Millionen Mark Schulden). Und dann hockt dem zwischen Sparen und Spendieren zerrissenen

Funktionär der fordernde Fußballprofi gegenüber, ein Angehöriger des modernen Wandergewerbes, assistiert von seinem Berater, und fordert, sagen wir, zwei Millionen pro Jahr, weil Sie es sind, ich könnte natürlich auch das Angebot aus England annehmen (das stand doch irgendwo als Gerücht in der Zeitung, ich weiß auch nicht, woher die das haben).

Und wenn der Klub einwilligt, aber der Spieler überlegt es sich im Laufe des Vertrages anders, weil er ein besseres Angebot bekommt, dann kommt er immer raus, und sei es durch Leistungsverweigerung wie Thierry Henry beim AS Monaco oder Julio Cesar bei Borussia Dortmund oder viele andere. »Heute sagen die Spieler: Ha, schmeiß mich doch raus«, beklagt Bayern-Manager Uli Hoeneß. »Und bis jetzt habe ich immer wieder festgestellt, daß der Spieler woanders mehr Geld verdient hat.« Vorbei die Tage, in denen man noch an die Ehre appellieren konnte, wie es Trainer Herrera Anfang der 60er beim FC Barcelona tat, wo er Katalanen in der Abwehr hatte und Ausländer im Sturm: »Mit den einen sprach ich über die Farben Kataloniens, spielt für eure Nation. Und mit den Ausländern redete ich über Geld.«

Aber manchmal gibt es doch Wichtigeres. Der Spielerberater Peter Telek wußte vom Transfer eines deutschen Klienten zu Leicester City berichten, der nur daran scheiterte, daß dessen Hund nach englischem Gesetz sechs Monate in Quarantäne gemußt hätte. »Wegen seiner Hundeliebe«, so Telek, »verzichtete er auf Mehreinnahmen von 700 000 Mark pro Jahr.«

Börse

Das ist der Traum des modernen Fußballverkäufers: Wo sich früher angetrunkene Besserwisser zu lauten Mitgliederversammlungen einfanden und in Stammtischschlaune seltsame Wahlbeschlüsse faßten (oder, wie einst bei Eintracht Frankfurt, eine Schlägerei auf dem Podium beklatschten), soll künftig der nüchterne Aktionär das Sagen haben. Das heißt: eigentlich lieber nicht, denn das Sagen will man selber haben, der Aktionär soll nur das Geld zuschießen. Die Satzungsänderung, mit der der DFB Ende 1998 den Profiklubs ermöglichte, sich in Kapitalgesellschaften umzuwandeln, sah vor, daß die Vereine Mehrheitseigentümer (50 Prozent plus ein Stimmrecht) der Fußball-AG bleiben müssen. Das soll komplette Übernahmen verhindern, wie die von dem Medien-Milliardär Rupert Murdoch bei Manchester United versuchte (und gescheiterte). Es hemmt aber zugleich das, was die Börsianer »Phantasie« nennen – mit dem Stimmrecht wird auch die Attraktivität für neues Geld beschränkt.

Zwei Dinge aber sind sicher: erstens, daß die von der Explosion der Spielergehälter gebeutelte Bundesliga, die in der Saison 1998/99 bei einem Gesamtetat von 668,8 Millionen Mark rund 600 Millionen Schulden hatte, das neue Geld braucht. Zweitens, daß die Gesellschaftsform Verein nicht mehr zeitgemäß ist: Borussia Dortmund hatte in einem Jahr 700 000 Mark Einnahmen aus Mitgliedsbeiträgen, aber 150 Millionen Mark Umsatz durch die Mannschaft. Anfang 1999 waren 25 europäische Klubs börsennotiert, viele andere, vor allem in Spanien, Italien, England, waren Kapitalgesellschaften.

Das große Vorbild ist immer Manchester United. Der reichste Klub der Welt vervierfachte den Aktienkurs allein im Jahr 1996 und erreichte eine Börsenkapitalisierung von mehr als einer Milliarde Mark. Der Umsatz lag 1998 über 250 Millionen Mark, der Reingewinn bei 28 Millionen. Doch das Beispiel zeigt auch den Trend zur Zweiklassengesellschaft, den die Änderungen der Gesellschaftsform der Bundesliga bringen werden. Manchester und die weiteren vier Spitzenklubs Newcastle United, Arsenal London, FC Liverpool und Aston Villa machen zusammen mehr Umsatz als die restlichen 63 Klubs der drei englischen Profiligen.

Champions League

So heißt die Geldmaschine des Europäischen Fußballverbandes (UEFA), die seit der Saison 1999/2000 mit 32 Mannschaften und 157 Spielen (als hastig aufgeblasenes Gegenmodell zur drohenden privaten Europaliga) 960 Millionen Mark pro Jahr einspielen soll. In der Saison 1997/98 waren es noch 360 Millionen, und schon die waren für die Fernsehsender kaum noch refinanzierbar. RTL zahlte im Spieljahr 1998/99 120 Millionen Mark für die Fernsehrechte, spielte mit der Champions League aber nur 70 Millionen ein. Das könnte daran liegen, daß die Leute sich noch an die Zeiten erinnern, als es nur einen Meister gab, und der spielte im Meisterwettbewerb. Heute heißt das Champions, wie im Boxen, und Champions gibt es immer genau so viele, wie man braucht.

Fernsehgelder

Die Übertragung vom vielleicht größten Spiel der deutschen Europapokalge-
schichte, dem 7:1-Büchsenwurf-Sieg von Borussia Mönchengladbach gegen Inter Mailand, scheiterte 1971 an einem Streitbetrag von 6000 Mark. Es ging nur
um Kostenbeteiligungen. Von großen Einnahmen durchs Fernsehen keine Rede,
im Gegenteil: Jahrelang hatten die Klubs Angst, daß bei einer Live-Übertragung
die Zuschauer im Stadion ausblieben. Deshalb wurde die Information, ob über-
tragen wird, meist als geheime Kommandosache behandelt und oft erst am Spieltag bekannt gemacht.

Als Entschädigung für entgangene Zuschauereinnahmen hatten die Klubs
schon bei den ersten Übertragungen Geld verlangt – wie der FC St. Pauli vom
NWDR bei seiner Fernseh-Premiere 1952 gegen Hamborn 07. Die Sender
zahlten in den 50er Jahren pro Oberligaspiel 1000 bis 2500 DM, dem DFB für
Länderspiele 6000. Ein Riesengeschäft wurde für die öffentlich-rechtlichen Sender die Weltmeisterschaft – von 1954, als die ARD sie kostenlos im europäischen
Programmaustausch erhielt, bis 1998, als ARD und ZDF die Senderechte dank
der Dummheit des Weltverbandes, der sie schon in den 80er Jahren billig für 270
Millionen Mark verkauft hatte, für nur jeweils 5,7 Millionen Mark erhielten. Erst
2002 und 2006 wird die Sache teuer – die Rechte wurden für 2 Milliarden Dollar verkauft.

Die Explosion der Preise deutete sich schon 1954 an, als Schalke einfach mal
25 000 Mark für ein Spiel forderte – was NWDR-Fernsehprogrammchef Heinz
von Plato als »absurd« ablehnte. Eine neue Rekordsumme erreichte 1961 das Europapokal-Entscheidungsspiel zwischen dem HSV und dem FC Barcelona mit
60 000 DM (je ein Viertel ging an die UEFA, den belgischen Verband als Aus-
richter und die beiden Klubs). Dann vergingen 20 Jahre, in denen die Einnahmen der Klubs aus Fernsehübertragungen eher übersichtlich blieben – um dann
mit Einführung des Privatfernsehens und der Entdeckung des Fußballs durch
globale Medienkonzerne um so rascher zu steigen. Heute nehmen die großen
Profiklubs mehr Geld durchs Fernsehen ein als durch die Zuschauer im Stadion.

Für die Bundesliga-Senderechte der Saison 1997/98 wurden 173 Millionen
Mark bezahlt, also mehr als eine halbe Million pro Spiel (plus 82 Millionen für
die 2. Liga) und mehr als fünfmal soviel wie Anfang der 90er Jahre. Die Klubs der
englischen Premier League bekommen sogar 440 Millionen Mark. »Fernsehgel-
der explodieren international«, frohlockt Bayern-Manager Uli Hoeneß und ver-

weist auf vergleichbare Konkurrenz: »AC und Inter Mailand kriegen ab Juli 1999 hundert Millionen Mark pro Saison aus Pay-per-View-Rechten.«

Die Großen träumen davon, das noch größere Geld zu machen, indem sie für jedes Spiel kassieren, und riskieren dabei, daß der ganze Fußball verliert, wenn er unter Ausschluß der Öffentlichkeit stattfindet. Die Kleinen hoffen nur, daß für sie etwas übrigbleibt. Wer nicht mehr konkurrieren kann, so die Prognose, verschwindet oder wird geschluckt. Vielleicht sogar von einem Fernsehsender, der sich dann das Bieten um die Rechte sparen kann. Der französische Canal Plus hat es vorgemacht. Ihm gehören Paris St. Germain und Servette Genf.

FIFA

Das ist die Weltmacht des Sports, die sich jahrzehntelang viel zu billig verkaufte, dafür um so teurer lebte. Der Weltverband machte von 1994 bis 1997 3,3 Millionen Mark Verlust, auch wegen der großzügigen Ausstattung des 1998 abgetretenen Präsidenten Joao Havelange. Der Brasilianer wußte sich schon immer persönliche Geldquellen aufzutun: Seine Firma verkaufte 1973, ein Jahr vor seinem Aufstieg an die FIFA-Spitze, 80 000 Granaten an den bolivianischen Militärdiktator Hugo Banzer. Als FIFA-Präsident genehmigte er sich selbst ein Jahresbudget von 1,3 Millionen Mark für Flüge, Suiten, Bankette und Präsente.

Sein Nachfolger Joseph Blatter war 1981 FIFA-Generalsekretär geworden, nachdem der alte Amtsinhaber Helmut Käser Havelange vorgeworfen hatte, daß er eine Million Dollar dafür eingesteckt hatte, die WM-Vermarktungsrechte ohne Ausschreibung an die Agentur ISL vergeben zu haben. Die Fernsehrechte für die Weltmeisterschaften 1990, 1994 und 1998 verkaufte die FIFA schon 1987 und verpaßte so nachhaltig den Boom des Privatfernsehens. Der Ertrag: nur 340 Millionen Franken. So brachte die WM 1998 der FIFA trotz höherer Einschaltquoten nicht mal ein Zehntel dessen, was das IOC für die Olympischen Spiele in Atlanta 1996 vom Fernsehen bekam.

Den Nachholbedarf versuchte die FIFA auf einen Schlag zu decken, indem sie die Fernseh- und Marketingrechte für die Turniere 2002 und 2006 für 3,4 Milliarden Mark an die ISL-Muttergesellschaft Sporis und an die Kirch-Gruppe verkaufte. Doch öffentliche Empörung über die Aussicht, die WM nur noch im Bezahlfernsehen sehen zu können, und politischer Druck führten dazu, daß Kirch garantieren mußte, alle deutschen Spiele live und unentgeltlich im werbefinanzierten Fernsehen zu zeigen.

Auch bei den Marketingrechten hatte die FIFA lange geschlafen. Während das IOC für Atlanta 1996 rund 800 Millionen Mark von Sponsoren erlöste, hatte die FIFA die Marketingrechte für die WM 1998 für nur 132 Millionen Mark an ISL gegeben. Die von Horst Dassler, Sohn des Adidas-Gründers, aufgebaute und heute von seinen Erben kontrollierte Agentur machte ein schönes Geschäft: Sie verkaufte die Rechte an zwölf offizielle Sponsoren für mehr als 500 Millionen Mark weiter. »Die FIFA hat die WM in der Vergangenheit grob fahrlässig vermarktet«, urteilte Bernd Bauer, der Chef der Bertelsmann-Agentur Ufa Sports.

Gehälter

Alles »explodiert« seit Bosman, seit dem EU-Urteil über die Freizügigkeit der Spieler – vor allem explodieren die Gehälter. Ein Effenberg bekam prompt in Mönchengladbach mehr als fünf Millionen Mark pro Jahr, ein Balakow in Stuttgart mehr als sechs Millionen. 1999 überschritt die Zahl der Einkommensmillionäre in der Bundesliga die Hunderter-Grenze – fast ein Drittel aller Erstliga-Profis. Das Gefährlichste für das System ist, daß die vor Bosman auch bei abgelaufenen Verträgen üblichen Transfersummen für Vereinswechsel nicht mehr existieren. Dieses Geld ist dem Kreislauf der Klubs damit entzogen (auch als Sicherheit für Verbindlichkeiten können Transfererlöse nicht mehr verwendet werden). Es ist aus der Hand der Klubs in die der Spieler übergegangen, als Handgeld und höhere Saläre – es wurde vom Investitions- zum Konsumkapital.

Von 1990 bis 1997 stiegen die Einnahmen der Bundesligaklubs um 150 Prozent, die Personalkosten um 280 Prozent (bei Bayern München kam man 1999 auf 50 Millionen Mark für die Mannschaft). Die Gehälter verdoppelten sich von 1995 bis 1997 — während zum Beispiel die durchschnittlichen Jahresgehälter in kleinen Ligen wie der schweizerischen Nationalliga A auf unter 100000 Mark sanken, weswegen die Zürcher Zeitschrift *Sport* »die neue Armut« unter Profis ausrief. In Deutschland werden nur die Klubs arm. Viele Vereine, die mitbieten wollen, stehen am finanziellen Abgrund, weil sie mit wenigen Ausnahmen (etwa den Stadionbesitzern Kaiserslautern, Leverkusen, Dortmund) kaum Substanz haben – der Substanzwert der Transferrechte existiert nicht mehr.

Und die Spieler? Sie halten die Hand auf und denken nicht weiter nach, solange sie bekommen, was sie wollen. »Die großen Spieler wollen die Ablöse auf die Kralle haben, Urlaubsgeld, Lohnfortzahlung im Krankheitsfall, Privatversicherung«, sagte 1997 Wolfgang Holzhäuser, damals DFB-Ligasekretär. »Und wenn sie damit durch sind, sagen sie auch noch: Aber das Ganze bitte netto.« Dabei entwickelt sich eine kalte Selbstverständlichkeit des Kassierens, eine kühle Ignoranz für jeden lebensnahen Zusammenhang von Lohn und Leistung. Ludwig Harig beschrieb diese völlige Loslösung vom konkreten Wesen des Geldes in einer Erzählung über Pelé: »Er besaß Geld, ohne damit in Berührung zu kommen. Dieser Überfluß rief ein anderes Gefühl hervor als einst das Klimpern der Münzen in der Tasche und das Knistern der Scheine zwischen den Fingern.«

Handgeld

Der freigebige Schalker Präsident Günter Eichberg (laut Uli Hoeneß kommt »so ein Ahnungsloser nicht oft durchs Isartor«) verhandelte mit dem Jugoslawen Radmilo Mihajlovic, den die Bayern nur los sein wollten, stand auf und sagte: »Ich gehe jetzt raus. Wenn ich wiederkomme, haben Sie bitte eine Summe in diesen Vertrag eingesetzt.« Mihajlovic trug ein: 500 000 Mark Garantiegehalt, 1,6 Millionen Dollar Handgeld, mietfreies Haus mit Einrichtung, Mercedes für 145 000 Mark. Eichberg stimmte zu, auch bei der Ablöse von 3 Millionen, obwohl Manager Helmut Kremers tags zuvor mit Bayern-Manager Hoeneß 2,5 Millionen vereinbart hatte. Ein echtes Schnäppchen. Die Steuerfahndung horchte auf, ermittelte wegen des Handgeldes. Wer mußte den Steueranteil zahlen? Mihajlovic sagte: Schalke, und Eichberg zahlte aus seiner Privatkasse knapp eine Million nach.

Handgeld: Dabei denkt man an die Groschen, die Jungen früher von der Oma für die Kirmes in die Hand bekamen. Das Handgeld unter Fußballern ist aber eher als Unter-der-Hand-Geld beliebt. Hertha BSC Berlin wurde 1965 zum Abstieg aus der Bundesliga verdonnert, weil Handgelder über dem erlaubten DFB-Limit von 10 000 DM gelegen hatten: 80 000 für Fahrian, 36 000 für Sundermann, 30 000 für Klimaschewski. Das Bosman-Urteil führte zu einer Renaissance dieser für Fußballer angenehmen Zahlungsform. Seitdem, so Löwen-Präsident Wildmoser, »verlangen gestandene Bundesligaprofis 50 Prozent der früheren Ablösesumme als Handgeld.« Dabei kann eine Hand soviel Geld gar nicht fassen.

Kommerz

1978 führt César-Luis Menotti Argentinien zum Weltmeistertitel. Seitdem kämpft er gegen alle, »die Fußball als reine Ware betrachten«. »Die großen Händler dieser Welt interessiert nicht, daß sie den Menschen die Träume und Visionen nehmen. Diese Bastarde der modernen Kultur kommerzialisieren alles.« Auch Michel Platini, der 1972 bei seinem ersten Klub in Nancy 100 Mark im Monat verdient hatte, sagte nach der Weltmeisterschaft 1998, die er erfolgreich organisiert hatte: »Das ist die letzte WM der Armen. Es wird heute ständig von Gehältern, Verträgen, Fernsehrechten und Börsengängen geredet und vergessen, daß Fußball ein Spiel ist.« Aber wie immer werden die Warnrufe verhallen, so wie die »Deutsche Kommerzialhymne« der ARD-Sendung »Monitor« aus dem Jahr 1988:

> »adidas und Zeiss und Pfanni
> für das deutsche Fußballspiel.
> Daimler läßt uns alle strahlen.
> Beck's Bier macht das Hirn mobil.
> adidas und Zeiss und Pfanni
> und Lacostes Krokodil:
> Müller-Milch, Dual und Grundig -
> blühe, deutsches Fußballspiel!«

Merchandising

Die große Illusion, auch »Märchendising«. Das Vorbild: Manchester United. Die Idee: Du schreibst auf alle möglichen Produkte deinen Namen und wirst reich. In Manchester klappt das, der Klub verdient rund 30 Millionen Pfund pro Jahr mit dem Merchandising. Er verkaufte 1996 in Großbritannien so viel Markenware wie Giorgio Armani. Die Bundesligaklubs zogen begeistert nach, ehe viele ernüchtert feststellten, daß trotz horrender Verkaufspreise für meist billig produzierte Trikots und andere Waren mit dem Vereinslogo unterm Strich kaum Einnahmen oder sogar Verluste herauskamen (so verlor der HSV 1997 564 000 Mark). Statt 230 Millionen Mark, wie für die Saison 1997/98 erhofft, machte die Liga nur 190 Millionen Mark Umsatz mit Merchandising, ein Jahr später sogar nur noch 150 Millionen. Selbst die Bayern kommen kaum auf nennenswerte Rendite aus dem Fanartikel-Verkauf (im Gegensatz zu den Lizenzen für die Nutzung des Bayern-Logos, die an die 20 Millionen Mark pro Jahr bringen). Dabei hatte Franz Beckenbauer frohlockt: »Mit 40 Millionen Mark aus dem Merchandising könnten wir unsere Profimannschaft finanzieren.« Leider war ihm eine kleine kaufmännische Verwechslung unterlaufen: die von Umsatz und Gewinn.

Nike

Groß geworden mit dem Jogging- und Basketball-Boom der Achtziger, versuchte die US-Firma nach Sättigung dieser Märkte, den Fußballmarkt zu knacken, und begann den »Schuhkrieg« *(Times)* mit Adidas. Mit »Guerilla-Marketing« hatte Nike schon 1984 bei den Olympischen Spielen in Los Angeles dem offiziellen Sponsor Adidas die Schau gestohlen. Bei der Fußball-EM 1996 wurde Umbro als offizieller Sponsor ausgebootet durch Werbespots mit Eric Cantona (»Ich habe hart gearbeitet, den englischen Fußball besser zu machen – nun muß er zerstört werden.«). Vor der WM 1998 inszenierten die Spots den Fußball der Brasilianer als spontane Flughafen-Samba und ein Fußballspiel als grimmigen Straßenkampf, an dessen Ende Cantona einem Monstertorwart den Ball durch den Bauch schießt.

Bei der WM 1994 hatte Nike noch kein teilnehmendes Team unter Vertrag, 1998 schon sechs. Darunter die Brasilianer, mit denen Nike 1997 einen Zehnjahresvertrag für rund 400 Millionen Dollar schloß, mit der Verpflichtung zu einem Marathonprogramm mit Bestbesetzung (mindestens fünf Spiele pro Jahr, an denen Nike die Fernseh- und Vermarktungsrechte hat). 24 Freundschaftsspiele bestritt das Team 1997, und nicht nur Pelé übte Kritik an »unsinnigen Terminen«.

Zum »PR-Desaster« (die englische Zeitung *Observer*) wurde die Zusammenarbeit durch den mysteriösen Kollaps Ronaldos vor dem WM-Finale und die Entscheidung, ihn trotzdem einzusetzen – es gab eine Menge Dementis, aber die Fragen blieben: Erzwang Nike die Nominierung? Oder der brasilianische Verbandspräsident und Pelé-Intimfeind Texeira, der den Deal mit Nike abgeschlossen hatte? Oder Texeiras Schwiegervater Havelange, der Ex-FIFA-Präsident? Warum gab Trainer Zagallo nach, obwohl Kapitän Dunga ihn drängte, sich zu widersetzen?

Edmundo, der anstelle Ronaldos stürmen wollte, behauptete nach der WM: »Es existiert ein Vertrag, daß Ronaldo jedes Länderspiel volle 90 Minuten spielen muß.« (Bei der WM 1986 war Uli Stein über einen ähnlichen Vorwurf, nämlich daß Adidas den Konkurrenten Schumacher fürs Tor aufgestellt hätte, gestolpert). Tatsächlich hat Ronaldo auch einen persönlichen Vertrag mit Nike, der ihm 5,5 Millionen Mark pro Spielzeit und jährlich 1,8 Millionen bis ans Lebensende garantiert. Menotti fürchtet, »daß er das Geschäftliche über den Fußball stellt« und deshalb keiner der »Könige des Fußballs« wird, wie Pelé, di Stefano, Maradona oder Cruyff. »Er spielt zuviel, er reist zuviel.« Menottis Klage: »Ronaldo gehört den Menschen, nicht einer Firma.« Diese Firma aber geriet nicht nur durch Ronaldo in die Krise, auch durch den Rücktritt von Basketballstar Michael Jordan und durch Berichte über Nike-Produktionsstätten mit ausgebeuteten Kindern in der Dritten Welt. Dazu schrieb der *Observer*: »Wenn es je ein ausgebeutetes Kind der Dritten Welt gab – wenn auch freiwillig –, dann ist es Ronaldo.«

Prämien

Bis zu den ersten Prämien war es ein weiter Weg. Wer Fußball spielen wollte, mußte zuerst zahlen. Ende des 19. Jahrhunderts sah zum Beispiel das vereinsinterne Regelwerk von Victoria 89 Berlin eine Strafe von 25 Pfennig pro Spieler für jede verlorene Partie vor. 50 Pfennig kostete es, wenn einer vor dem Anpfiff oder in der Pause den Ball berührte. Für ein Schimpfwort auf dem Platz verhängte der Mannschaftsführer, genannt »Spielkaiser«, je nach Schwere eine Buße von 5 oder 10 Pfennig. Und auch der Schiedsrichter war inkasso-befugt: Wer vom Platz flog, mußte bei ihm eine Mark bezahlen. Selbst als um Meisterehren gespielt wurde, blieb für die Spieler nichts übrig. Die erste Titelendrunde erbrachte 1903 Einnahmen von 1331 Mark bei Ausgaben von 2247 Mark.

Noch 1954, als schon längst der offiziell verbotene Fußballprofi in Deutschland inoffiziell viel mehr kassierte als die vom DFB erlaubten 420 Mark im Monat, wurden die Belohnungen für die Weltmeister von Bern verschämt als Sachleistungen verpackt: als Wurstpakete oder grüne Motorroller und rote Sturzhelme von den Goggomobil-Werken Dingolfing. Die Nachfolger waren nicht mehr so verschämt – vor dem zweiten deutschen WM-Titel 1974 verhandelten die Nationalspieler bis acht Tage vor dem Turnier, statt in Ruhe zu trainieren, lieber über ihre Entschädigung. Seitdem ist Fußballern und ihren Klubs eine Menge eingefallen: Auflaufprämien, Punkteprämien, Siegprämien, Titelprämien, Nichtabstiegsprämien. Mögliche Innovationen der Prämierung gibt es genug: Trainingsprämie, Treueprämie, Schweigeprämie, Torprämie, Verletzungsprämie, Verletzungsfreiheitsprämie, Reha-Prämie, Interviewprämie, Autogrammprämie, Duschprämie, Massageprämie.

Spielerberater

Guter Rat ist teuer, schlechter Rat noch teurer. Daß einige Fußballprofis so lange aktiv waren, etwa Ewald Lienen (wollte mit 27 aufhören und spielte bis 38), Norbert Nachtweih oder Gerd Strack, hatte mit ihren schlechten Beratern zu tun – sie mußten viele Jahre die Schulden aus ihren Bauherrenmodellen abstottern. Stefan Kuntz stand am Ende seiner geschäftlichen Liaison mit der Beraterin Annegret Steffien »mit einem Verlust von 250 000 Mark da«. Oder Dieter Eckstein: Dem früheren Nationalspieler vermittelte Berater Holger Klemme zwei Häuser zum Preis von je 600 000 Mark; Eckstein unterschrieb »den Haufen Formulare« auf einer Autofahrt und war am Ende nicht mehr in der Lage, die Monatsraten von 15 000 Mark zu bezahlen. Er mußte die Häuser für insgesamt 750 000 Mark verkaufen und stotterte als Mittdreißiger beim Bayernliga-Klub SG Post Süd Regensburg monatlich 1600 Mark von seinen 360 000 Mark Schulden ab.

Nach solch unseriösen Beispielen war der Beruf des Spielerberaters, dessen Pionier Dr. Otto Ratz (»Mister 10 Prozent«) in den 60er Jahren rund 2000 Transfers einfädelte, in die Defensive geraten, doch die großen Geld- und Spielerströme nach dem Bosman-Urteil haben die Branche wieder zur Goldgrube gemacht und ihren Einfluß vergrößert – fast jeder Profi nimmt sich heute für Verhandlungen einen lizenzierten Berater. Das treibt die Kosten in die Höhe, vor allem für die Vereine, denen abgezockte Verhandlungspartner gegenübersitzen und nicht mehr unbedarfte Kicker wie einst Horst Szymaniak mit seiner legendären Gegenforderung nach dem Angebot, das Gehalt um ein Drittel zu erhöhen: »Ich will mindestens ein Viertel.«

Nach Empfehlung der Bundesanstalt für Arbeit können Berater 2 bis 12 Prozent des ausgehandelten Gesamtjahreslohns ihres Klienten verlangen – üblich sind 10 Prozent. »Ein mittelmäßiger Berater«, beklagt Bayern-Vizepräsident Karl-Heinz Rummenigge, »kommt auf eine hohe sechsstellige Summe im Jahr.«

Da erinnert man sich wehmütig eines gewissen Manfred Wengert. Der Drucker von Stierkampfplakaten, seßhaft bei Barcelona, vermittelte Günter Netzer 1973 zu Real Madrid. Die Ablöse betrug 1,3 Millionen Mark, Wengert verlangte nur 2,5 Prozent davon, gerade mal 32 500 Mark. Der hätte einen Berater gebraucht.

Talent

Früher Währung (bei den alten Griechen), heute gesuchte Geldanlage. Wer Talent hat, ist ein Talent, und das will jeder. Der 15jährige Schotte Mark Fotheringham hatte Anfang 1999 Angebote von allen 20 Klubs der englischen Premier League, entschied sich aber für Celtic Glasgow. Der 16jährige Deutsche Moritz Volz wechselte zu Arsenal London, wo man ihm 9000 Mark pro Woche bot. Der 15jährige Franzose Jérémie Aladière erhielt bei Arsenal sogar einen Siebenjahresvertrag über 5,3 Millionen Mark, worauf die französische Sportministerin George-Buffet eine Gesetzesvorlage ankündigte, die Transfers von Minderjährigen verbieten soll. Dahinter steckt im Land des Weltmeisters auch die Angst, daß die Millionenangebote des verrückt gewordenen Marktes das in anderen Ländern inzwischen kopierte System der Fußballinternate, das Spieler wie Zidane oder Dugarry hervorbrachte, zerstören könnte.

Europaweit kaufen Klubs Kinder wie Pferdebesitzer Einjährige, in der Hoffnung, einen Derby-Sieger zu erwischen. Sind sie noch zu jung, parkt man sie, um nationale Gesetze zu umgehen, bei Klubs im Ausland. Festangestellte Talentspäher und Netze freiberuflicher Scouts helfen den großen Klubs bei der Suche; die Zeugnisse und Analysen der Talente werden im Computer gespeichert und ausgewertet wie bei Börsenwerten, bis der Rechner ein »Kaufen« ausspuckt. Bis zu 200 000 Mark werden für Jugendspieler aus Afrika bezahlt, bei brasilianischen Jugendnationalspielern geht bis zu eine Million über den Tisch. Borussia Mönchengladbach gab einem 17jährigen, der ein Angebot von Real Madrid hatte, einen langfristigen Vertrag mit garantierter Verdienststeigerung von 5000 auf 12 000 Mark. Einige Klubs sind schon in der Grundschule angekommen. Der AC Turin verpflichtete Vincenzo Sarno aus Neapel für 120 000 Mark – im Alter von 10 Jahren. Aber so neu ist das auch wieder nicht: Der erste Fußballstar Italiens, Renzo De Vecchi, hatte seinen ersten Vertrag beim AC Mailand schon 1906, mit zwölf Jahren, unterzeichnet. Und Josef Bican, der neben »Bimbo« Binder größte Torjäger, den Österreich hervorbrachte, wurde schon mit zehn Jahren von Hertha Wien verpflichtet. Immerhin, das ging noch als soziale Maßnahme durch: Bicans Vater war zuvor an einer Verletzung gestorben, die er im Hertha-Trikot erlitten hatte.

Vermarkter

Verkäufer, das hört sich nach Woolworth an und nach Klinkenputzen, also nennen sich die Verkäufer heute lieber Vermarkter – zumindest die, die nichts verkaufen, was man in die Hand nehmen kann, sondern was nur auf dem Papier steht: Rechte. Mit solchen Rechten, denen an Fernsehübertragungen, an Vereinsemblemen und zunehmend auch den Rechten an ganzen Klubs (die damit rechtlos werden), ist seit dem Boom des Privatfernsehens Ende der 80er Jahre viel von dem besten Geld verdient worden, dem schnellen und sauberen Geld.

Marktführer in Europa wurde die Bertelsmann-Agentur Ufa Sports, die nach dem Zusammenbruch des Ostblocks die Chancen erkannte und auf Einkaufstour ging. Ende der 90er vermarktete sie rund 200 Vereine aus 40 Ländern (vom Klassiker Inter Mailand bis zum Verbrecher-Verein FK Obilic Belgrad), teilweise ganze Ligen (Polen, Bulgarien, Slowenien) und mehr als 30 Nationalteams in Europa (z.B. Kroatien, Tschechien, Schottland). Die zweite Einkaufstour machte Ufa bei notleidenden deutschen Fußballklubs, zuerst bei Hertha BSC Berlin. Ufa entschuldete den Klub seit 1994, investierte 20 Millionen Mark für Spielerkäufe und übernahm im Gegenzug das Sagen im Verein – die Agentur kassiert 40 Prozent, doppelt soviel wie üblich, an Provision von Vermarktungserträgen. Weitere Akquisitionen waren der Hamburger SV (für die Beteiligung am Stadionneubau und 25 Millionen Mark Darlehen für Spielerkäufe gab es 25 Prozent an der Stadion-Betreibergesellschaft und 17 Jahre HSV-Marketing- und Fernsehrechte) sowie der 1. FC Nürnberg. Das Ziel heißt: »nationale Marken« aufbauen.

Auf unterer Ebene setzt der Filmunternehmer Michael Kölmel auf »gefallene Engel«. Er investierte in heruntergewirtschaftete Traditionsklubs wie Alemannia Aachen, Rot-Weiß Essen, Dynamo Dresden (vom kriminellen Bauunternehmer Rolf-Jürgen Otto einst mit 17 Millionen Mark Schulden sitzengelassen), Union Berlin, Waldhof Mannheim und Bundesligaabsteiger Borussia Mönchengladbach. Dafür sicherte er sich umfassende Rechte, die sich prächtig rentieren werden, wenn die 40 Millionen Mark, die er den fünf Regionalligaklubs gab, zum sportlichen Aufstieg führen sollten.

In den oberen Klassen ist so etwas kaum noch möglich ohne das ganz große Geld, die Konkurrenz der Agenturen ist hart. Um Markanteile kämpfen neben Ufa auch ISPR (Kirch/Springer), ISL (Dassler-Erben), SportA (ARD/ZDF) und die weltgrößte Sportmarketing-Agentur IMG, die sich zwar Körbe bei Borussia Dortmund und dem HSV holte, dafür aber für 680 Millionen Mark (zusammen mit Nike) die Vermarktung des US-Fußballverbandes bis 2010 übernahm. Außerdem hat IMG Rechte in China, Rußland, Südkorea und die Kontrolle über Racing Straßburg.

Bei der ausufernden Macht der Fußball-Multis droht zunehmend die Gefahr sportlicher Kartellabsprachen, etwa wenn zwei Ufa-Klubs aufeinandertreffen und der Vermarkter das Ergebnis beschließt. Um das im Europapokal zu verhindern, hat die UEFA beschlossen, daß ein Eigentümer nur mit einem Klub in einem Wettbewerb vertreten sein kann – und wurde darin 1999 vom Internationalen Sportgerichtshof in Genf bestätigt. Weil die britische Investmentgruppe Enic Besitzer von AEK Athen, Slavia Prag und Vicenza Calcio ist (sowie eine Minderheitsbeteiligung bei Glasgow Rangers hat) und sich Athen und Prag für den UEFA-Pokal qualifizierten, mußte sich die Geschäftsleitung entscheiden. So kam es 1998 zu der Premiere, daß ein Unternehmensvorstand über eine Europapokal-Qualifikation entschied – man wählte AEK Athen. Slavia Prag blieb draußen.

Werbung

Mitte der 50er Jahre führte Penarol Montevideo als erster Klub der Welt die Trikotwerbung ein. Obdulio Varela weigerte sich: »Früher hat man uns Neger an einem Ring in der Nase herumgeführt. Die Zeiten sind vorbei.« Die Zeiten fingen erst an. 1973 erkämpfte Klub- und Unternehmens-Chef Mast gegen den Widerstand des DFB die Werbung mit dem Jägermeister-Hirsch auf dem Trikot von Eintracht Braunschweig. Danach kamen der HSV mit Campari, Eintracht Frankfurt mit Remington, Duisburg mit Brian Scott, Düsseldorf mit Allkauf.

Vor den Fußballklubs hatten schon die Fußballer Werbung gemacht – bis heute vor allem fürs Elementare: Kalorien rein, Bart ab. Schon Vorkriegs-Helden wie Richard Hofmann oder Tull Harder warben für Zigaretten. Der junge Beckenbauer saß vor der dampfenden Schüssel, pustete hinein und sagte mit rollendem R: »Knorr in den Teller. Kraft auf den Tisch.« Viel später erwies sich der Sieben-

Silber »Mitsubishi Pajero« als etwas schwierig, weswegen Beckenbauer, immer noch der Werbestar des deutschen Fußballs, seither nur noch für Produkte wirbt, die auch im Giesinger Idiom leicht aussprechlich sind: Opel, E-Plus, Warsteiner, Adidas oder Würth.

Damals, als die Werbung den Fußball entdeckte, warb sogar die Gattin. Brigitte Beckenbauer bügelte Kaisers Hemden und pries das Eisen. Helmut Haller löffelte Nudelsuppe. Uwe Seeler pfiff so lange, bis sein Hattric-Rasierwasser alle war. Und sogar für den Bundestrainer fiel etwas ab: »Helmut Schön und sein Neckermann-Fertighaus: Ich habe schon immer großen Wert auf solide Qualität und perfekte Organisation gelegt.« Für die Werbung hat Günter Netzer seinen Ferrari eigenhändig betankt, Paul Breitner seinen Bart abrasiert und Horst Köppel ein Toupet aufgesetzt (nach drei Jahren setzte er es wieder ab).

Kollege Vogts lehnte eine Haarteilwerbung auf Raten von Ehefrau Monika ab, weil die sagte: »Dann mußt du aber immer mit diesem Ding rumlaufen.« Als werbender Bundestrainer löffelte Vogts 20 Jahre später seinen Joghurt und ließ sich von Kühen die Viererkette vorführen – bei denen klappte das besser als bei seiner Mannschaft. Auch das Erfrischungsgetränk »Bertis Buben«, das die »Top Drinks Company« aus Erftstadt vor der WM 1998 herausbrachte, soll kein Torerfolg gewesen sein. Die Werbemillionen, die die Industrie nach der EM-Euphorie 1996 in deutsche Kicker investierte, vor allem in den Frauentyp Oliver Bierhoff, brachten durch das sportliche Desaster von 1998 nicht die erhoffte Rendite. Kein Wunder, daß mit den deutschen Minus-Kickern der EM 2000 kaum noch einer Werbung machen wollte. Selbst die brillante Samba-Werbung von Nike mit den Brasilianern, die einen ganzen Flughafen umdribbelten, erwies sich als Eigentor: Denn die Realität hielt dem Traumbild der Werbung nicht stand – die Brasilianer spielten so, als wären sie auf die eigene Werbeillusion hereingefallen.

Werbung ist halt Glückssache, nach dem Motto von Henry Ford: Die Hälfte ist rausgeschmissenes Geld, aber man weiß nicht, welche. Bei den großen Fußballereignissen treten sich Sponsoren und Werbekunden inzwischen auf die Füße. Die WM 1998 hatte 12 FIFA-Sponsoren, 8 offizielle Ausstatter, 25 französische Werbepartner, dazu die Firmen, die »Guerilla-Marketing« betreiben wie Nike (so viel Werbung in Fernsehen und Spielorten, daß die offiziellen Werbepartner übertrumpft werden), dann die Partner der teilnehmenden Verbände, etwa des DFB, der 8 Millionen Mark pro Jahr von Daimler-Chrysler erhält, 6 Millionen von Adidas und 4 Millionen von Bitburger – und nicht zuletzt die Partner der einzelnen Stars, die meist separate Ausrüster-Verträge haben.

Immer mehr Werbung im Fußball, immer weniger Wirkung: »Jede Werbemark ist bei Fußball-Großereignissen nur noch 25 Pfennig wert«, urteilte Hartmut Zastrow vom Kölner Institut Sport + Markt. Nach der EM 1996 konnten sich nur 7 Prozent der Zuschauer an die Bandenwerbung von Snickers erinnern, andere wie Philips, Canon oder IVC waren höchstens einem Prozent in Erinnerung geblieben – dafür wurden Bitburger und Obi genannt, die gar keine Bandenwerbung machten. Da hilft nur ein besonders origineller Auftritt wie der von Jürgen Klinsmann. Nach seiner 11. Auswechslung durch Trapattoni trat der Bayern-Stürmer vor Wut ein Loch in die Werbetonne von Sanyo. Das Bild von der kaputten, überdimensionalen Batterie-Attrappe, die sonst nie einer beachtete, lief in allen Blättern und Kanälen. Zum Dank schickte die Firma Klinsmann einen Präsentkorb.

Abb. 22: Randalierende Fans des FC Liverpool provozieren am 29. 5. 1985 im Brüsseler Heysel-Stadion eine Katastrophe, die 39 Anhänger von Juventus Turin das Leben kostet.

22. Gewalt

Fußball, das war in seinen regional verschiedenen Formen seit dem Mittelalter ein ziemlich wüstes und gewalttätiges, praktisch regelfreies Spektakel mit vielen Verletzten und auch Toten, gepflegt als Volkssport vor allem in England und Nordfrankreich. Man trieb den Ball durch Straßen und Gassen oder querfeldein, nicht selten bewaffnet oder mit eisenbeschlagenen Schuhen, mit denen auf die Gegner eingetreten wurde. Ein Pamphlet des Puritaners Philip Stubbes (als Student in Oxford und Cambridge zuvor selbst Fußballspieler) namens »The Anatomy of Abuses in England« (Anatomie englischer Mißstände) geißelte 1583 Fußball als »teuflischen Zeitvertreib«: »Das Fußballspiel ist eher eine blutige, mörderische Beschäftigung als ein Spiel oder Zeitvertreib. Wartet nicht jeder darauf, seinen Gegner zu Fall zu bringen – auch auf steinigem Boden? Und wer dies am besten kann, ist der Angesehenste. Mal wird das Genick gebrochen, mal der Rücken oder Arme oder Beine. Aus den Nasen schießt das Blut, und die Augen quellen hervor. Doch auch die Besten kommen nicht ohne Schaden davon, sondern werden so verletzt und gequetscht, daß sie daran sterben oder nur knapp dem Tod entgehen. Kein Wunder! Zwei nehmen einen dritten in ihre Mitte, rammen ihm die Ellbogen ins Herz, schlagen ihm die Fäuste unter die kurze Rippe ... Daraus erwachsen Neid, Bosheit, Haß – und manchmal Mord und Totschlag.«

So sah also der allseits beliebte »Straßenfußball« aus, dessen Verschwinden die Trainer der zivilisierten Nationen so gern beklagen. Dagegen nimmt sich der moderne Fußball, den zwölf Klubvertreter in einer Londoner Taverne mit dem Beschluß der Spielregeln der Football Association am 8. Dezember 1863 begründeten, ziemlich zahm aus. Besonders das »hacking«, das Treten des Gegners, wurde verboten, obwohl Gegner dieser Zähmung des Fußballs forderten: »Hacking is the true football.« (Bis heute gibt es im Fußball-Fachdeutsch den Begriff »Hacken« für grobes Spiel.) Diese Regelung bedeutete die Trennung von Fußball und Rugby, das noch zehn Jahre, einige Tote und etliche Knochenbrüche benötigte, ehe es seinerseits in einer Regelreform Treten, Beinstellen und Würgen verbot. Die zwei Hauptregeln des Fußballs lauteten: Kein Handspiel mehr, und »Fußtritte sind ausschließlich auf den Ball zu richten«.

Bis zum heutigen gezähmten Fußball war es aber noch ein weiter Weg. In einem englischen Bericht von 1910 hieß es malerisch: »Fußtritte in den Unterleib mit nachfolgenden Blasenbrüchen, Darmbrüchen und Unterleibsentzündungen sind an der Tagesordnung. Auch greift immer mehr die Unsitte um sich, den Schiedsrichter mit Ziegelsteinen und Eisenstangen anzugreifen, wenn eine seiner Entscheidungen das Mißfallen der spielenden Partei erregt.« Während die Gewalt auf dem Platz durch striktere Regelauslegung und das Verschwinden von Stahlkappenschuhen im Laufe der Zeit verschwand oder zumindest eine heimlichere Form annahm, war die Gewalt von Fans und unter Fans von Beginn an eine Begleiterscheinung des Fußballs als Massenspektakel. Die *Times* schrieb schon 1880 über Hooligans: »Sie werden immer schlimmer und immer zahlreicher. Ein monströser Auswuchs unserer Zivilisation.«

Das Spiel bot sich dar als Ort kanalisierter Aggression, die gelegentlich den Kanal verläßt. 1969 löste ein WM-Qualifikationsspiel zwischen Honduras und El

Salvador sogar einen Krieg aus, den sogenannten »Fußballkrieg«, der in sieben Tagen rund 200 Menschenleben forderte. In Europa konnte das Hooligan-Problem nach der Heysel-Katastrophe von 1985 mit strikten Sanktionen und einem Höchstmaß an Überwachungstechnik eingegrenzt werden. Doch die Ausschreitungen von Lens bei der WM 1998 mit der schweren Verletzung des Gendarmen Nivel zeigten, daß es im grenzenlosen Europa einen Krawalltourismus gibt, der sich mit moderner Kommunikationstechnik organisiert und für die Behörden kaum berechenbar ist. In anderen Ländern, die in der europäischen Öffentlichkeit weniger präsent sind, wie Argentinien gibt es dagegen eine fast noch archaische, rituelle Gewaltbereitschaft unter Fangruppen, die bis zum Mord reicht – wie zwischen verfeindeten Familien, die einander Blutrache geschworen haben.

Die ungeschriebenen Regeln dieser seltsamen Rituale des Fanatismus schreiben aber zugleich vor, daß die Gewalt unter Fans bleibt, also nicht gegen die Fußballer gerichtet wird – die Bühne bleibt tabu. Die wenigen Ausnahmen, in denen Wurfgeschosse oder Feuerwerkskörper aufs Feld fliegen und Spieler verletzen, sind in der Regel keine geplanten Eingriffe, sondern Betriebsunfälle. Der spektakulärste Fall von Gewalt zwischen Fußballer und Fan ging übrigens von einem Fußballer aus, von dem Franzosen Eric Cantona, der nach seinem 5. Platzverweis binnen 16 Monaten auf dem Weg zur Kabine einen Hooligan, der ihn beschimpfte, in Karate-Manier attackierte und verletzte (die sogenannte Crystal-Palace-Affäre). Cantona erhielt Strafen von Manchester United, dem englischen, dem französischen Verband und einem englischen Gericht und kassierte die längste Sperre in der Geschichte des britischen Fußballs. Trotzdem blieb er eine »Kultfigur«. 1999 wählten ihn die Zuschauer zum besten Spieler der Geschichte von Manchester United, vor Spielern wie George Best und Bobby Charlton. Die Treue des Fußballfans ist mitunter gewaltig.

Hooligans

Ausschreitungen unter Zuschauergruppen, etwa bei Wagenrennen oder Gladiatorenrennen, waren schon in der Antike bekannt. In seinen Annalen berichtet Tacitus, wie zu Zeiten des Kaisers Nero »aus einem unbedeutenden Streit ein blutiger Kampf zwischen den Bewohnern von Nuceria und Pompeii anläßlich eines Gladiatorenspiels« entstand. »Mit kleinstädtischem Mutwillen neckten sie sich zuerst, beschimpften sich dann, griffen zu Steinen und zuletzt zum Schwert ... Viele Nuceriner wurden nun verwundet oder verstümmelt nach Rom gebracht, und gar mancher hatte den Verlust seines Kindes oder Vaters zu beklagen.« Zur Strafe erhielten die Pompeianer Stadionverbot.

Schon kurz nach Entstehen des modernen Fußballs, mit Fans, die Klubfarben tragen, sich betrinken und prügeln und ihre Teams auch bei Auswärtsspielen begleiten, klagte die *Times* 1880 über die Gewaltbereitschaft dieser Gruppen: »Ein monströser Auswuchs unserer Zivilisation.« Dieser Auswuchs wurde bald Hooligans genannt, nach einer irischen Familie, deren Söhne im London der Jahrhundertwende als Trinker und Raufbolde berüchtigt waren.

Zum weltweit gefürchteten Begriff wurde der Hooligan mit der Heysel-Katastrophe 1985, als einige Dutzend Liverpooler Hooligans eine Panik unter den Fans von Juventus Turin auslösten und 39 Menschen umkamen. Seitdem sind durch Maßnahmen wie Trennung der Fanblöcke, Umwandlung von Steh- in Sitzplätze, Überwachungskameras und Einreisekontrollen ähnlich gravierende Ausschreitungen in den Stadien verhindert worden. Doch die Gewalt, die zumeist nicht echtem Haß, sondern einer Lust am Kick durch spontanes Gruppen-Kriegsspiel entspringt, verlagert sich zunehmend in die Räume außerhalb des Stadions – holländische Hooligans, laut Polizeierkenntnissen »organisiert wie eine Armee«, haben sich sogar schon auf Autobahnrastplätzen zu Schlägereien verabredet.

In der Bundesliga tauchte das Gewaltproblem Ende der 70er Jahre vor allem bei den Spitzenspielen Hamburger SV gegen Bayern München auf: 1977 gab es einen Toten und 15 Verletzte, 1979 70 Verletzte. Seitdem wird kaum über Gewalt in deutschen Stadien berichtet, so daß die Ausschreitungen von Lens während der WM 1998 mit der schweren Verletzung des Gendarmen David Nivel für viele wie aus heiterem Himmel kamen. Dabei zeigten die deutschen Hooligans, daß sie beim Kampf um die gewalttätige Führungsrolle in Europa eine Herausforderung für Holländer und Engländer sind.

Noch schlimmer geht es allerdings in Argentinien zu, wo die Spiele der 2. und 3. Liga Anfang 1999 wegen der Brutalität der Fans ausgesetzt wurden und die Profis der 1. Liga aus Protest in Streik traten. 1993 hatte Jorge Valdano, argentinischer Weltmeister von 1978, geschätzt, daß seit der WM von 1978 mehr als 100 Menschen durch mit Stellmessern und Schußwaffen ausgerüstete argentinische Hooligans ums Leben gekommen seien. Kurz danach endete die Partie Boca Juniors gegen River Plate 0:2. Nach dem Schlußpfiff wurden am Stadionausgang zwei Fans von River Plate erschossen. Ein vermummter Boca-Fan sagte darauf im Fernsehen: »Wir haben zum 2:2 ausgeglichen.«

Krieg

»Im Sport gibt es Sieg ohne kriegerische Mittel«, verkündet Turnvater Lunz in »Brot und Spiele« von Siegfried Lenz. Doch es gibt auch sportliche Siege mit kriegsverwandten Mitteln – und einmal mindestens gab es auch einen kriegerischen Erfolg mit fußballerischen Mitteln. Das war, als der englische Fußball seinen ersten internationalen Erfolg erzielte. 1916 sprang Hauptmann Neville aus seinem Schützengraben, irgendwo an der Marne, und führte, hinter einem Fußball herlaufend, den Angriff auf die deutschen Linien an. Seine Soldaten folgten ihm. Der Hauptmann starb, doch England eroberte ein Stück Niemandsland.

»Fußball ist Krieg ohne Schießen«, schrieb George Orwell dreißig Jahre später. Tatsächlich hat es Spiele gegeben, in denen eigentlich nur noch Waffen gefehlt hätten, um einen Krieg auszulösen (siehe »Weltpokal«). Und einmal ist wirklich ein Fußballspiel der Auslöser für einen Krieg gewesen, der seitdem »Fußballkrieg« genannt wird, wenngleich der jahrzentealte Konflikt zweier Nachbarländer für seine Explosion nicht den Torjubel der einen und die Niederlage der anderen benötigt hätte. Doch nachdem Pipo Rodriguez 1969 das 3:2 für El Salvador in der Verlängerung des WM-Qualifikationsspiels gegen Honduras erzielt hatte, kam es zu militärischen Feindseligkeiten zwischen den Ländern. Der Konflikt forderte in sieben Tagen 200 Tote und 1000 Verletzte.

Mord

Lutz Eigendorf war 22 Jahre alt und Auswahlspieler der DDR, als er sich nach einem Freundschaftsspiel von Dynamo Berlin in Kaiserslautern per Taxi von Mannschaft und Stasi-Staat absetzte. Danach stand er auf der Liste derjenigen, mit denen Erich Mielke noch eine Rechnung offen hatte. Für den Chef der Staatssicherheit und Fan von Dynamo war ein abtrünniger Spieler ein toter Mann. Vier Jahre später, am 5. März 1983, fuhr Eigendorf, inzwischen Profi bei Eintracht Braunschweig, nach einer Heimniederlage gegen Bochum, bei der er auf der Bank gesessen hatte, mit seinem Alfa Romeo vor einen Baum. Bei der Obduktion wurde ein Alkoholgehalt von 2,3 Promille ermittelt, obwohl Eigendorf nach Zeugenaussagen fast nichts getrunken hatte. Man hörte von dem Verdacht, Mielke solle schon 1979 die Liquidierung befohlen haben. Den letzten Stand der Ermittlungen veröffentlichte der Bundesnachrichtendienst 1990: Wahrscheinlich wurde der Autotürgriff von Eigendorfs Alfa mit nicht nachweisbarem Kontaktgift präpariert, das über die Haut ins Blut drang und dann eine Lähmung auslöste.

Tod

»Manche tun so, als ginge es im Fußball um Leben und Tod«, lautet das bekannte Bonmot von Bill Shankly, dem legendären Trainer des FC Liverpool. »Dabei geht es um viel mehr.« Abdon Porte war bei Nacional Montevideo vom Stammspieler zum Ersatzmann degradiert worden. An einem Abend des Jahres 1918 betrat er das dunkle Stadion von Nacional, ging zum Mittelkreis und erschoß sich Punkt Mitternacht.

Fußball kann tödlich sein. Man kann auf dem Platz sterben, wie jährlich weltweit Hunderte von Fußballern, vor allem durch Herzkrankheiten, wie etwa der ältere Bruder des französischen Weltmeisters Emmanuel Petit; oder wie der Vater des früheren Bayern-Torwarts Raimond Aumann, der den Aufprall eines alten, mit Wasser schwer vollgesogenen Balles nicht überlebte; durch Zweikämpfe wie der Vater des berühmten österreichischen Torjägers Josef Bican 1921 bei Hertha Wien oder der erste Meister des Fallrückziehers, der Chilene David Arellano, bei einer Europatournee 1927. Oder auch durch den Schiedsrichter, wie der Südafrikaner Isaac Mkhwetha, der 1999 bei einem Dorfspiel vom Referee erschossen wurde, nachdem er diesen mit einem Messer bedroht hatte. 1977 erlebte Kolumbien ein tödliches Revanchefoul: Linksaußen Zungiga vom Zweitligaklub Santa Rosa de Dabal wurde nach mehreren Fouls umgerannt und zu Tode getreten.

Auch die Unparteiischen verlassen den Platz nicht immer lebend. 1977, Córdoba, Argentinien: Spieler von Sportivo Rural treten Linienrichter Basso zu Tode. 1989, Kolumbien: Schiedsrichter Ortega wird von der Wettmafia erschossen. 1990, Spanien, 2. Liga: Während des Spiels zwischen Motril und Calahorra erschießt ein Zuschauer Schiedsrichter Duenas. Auch die Reisen zu den Spielen sind mitunter gefährlich: So starb die italienische Meistermannschaft von AC Turin 1949 bei einem Flugzeugabsturz, 1958 stürzten die »Busby Babes« von Manchester United in München ab, und der Nationalspieler Fritz Balogh starb 1951 bei der Rückfahrt von einem Auswärtsspiel des VfL Neckarau bei Bayern München, als sich im Mitropa-Speisewagen des D-Zugs 107 bei Ulm eine Tür öffnete und der Fahrtsog ihn mitriß.

Die schlimmsten Fußballkatastrophen aber gab es, wenn sich die Gewalt auf den Rängen mit der Unfähigkeit von Organisation und Polizei kombinierte und eine Panik auslöste. 1964 starben in Lima 318 Menschen, als nach Tumulten wegen Annullierung eines Tores in der letzten Minute des Spiels Peru gegen Argentinien die Polizei scharfe Munition verwendete und Hunderte von Menschen vor einem verschlossenen Tor in Panik zu Tode gequetscht wurden. 1971 starben 66 Menschen nach dem Glasgower Derby im Ibrox-Park. Beim Europapokalfinale 1985 trieben Hooligans des FC Liverpool 39 Menschen in den Tod. 1989 starben im Hillsborough-Stadion von Sheffield 95 Menschen, als ein überforderter Polizei-Offizier 3000 Liverpooler Fans Zugang zum schon überfüllten Fan-Block verschaffte.

Weltpokal

Seit jeher brannte in Duellen zwischen Südamerika und Europa die Luft: Brasiliens erster Star Artur Friedenreich büßte 1914 in einem Spiel gegen den englischen Klub Exeter zwei Zähne ein, und die Spiele von Brasilien gegen die CSSR 1938 (als die tschechischen Stars Planicka und Nejedly mit Knochenbrüchen vom Platz kamen und zum Wiederholungsspiel 15 neue Spieler antraten) und gegen Ungarn 1954 (als die Feindseligkeiten in der Kabine fortgesetzt wurden) zählen zu den brutalsten der WM-Geschichte. Kein Wettbewerb aber war jemals so von Haß und Gewalt erfüllt wie der Weltpokal, der Vergleich zwischen den jeweils besten Vereinsmannschaften Europas und Südamerikas – die kriegerischen Handlungen mit Spucken, Beißen, Tritten in den Unterleib, Platzverweisen, Klinikeinlieferungen und Polizeieinsätzen steigerten sich in einem Maße, daß die UEFA 1973 forderte, den Weltpokal zu verbieten. Vermutlich ging der Rachefeldzug der Südamerikaner auf die für sie enttäuschende WM 1966 in England zurück, als Brasilien in der Vorrunde ausschied, nachdem Pelé von Bulgaren und Portugiesen zusammengetreten worden war, als Argentinien an England scheiterte (und Kapitän Rattin durch Platzverweis verlor) und Uruguay an Deutschland (mit Platzverweisen für Troche und Silva).

Die »Rache an Europa« nahm ihren Lauf, und der südamerikanische Fußball, seit jeher geprägt von Kunstfertigkeit, bekam nun für mehr als ein Jahrzehnt das Image eines Amoklaufes. 1967 der erste Höhepunkt: Entscheidungsspiel zwischen Racing Buenos Aires und Celtic Glasgow. Ein Zuschauer verletzt den schottischen Torwart Ronnie Simpson mit einem Metallgeschoß am Kopf. Vier Schotten, zwei Argentinier werden vom Platz gestellt, allerdings weigern sich Carlos Rulli und Bertie Auld einfach zu gehen. Darauf sieht der Schiedsrichter von weiteren Platzverweisen ab, trotz einschlägiger Attacken, und schafft es so, das Spiel mit einem 1:0 für Racing zu Ende zu bringen. Die englische Zeitung *News of the World* schrieb in die Autorenzeile über dem Spielbericht: »von unserem Fußball-Kriegsberichterstatter aus Montevideo« und forderte, »dieses interkontinentale Gemetzel abzuschaffen, oder die Spieler zu bewaffnen, Gewehre auszugeben und das Kriegführen im Sport zu legalisieren«.

Doch es sollte noch schlimmer werden, denn Estudiantes kam. Zwei Spieler der Argentinier, Carlos Bilardo und Raul Madero, waren Ärzte und schafften es, im Weltpokal einige Gegenspieler zu Patienten zu machen. 1968 gegen Manchester United öffnete Bilardo das Bein von Bobby Charlton bis zum Knochen. Daneben provozierten die Südamerikaner die Platzverweise von Nobby Stiles und George Best. Ein Jahr später kamen sie über den AC Mailand: Suarez zertrümmerte das Nasenbein von Combin, Torwart Poletti und Manera fielen prügelnd über die Italiener her und sogar über den Arzt, der die Verletzten behandelte. Der entsetzte Staatspräsident Ongania orderte daraufhin 30 Tage Haft für Poletti und den zunächst geflohenen Suarez an. Der argentinische Verband sperrte Poletti auf Lebenszeit, Suarez für 30 und Manera für 20 Spiele.

1970 zertrat Carlos Pachame die Brille von Joop van Daele, als der das Siegtor für Feyenoord Rotterdam geschossen hatte. Darauf verzichtete Ajax Amsterdam ein Jahr später dankend auf den Weltpokal, um es dann doch 1972 zu versuchen – sie bezahlten es mit einem aufgeschlitzten Knöchel von Johan Cruyff, der danach nie mehr so spielte wie zuvor. Nun reichte es den Europäern: Ajax verzichtete 1973, die Bayern 1974 und 1975, Liverpool 1977 und 1978, Nottingham Forest 1979, und das war das Ende des alten Weltpokals. Die Südamerikaner verlegten sich mangels Europäern fürs erste darauf, sich selbst zu zerfleischen: Bei der Copa Libertadores 1971 zwischen Boca Juniors Buenos Aires und Sporting Cristal Lima flogen 19 Spieler vom Platz, drei landeten im Krankenhaus, 16 für

30 Tage im Gefängnis. 1975 wurden bei einem »Freundschaftsspiel« in Santiago zehn Chilenen und neun Uruguayer des Feldes verwiesen.

Der Weltpokal hat sich von alldem nicht erholt. Die gezähmte Version, die seit 1980 immer kurz vor Weihnachten auf neutralem Boden, in Tokio, veranstaltet wird, hat mit seinem Vorläufer nicht mehr viel zu tun. Noch 'n komischer Pokal, noch 'ne lästige Reise.

Abb. 23: Unbekannter Torwart (r.) und Angreifer mit dem berüchtigten Torriecher.

23. Gesellschaft

Was ist eine Mannschaft? Ein Jagdverband, sagt der britische Zoologe Desmond Morris. Die Kernpunkte seines Buches »Das Spiel«: Fußball ist rituelle Jagd, Zusammenspiel von Beute machenden Herdenmenschen, Fortsetzung stammesgeschichtlicher Riten. Diese Mechanik setzt sich über den Platz hinaus bei den Zuschauern fort. Das Wiener Blatt *Die Presse* stellte bei den Fernsehzuschauern der WM 1998, die vermehrt bei Partys oder öffentlichen Vorführungen zum Gucken zusammenkamen, »die Sehnsucht nach Zusammengehörigkeit in der eigenen Horde« fest. Der Fußball, beinahe das letzte neben dem Wetter, das einer auseinanderstrebenden Sozialgemeinschaft noch Stoff fürs globale Gespräch gibt.

Fußball ist der Sport, den die englischen Gentlemen erfunden haben, den aber

die Arbeiterklasse sich nahm. Er ist kein kultivierter Sonntagnachmittagslange-
weilevertreiber zwischen Lunch und Tea-Time geworden, sondern ein Spiel, das
immer den aufstrebenden, den dynamischen Teilen der Gesellschaft gehört hat –
eines, das ohne Leidenschaft nicht denkbar war. Und obwohl sich die Lebens-
realität der Fußballprofis längst von der ihres Publikums isoliert hat, erwartet dieses immer noch in erster Linie die ehrliche Arbeit, den ganzen Einsatz. Diese So-
lidarität ist das verbindende Element geblieben zwischen Fußballern und Fans, in
einer Gesellschaft, die längst nicht mehr aus sozialen Klassen besteht, sondern aus
der Wechselwirkung von Leistungsanbietern und Erlebniskonsumenten. Bei aller
Distanz darf der Fußballer seinem Fan nie die Illusion nehmen, er sei einer von
ihnen. Wer es tut und seine horrende Bezahlung damit verteidigt, er müsse mehr
leisten als der Hochofenarbeiter, wie es Michael Rummenigge bei Borussia
Dortmund tat, der stellt sich bei den Fans ins Abseits.

Fußball, das ist ein komplexes Sozialgefüge mit Leitwölfen und anderen Ru-
deltieren, das selbst im Zeitalter des täglichen Fernseh- und Boulevardfußballs
seine Geheimnisse bewahrt hat. Denn ohne seine Mannschaft ist der Fußballer
ein einsamer Mensch. So einsam wie ein Buchhalter neben seiner Yucca-Palme,
wie ein Finanzbeamter über seiner Akte, wie die Stenotypistin unter ihrem
Kopfhörer. Das merkt nur niemand, weil niemand einem Fußballer wirklich bei
der Arbeit zuschaut. Nur bei dem Teil der Arbeit, bei dem er zufällig durch
Fremdeinwirkung in die Nähe des Balles gerät. Das geschieht viel seltener, als
man denkt – durchschnittlich ist der Kicker während eines Spieles nur zwei bis
drei Minuten am Ball.

Den einzelnen guckt sich also kaum einer gründlich an, nicht einmal jene Reporter, die neben einem Spielbericht auch noch Noten für jeden Akteur abliefern
müssen. Einmal ist aber ein Spieler für ein Spiel herausgehoben worden aus der
Totalen, in einem Film Anfang der siebziger Jahre (WDR-Produktion »Fußball
wie noch nie«, Regie Helmut Costard), der 90 Minuten lang George Best und
nur George Best zeigte. Ähnlich wie ein Vierteljahrhundert später Bill Clinton in
seinem Vernehmungs-Video vor der Grand Jury im Fall Lewinsky wirkte der
Hauptdarsteller vollständig einsam und seine Vorführung mehr als öde – was nicht
allein daran lag, daß der einst großartigste Dribbler der Welt ebenso wie der einst
mächtigste Mann der Welt seine besten Jahre schon hinter sich hatte.

»Abgeschnitten vom Gesamtgeschehen scheint er sich in einem ereignislosen
Raum zu bewegen«, schrieb Dieter Wellershoff über Best in seinem Buch »Die
Auflösung des Kunstbegriffs«. »Man sieht einen Mann, der läuft und plötzlich

wieder zu laufen aufhört, herumsteht, geht, langsam zurückläuft, schneller wird, wieder herumsteht, plötzlich von irgendwoher einen Ball bekommt und ihn sofort wieder wegschießt, nach langer Zeit wieder einen Ball hat und ein Stück mit ihm läuft, manchmal um den Ball kämpft, einmal plötzlich, scheinbar ohne jede Vorbereitung ein Tor schießt, aber meistens hat er nichts zu tun, und das Spiel findet anderswo statt und geht an ihm vorbei.«

Siehe da, man braucht gar nicht viel zu tun, nur einem Ball nachzurennen und ihn ab und zu zu treten, schon taugt man als Metapher des modernen Menschen: unendlich mobil, im Team mit anderen, von vielen beobachtet – und doch vom Verdacht beschlichen, Spiel und Leben liefen an einem vorbei. Zum Glück gibt es ein Leben nach dem Spiel.

Angestelltenfußball

So lautet das mythische Schimpfwort für den angeblich seelenlosen modernen Profifußball, den der Fußballtheoretiker, der gern gesellschaftskritisch sein möchte, etwa seit den 70er Jahren geißelt. Dabei war Fußball in Deutschland bis zum Ersten Weltkrieg ein Zeitvertreib für Angestellte und Schüler, erst dann begannen die Arbeiter nach englischem Vorbild den Fußball zu adoptieren. Die Angestellten*kultur* beschrieb Walter Benjamin schon in den 20er Jahren, doch bis zum »Angestelltenfußball« mußte noch ein halbes Jahrhundert vergehen. Dazu bedurfte es des FC Bayern, obwohl der bei seinem ersten Bundesligatitel 1969 in der gesamten Saison nur 13 Bedienstete zum Einsatz brachte – ausgerechnet dieser Kleinbetrieb mußte als Synonym für den Großkapitalismus und seine düsteren Auswirkungen auf den Fußball herhalten.

Walter Jens schrieb 1974 von den »Angestellten des FC Bayern«. 1978 erinnerte sich Benjamin Henrichs: »Im engen, häßlichen Stadion an der Grünwalderstraße in Giesing ging die Nachkriegszeit, der Nachkriegsfußball zu Ende – auch auf dem Sportplatz regierte jetzt die Angestelltenkultur, und Franz Beckenbauer wurde ihr perfektester, ihr kreativster Repräsentant.« In den 80er Jahren erlahmte diese politische Kritik an Kickers Arbeitswelt, um in den 90ern neu zu erstehen. »Allein am Erfolgsprinzip orientierter Angestelltenfußball« trieb Dietrich Schulze-Marmeling zum schreibenden Protest, und Helmut Böttiger zog wortreich gegen den Fußball mit »Einbauküchen- und Angestelltenflair« zu Felde.

Fußball mit Einbauküche, das ist nun tatsächlich keine sehr prickelnde Vorstellung, aber so ist das nun mal, wenn man den Jungprofis so viel Geld zahlt, daß sich alle eine teure Einbauküche leisten können und die auch kaufen, wegen der Frauen. Manchmal wird das sogar den Alten zu bunt, und der alte Manfred Burgsmüller hat die Steigerung des grauen Angestelltenfußballs in Worte gefaßt: »Die Jungen spielen wie Beamte.«

Arbeiterfußball

Der moderne Fußball entstand, als Zähmung und Zivilisierung des rüden Straßenfußballs, in den südenglischen Public Schools des 19. Jahrhunderts, und in den ersten Jahren des Wettbewerbsfußballs nach der Regelgebung 1863 beherrschten die Mannschaften dieser besseren Schulgesellschaft das Geschehen. Doch dann schlug die Stunde der Arbeiterklasse, deren Arbeitsbedingungen sich durch »Factory Acts« inzwischen so verbessert hatten (nur noch zehn Arbeitsstunden pro Tag statt 16, dann 14, dann 12, dazu der freie Samstagnachmittag), daß sie selber Sport treiben (oder ihm zuschauen) konnten. So gewannen die Blackburn Rovers 1883 den englischen Pokal mit drei Webern, einem Spinner, einem Baumwollarbeiter, einem Eisenwerker, einem Bilderrahmer, einem Installateur, einem Zahnarzthelfer und zwei (heimlichen) Profis (erst 1885 wurde die Bezahlung erlaubt).

Als 1888 die englische Liga entstand, wurde Fußball endgültig zum Sport der arbeitenden Massen. 1901 drängelten sich 110 000 Zuschauer beim Pokalfinale im Crystal Palace. In Deutschland kamen 1903 erst 2000 zum ersten Meisterschaftsendspiel. Noch war es eher ein Schüler- und Angestelltenspiel, gegen das es Widerstand vor allem von deutschnationalen Turnern gab, die »urdeutsche« Spiele bevorzugten. Die Arbeiterschaft war internationaler ausgerichtet und begann das Spiel in Deutschland etwa seit Beginn des Ersten Weltkrieges zu prägen.

In der spätkapitalistischen Gesellschaft sind von dieser proletarischen Vergangenheit aber zumindest im europäischen Fußball nur noch nostalgische Reste übriggeblieben, etwa die Erwartung des zahlenden Zuschauers (der auf der Tribüne in die Rolle des Arbeitgebers schlüpft), daß die teuer bezahlten Arbeitnehmer auf dem Platz ehrliche Arbeit abliefern.

Der bekennende Prolet, der sich schlecht frisiert und ungehobelt ausdrückt, gehört zur Fußballfolklore wie das Salz in die Suppe. Die anderen, die sich längst

in einer ganz anderen Gesellschaftsschicht wähnen als ihre Fans, aus deren klein-
bürgerlichem Milieu sie aber in der Regel kommen, nämlich in einer Art Ghet-
to allürenhafter Prominenz, müssen zumindest die Spielregeln beachten, die eine
Illusion der Nähe zwischen Fan und Fußballer vorschreiben. »Ich verlange von
einem Fußballprofi, daß er sich der Interessen einer Gesellschaftsschicht bewußt
ist, aus der er selber kommt«, schrieb Cesar Luis Menotti. »Er kann kein isoliertes
Luxusleben führen, das Volk ständig die Distanz spüren lassen. Auch wenn ihnen
die Medien vorgaukeln, Helden zu sein: Fußballprofis sind nur die Dekorations-
stücke der Gesellschaft, die benutzt werden, solange sie im öffentlichen Interesse
stehen.«

Aufstieg

Was dem Amerikaner das Tellerwaschen, ist dem Europäer der Fußball – das mythisch verklärte Forum für den aschenputtelartigen Aufstieg vom armen Arbei-
terkind zum reichen Weltstar. Die »Fußballwelt als Abbild der Gesellschaft«, wie
sie der Psychoanalytiker Horst-Eberhard Richter sah, spiegelt sich in der vielfältigen Bedeutung des Wortes Aufstieg – der sportliche und der soziale. Diese
Chance des Aufstiegs erzeugt eine Dynamik, die dem System und der Gesellschaft nützt. Der Philosoph Herbert Marcuse stellte fest: Die vorwärtstreibenden
Impulse einer Gesellschaft kommen von ihren Randgruppen – jenen, die nichts
zu verlieren haben. Das ist auch in der Fußballgesellschaft so.

Für diejenigen aber, die die Mechanismen ihres Geschäfts nicht begreifen,
steht nach dem persönlichen Aufstieg oft der soziale Wiederabstieg. Es gibt genug Fallbeispiele für Genies des Fußballs, vor allem Torjäger, die auf dem Rasen
zu allem fähig, zum Leben aber eher unfähig sind: Rahn, Best, Brunnenmaier,
Müller oder Mario Kempes, der WM-Star von 1978, der nach seinem Karriere-
Ausklang in St. Pölten und Krems wegen Finanzproblemen Trainerjobs in Indonesien und Albanien annehmen mußte. Auch biedere Fußballarbeiter zählen
dazu, wie der 54er Weltmeister Werner Kohlmeyer, der nach einer Entziehungs-
kur die letzten Lebensjahre ein Gnadenbrot als Pförtner verzehrte.

Das bekannteste Beispiel aber ist das von Reinhard »Stan« Libuda. Der begnadete Dribbler, der Borussia Dortmund zum ersten deutschen Europacup-Sieger
machte, wurde nach dem Bundesliga-Skandal lebenslänglich gesperrt, »floh« mit
Heinz van Haaren zu Racing Straßburg, blieb dort ohne Glück, kam nach der

Begnadigung 1974 auch in der Bundesliga nicht mehr zurecht. Selbst Ernst Kuzorras Lotto-Toto-Kiosk am Schalker Markt lief bei ihm nicht – die Leute erzählten sich lachend, daß Libuda sich beim Addieren dauernd verrechnete. Einen Schulabschluß hatte er nicht. Am Ende hielt ihn nur ein Gnadenbrot als »Drucksachenveredler« von 1500 Mark netto über Wasser. Die Familie ging nach einem Ehestreit mit dem Brotmesser zu Bruch. Libuda verarmte, vereinsamte, wurde Alkoholiker, erkrankte an Kehlkopfkrebs. Er starb mit 53 vor dem Fernseher.

Freizeitfußball

Es gibt ein Leben neben dem DFB. Zum Beispiel in Bottrop. Dort existieren rund 50 Freizeitmannschaften, die sich meistens in Kneipen gebildet und nach ihnen benannt haben. Daher auch das schöne Wort Kneipenmannschaft oder Thekenmannschaft. Vor der deutschen Einheit gab es allein in West-Berlin 180 Freizeit-Fußballvereine mit rund 4000 Aktiven. Oder Aachen – die Keimzelle der »Bunten Ligen«, wo sich der selbsternannte »Alternativfußball« unter Namen wie »Juventus Senile« oder »Hoeneß – nein danke« formierte. Dann wäre da noch der Betriebsfußball, der Hobbyfußball, der Bolzplatzfußball, der Strandfußball – in all diesen Formen ist Fußball noch das, was er mal war und immer noch ist, wenn man sich löst von der Mediensuggestion, nur Profifußball sei Fußball: nämlich ein Spiel, in dem es um den Ball geht und nicht um Geld, wo es keinen Leistungsdruck, keine Trainingszeiten, keine Interviews und keine Altersklassen gibt.

Die organisierte Form dieser ursprünglichen Spielform ist der Dorffußball, der Kick auf der untersten Ebene. Wo 22 Nachbarn unterschiedlicher Alters- und Gewichtsklassen über einen holprigen Acker traben, etwa die gleiche Anzahl an Zuschauern über die Stangen am Spielfeldrand gelehnt steht und der Platzwart ab und zu hinter der Theke des Klubheims hervorgeholt wird, um den Ball mit einer langen Stange aus dem Bach zu fischen – da ist die Fußballwelt noch in Ordnung. Diese Art von Dorffußball, schwärmte Werner Schneyder, »hat etwas von der kostbaren Infantilität des Knabenfußballs bewahrt«.

Globalisierung

Was in anderen Unterhaltungsindustrien passiert ist, im Kino, in der Musik, im Fernsehen, blieb auch dem Fußball nicht erspart: das Verschwinden nationaler Unterschiede, das Entstehen einer Massenkultur. »Die Weltmeisterschaft ist ein Fest des Geldes und der anthropologischen Gleichschaltung der Welt«, schrieb der französische Philosoph Robert Redeker 1998. Fußball ist längst eine Massenware für den internationalen Austausch von Unterhaltungsprogrammen, deren Konsumenten Benjamin Barbers Imperativ der Globalisierung gehorchen: der »Aufforderung, jede Identität abzulegen, außer der des Verbrauchers«. Aber nicht nur die Konsumenten, auch die Produzenten, nicht nur die Absatz-, auch die Arbeitsmärkte des Fußballs kennen keine Grenzen mehr: »Nirgendwo ist die wirtschaftswissenschaftliche Fiktion eines flexiblen, hungrigen, grenzenlos vermittelbaren Arbeitnehmers in ähnlicher Rasanz Wirklichkeit geworden wie im Fußball«, schrieb Dirk Schümer und nannte Jürgen Klinsmann ein Vorbild des »kosmopolitischen Jungunternehmers«: »Immer zog er den lukrativsten Handgeldern hinterher … und pflegt die nationalen Märkte so flink zu wechseln wie die Mannschaftstrikots.«

Aber mithalten können nur die großen, starken nationalen Märkte, die von Deutschland, England, Frankreich, Italien, Spanien, auch den Niederlanden. Wie in der Weltwirtschaft sind Produzenten, die auf zu kleinen Märkten gefangen sind, auf Dauer nicht mehr konkurrenzfähig und werden zu Übernahmekandidaten – so geriet der belgische Erstligist Germinal Ekeren ebenso wie Vereine aus Bukarest, Johannesburg und Singapur ins Visier von Ajax Amsterdam. Längst wandern Spitzenkräfte aus Ländern wie Dänemark oder der Schweiz lieber in die 2. und 3. Ligen der großen Nachbarn ab, als in der eigenen 1. Liga zu spielen. Seit jeher ist das so in Irland, das als frühere britische »Kolonie« bis heute ohne großen Verein ist und dessen beste Spieler immer nach England gingen. So entwickelte der Präsident des FC Wimbledon, ein libanesischer Geschäftsmann, angesichts der großen lokalen Konkurrenz in London durch Klubs wie Arsenal, Chelsea oder Tottenham den revolutionären Plan, mit dem Klub nach Irland zu ziehen. In den USA ist es seit jeher üblich, daß Teams nach verkaufsstrategischen Interessen ihren Standort wechseln. Warum nicht auch, um Steuern zu sparen? Schöne Aussichten: FC Bayern Kleinwalsertal.

Hätschelprofis

Christian Nerlinger fand als Bayern-Profi die Zeit, für ein Jugendmagazin seinen typischen Arbeitstag aufzuschreiben. 8.30 Uhr »aufstehen, anziehen«, dann Frühstück mit »Müsli, Kiwi, Apfel und Banane, dazu Apfelschorle«. Von 10 bis 11.30 Uhr Training, 12.30 Nudeln und Salat bei Muttern, dann Mittagspause. 17 Uhr: »Ich war mit meinem Bruder zum Tennisspielen (habe verloren). Nun entspanne ich mich bei meinen Eltern mit der Lektüre des *Kicker*.« Und dann die verdiente Ruhe, der Schlaf des Gerechten.

Gerade der FC Bayern wurde in den 90er Jahren zum Vorreiter des Hätschelprofis, mit beheizten Fußballschuhen, einem Fernseher mit ntv-Börsenkursen in der Umkleide, dazu einem Mobiltelefon (rot, mit Klub-Emblem) für Kauf- oder Verkauf-Orders. Doch man hatte erst den Trainer und dann die Fans nicht mit einkalkuliert. Erst feuerte Giovanni Trapattoni seinen Profis das legendäre »Flasche leer« um die Ohren, dann ließen die Fans ihrem Unmut über die weinerlichen Star-Darsteller freien Lauf.

Auch in anderen Stadien entdeckten die Fans in der Bundesligasaison 1997/98 ihre Distanz zum vorher verehrten Personal. In Dortmund skandierten sie »Scheiß-Millionäre«. In Karlsruhe spotteten sie: »Keine Abwehr, doch den schönsten Bus«. Der KSC hatte für die Mannschaft einen Luxus-Bus für 1,2 Millionen Mark gekauft, mit Bar, Fernsehern, Videospielen – mit dem stieg man in die 2. Liga ab. Doch davon ließ sich der AC Florenz nicht abschrecken. Der damalige Spitzenreiter der italienischen Serie A schaffte Ende 1998 einen Fiat Ducato an, der seitdem die Profis im Pendelverkehr von der Umkleide zum Trainingsplatz chauffiert. Die Distanz: 150 Meter.

Opium fürs Volk

»Wie sollen wir die Gesellschaft ändern, wenn unsere jungen Mitglieder sonntags Fußball spielen und nichts anderes im Kopf haben«, beklagte in den 20er Jahren die Deutsche Arbeitersport-Bewegung. Weil in den englischen Zentren des Kapitalismus im späten 19. Jahrhundert nicht, wie von Marx prophezeit, der Kommunismus ausbrach, sondern der Fußball, lag die nächste Abwandlung einer Marx-Theorie auf der Hand – dann mußte der Fußball eben das »Opium des Volkes« sein, das die Großkapitalisten ausstreuten, um die revolutionären Ideen einzuschläfern.

Tatsächlich hat der englische Anthropologe Desmond Morris festgestellt, daß die meßbare Produktivität der Arbeiter in den Fabriken nach einem Erfolg ihrer Mannschaft größer war. Das wird heute immer noch so sein – wer geht nicht am Montag mit mehr Spaß ins Büro, wenn die ungeliebten Bayern endlich mal verloren haben? Aber ist dieser kleine Lustgewinn nun die Wirkung eines Rauschmittels mit politischer Dimension? »Daß die Frage, ob Ronaldo sich die Haare wachsen läßt oder nicht, ins Zentrum der Debatten rücken kann«, schrieb der spanische Schriftsteller Manuel Vásquez Montalbán, »zeigt uns, daß der zu Zeiten der Diktatur als ›Opium fürs Volk‹ benutzte Fußball längst zur harten Droge der Demokratien geworden ist.« Cesar Luis Menotti, der Trainer der argentinischen Weltmeistermannschaft von 1978, ist bis heute überzeugt, daß der Sieg die Militär-Junta nicht gestützt habe, im Gegenteil: »Fußball ist kein Opium fürs Volk.«

Einmal aber lag doch die Revolution in der Luft, und sogar Fußballer ließen sich davon anstecken. 1968 demonstrierten Profis, an denen damals die Klubs ein »Besitzrecht« hatten, bis sie 34 waren, unter Führung des Weltstars Raymond Kopa auf den Barrikaden von Paris für die freie Wahl des Arbeitsplatzes.

Zuschauer

Der aktive Zuschauer als Medienkonsument, der sich per Post oder Telefon oder einfach durchs Einschalten des Fernsehers am Geschehen beteiligt, ist im Fußball eigentlich unerwünscht – außer vielleicht bei der Wahl zum Tor des Monats. Der Zuschauer soll zahlen, gucken, jubeln, nach Hause gehen oder, wenn er gleich zu Hause geblieben ist, das tun, was ihm der Moderator empfiehlt: »Bleiben Sie dran.« Doch ganz so einfach funktioniert sie nicht, die Mischung aus konsumfreudigem Interesse und kommoder Distanz, die sich die Verkäufer des Fußballs von ihren Kunden wünschen. »Je mehr man sich als Zuschauer distanziert, desto weniger Spannung erlebt man; und je mehr man sich identifiziert, desto größer ist das Risiko, eine Niederlage im Spiel auch als für das wirkliche Leben bedrohlich zu finden«, beschrieb Christoph Bausenwein die eigenartige Gefühlswelt des Fußballfans.

Wer sich aber identifiziert und nicht konsumiert, der will mehr sein als braves Klatsch-Vieh, wie sie es für die Fernsehstudios einkaufen. Mancher möchte gerne etwas tun für seinen Klub, und einem ist das tatsächlich einmal ganz gravierend gelungen. Im Entscheidungsspiel um den Verbleib in der höchsten Berliner

Liga 1919 gegen den Berliner FV ist der Hertha-Torwart ausgespielt, der Ball kullert aufs leere Tor zu, da läuft Zuschauer Artur Friedman auf den Platz und klärt auf der Linie. Der Schiedsrichter kann das verhinderte Tor laut Regel nicht als Treffer werten, weil der Ball die Linie nicht überquert hat. Das Spiel endet unentschieden. Friedman wird von den gegnerischen Fans verprügelt. Aber Hertha BSC Berlin ist dem Abstieg entgangen.

*Abb. 24: Im Alleingang zerwühlt der spätere Außenminister Joschka Fischer im März 1996
schon mal das diplomatische Terrain.*

24. Macht

Die Depesche erreichte Germania Berlin am frühen Nachmittag des 29. April
1905: »Seine Kaiserliche Hoheit der Kronprinz wird zum heutigen Fußballwett-
kampf um 5.30 Uhr in Tempelhof eintreffen und bis 6 Uhr anwesend sein. Kron-
prinzliches Hofmarschallamt.« Mit vier Zeilen war jener Sport, der landauf,

landab als »englische Fußlümmelei« geschmäht wurde, gesellschaftsfähig. Der Kronprinz blieb sogar zwei Stunden, um das Spiel der Germania Berlin gegen Civil-Service London bis zum Ende zu sehen. Die Mächtigen hatten begonnen, Interesse am Vergnügen des Volkes zu finden. Was auch dazu führte, daß alle deutschen Fußballvereine bis 1918 von der Politischen Polizei bespitzelt und die Vereinszeitungen zensiert wurden.

Die Politik und der Fußball, eine seltsame Beziehung. Da gab es diejenigen Mächtigen, denen Fußball reine Leidenschaft blieb: Machiavelli spielte Calcio mit 27 Spielern in Florenz (und studierte dabei vielleicht die Mechanismen der Macht, die er so glänzend beschrieb), auch die Päpste Clemens VII., Leo IX., Urban VIII. liefen dem Ball nach. Oder der rumänische König Carol: Der Fußballfan befahl 1930, daß sein Land an der ersten Weltmeisterschaft in Uruguay teilnahm, suchte die Spieler aus und sorgte dafür, daß sie drei Monate ihrer Arbeit fernbleiben konnten (man scheiterte 0:4 an Uruguay). Dann gab es andere, die sich aus Fußball gar nichts machten, die nichts von ihm verstanden wie Hitler, Stalin oder Ulbricht. Und dann wieder die, die sich für ihn begeisterten und deshalb ihre Macht nutzten, um den Ausgang des Spiels nicht dem Zufall zu überlassen, wie Mussolini, Mielke oder die kolumbianischen Drogenbarone.

Die häufigsten Begegnungen von Politik und Fußball ergeben sich aber daraus, daß der Politiker das Volk sucht und dazu den Volkssport benutzt. Besonders südamerikanische Militär-Diktatoren haben die Begeisterung ihrer Untertanen und die Erfolge ihrer Fußballer gern als Propaganda genutzt: etwa 1970 General Medici, der Diktator Brasiliens, oder 1978 General Videla, der Chef der argentinischen Junta. Der chilenische Diktator Pinochet wurde auch Präsident des populärsten Klubs Colo-Colo, der bolivianische General Garcia Meza übernahm auch den beliebten Klub Wilstermann.

Videla sagte in seiner Eröffnungsansprache bei der WM 1978, vor der auch in Deutschland ein Boykott diskutiert worden war: »Willkommen in diesem Land des Friedens, der Freiheit und der Gerechtigkeit!« Ein paar hundert Meter vom Stadion entfernt lagen die Folterkeller der Militärpolizei, deren Opfer zumeist spurlos verschwanden. Der deutsche Kapitän Berti Vogts, der sich vehement für die Reise nach Argentinien eingesetzt hatte, schaute sich um und konnte Videlas Worte nur bestätigen: »Argentinien ist ein Land, in dem Ordnung herrscht.«

Der durchschnittliche Fußballer macht sich halt nicht viel aus Politik. Alle Jubeljahre läßt einer einmal linke Sympathien heraushängen und hat dann sofort dauerhaft die Medien-Planstelle des »politischen Linksaußen« besetzt, auf der zum Beispiel Ewald Lienen oder Karl Allgöwer festgenagelt wurden. Oder erst Paul Breitner: Der machte schlau ein Marketing-Spielchen daraus, das von Uli Hoeneß erfunden sein könnte – der Salon-Kommunist im Kapitalistensport, der sich unter dem Mao-Poster auf der schaurigen Ornament-Tapete ablichten ließ. Wie derartige politische Anwandlungen bei Trainern ankamen, verdeutlichte Uwe Klimaschewski nach einer Niederlage 1977: »Meine Spieler sind Intellektuelle. Die haben Maos Tod letzte Woche noch nicht verkraftet.«

Auf Spruchbändern von Teenagern, die etwa zur selben Zeit in »Hauptsache Ferien«, einem Film mit Peter Alexander, auftraten, stand allen Ernstes: »Beckenbauer for President!« So weit ist es denn glücklicherweise doch nicht gekommen, außer bei den Bayern. Schließlich haben sich auch so schon genügend peinliche Augenblicke aus politischen Pflichtspielen ergeben. Etwa der, als der französische Präsident Le Brun zum WM-Auftakt 1938 den ersten Anstoß ausführen sollte, aber in den Rasen trat. Oder der, als Bundespräsident Lübke (»Meine Damen und Herren, liebe Neger«) den Ball beim 3:2 im WM-Finale 1966 »im Netz zappeln« sah. Oder der, als sich der Fußball-Ignorant Helmut Schmidt 1974 von Werbefotograf Charles Wilp anbiedernd volksnah mit Zweireiher und Fußballschuhen knipsen ließ. Oder der, als sein Nachfolger als Kanzler, Helmut Kohl, dem unwilligen Kapitän Rummenigge nach dem verlorenen WM-Finale 1986 seine Umarmung aufnötigte. Auch die demonstrative Männerfreundschaft von Kohl und Vogts hat keinen so richtig weitergebracht.

Auf dem Platz endet sie denn meistens doch, die Macht der Politik. Weltmeisterschaft 1982, Vorrundenspiel Frankreich gegen Kuweit: Nach dem 4:1 für Frankreich stürmt der kuweitische Scheich Fahid Al-Ahmad Al-Sabah mit wehendem Burnus aufs Feld und droht mit Spielabbruch, falls das Tor nicht annulliert wird. Nach minutenlanger Diskussion gibt der Schiedsrichter nach. Da schießen die Franzosen das vierte Tor einfach noch einmal.

Boykott

Der Kalte Krieg brachte dem Fußball nicht solch flächendeckende Boykotts wie etwa bei Olympischen Spielen, einfach weil USA und UdSSR zwar Großmächte im Weltsport, aber keine großen Nummern im Fußball waren. Dennoch gab es einige politisch motivierte Absagen – die spektakulärste im November 1973, als sich die Sowjetunion weigerte, nach dem Militärputsch in Chile im Folterstadion von Santiago zu spielen (obwohl der FIFA-Vizepräsident Goni beteuerte, das Stadion werde »rechtzeitig von Inhaftierten geräumt«). So trat Chile ohne Gegner an und schoß ins leere Tor (bei der WM trafen sie dann nicht mal gegen Australien). Die Befürchtung der FIFA, die anderen Ostblockteilnehmer (DDR, Polen, Bulgarien, Jugoslawien) würden daraufhin die WM in der Bundesrepublik boykottieren, bestätigte sich nicht.

Weitere politische Spielausfälle: Bei der ersten Europameisterschaft 1960 (noch »Europapokal der Länder« genannt) verzichtete Franco-Spanien auf das Viertelfinale gegen die UdSSR. Bei der EM 1964 wollte Griechenland nicht gegen Albanien spielen, was den Netzknüpfern und anderen Amateuren aus Dänemark den Weg frei machte in die Endrunde der letzten vier nach K.o.-Spielen gegen die Fußballgroßmächte Malta, Albanien, Luxemburg (die zuvor Holland besiegt hatten!). 28 Jahre später vollzog sich eine ähnliche, aber noch märchenhaftere Dänen-Geschichte, als Jugoslawien wegen des Balkan-Krieges von der EM-Endrunde in Schweden ausgeschlossen wurde. Die Dänen reisten als Ersatz aus dem Urlaub an – und gewannen den Titel.

Junta

Auf dem Platz gelten die Fußballregeln, da muß man sich um die Menschenrechte außerhalb des Platzes nicht kümmern. So hielt es die deutsche Mannschaft bei der WM 1978 in Argentinien. Während WM-Verweigerer Paul Breitner forderte, den Junta-Generälen den Handschlag zu verweigern (was die Holländer nach dem Finale auch taten), wollte Kapitän Vogts Fußball, keine Politik. Wenige Meter vom Stadion in Buenos Aires entfernt lag das Folterzentrum der Marineschule für Mechanik. Von dort aus wurden Tausende Gefangene in Flugzeuge geschafft, betäubt und lebendig ins Meer geworfen. Von alledem war natürlich nichts zu sehen, was den deutschen Kapitän zu der naiven Aussage brachte: »Ich habe keinen einzigen politischen Gefangenen gesehen.«

Die Propaganda-Maschine ließ die Zeitschrift *El Grafico* sogar einen frei erfundenen Brief des holländischen Liberos Ruud Krol an seine Familie veröffentlichen, der darin von der tollen Stimmung in Argentinien schwärmt. Doch die Tricks zogen nicht. »Es war der Anfang vom Ende der Unterdrückung«, schrieb 20 Jahre später die Londoner *Times*. »Videla wollte die WM, um sein Regime populärer zu machen. Doch er hatte sich verrechnet.«

Kommunisten

Die Kommunisten hatten nie großes Glück mit dem Fußball. Das muß an ihrem gespaltenen Verhältnis zu jenem Sport liegen, der ihnen als Spiel der Arbeiterklasse und des Kapitalismus zugleich sympathisch wie widerlich sein mußte. Abgesehen von einigen Erfolgen bei Olympischen Spielen, bei denen die westlichen Profis nicht mitspielen durften, dafür aber die östlichen Profis, weil sie ihr Geld vom Staat bekamen und deshalb als Amateure galten, und abgesehen vom sowjetischen Sieg bei der ersten Europameisterschaft 1960, an der die meisten starken Konkurrenten noch nicht teilnahmen, ging der Ostblock leer aus.

Wenn er einmal doch spielerisch glänzende Mannschaften hervorbrachte, dann kamen sie von seinen aufmüpfigen Rändern, aus Ungarn in den 50er, aus der CSSR in den 60er oder aus Polen in den 70er Jahren, die allesamt den WM-Titel nur knapp verpaßten – immer folgte der unvollendeten fußballerischen Blüte, als sei sie ein Probieren der Freiheit, mit einigen Jahren Verspätung der Versuch, sich von Moskau zu lösen. Dies galt sogar für die Zentralmacht selbst: In den besten Zeiten der Perestroika spielte die Nationalmannschaft der Sowjetunion im wahrsten Sinne des Wortes wie befreit auf und bot bei der WM 1986, unter anderem mit Rats und Belanow, berauschenden Fußball, insbesondere beim 6:0-Vorrundensieg gegen Ungarn. Torpedo Moskau feierte 1986 im Europapokal der Pokalsieger einen phantastischen Fußballabend und siegte mit 5:3 beim VfB Stuttgart.

Der Muster-Satellitenstaat DDR dagegen trieb es nie so weit, die große Sowjetunion im Fußball zu übertrumpfen – ihr einziger internationaler Erfolg blieb jenes 1:0 gegen die BRD im WM-Vorrundenspiel in Hamburg, das sich strategisch als Eigentor herausstellte, als Dummheit für die DDR und Dusel für die BRD.

Zur Feier des Tages durften die stasi-genehmigten DDR-Schlachtenbummler sogar die feindliche *Bild*-Zeitung hochhalten, weil auf der in peinlich großen Lettern stand: »Warum wir heute gewinnen werden«. Aber die BRD hatte dank dieser Niederlage die weitaus leichtere Zwischenrundengruppe erwischt, mit Jugoslawien, Schweden und Polen, während die DDR gegen Argentinien, Brasilien und Holland ziemlich unter die Räder kam. Die guten Deutschen wurden Weltmeister, die anderen konnten sich nie mehr für eine Weltmeisterschaft qualifizieren. Eigentlich war die Sache gelaufen, der Ostblock hätte sich schon da auflösen können, aber pro forma wartete man noch 15 Jahre.

Linker Fußball

Ein Mythos, der sich alle paar Jahre einmal ein anderes Medium sucht. Zum Beispiel erst den FC St. Pauli, dann den SC Freiburg, und dann? Mal sehen. Was linker Fußball ist, schreibt der linke Fußballautor Dietrich Schulze-Marmeling: »Offensives Spiel nach vorne statt defensivem Taktizismus, ein kollektiver Spielstil, der aber individuellen Entwicklungen und Eigenarten auf dem Spielfeld freien Lauf läßt.« Auch Cesar Luis Menotti hat den linken Fußball als Metapher auf das Gute im Fußballer gemünzt, während der rechte Fußball nur von den Marionetten eines kapitalistischen Erfolgsdenkens ausgeführt wird. Das Paradebeispiel für rechten Fußball waren den linken Fußballtheoretikern die Bayern der 70er Jahre mit ihrem angeblichen Ergebnis-Minimalismus — dabei kokettierte der Mao-Bayer Breitner mit der *Peking-Rundschau* in der Hand. Gut fürs Profil, die Revoluzzer-Pose, gut fürs Geschäft, der »linke« Fußball.

Mielke

Die Manipulation im Pokalfinale 1985 zugunsten des Stasi-Klubs Berliner FC Dynamo fiel selbst dem Vorstand des DDR-Fußballverbandes auf: »Die Fehlentscheidungen gegen Dynamo Dresden sind insgesamt schwerwiegender, da sie zum Teil im torgefährlichen Raum gefällt wurden (Nichtanerkennung eines regulären Tores von Minge).« Nach einem anderen Spiel hieß es in einer Vorlage für das Politbüro: »Das 2:1-Siegtor von Aue fand wegen Abseits keine Anerkennung. Diese Fehlentscheidung des Linienrichters war jedoch so deutlich und offensichtlich, daß diese Szene in der *Sport aktuell*-Sendung nicht gezeigt werden konnte.«

Stasi-Chef Erich Mielke, der meistgefürchtete Funktionär der DDR, war auch ihr höchstrangiger Fußballfan. Er griff in einer Weise, die im deutschen Fußball beispiellos ist, über Jahre hinweg in die Ergebnisgestaltung in Meisterschaft und Pokal ein. Er bestimmte ihm genehme Schiedsrichter, befahl Transfers, ließ Spieler bespitzeln (Torsten Gütschow, letzter DDR-Fußballer des Jahres, war IM »Schröter« der Stasi) und den geflohenen Dynamo-Spieler Lutz Eigendorf nach BND-Erkenntnissen ermorden. So wurde der BFC Dynamo von 1979 bis 1988 zehnmal in Folge DDR-Meister.

Nur international konnte Mielkes Macht nichts ausrichten, nicht mal den eigenen Auswahltrainer hatte er immer im Griff. Als der Minister für Staatssicherheit bei einem Länderspiel ein Foul gegen die DDR reklamierte, wies ihn der ungarische DDR-Auswahltrainer Karoly Soos zurück: »Sie nix Ahnung von Fußball.« Darauf sprach Mielke den historischen Satz: »Man wird in diesem Land doch wohl noch seine Meinung sagen dürfen.«

Mussolini

Für den Duce war die WM 1934 in Italien ein Fest seiner Macht, man steckte viel Geld in neue Stadien in Turin, Florenz, Neapel, modernisierte in Rom und Mailand. Nun mußte auch der Titel her. Das befahl Mussolini einfach, und damals haben solche Wünsche noch funktioniert. Der Tessiner Schiedsrichter René Mercet brachte die Gastgeber mit einer Kette von Fehlentscheidungen ins Halbfinale: Im Viertelfinale gegen Spanien (1:1 im ersten Spiel, 1:0 im Wiederholungsspiel) gab er ein unkorrektes Tor für Italien und annullierte zwei reguläre für Spanien – er wurde danach vom eigenen Verband auf Lebenszeit gesperrt. Im Halbfinale rempelte Meazza vor dem 1:0-Siegtreffer den österreichischen Torwart Peter Platzer regelwidrig, doch der Schwede Ivan Eklind gab das Tor und durfte deshalb auch das Finale pfeifen, in dem die Tschechoslowaken 1:0 in Führung gingen, bevor Eklind ihnen einen klaren Elfmeter verweigerte. Italien gewann 2:1 nach Verlängerung. Auch Eklind wurde lebenslänglich gesperrt (durfte aber später bei der WM 1950 doch pfeifen). Doch Mussolini hatte, was er wollte.

»Wir hatten panische Angst, bei einer Niederlage auf Geheiß Mussolinis hingerichtet zu werden. Nicht auszudenken, wenn Eklind nicht auf unserer Seite gestanden hätte«, schrieb 1978 Raimundo Orsi an den tschechischen Torwart František Planicka. Der italienische General Vaccaro, als Politkommissar in den Fußballverband eingeschleust, resümierte: »Der höchste Zweck dieses Turniers war es zu zeigen, daß der faschistische Sport durch das Verantwortungsgefühl seiner Führer und die Reife seiner Zuschauermengen die Ideale in höchster Qualität verkörpert.« Fußballfunktionär Mauro lobte die »maskulinen Energien einer hervorbrechenden Vitalität im Italien unseres Mussolini«.

Der hatte aber noch nicht genug. Vier Jahre später schickte er der italienischen Mannschaft vor dem WM-Finale 1938 gegen Ungarn ein Telegramm, das aus drei Worten bestand: »Siegen oder sterben.« Die Botschaft kam an, Italien gewann. 36 Jahre danach versuchte ein afrikanischer Diktatorkollege namens Mobutu, die Mussolini-Motivationsmasche zu kopieren: Er schickte seiner Mannschaft bei der WM 1974 in Deutschland ein Telegramm mit dem knappen Text »Sieg oder Tod!« Leider scheiterte Zaire mit 0:6 Punkten und 0:14 Toren.

Nationalismus

362 Jahre nach der Zerstörung der Armada konnte der spanische Gesandte endlich Vergeltung melden: »Exzellenz, wir haben das verräterische Albion besiegt!« Mit diesen Worten überbrachte Verbandspräsident Calero dem Generalissimo Franco die Botschaft vom Sieg gegen England bei der WM 1950. Fußball ist auch eine Bühne für alte Rechnungen und neue Aversionen. Vier Jahre später, beim deutschen WM-Sieg in Bern, sangen viele deutsche Zuschauer beim Abspielen der Nationalhymne die erste Strophe des Deutschlandliedes – der Schweizer Rundfunk schaltete sich darauf aus der Live-Übertragung aus.

In der Heimat war man nicht so sensibel für Sensibilitäten im Ausland, man freute sich noch ganz in der Art der Berichte von vergangenen Eroberungsfeldzügen: »Der Sieg von elf deutschen Kameraden, einer Elf, die bis zum Umfallen kämpfte und nicht das Gewehr ins Korn warf« *(WAZ)*. Die Nationalelf als »gute Jungens, Volk, wie das Volk« *(Münchner Merkur)*, als »Fleisch von unserem Fleisch« (Norbert Blüm).

Zum Glück war da der brave Bundespräsident Heuss, dem die dumpf-nationalistischen Tischreden des DFB-Präsidenten Peco Bauwens peinlich waren. »Wir sind wegen des Sportes hier, den wir außerhalb der Politik lassen wollen«, sagte Heuss beim Überreichen des Silbernen Lorbeerblattes an die Weltmeister. »Aus ihrem, uns alle erfreuenden Sieg haben manche Leute drinnen und draußen so etwas wie ein Politikum gemacht. Es ist primitiv und töricht, wenn manche Zeitzeugen und Kommentare den Deutschen es verübeln, daß sie sich freuten. Das wäre nämlich überall so gewesen.« Nur die *Süddeutsche Zeitung* fragte besorgt über den nationalen Taumel: »Welche Art von Begeisterung haben wir denn noch auf Lager, wenn etwa die Einigung Deutschlands kommt oder der Weltfriede oder etwas dergleichen?«

Nazis

Hitler machte sich nichts aus Fußball, anders als Mussolini, aber dem Angeber aus Italien, der mit seinem WM-Titel so herumprotzte, wollte der deutsche Diktator gern etwas entgegensetzen, Gold bei den Olympischen Spielen 1936 in Berlin. Doch unter den Augen des Führers unterlag der Favorit den Außenseitern aus Norwegen 0:2, Hitler verließ pikiert das Stadion und kümmerte sich fortan nicht mehr um Fußball. (Sein Name kam nur noch einmal damit in Verbindung, fast 50 Jahre nach dem Krieg, weil ein Länderspiel Deutschland gegen England am 20. April 1994, also zufällig an Hitlers Geburtstag stattfinden sollte – obwohl die deutschen Neonazis den Fußball längst nicht so umfangreich wie etwa die in Italien zu ihrem Forum gemacht haben, sagte der Hamburger Innensenator Hackmann die Partie aus Angst vor Ausschreitungen ab).

Reichstrainer Otto Nerz mußte nach der Olympia-Schlappe seinem Assistenten Sepp Herberger weichen, doch der scheiterte bei der WM 1938 mit einer politischen Zwangsformation aus Deutschen und »angeschlossenen« Österreichern an der Schweiz. Auch der von oben verordnete Fußball der Nazi-Elite war kein Erfolg (bis auf den 1935 gegründeten »von-Tschammer-Pokal«, der heute DFB-Pokal heißt). Himmler, der 1942 die »Sportbetreuung« in den KZ angeordnet hatte (so kam es zu einer Theresienstädter Fußballiga), genehmigte auch die Teilnahme einer reinen SS-Mannschaft aus Straßburg an der Meisterschaft, doch die schied 1942 im Viertelfinale mit einem 0:6 gegen Schalke aus und 1943 mit einem 1:15 gegen 1860 München.

Noch höher, 16:0 hatte die deutsche Nationalmannschaft 1912 gegen Rußland gewonnen, ein Rekord bis heute, ebenso wie die zehn Tore, die Gottfried Fuchs schoß – aber ein Rekord, der im Dritten Reich aus den Listen getilgt wurde, denn Fuchs war Jude. Er floh 1937 nach Kanada. Sein jüdischer Mitspieler Julius Hirsch, der in Karlsruhe geblieben war, starb in Auschwitz.

Auch der Trainer der Norweger, die 1936 den Führer in Berlin düpiert hatten, landete im KZ, als sollte er für diese Frechheit büßen. Asbjörn Halvorsen war nach 13 Jahren in Hamburg, in denen er mit dem HSV 1923 erstmals deutscher

Meister wurde, 1933 in seine Heimat zurückgekehrt. Nach der Besetzung Norwegens durch die Deutschen organisierte er einen Sportstreik gegen die Besatzer. 1942 wurde er ins KZ Grimi verschleppt, Anfang 1945 nach Vaihingen verlegt, wo er an Typhus erkrankte und auf 40 Kilogramm abmagerte. Er starb 1955 an den Spätfolgen der KZ-Haft.

Sein Freund und Mitspieler »Tull« Harder, der populärste HSV-Spieler vor dem Krieg, landete ebenfalls im KZ, allerdings als Kommandant: Der Nationalspieler (14 Tore in 15 Länderspielen), der Volksheld, Buchfigur, Namensgeber einer Zigarette war, wurde SS-Scherge in Sachsenhausen und Neuengamme, ehe er 1944 das Kommando im KZ Ahlem bei Hannover übernahm. Dort kamen unter seiner Verantwortung mindestens 230 Menschen ums Leben. Harder wurde 1947 zu 15 Jahren Haft verurteilt, kam 1951 frei und starb 1956. Auch Frankreich hatte übrigens einen Fußballhelden, der Kriegsverbrecher wurde: Alex Villaplane, Kapitän der ersten französischen WM-Auswahl 1930, wurde 1944 als Kollaborateur hingerichtet.

Volksnähe

Sie wird von allen Politikern gesucht, weswegen man sich gern mit der populären Bratwurst in der Hand beim Volkssport Fußball blicken läßt. Unvergessen die Zwangsumarmung des Kanzlers Kohl für den widerwilligen Kapitän Rummenigge nach dem verlorenen WM-Finale 1986. Der ganze peinliche Populismus zeigt sich in den Funktionen des bayrischen Ministerpräsidenten Edmund Stoiber, der nicht nur Beiratsvorsitzender des FC Bayern, sondern auch Mitglied beim TSV 1860 und bei der Spielvereinigung Unterhaching ist. Wie kann einer gleichzeitig für die Bayern und die Löwen sein? Dann lieber Theo Waigel, Stoibers Vorgänger als CSU-Chef, der bekennender 60-Fan ist.

Manche, deren politische Karriere an ihre Grenzen gestoßen ist, suchen sich im Fußball einen kleinen Machtersatz. Der frühere Bundeswirtschaftsminister Jürgen Möllemann wurde Aufsichtsratsvorsitzender bei Schalke 04 und demonstrierte zackige Sportlichkeit, als er mit dem Fallschirm ins Parkstadion hopste. Gerhard Mayer-Vorfelder blieb, da er als Landesminister längst abserviert war, immer noch das viel dankbarere Forum als Präsident des VfB Stuttgart und des DFB-Liga-Ausschusses.

Abb. 25: »Ich bin sicher, da war irgendwo ein T ...« Buchautor Harald Schumacher vor seinem Arbeitsmittel.

25. Sprache

Der Kapitän kam mit dem WM-Pokal zu seiner Mannschaft. Dann entspann sich folgender Dialog. Fritz Walter: »Alles klar?« Darauf die Mannschaft: »Alles klar, Fritz!« So einfach kann Kommunikation sein, wenn man sich versteht. Auf dem Fußballfeld funktioniert die Verständigung noch auf ganz simple, menschliche Art. Es gibt keine Telekommunikation zur Bank wie beim American Football, nur Kommunikation durch Zurufe, Zeichen oder Pfiffe (die große Mannschaft von River Plate Buenos Aires in den 40er Jahren war für ihr Pfeifsystem berühmt). Für all das braucht man nicht viele Worte. Der Kabarettist Dieter Hil-

311

debrandt hat auf eine bezeichnende Parallele hingewiesen: Wie Adenauer kam Herberger mit einem ganz geringen Wortschatz aus.

Aber dieser Wortschatz steckt voller wunderbarer Begriffe. Schon das Abseits! Wir verdanken es wie so viele andere dem Allgemeinen Deutschen Sprachverein, der 1902 »Deutsche Ausdrücke für das Fußballspiel« veröffentlichte, mit der Bitte an »die Fußballspieler, sich von den englischen Ausdrücken ganz frei zu machen«. Das gelang mit neudeutschen Wörtern wie Freistoß, Linienrichter, Abstoß; auch mit Tor, während die zweite Übersetzung für »goal«, nämlich Mal (und entsprechend Mal-Wächter für »goal keeper«) sich nicht durchsetzte. Ebensowenig wie »treiben« für dribbeln, »Sprungstoß« für drop-kick oder »ungehörig, unehrlich« für foul.

Bedauerlich ist, daß der Fußballsprachschöpfer Karl Koch, der die Übersetzungsliste erarbeitete, kein einfaches Wort für das Eigentliche, das Wichtigste des Spiels fand, das der Engländer »to score« nennt – kein »toren« oder »treffern«. Für das Schießen des Tores braucht man im Deutschen immer mindestens zwei Wörter. Wenigstens hat sich für das erforderliche Tätigkeitswort eine reichhaltige Auswahl entwickelt: schießen, köpfen, erzielen, fallen, verwandeln, gelingen, treffen, sorgen, befördern, drücken, überwinden, kassieren, erhöhen, verkürzen, zirkeln, nutzen, eintragen, versenken.

Für die Klarheit und Einfachheit des Fußballs spricht, daß er im Vergleich zu Sportarten wie Tennis oder Golf oder gar Segeln mit einem mäßig dosierten Fachvokabular auskommt. Je geringer aber die fachsprachlichen Vorgaben, desto größer die umgangssprachlichen Freiheiten: So entsteht die reichhaltige Phantasie der Fußballsprache, weil vom Mann auf der Tribüne (»hau rein, das Ding«) über den Reporter (»die Braunschweiger massieren sich in der eigenen Abwehr«) und den Spieler (»in mir wächst eine Persönlichkeit heran«) bis hin zum Trainer (»Flasche leer«) das Spiel offen für Sprachschöpfer bleibt. So fand der Germanistikprofessor Peter Braun 1996 bei einer Stichprobe in einer Ausgabe des *Kicker* 56 verschiedene Wörter für eine Fußballmannschaft, sogar 110 für Fußballspieler.

Das Eigentümliche der Fußballsprache ist, daß sie auf die eine Weise brillant funktioniert, weil sie über viele kraftvolle, originäre Begriffe verfügt, über ganz eigene Begriffskombinationen, mit denen das Geschehen auf dem Platz ganz plastisch beschrieben werden kann; daß sie aber auf eine andere Weise immer dazu neigt, plump, abgegriffen, phrasenhaft zu werden, weil sie von zu vielen Phrasendreschern benutzt wird. Der Aufsetzer ist immer tückisch, das Double begehrt, der Hattrick lupenrein, der Pol ein ruhender und der Punkt ein ominöser. Eine Abwehr steht, schwimmt, massiert sich, und im Strafraum ist dicke Luft oder es brennt lichterloh.

Und doch gibt es bei Fußballfreunden, die sich der sprachlichen Klischees bewußt sind, einen liebevoll-ironischen Umgang mit den Plump-Vokabeln des Fußballs, eine herzliche Freude am Dummdeutsch begnadeter Kicker. Es ist eine Lust am Trash, die der slowenische Philosoph Slavoj Zizek »unsere Besessenheit für idiotisches Genießen« genannt hat. Diese Besessenheit bedienten beispielsweise die unsterbliche »Habe fertig«-Rede von Giovanni Trapattoni oder die »Ich sach mal, sach ich mal«-Analysen des Co-Kommentators Andreas Brehme.

Vom modernen Profi wird inzwischen verlangt, daß er sich auch noch mehrsprachig auszudrücken vermag. Der Professor Koch hätte seinen Nachfahren viel Lernaufwand ersparen können, hätte er auf seine sprachliche Transferliste verzichtet und die englischen Begriffe ins Deutsche wandern lassen, so wie es die Schweizer taten. So aber wurden Englisch-Lektionen fällig. »Libuda, what is your position in our team«, schrieb Trainer Rudi Gutendorf auf die Tafel der Sportschule Duisburg-Wedau vor einem Europapokalspiel des MSV in Irland. Reinhard »Stan« Libuda sollte antworten: »I'm on the right wing.« In Irland soll er sich trotzdem verbal verdribbelt haben: »I'm the white ring.«

Bunte Ligen

Der Alternativfußball-Szene verdankt die Fußballwelt die hübschesten Mannschaftsnamen. Ein Auszug aus der Teilnehmerliste der Bolz-Weltmeisterschaft in Kassel: Juventus Urin, Hinter Mailand, Juventus Senile, Athletico Schaun mer mal, SpVgg Socken in Sandalen, Vibrator Moskovskaya Bremen, Begnadete Körper Alhambra Oldenburg, Hoeneß Nein Danke. Während die bildreiche amerikanische Namensgebung (dort heißen Profiteams Cowboys, Bulls, Giants oder Panthers) in Deutschland nur im Eishockey Nachahmer fand, tragen die Fußball-Profiklubs immer noch die Namensrelikte des 19. Jahrhunderts vor sich her: Sie heißen VfL, VfB, FC oder SV, Eintracht, Werder, Alemannia oder Borussia. Klubs mit den letzteren beiden Vornamen sind häufig gegründet worden als Polizeisportvereine der preußischen »Besatzer« in den Rheinprovinzen.

Dativ

Willi Lippens stoppte nicht nur den Ball mit dem Hintern, er erfand auch die grammatische Tätlichkeit. Bei einem Spiel 1965 in Herne sagte der Schiedsrichter im verbreiteten Ruhrgebiets-Dativ: »Ich verwarne Ihnen«. Darauf konterte Lippens: »Ich danke Sie.« Dafür mußte er vom Platz.

DDR

Der andere deutsche Staat entwickelte seine eigene Fußballsprache, die mit ihm wieder verschwunden ist. Der DDR-Reporter nannte den Konter nicht Konter, weil das einen Beiklang von Konterrevolution ins Spiel gebracht hätte, sondern »Schnelles Umkehrspiel«. Der Doppelpaß hieß Dublette, die Vorlage Ablage, der Steilpaß Langpaß. Ein Überlebender der DDR-Sprache ist die Standardsituation, die im Osten schon in den 70ern so hieß, im Westen erst seit Ende der 80er. Die Wende nicht überlebt haben Linksbeiner und Rechtsbeiner, Innendecker und Außendecker, Paßbälle und Glanzbälle.

Was die Fußballsprache der DDR dauerhaft verdankt, sind einige besonders originelle Fußballernamen (Bauchspieß, Schnuphase) und ein paar Reportersprüche für die Klassikersammlung, vor allem von Gottfried Weise: »Die Anzahl der Ecken kommt jetzt in die Nähe der 20-Markierung.« Oder, als er die heikle Aufgabe hatte, ein Tor gegen den Mielke-Klub BFC Dynamo zu kommentieren: »Der Kommentator ist nicht eingeschlafen, meine Damen und Herren. Aber Sie können sich auch vorstellen, wie schwer es ist, jetzt die passenden, die richtigen, oder am besten gar keine Worte zu finden.«

Dritte Person

Vermutlich weil Profikickern vorgeworfen wird, immer nur an sich selbst zu denken, erfand Lothar Matthäus die Weiterentwicklung der von Karl May eingeführten Indianer-Sprachform (Old Shatterhand zu Winnetou: »Was fühlt Winnetou?« Winnetou zu Old Shatterhand: »Winnetou ist traurig«). Reporter zu Lothar Matthäus: »Was denkt Lothar Matthäus über diese Meldungen?« Lothar Matthäus zum Reporter: »Ein Lothar Matthäus beteiligt sich nicht an solchen Spekulationen.«

Kicker

Das Fachblatt des deutschen Fußballgewerbes schert sich nicht groß um die klassische Regel des Journalismus, die da lautet: Keine Witze mit Namen. Dieser unabhängigen Haltung verdankt der Fußballfreund Schlagzeilen wie: »Schulz und Sühne«, »Cool, cooler, Kohler«, »Immel im 7. Himmel«, »Hammer für Sammer«, »Hart wie Holz, dieser Golz«, »Appetit auf Klos«, »Saftig auf dem Trockenen«.

Ley

Der Eurosport-Reporter Wolfgang Ley trotzte mit schon kultverdächtiger Hartnäckigkeit allen Regeln der sprachpolitischen Korrektheit am Mikrofon. Seine Lust am Kalauer brachte ihm einen Platz im Olymp der Fußballkommentatoren mit folgenden Wortspielen: »Letschkow, der die Deutschen bei der WM über den Jordan brachte«, »Ruben Bagger kommt, um vorne noch ein bißchen zu baggern«, »Schaun wir uns den Schuß noch mal an von Festa, ein fester Schuß«, »Schiedsrichter ist Mister Don aus England, er wird seine Kosaken schon im Griff haben«, »Dann aber Cannes, die Mannschaft kann es«, oder, besonders musikalisch: »Renato, Renato schießt Tore wie Chocolato«. Über einen Glatzkopf von Paris St-Germain sagte Ley: »Der kann sich mit dem Schwamm kämmen.« So etwas nennt man: auf einer Glatze Locken drehen.

Metaphern

Sind auch im Fußball meist Glückssache, wie der späte Hans Blickensdörfer bewies: »Das wilde, hüpfende Leben des Balles erlischt wie das einer Kerze, deren Flamme wir ausblasen.« Sprachlich kann es ziemlich heiß hergehen im Fußball, wenn es im Strafraum lichterloh brennt, weil der Ball noch heiß ist, oder wenn einer auf der Bank schmoren muß und sich dann, wenn er endlich von der Bank darf, immer noch warmlaufen muß. Sehr beliebt ist auch der Sprachbereich Nahrungsaufnahme: Damit sie nicht verhungern, müssen Stürmer gefüttert werden, am besten mit Bananenflanken, ruhig auch mit anderen Früchten, wie Lothar Emmerich von einem Mitspieler forderte: »Gib mich die Kirsche.«

Die Bratwurst dagegen ist zwar auf den Zuschauerrängen sehr beliebt, auf dem Platz jedoch ein eher ehrenrühriges Lebensmittel: »Blinde Bratwurst« (Fredi Bobic über Schiedsrichter Kasper), »Ihr spielt wie eine Wurst« (Trainer Volker Finke zu seiner Mannschaft), »Knien Sie nieder, Sie Bratwurst« (Trainer Ernst Middendorp zu einem Journalisten). Selbst wer wie die Wurst spielt, kriegt noch was zu knabbern, wie der Meister des öffentlich-rechtlichen Wortspiels, Hans-Joachim Rauschenbach, wußte: »Die bittere Nuß der Niederlage ist allzu schwer zu kauen.«

Ähnlich verbreitet wie die Eß-Wörter sind sonst nur noch die Begriffe aus dem Verpackungsbereich (Sack nicht zugemacht, Packung gekriegt, Knoten geplatzt, linke Klebe) und aus dem Verkehrsleben: Euphoriebremse, Ampelkarte, Außenbahn, Notbremse, Straßenfußballer. Oder das Tunneln: Dieses Wort für das Durch-die-Beine-des-Gegners-Schieben wurde 1996 sogar in den Duden aufgenommen, neben »(östr.) tunnelieren (durch etwas hindurch einen Tunnel bauen)«.

Namen...

... sind auch im Fußball Schall und Rauch, außer wenn sie so wohlklingend daherkommen wie die DDR-Spieler Bauchspieß und Spundflasche. Oder der Schweizer Ballaman, der Nürnberger Derbfuß oder die bayrischen Kollegen Hannakampf, Kunstwadl und Störzenhofecker (ein entfernter Verwandter von Loriots Möbelverkäufer Hallmackenreuter). Der Spieler Horstehmke vom VfL Bochum ging im Nebenberuf politischen und schriftstellerischen Tätigkeiten nach. Die Bundesliga wurde des weiteren belebt durch die Herren Oleknavicius, Olaidotter, Hermandung und Lütkebohmert. Und wie wäre es mit den Herren Altvater, Au, Fick, Flick, Flink, Kapitulski, Kubus, Nagelschmitz oder Nicodemus? Nie gehört? Das waren alles deutsche Nationalspieler. 777 Namen kamen bis zum 650. Länderspiel im Juni 1997 in Kiew zusammen. Davon aber 240 mit nur einem Einsatz im Nationalteam. Die haben sich auch im Nationaltrikot keinen Namen gemacht.

Spitznamen

Das Schwinden der Spitznamen zeugt von einer gewissen Entfremdung zwischen Spielern und Volk. In den 80er Jahren jedenfalls ging die spielerische Tristesse einher mit der Armut an Spielernamen, die sich auf eine Koseform mit I am Ende verkürzen ließen. 1990, mit Rudi, Andi, Klinsi und Litti, lief es wieder besser, man wurde Weltmeister. Die meisten Fußballer-Spitznamen enden auf I: Hoppy, Toppi, Schlappi, Chappi, Hacky, Kiki, Kiwi, Siggi, Buffy, Penny, Manni, Fränki, Scholli, Susi. Nicht ganz mithalten können die E-Formen wie Kalle, Katsche, Pille, Ete, Otze oder Atze. Eine echte Rarität ist die A-Form, etwa bei Eia Krämer oder bei Ata, dem Putzmittel-Rufnamen von Michael Lameck, der mehr als 500 Bundesligaspiele bestritt, aber nie eines im Nationalteam.

Bei den bildlichen Beinamen waren früher Härte zeigende Kampfnamen beliebt, wie Hammer (Erich Juskowiak), Dr. Hammer (Bernd Nickel), oder Atom-Otto (Otto Luttrop). Der gegenteilige Effekt findet sich in Schmäh-Spitznamen wie Heintje Möller oder Osram Heynckes (den Wolfram »Wutti« Wuttke wegen dessen Hang zum Erröten so nannte). Manche Spitznamen kommen durch Frisuren zustande, etwa »Tante Käthe« für Rudi Völler wegen seiner putzigen Dauerwelle oder Timo statt Friedhelm Konietzka – der Schütze des ersten Bundesliga-Tores wurde wegen seines Kurzhaarschnitts, der an den Sowjet-General Timoschenko erinnerte, so genannt und nahm später Timo als richtigen Namen auf dem Standesamt an. Gemeinsam mit seinem Sturmpartner Charly Schütz wurde er übrigens Max und Moritz genannt.

Neben den energiegeladenen Spitznamen (wie Atom-Otto, Osram oder Flutlicht-Meyer) sind auch Anleihen aus der Botanik beliebt (»Tanne« Fichtel), vor allem aber aus der Zoologie (als »graue Maus« oder »harter Hund« in der Fußballbildsprache ohnehin verbreitet): Ente Lippens, Bulle Roth, Fischken Multhaup, oder mit der gewohnten Hartleibigkeit des englischen Fußballs: Torwart Lawrence vom FC Liverpool in den 60er Jahren hieß »das fliegende Schwein«, Kapitän Dennis Wise vom FC Chelsea in den 90ern »die Ratte«.

Mittlerweile wird die Namensgebung manchmal umgedreht und nicht der Fußballer nach dem Tier, sondern das Tier nach dem Fußballer benannt. Der FC Zürich adoptierte einen Jungbullen, der aus dem Schlachthaus geflohen war, als Maskottchen unter dem Namen Maradona (einmal lief Maradona allerdings auf den Platz, vertrieb die Spieler und konnte erst nach zehn Minuten wieder eingefangen werden). Und ein bulgarischer Bauer taufte einen Esel auf den Namen Stoitschkow, nach dem störrischen Star seines Nationalteams. Nach dem 1:6 der Bulgaren gegen Spanien bei WM 1998 erschoß der Bauer Stoitschkow – aber nur den Esel.

317

Synonyme

So heißt das, wenn man dasselbe wie vorher nicht mit demselben Wort wie vorher sagen will. So kann man einmal Münchner sagen, dann wieder Bayern, dann sogar mal Rekordmeister; oder Berliner, dann Herthaner; oder im Wechsel Münchner, Löwen, Sechziger. Einige Klubs aber heißen VfL oder 1. FC, da muß man sich, um dem Abwechslungszwang zu genügen, etwas einfallen lassen, und das haben Fußballreporter getan: Domstädter (für Kölner natürlich, obwohl auch Frankfurter, Freiburger und Berliner Domstädter sind); Hanseaten (für Hamburger, obwohl auch Bremer, Rostocker und Kölner in der Hanse waren); Farbenstädter (für Leverkusener, obwohl auch die Frankfurter die Großchemie am Ort haben). Auch der Ball kann nicht immer Ball heißen, deshalb heißt er zur Abwechslung rundes Leder, obwohl er schon lange nicht mehr aus Leder ist. Der Latten- oder Pfostenschuß wird zum Holztreffer, obwohl das Material längst ein anderes ist. Aber man ist lernfähig: Allmählich setzt sich der Aluminiumtreffer durch.

Trapattoni

»Seit John F. Kennedy (›Ich bin ein Berliner‹) hat sich kein Ausländer mehr so vehement in die Herzen aller Deutschen geredet wie Trapattoni (›Ich habe fertig‹)«, urteilte der *Spiegel* ein Jahr nach dessen »Symphonie willkürlich verketteter Silben«, die in Trapattonis Heimat als »discorso famoso« berühmt wurde. Nach einem Solo von 3:10 Minuten im Presse-Kabuff des FC Bayern, abgeschlossen mit dem legendären »Ich habe fertig«, war die deutsche Sprache nicht mehr dieselbe. Ausgerechnet ein aufgeregter Italiener zeigte, wieviel Kraft diese Sprache hat, wenn man auf ihre Korrektheit pfeift: »Trapattoni«, schrieb die Londoner *Times*, »erfand eine ganz neue Art von Deutsch.« Nicht zu übertreffen das »schwach wie eine Flasche leer«. Oder der Auswurf: »Wir mussen nicht vergessen Zickler. Zickler ist eine Spitzen mehr Mehmet e mehr Basler. Ist klar diese Wörter, ist möglich verstehen, was ich hab gesagt? Danke.«

Die Bayern-Fans dankten es dem Trainer, der es den Profis endlich einmal gesagt hatte, mit einem »Grazie, Trap«. Sie sollten aber nicht vergessen, daß der erfolgreichste Vereinstrainer der Welt die deutsche Fußballsprache nicht nur damals bereichert hat. Erinnert sei an den unübertrefflich knappen Dreiklang, mit dem Trapattoni das schnelle Kurzpaßspiel erläuterte: »Ding, dang, dong.«

Abb. 26: Drei Männer, sechs Beine, Neunkirchen: Balletteinlage im Spiel der Borussia gegen die Namensvettern aus Dortmund in den 60er Jahren.

26. Kultur

Es war ein trüber Dezember-Abend, eine Woche vor Weihnachten 1967 in Tirana. Die deutschen Gäste suchten Zerstreuung vor dem entscheidenden Tag ihrer Geschäftsreise in die albanische Hauptstadt. Ihre Gastgeber hatten etwas für sie vorbereitet. Sie chauffierten die deutsche Delegation in den Kulturpalast von Tirana. Dort durften die Gäste einem »dramatischen Ballett« beiwohnen, das von der Befreiung Albaniens von türkischer Fremdherrschaft handelte.

Die Sache ging natürlich nicht gut aus für die deutsche Fußballnationalmannschaft. Am nächsten Tag kam sie im entscheidenden Qualifikationsspiel für die Europameisterschaft nicht über ein 0:0 hinaus, Netzer flog vom Platz – als erster

Deutscher in einem Länderspiel seit zehn Jahren –, und der Favorit verpaßte zum ersten und einzigen Mal die EM-Qualifikation.

Kultur ist nicht gut für Spielkultur, meistens jedenfalls. Deshalb überbrückt die Mehrzahl der Bundesligaprofis die bedrückend große Freizeit zwischen ihren Arbeitseinsätzen vor laufendem Videorekorder oder mit dem Gameboy in der Hand. Im Spiel wird gern der Lehrbuchkonter gepriesen und die Bilderbuchkombination, trotzdem spielt die Buchkultur keine große Rolle im Ballgeschäft. Wer in die Hochkultur fremdgeht, paßt prompt ins Raster der kickenden Kuriosität und kommt ins Fernsehen, so wie der Schalker Youri Mulder, der, als das Kreuzband kaputt war, den Schädel in die Hand nahm und den Hamlet gab. Oder natürlich, früher, der Kulturaufsteiger Beckenbauer in Bayreuth.

In den 70er Jahren haben die späten 68er den Fußball noch gern als Teil der politischen Kultur gesehen, damals, als die Räume noch weit waren, die Bälle noch lang und Netzers Pässe den Geist der Utopie atmeten. Diese Utopie lebt alle paar Jahre wieder auf. Denn eigentlich ist es den Kulturredakteuren peinlich, wenn im Kulturteil Feuilletonistisches über Fußball steht. Aber manchmal ist es schick.

Meist aber nicht. König Lear sagt zu Oswald: »Wirfst du mir Blicke zu, du Hundsfott?« (Er schlägt ihn.) Oswald: »Ich lasse mich nicht schlagen, Mylord.« Kent (schlägt ihm ein Bein unter): »Auch kein Bein stellen, du niederträchtiger Fußballspieler?« Die rotverdächtige Tätlichkeit wird Shakespeares Zeitgenossen wohl zu brüllendem Gelächter veranlaßt haben. In diese Kategorie passen auch die Auftritte späterer Fußballspieler, die bei Ausflügen in die gegnerische Hälfte der Hochkultur nicht über Rollen als Lachnummer hinauskamen. Paul Breitner in »Potato Fritz« war der wandelnde (und auch noch musizierende) Beweis dafür, daß der deutsche Western keine Zukunft hatte.

Noch schlimmer waren die Ausflüge seiner Kollegen ins Tonstudio, eine triste Schlagertradition, die in der *ran*-Teenie-Popkultur der Neunziger wiederaufgenommen wurde. Da formierten sich geriatrische Boygroups wie etwa das »Tragische Dreieck« der Stuttgarter Haber, Bobic, Poschner (nebst Pur-Sänger Hartmut Engler) mit dem Anti-Schwalben-Song »Steh auf«. Oder das Bayern-Terzett Hamann, Zickler, Ziege alias »Keksi & Die Falschen Freunde« mit der Münchner-Freiheit-Adaption »Ohne dich«.

»Cross Promotion« nannte man viel später das, was die deutsche Nationalmannschaft immer mit Udo Jürgens im Studio zusammenführte (und die DDR-

Auswahl mit Frank Schöbel) – es gab kreuzweise Publicity, und Millionen von Deutschen haben vermutlich immer noch in einem hinteren Winkel ihres Plattenschrankes oder Dachbodens die peinliche LP mit den lässig schnippenden Fönwellenkickern von 1974 stehen. Die befruchtende Wirkung zwischen den populären Medien Fußball und Kultur blieb, selbst wenn die Kultur sich auf den kleinsten gemeinsamen Nenner hinabbegab, ausgesprochen schwächlich. Kein Wunder, daß der große John Huston seinen schlechtesten Film ausgerechnet über Fußball drehte. Er hieß »Escape to Victory« und handelte vom großen Anti-Nazi-Kick einer Kriegsgefangenenelf, in der zwar Pelé stand, aber dummerweise auch Sylvester Stallone im Tor (→ »Film«)

Auch die aktiven Vorstöße der Künstler auf das Feld des Fußballs waren nicht wesentlich ergiebiger als die der Fußballer in die Kunst. Immerhin, Pasolini kickte vorübergehend in der Reserve des FC Bologna. Und besonders Pop- und Rockmusiker sind als große Fußballfans bekannt, wie Elton John, der mal den FC Watford kaufte; wie der frühere Totengräber Rod Stewart, oder wie Ritchie Blackmore, früherer Gitarrist von Deep Purple. Blackmore versucht sich in seiner Freizeit als Rechtsaußen bei den »Soccer Rockers«, und auf seinem 1997 erschienenen Album »Shadow of the Moon« hat er zwei ganz besonderen Vorbildern für Inspirationen gedankt: »Franz Beckenbauer und Lothar Matthias«. Lothar Matthias?

Da kann doch nur der Buchautor Matthäus gemeint sein. Der übrigens nach seiner Rückkehr aus dem Mailänder Exil einen unsterblichen Satz für den Fundus des fußballerischen Kulturaustausches aussprach: »Italien war traumhaft. Es war die Begegnung mit einer menschheitsformierenden Kultur. Aber gestatten Sie, daß ich auch feststelle: So eine richtige bayrische Brotzeit hat mir ganz schön gefehlt.« Gut, daß es die Eßkultur gibt.

Dichtung

Am Fußball scheiden sich die Dichter. Rudyard Kipling verhöhnte 1880 den Fußball und die »kleinen Seelen, deren Hunger durch die verdreckten Idioten gestillt werden kann, die ihn spielen.« Viele seiner dichtenden Kollegen zählten aber zu den »kleinen Seelen«, die dem Fußball besessen folgten, und bekannten sich dazu. So wie Camus, der 1930 Torwart der Universitätsmannschaft von Algier war. Oder Dürrenmatt, der zugab: »Ich kann nach einer Niederlage der

Grasshoppers aus Zürich eine Woche lang nicht schreiben.« Pasolini, der einige Zeit in der zweiten Mannschaft von Bologna spielte, unterzog Mazzola und Rivera sogar einer literarischen Kritik: Sie spielten Fußball in gutem Erzählstil, unterbrochen von glänzenden Verspassagen.

Franz Kafka war Anhänger von Hakoah Wien, jenem jüdischen Fußballklub, der nur Intellektuelle aufnahm. Nick Hornby wurde durch ein glänzendes Buch über sein Leben als Fußball-Fan (»Fever Pitch«) zum Star der britischen Literaturszene. Siegfried Lenz wiederum machte sich nichts aus Fußball, benutzte ihn aber als literarisches Spielfeld. In seinem Roman »Das Vorbild« schrieb er über das Abschiedsspiel des imaginären Hamburger Fußball-Nationalspielers Charly Gurk: »Ein Brausen kommt auf, ein stetiger dunkler Laut der Bedrohung, schwellend, aus fernen Lungen: Der Anpfiff ist erfolgt, und Charly beweist sogleich seinen Wert durch einen seiner leicht angeschnittenen Musterpässe über vierzig Meter, die er nun ab morgen, zugunsten seiner Familie, nicht mehr dreschen wird. So möchte jeder diesen Ball getreten haben; und prasselnd nähert sie sich, die Flut der Begeisterung, richtet sich steil in Erwartung auf, ebbt ab, wenn der Ball im Aus landet. Vermutlich eignet er sich deshalb nicht als Lesebuch-Vorbild, denkt Heller, weil da kaum etwas in problematischem Sinne offen ist, kaum etwas Widerspruch zeigt, der für das Allgemeine verbindlich ist. Was an seinem Leben deutlich gemacht werden kann, sind doch nur Als-ob-Probleme, meine ich, da läßt sich kein Ernstfall finden.«

Um diese Als-ob-Probleme der Welt näherzubringen, haben viele Fußballer selbst zur Feder gegriffen, als erster in Deutschland Paul Janes 1947, oder greifen lassen und überwiegend Peinlichkeiten abgesondert (Overath: »Ja, mein Temperament«, Netzer: »Rebell am Ball«, Beckenbauer: »Einer wie ich«, Maier: »Ich bin doch kein Tor«). Andere haben sich allzu geschwätzig um Kopf und Kragen geschrieben, etwa Toni Schumacher mit »Anpfiff« (»Ich möchte wie ein Prisma sein, durch das Licht in mein Universum fällt«) oder Uli Stein mit »Halbzeit« oder beinahe auch Lothar Matthäus mit »Mein Tagebuch«, das wegen seiner unfreiwilligen Komik sogar im Stadttheater Basel aufgeführt wurde. Ian Rushs »My Italian Diary« wurde vom *Observer* zum schlechtesten Fußballbuch aller Zeiten erkoren. Kein Vergleich mit Horst Hrubesch, der seine dichterischen Ergüsse aufs Nützliche begrenzt hat: »Dorschangeln vom Boot und an der Küste«.

Wenn schon kein Ruhm, so läßt sich doch manchmal wenigstens gutes Geld verdienen mit den Erinnerungen. So erhielt Alex Ferguson, der Trainer von Manchester United, von einem britischen Verleger 1 Million Pfund Vorschuß für seine Autobiographie. Aber so etwas ist eher die Ausnahme, wie der schottische Ex-Nationalspieler Gordon Strachan verriet: »Ich habe wahrscheinlich genauso viele Exemplare von meinen zwei Büchern auf dem Dachboden, wie verkauft wurden. Meinen Freunden stinkt es gewaltig, die dauernd als Weihnachtsgeschenke zu bekommen.«

Film

»Annehmbare Fußballfilme sind ungefähr so häufig wie ein Kompliment von Alex Ferguson für den Schiedsrichter«, schrieb die englische Fachzeitschrift *FourFourTwo*. Selbst John Huston scheiterte am Fußball. Sein »Escape to Victory« von 1980 ist zwar der Hollywood-Film mit dem größten Fußballanteil, doch nicht nur die völlig dilettantischen Torwartparaden von Sylvester Stallone, die auch den Regisseur zur Verzweiflung trieben, machen den Streifen ziemlich lächerlich. Schon die Story reicht: Eine Kriegsgefangenauswahl mit Pelé, Osvaldo Ardiles, Bobby Moore, Paul van Himst, Kazimierz Deyna will ein Spiel gegen ein fies foulendes Nazi-Team zur Flucht nutzen. Doch weil sie zur Pause, übel verpfiffen, 1:4 zurückliegen, bleiben sie der Ehre halber, statt durch den von Komplizen gebuddelten Tunnel aus der Umkleide abzuhauen. Sie spielen 4:4, nachdem Stallone in der 90. Minute einen Elfmeter hält.

Ebenfalls kein Meisterwerk der Filmgeschichte wurde 1941 »Das große Spiel« unter taktischer Beratung von Sepp Herberger, der sich neben Gustav Knuth und René Deltgen selber ins Team mischte. Das größte Problem war wieder der Torwart, der Schauspieler Heinz Engelmann, der die »kühne Parade halbhoch in der linken Ecke« beim Elfmeter partout verweigerte. Auch die »somnambule Sicherheit«, die das Drehbuch beim Lattenschuß forderte, wollte selbst Fritz Walter nicht gelingen.

Zu einem weiteren deutschen Fußballfilm mit Walter und Herberger kam es glücklicherweise nicht, weil der DFB nach der WM 1954 meinte, daß »der Geist der Nationalmannschaft nicht zu verfilmen« sei. Das Drehbuch, das der Wiener Sportreporter Heribert Meisel und der Münchner Alteisenhändler Hans Schubert verfilmen wollten, sah vor, daß Fritz Walter den Versuchungen aus dem Ausland widersteht, dann aber von einem Manager ausgetrickst wird, der sich unter dem Vorwand eines Autogramms die Unterschrift unter einen Transfervertrag nach Uruguay erschleicht, ehe Walter ihm den fiesen Kontrakt nach Irrungen und Wirrungen entwinden und zerreißen kann, aus dem fahrenden Schnellzug springt, ins Lager der Nationalelf eilt und Herberger meldet: »1:0 für Deutschland.«

Diese Rolle ist Fritz Walter erspart geblieben, aber spätere Kollegen haben die Peinlichkeit in anderen Streifen nachgeholt: Paul Breitner im deutschen Western »Potato-Fritz«, Wolfgang Kleff als Double des Komikers Otto, Franz Beckenbauer als er selbst in »Der Libero« (produziert von Konsul Weyer), zuletzt Eric Cantona als Leibwächter eines Affen in »Monkey«. Kein Wunder, daß unter Fußballern »Schauspieler« ein Schimpfwort ist.

Krimi

Dem Fußball wird beträchtliche kriminelle Energie zugestanden. Der Fußballplatz diente als »Tatort« in »Platzverweis für Trimmel«. International gelobte Fußballkrimis schrieben Janwillem van de Wetering (»Eine Tote gibt Auskunft«), Per Wahlöö (»Foul Play«) und Dan Kavanagh alias Julian Barnes (»Grobes Foul«). Die seit Jahren überfällige Verjüngung der deutschen Nationalmannschaft findet in zwei weiteren Krimis eine ziemliche energische Verwirklichung. In Richard Hoyts »Spielen und Töten« werden bei der WM 1994 zwei deutsche Stürmer per Winchester-Weitschuß auf die ewige Ersatzbank befördert. In Peter Zeindlers »Abgepfiffen« ist bei der WM 1998 mit entsprechenden Folgen die überalterte deutsche Mannschaft »der internationalen Fußballmafia ein Dorn im Auge«. Aber, wie man weiß, nicht nur der.

Kunst

Leonardo da Vinci galt als großer Fan des Calcio, des mittelalterlichen Fußballs, in Florenz. Vielleicht weil der Fußballer für seine Kunst nur ein paar Sekunden benötigt, der Künstler aber manchmal ein paar Jahre? Dafür aber steht das Bild vielleicht auch noch nach fünfhundert Jahren im Museum, während das Tor längst vergessen ist. Walter Jens entdeckte Zusammenhänge der beiden Sparten: Fußball sei dem Prinzip der Kunst verpflichtet, weil er dem »Prinzip der freiwilligen Selbsterschwerung« folge. Wenn das so ist, dann gibt es sicher mehr Künstler unter den Fußballern, als man denkt. Einer wurde sogar beides: Rudi Kargus, der mehr Elfmeter hielt als jeder andere Bundesligatorwart, begann eine zweite Karriere als Maler.

Lyrik

Waren das Zeiten, als der Fußball noch ein Gedicht war, etwa in den WM-Sonetten von Ror Wolf. Oder Ludwig Harigs »Erstes alexandrinisches Sonett über den Fußball«, das mit den Zeilen endete:

>»O abgetropfter Ball! O eingeschlenztes Leder!
>Der fußerzeugten Kunst begleicht und opfert jeder
>Tribut und Obolus im hirnverzückten Schrei.
>Die Sieger tanzen auf, leicht wie die Adlerfeder,
>im Arme liegt und küßt und tröstet sich jedweder
>in diesem Augenblick: gewonnen drei zu zwei!«

Da konnte nur noch Eckhard Henscheid kommen, der Schlußpunkt der deutschen Fußball-Lyrik, mit seinen Anleihen bei Hölderlin in der »Hymne auf Bum Kun Cha«:

>»Bum Kun Cha! Freund aus dem Osten! Fremdling bist
>Du nicht länger − nicht bitt'res Los ist Exil
>Dir! Heimat, die zweite, du fandst sie.«

Schlager

Als die Pop-Kultur mit der Pop-Musik losbrach und auch die Fußballer plötzlich zu Pop-Stars wurden, zog irgend jemand den fatalen Schluß, daß die Fußballer auch singen könnten (dann hätten die Beatles ja auch Fußball spielen können). Dieser swingenden Idee der 60er Jahre verdankt die Nachwelt kuriose CD-Sampler aus der immer gut gehenden Rubrik ›peinliche Präsente‹. Darauf findet sich fast immer Beckenbauers Gesäusel »Gute Frrroinda kann niemand trrrennan« (damals leider nur Platz 31 der Hitparade). Gerd Müller trällert: »Dann macht es bumm!«, Norbert Nigbur verrät: »Die Nummer 1 steht auf meinem Trikot, nur zwischen den Pfosten bin ich richtig froh.« Und die Kremers-Brüder besingen »Das Mädchen meiner Träume«.

Selbst der große Cruyff, der von einem Anlagebetrüger reingelegt worden war und jeden Cent brauchte, blamierte sich mit der Single »Oie oie oie«, die er dummerweise auch noch live im Fernsehen präsentierte. Mit »Head over heels in love« von Kevin Keegan verblich die Zunft der Schlager-Kicker gegen Ende der 70er Jahre, und niemand vermißte sie. Daran änderten auch Alain & Denise mit ihrem Rummenigge-Song »Sexy knees« nichts, noch weniger die deutsche Version von Cleo Kretschmer und Wolfgang Fierek (»Der hat Haxn, schee sans gwachsn«, »Waden fest, und erst der Rest«). Und auch das Genre des Trainer-Songs blieb nach Klaus Schlappners »Schläppi Räpp« glücklicherweise ohne Zukunft.

Was länger überlebte, waren die vierjährlichen WM-Einspielungen der Nationalelf mit den Kollegen Jürgens oder Schanze (Frank Schöbel kopierte die Idee mit der DDR-Auswahl: »Ja, der Fußball ist rund wie die Welt«) oder gar mit Udo Lindenberg, der vor der WM 1994 von »Jürgen Kohler, Eisenfuß« und einem gewissen »Andy Müller« sang. Mittlerweile verfügt fast jeder Klub über einen eigenen Song. Diese Marketing-Idee geht in Deutschland auf Trainer Rudi Gutendorf zurück, der die Hans Blum Band schon in den 60er Jahren den »Zebra-Twist« einspielen ließ. Das führte aber auch zu solch peinlichen Ergebnissen wie dem Biene-Maja-Borussia-Dortmund-Song von Karel Gott und Norbert Dikkel oder Dirk Heines Lied »Unabsteigbar«, das drei Abstiege des VfL Bochum einleitete.

Den jedoch »ungeheuerlichsten Text, der jemals für einen Verein verfaßt wurde« (Christoph Biermann), spielte Mitte der 90er Jahre eine konspirative Session, an der auch Nena (»99 Luftballons«) beteiligt war, unter dem Namen »Dream Team« für den Zweitliga-Aufsteiger FSV Frankfurt ein – als Karaoke-Version des Prince-Hits »Purple Rain«. Der Refrain:

»FSV, FSV in Schwarz-blau, in Schwarz-blau.
Wir schaun niemals nach unten.
Schon Platz zwei ist uninteressant.
Dritte, Zweite, Erste Liga,
Champions League, Europa-Cup
und was kommt dann?
FSV, FSV in Schwarz-blau, in Schwarz-blau.
Wir schaun niemals nach unten.
Nach unten schaun ist schwach.
Oben gibt's doch viel mehr zu sehen.
Mailand, Barcelona sind nun mal nicht Egelsbach.«

326

Der FSV stieg gleich wieder ab und wurde mit 12:56 Punkten und 39:103 Toren der schlechteste Zweitligist aller Zeiten.

Stadiongesang

Für die Hamburger *Zeit* ist der Fußballgesang »Pein und Marter des Menschengeschlechts«. Vor allem aber ist er die ureigene Kunstform, die der Fußball entwickelt hat, besser: seine Fans. Alles fing Ende 1963 damit an, daß die Fans des FC Liverpool auf der legendären Stehplatztribüne an der Anfield Road, dem »Kop«, den Hit »You'll never walk alone« der Gruppe Jerry & the Pacemakers aufgriffen (nicht zufällig begannen zur selben Zeit vom selben Ort aus die Beatles die Welt zu erobern). Drei Jahre später übernahmen die britischen Stadionsänger, deren Fähigkeiten das Urteil der *Zeit* nicht gerecht wird, den sogenannten »Soccer-Rhythmus« aus dem Hit »Hold tight« von Dave Dee, Dozy, Beaky, Mick & Tich, der sich durch die WM 1966 in alle Welt verbreitete und bis heute in allen Stadien geklatscht wird.

Der Volksliedforscher Ernst Klusen interpretierte die Gesänge schon 1969 als Teil einer allwöchentlichen Kulthandlung, die mit Hilfe uralter Mittel, nämlich Narkotika, Tanz und Maske, die Fußballgötter um Hilfe anrufe. Am liebsten intoniere der »Homo fanaticus«, wie ihn der Musikforscher Reinhard Kopiez beschrieb, »glatte, möglichst spannungslose Melodien ohne Ecken und Kanten«. Die Kreativität steckt in den Textvariationen. Der Stadion-Hit schlechthin ist das kinderliedsimple »Yellow Submarine« der Beatles, das als »Zieht den Bayern die Lederhosen aus«, »Deutscher Meister wird nur der FCK«, »Eins, zwei, drei und wieder mal vorbei« oder »Ihr seid nur ein Karnevalsverein« in allen Bundesligastadien gesungen wird.

Weitere Klassiker: »Oh when the saints go marching in« (»Der FCK ...«), »Von den blauen Bergen kommen wir« (»Wieder deutscher Meister ...«), »Guantanamera« (»Ruhrpottkanaken, ja wir sind Ruhrpottkanaken«) und der Triumphmarsch aus Aida. Während der 70er-Hit »Na na na na, na na na na, hey hey hey, FCK« kaum noch zu hören ist, wurde »Go west« von den Pet Shop Boys zum Fußballschlager der 90er, vor allem in der Dortmunder Version »Olé, hier kommt der BVB« und der Gelsenkirchener Fassung »Steht auf, wenn ihr Schalker seid«). In England gibt es dazu eine etwas kantigere Textversion: »You're shit, and you know you are.«

Theater

Wenn das Shakespeare geahnt hätte: daß sich ein Fußballer, der Schalker Youri Mulder, dereinst als Hamlet versuchen würde. Beim Großmeister des Dramas taucht der Fußball zwar auf, aber immer abwertend. In der »Komödie der Irrungen« klagt der Diener Dromio seiner Herrin Adriana:

»Bin ich so rund mit euch, als ihr mit mir,
Daß ihr mich wie 'nen Fußball schlagt und stoßt?
Hin und zurück nach Lust schlägt mich ein jeder,
Soll das noch lange währ'n, so näht mich erst in Leder.«

Die berühmteste Liaison von Theater und Fußball gingen Bernhard Minetti und Josef Herberger ein, den Minetti wie alle seine Freunde nicht Sepp, sondern Seppl nannte. Minetti beschrieb eine Spielkritik Herbergers nach der Aufführung von Molières »Menschenfeind« im Schloßparktheater Berlin in den 30er Jahren: »Tja, Bernhard, bis zur Pause haste demonstriert, was du kannst, da haste viel gedribbelt. Nach der Pause hast du die Tore geschossen.« Minetti dazu: »Und es stimmte! Ich war zuerst befangen, weil er drin saß, rettete mich in die Nuancen und meine Fähigkeiten, er vermißte wohl das Erlebnis. Ich hatte mich dann befreit, spielte mich frei, stellte die Existenz her. Die Rolle lebte.« Es ist also wohl was dran, wenn man von der Volksbühne Fußball redet.

*Abb. 27: Brasiliens legendärer Masseur Americo schleppt bei der WM 1958
den verletzten Mazola vom Platz.*

27. Kult

Eine Kultfigur ist ein Mensch, den Medien zur Kultfigur machen, ehe sie dann
verwundert feststellen, daß er eine Kultfigur ist. Dieser Mechanismus, manchmal per Zufall in Gang gekommen, öfter aber durch geschickte Inszenierung,
ist eine Erfindung der zwanziger Jahre (deren Techniken von der Propaganda

eines Goebbels später aufgegriffen und weiterentwickelt wurden). Göttliche, kaiserliche oder königliche Leitbilder waren nach dem Ersten Weltkrieg für Millionen Desillusionierte gestorben. In dieses Vakuum stießen die neuen Helden, die aus dem Volk selbst kamen, scheinbar von nebenan. Heroen, die aus Fleisch und Blut waren und nicht nur steife Uniformen oder blaues Blut zur Schau stellten. Die Nähe zu ihnen schufen die neuen Massenmedien, die in den Metropolen der Zwanziger eine urbane Blüte erlebten. Es war das erste Jahrzehnt der Mediendemokratie, der hektischen Nachricht, der schnellen Morgen-, Mittag- und Abendblätter. Kino und Sport hießen die neuen Formen der Populärkultur.

Wie man Massenbedürfnis und Massenmedien zu dem Illusionscocktail mixt, der die Protagonisten der neuen Populärkultur zu Volkshelden macht, zu Kultfiguren, zu konsumierbaren Helden, an deren glanzvollem Leben jedermann für ein paar Pfennige teilhaben kann – diese Illusionskunst erfand für den Sport der Box-Promoter Tex Rickard. Der frühere Goldgräber, der sich stets mit Panamahut und goldener Zigarettenspitze fotografieren ließ, machte den Weltmeister Jack Dempsey zum ersten Weltstar des Sports. Er erfand das »Ballyhoo«, mit dem man Kämpfe interessant machte, indem man mit den Rollen des Guten und des Bösen, des Fieslings und des Frauenhelden spielte. Er inszenierte auch das Privatleben von Dempsey, der mit einem Hollywood-Starlet liiert wurde, versorgte die Presse mit saftigen Details, brachte Intellektuelle an den Ring, gewann erstmalig die Frauen fürs sportliche Massenpublikum. So gelang es ihm, einen Boxer, der zwischen 1919 und 1927 nur sieben Kämpfe bestritt, zur Kultfigur zu machen – und zur Quelle von Millioneneinnahmen.

In anderen Sportarten vollzog sich die Entwicklung von Kultfiguren noch ohne die Inszenierung durch jene Hintermänner, für die erst viel später der Begriff PR-Profis gebräuchlich wurde. Der Baseballspieler Babe Ruth wurde zur amerikanischen Legende, der Schwimmer Johnny Weissmueller durfte seinen glänzenden Körper nach dem Wechsel von Badehose zu Lendenschurz lukrativ als Tarzan präsentieren. Das laufende Uhrwerk Paavo Nurmi wurde zum weltweiten Begriff für emotionslose Präzision. Was hätte man damals schon aus dem Fußball machen können, wäre er nur in den USA populär gewesen!

Doch das war er nur in fast allen anderen Ländern der Welt. Und dort entstanden in dieser Zeit die ersten Kultfiguren des Fußballs. Artur Friedenreich, Sohn eines deutschen Einwanderers und einer schwarzen Wäscherin, wurde der erste Fußballstar Brasiliens – der Schuh, mit dem er 1919 das Siegtor zum Gewinn der Südamerikameisterschaft erzielt hatte, wurde auf einem Schild vor dem Triumphzug durch Rio hergetragen, auf dem stand: »Der ruhmreiche Fuß von Friedenreich«. José Leandro Andrade aus Uruguay, der beste Spieler der besten Mannschaft der zwanziger Jahre, wurde als erste »schwarze Perle« des Fußballs gefeiert, glänzte als Sänger in Pariser Nachtklubs und als Tänzer mit seiner Gruppe »Die armen kubanischen Neger« in Montevideo. In Mailand wurde Renzo de Vecchi, genannt »Sohn Gottes«, der erste Star des italienischen Fußballs. In Barcelona begründeten Ricardo Zamora und Josep Zamitier den »mediterranen Stil«, ihre Lebensgeschichten wurden an den Kiosken verkauft, ihre Ruhmestaten in Nachtklubs und Boulevardtheatern besungen. Der Ungar Alfred Schaffer wurde in Nürnberg, München, Basel, Wien, Prag der erste internationale Star auf dem Kontinent, so daß das *Neue Wiener Journal* 1924, als Schaffer bei der Austria spielte, den Rummel beklagte: »Es wird immer nur von den Stars geredet, von ihrem Befinden, von ihrer Form, ihren Familienangelegenheiten.«

Der Wiener Schneidersohn und bullige Stürmer Josef Uridil avancierte nach dem 1922 erschienenen Foxtrott »Heute spielt der Uridil« und einem Kinofilm über seine Karriere zu einer festen Größe der Kaffeehaus-, Film- und Musikszene Wiens. Ihm folgte sein gegensätzlicher Nachfolger Matthias Sindelar, der feingliedrige, feinsinnige, technisch brillante Stürmer des österreichischen »Wunderteams« der frühen dreißiger Jahre. Um seinen Gas-Tod 1939 rankt sich bis heute die Legende des Selbstmords aus Verzweiflung über die Nazis — der Dichter Torberg hat ihn besungen. Die Spanier hatten die Torwartlegende des spanischen Arztsohns Ricardo Zamora, der selbst in Begleitung seiner jungen schönen Frau und im eleganten Straßenanzug die Schiebermütze nicht ablegte. Und die Italiener feierten ihren Stürmerstar Giuseppe Meazza, der mit den kalten Augen eines Mafiakillers Mussolinis Squadra zweimal zum Weltmeistertitel schoß.

Auch der deutsche Fußball der Vorkriegszeit hatte seine glänzenden Figuren, doch sie blieben eher regionale Volkshelden als nationale Kultfiguren. Der deutsche Kult, das war immer die Mannschaft. Man schwärmte eher vom Schalker Kreisel als von Szepan oder Kuzorra, und die »Breslau-Elf« der Vorkriegsjahre ist länger in Erinnerung geblieben als ihre Mitglieder. Der sie schuf, Sepp Herberger, mußte noch siebzehn Jahre warten, ehe er zur ersten Kultfigur des deutschen Fußballs wurde — im Regen von Wankdorf, die winzig anmutende Trophäe des Weltmeisters in der Hand, die strähnigen Haare über den wuchtigen Mannheimer Schädel nach hinten gekämmt, in seinem regenschweren Trenchcoat auf den Schultern der Ungarn-Bezwinger. Mehr als der Sieg im WM-Finale waren es Worte, die den Herberger-Kult schufen, die simplen Fußballwahrheiten, die ein Herberger noch nicht dummdeutsch aufblähen mußte wie seine Nachfolger: Das Spiel dauert 90 Minuten, man muß ein Tor mehr machen als der Gegner, das nächste Spiel ist das schwerste, die Leute kommen zum Fußball, weil sie nicht wissen, wie es ausgeht.

Spiele und Sprache machen Kultfiguren. Giovanni Trapattonis »Habe fertig«-Rede, die ihn den Bayern-Job kostete, bekam Kultstatus mit ihrer Sprachgewalt (»Flasche leer«), ihrer arienhaften Expressivität, ihrer Knappheit und Klarheit. Wie der Fußball- und Poppoet Nick Hornby schrieb, dauert jede große Single nicht länger als drei Minuten; auch diese Voraussetzung erfüllte der Trap-Rap.

Auch »Struuuuuunz« wurde Kult, ebenso unfreiwillig wie Trapattoni. Ein dehnbarer Vokal ist sehr hilfreich bei der Kultbildung, vor allem ein U, wie die populären Formen »Uuuuuuwe« und »Ruuuuudi« zeigen. Die Stürmer Seeler und Völler verbinden dabei (wie zum Beispiel auch Yyyyyyves Eigenrauch) die drei in Deutschland gewünschten Voraussetzungen der fußballerischen Kult-Ivierung: den richtigen Vornamen, den stets rackernden Einsatz fürs Team, der sich in hängenden Stutzen und schmutzigen Trikots ausdrückt, und nicht zuletzt eine Volkstümlichkeit in Frisur, Ästhetik und Lebenswandel. Wie Guildo Horn immer zu seinen fettigen Strähnen stand, so hat Rudi Völler mit seiner Tante-Käthe-Dauerwelle auch nach seiner Berufung zum DFB-Teamchef die Verbundenheit mit der Hanauer Arbeiterklasse nie abgelegt.

Ganz anders der Giesinger Briefträgersohn Beckenbauer, dessen gesellschaftlicher Aufstieg zum Bayreuth-Besucher immer etwas Frisiertes hatte – da taugte in den rebellischen Post-68ern schon eher der langmähnige Netzer zum Nischen-Kultprogramm, so wie auf der Insel der geniale Fusel-Fummler George Best. Vielleicht ist Franz auch einfach der falsche Vorname, einer, den man weder richtig dehnen noch verniedlichen kann. Man stelle sich vor: »Gib den Ball ab, Franzi!« Das verbot die kaiserliche Autorität. So mag er der beste Fußballer gewesen sein, den die Deutschen je hatten – ihre Kultfigur ist Franz Beckenbauer nie geworden.

Alternativer Fußball

Fußball ist ziemlich spießig und paßt deshalb überhaupt in die Selbststilisierung des Intellektuellen – außer man macht ihn in irgendeiner Form zu einem scheinbar ironisch betrachteten Kult-Geschehen. Für diese Stilisierung eines »linken« Fußballs war lange Zeit die Post-68er-Bayern-Gladbach-Glaubensfrage im Angebot, mit dem Geist der Utopie in Netzers Pässen und dem Geist des Konformismus in Beckenbauers Pässen. Dann kam das Wehklagen über das Verschwinden der Straßenfußballer, eine Pose, so Dirk Schümer, »die in den Kickern am liebsten ausgehungerte Proletarierkinder sähe, die zur Lehre in den Pütt fahren, nachmittags den Ball durch Teppichstangen zirkeln und abends die Erbsensuppe aus Mutters Topf löffeln«. Das wiederum ging einher mit der Klage über die Industrialisierung des Fußballs hin zur Dienstleistungsgesellschaft der Fußball-Angestellten.

Gegen diese schlimmen Entwicklungen läßt sich prächtig ein alternativer, ein irgendwie linker Fußball inszenieren – Kicken als praktizierte Sozialromantik. Dieser Kult rankt sich seit der Hafenstraßen-Zeit um den FC St. Pauli, und in den 90er Jahren kam der SC Freiburg hinzu. Als sich erst mal herumgesprochen hatte, daß der Trainer dort Selbstgedrehte rauchte und einen Brilli im Ohr hatte und der Präsident die Spiele nur im Videotext sah, war der nächste Kult-Klub geboren. Natürlich wieder mit der entsprechenden ironischen Brechung, die nötig ist, um den Anschein des Alternativen zu wahren. So sah Eckhard Henscheid im Spiel der Freiburger »nichts Geringeres als die orientierungslose Sehnsucht nach dem Ganzanderen des späten Max Horkheimer«. Und Günter Grass lobte, kaum war er Nobelpreisträger, das Angriffsspiel der Freiburger. Eine ähnliche intellektuelle Spielerei steckt hinter der nach einem früheren Ersatzspieler des AC Mailand benannten Autorengruppe »Luther Blissett«, die 1999 in Italien einen in der Renaissance spielenden Kultroman namens »Q« veröffentlichte. Der echte Blissett, inzwischen Funktionär beim FC Watford, konnte sich keinen Reim darauf machen: »Ich bin nicht erfreut, aber was kann ich dagegen tun?«

Bart

Dirk Lehmann, früher ein unauffälliger Ersatzspieler beim 1. FC Kaiserslautern und bei belgischen Klubs, wechselte 1998 von Energie Cottbus zum FC Fulham, dem Klub des ägyptischen Milliardärs Al Fayed. Mit einem Preis von 100 000 Mark war er nur eine Randfigur im mit 30 Millionen Mark verstärkten, von Kevin Keegan trainierten Drittliga-Team. Dann schrieb eine Zeitung, mit seinen dicken Ohrringen und dem Schnäuzer sehe Lehmann aus wie ein Pornofilmstar der 70er, und prompt wurde er zur Kultfigur. Die Fans kopierten ihn mit aufgeklebten Schnäuzern und Pflastern auf den Ohren. Die Sache sprach sich herum, die unwesentlichen Details wurden weggelassen, und die meisten Fulham-Fans glauben immer noch, Lehmann sei wirklich einmal ein Pornodarsteller gewesen.

Enfant terrible

Diese Rolle im Fußballtheater war Eric Cantona auf den Leib geschnitten. In sieben Jahren in England, von 1991 bis 1997, gewann der Franzose mit Leeds und Manchester United fünf Meistertitel sowie zwei Pokale und wurde zum populärsten Ausländer, der je auf der Insel spielte. Die fünf Platzverweise binnen 16 Monaten und der skandalöse Kung-Fu-Tritt gegen einen Fan, der ihm drastische Strafen einbrachte, taten der Popularität keinen Abbruch, im Gegenteil. Sein Trikot mit der 7 wurde von Manchester United mehr als 200 000mal verkauft. Das Volk liebte ihn auch als Maler (Spitzname Picasso), als Lyriker (der sich mit Molière verglich), als Kabarettist (in der französischen TV-Sendung *Les Guignols*) oder als Filmschauspieler (er gab einen Clochard, den französischen Botschafter in *Elizabeth I.* und den Leibwächter eines Affen in *Monkey*).

Faßbender

Der WDR-Sportchef steht beispielhaft für den seltsamen Mechanismus, daß einer als Hörfunkreporter hochgeachtet ist, bevor er zum vielgeschmähten Fernsehmann wird – es muß damit zusammenhängen, daß der Zuschauer das, was er mit eigenen Augen sieht, besser zu wissen glaubt als der, der es ihm zusätzlich erzählt. Aber natürlich hat es auch mit Fassbenders eitlen Eigenarten zu tun, etwa dem »Guten Abend allerseits«, seiner Neigung zu polyglotten Phantasievokabeln wie »argentinos« und »tenerifeiros« oder dem legendären Röchelauftritt beim WM-Qualifikationsspiel gegen Armenien am 11. September 1997.

Mitte der 90er Jahre begann Fassbenders überraschender Aufstieg zur Kult- oder besser: Antikultfigur. Das kam durch Veröffentlichungen der Art: »Wie werde ich Heribert Fassbender? Grund- und Aufbauwortschatz Fußballreportage« (ein Buch, gegen das er prozessierte) oder »Heribert Fassbender – Gesammelte Werke (Werkgruppe IX, Die Länderturniere der neunziger Jahre, Band 5, Europameisterschaft 1996: Italien – Deutschland)«. In Peter Zeindlers WM-Krimi »Abgepfiffen« wurde er 1998 gar als literarische Figur »Heiko Daubenbinder« verewigt – leider ohne Fortsetzung, weil der Held, der sich mutig gegen die Übernahme des deutschen Fußballs durch ein multinationales Konsortium von Rechtehändlern und Medienmanagern stemmte, diesen Akt des Widerstandes nicht überlebte.

Folklore

Das muß auch so eine Marketing-Idee von Uli Hoeneß gewesen sein: den Bayern endlich die Lederhosen anzuziehen, die die Konkurrenten ihnen dauernd ausziehen wollen. Jeder Neu-Bayer wird für eine Fotoserie in die Krachledernen gepackt, und dann gehört auch ein Besuch beim Oktoberfest zum obligaten Aufwärmprogramm. Besonders gut kommt die Idee bei exotischen Neulingen wie Giovane Elber.

Handwerker

Mit den biederen Fußballarbeitern wird in Deutschland ein halbwegs selbstironischer Kult betrieben. So wurde Guido Buchwald durch einen einzigen Übersteiger, der den WM-Sieg gegen Holland 1990 einleitete, zu »Diego« Buchwald. Dieter Eilts kürten sie für seine braven Staubsauger-Dienste beim EM-Erfolg 1996 zum »Ostfriesen-Alemao«. Und Jürgen Kohler wurde auf seine alten Tage eine ganz unerwartete Beförderung durch die Dortmunder Fans zuteil: »Jürgen Kohler, Fußballgott«. Einem Yves Eigenrauch reichte gar ein einziges gutes Spiel gegen den indisponierten Ronaldo, um 1998 eine Art Hoffnungsträger des deutschen Fußballs zu werden – als Pendant zu Guildo Horn, der gerade auf einer Kultwelle zum Grand Prix de la Chanson surfte.

Da wurde es dem guten Beckenbauer, zu dessen Zeiten niemand es gewagt hätte, seinen braven Adlatus Schwarzenbeck irgendwie zu überhöhen, nach der katastrophalen Florida-Reise Anfang 1999 doch zu bunt, und er schwadronierte drauflos: Nur noch »biedere Handwerker« habe der deutsche Fußball zu bieten. Diese Gleichsetzung mit lustlosen Fußballprofis ließ wiederum Hermann Schaper, Elektromaschinenbauer und Maschinenbaumeister aus Kirchlinteln-Bendingbostel bei Verden an der Aller, den Kragen platzen, worauf er in einem Fax an Beckenbauer vermutete, der habe »wohl ein paar Kopfbälle zu viel« abbekommen. Der *Spiegel* hielt dem aufgebrachten Mittelständler entgegen, an dem Verhalten der Fußballer könnten sich die Handwerker doch ein Beispiel nehmen: Nur eine Pause gemacht und den Arbeitsplatz ordentlich aufgeräumt hinterlassen. Vermutlich ist der Streit an den Haaren herbeigezogen, und Fußball und Handwerk verbindet mehr, als es trennt – und sei es in Gestalt des Bäckergesellen Klinsmann, über dessen Qualitäten der selige Blickensdörfer schrieb: »Er kann nicht nur den Teig für Brote und Brezeln, sondern auch den seines Lebens mischen.«

Kultgegenstände

Fans halten farbige Schals mit ausgestreckten Armen und singen vom Sieg ihres Teams. Deren Spielführer tragen eine Binde am Arm und tauschen vor dem Spiel Wimpel aus. Nach dem Spiel wird, wenn es ein Endspiel war, einer einen häßlichen Pokal hochhalten. Später dürfen sie, als Gast im *Aktuellen Sportstudio*, auf die Torwand schießen (wo Beckenbauer, Netzer und Overath fünfmal trafen, Herberger sich drückte und Peter Frankenfeld kein einziges Mal überhaupt die Wand erreichte). Danach sammeln und tauschen Schüler Panini-Fußballbilder und Hanuta-Aufkleber von den Siegern. Dann spielen sie Tischfußball und nennen die Holzmännchen an der Stange nach ihren Lieblingsstars – oder Tippkick, dieses unsterbliche Fingerspiel für eisenharte Balltreter, das der schwäbische Apothekenmöbelfabrikant Carl Meyer in den 20er Jahren erfand.

Kultgegenstände, wohin man schaut. Auf dem Fußballplatz selbst wird nicht viel gebraucht außer dem Ball, den Schuhen und dem Notfallgerät, da kann jeder Gegenstand, der dazu kommt und mit Erfolg einhergeht, zum Mysterium werden. Etwa das berühmte Notizbuch von Herberger, der sich aber ganz ungeheimnisvoll zu seiner Bürokratie bekannte: »Ein Länderspiel, das sind für mich drei Leitz-Ordner.« Oder der berühmte Eimer von Mario Americo, dem legendären Masseur der Brasilianer bei 7 Weltmeisterschaften, davon drei gewonnenen, von 1950 bis 1974. Der glatzköpfige Americo, der vorher Boxer und nachher Politiker war und »schwarze Kuh« genannt wurde, hatte um einen gewaltigen Gürtel in Ledertaschen Flaschen und andere Utensilien des Medizinmanns geschnallt wie ein New Yorker Cop Taschenlampe, Handschellen und die 38er. In einer Hand der Eimer mit Schwamm, der im Einklang mit beschwörenden Formeln heilende Wunderkräfte auf verletzte Spieler lenkte. Wenn sie nicht halfen, trug Americo den Verletzten kurzerhand über der Schulter vom Platz.

Leidensgemeinschaft

Mit einem Team leiden – das schweißt zusammen, und mitunter wird ein Kult daraus. Besonders bei abgestürzten Traditionsklubs, denen ihre Fangemeinden Trost in harter Zeit spenden. Das funktioniert so beim FC St. Pauli, auch bei Kickers Offenbach oder Alemannia Aachen, in England beim zweimal abgestürzten Traditionsverein Manchester City. Gemeinsam ist diesen Kultgemeinden eine Lust, sich selbst zu feiern, an schrecklichen Leistungen zu leiden und einen Hauch von Rebellion gegen das Establishment zu zelebrieren.

Teenie-Stars

Der erste Fußball-Popstar war der schwarzmähnige Dribble-König George Best, der keinen Gegenspieler, kein Getränk und keine Gespielin ausließ. Der erste deutsche war der blondmähnige Paß-Stratege Günter Netzer, laut Peter Unfried »ein Geschöpf der Goldschmiedin Hannelore Girrulat«. Er fuhr Ferrari, nippte Whisky in seiner Diskothek Lovers Lane, trug schwarzen Pullover zum Fototermin mit der schwarzen Porzellankatze in seinem teuren Apartment und taugte in seinem klassischen Vater-Sohn-Konflikt mit Trainer Weisweiler und der legendären Selbsteinwechslung im DFB-Pokalfinale 1973 bestens zur Heroisierung als »Manager und Rebell« durch seinen Biographen Böttiger.

Nach zwei mageren Jahrzehnten wurde der Fußball-Popstar dank der populären Aufbereitung durch *ran* und *Bravo Sport* als Teenie-Attraktion wiederentdekkt, als Einnahmeposten in einem besonders attraktiven Marktsegment: Die Hälfte ihres Merchandising-Umsatzes kalkulieren die Profiklubs heute mit 6- bis 16jährigen ein. Für die Großklubs ist es wichtig, die richtigen Werbeträger für diese Konsumentengruppe im Kader zu haben. Bests Klub Manchester United (gegen den sich ein organisierter Protest geschröpfter Eltern regte, als er 1994 den fünften Trikotsatz der Saison herausbrachte) hat dafür Ryan Giggs und David Beckham, Borussia Dortmund Lars Ricken, den »Killer zum Knutschen« *(Kicker)*, Bayern München hat Mehmet Scholl.

Der hat sich daran gewöhnt, bei Familientagen von Lebensmittelketten aufzutreten, um von Tausenden Teenagern bekreischt und mit Stofftieren beworfen zu werden. Um bei den Kiddys gut anzukommen, muß man erstens auch mit fast 30 noch so aussehen, als hätte man Pubertätsprobleme, und zweitens so reden, als wäre es einem egal. Frage: »Herr Scholl, wie war es, als der Kanzler in die Kabine kam?« Antwort: »Eng.« Bayern-Manager Hoeneß ging es irgendwann auf die Nerven, »daß bei uns nur noch darüber diskutiert wird, wer der beliebteste Spieler von *Bravo Sport* und anderen Blättchen wird. Egal wo Mehmet hinkommt, es warten immer schon ein paar hundert kreischende Teenies auf ihn.«

Auch dicke Verträge warten auf die echten Teenie-Stars: Nach Ronaldos Renten-Vertrag bei Nike zog Adidas mit Beckham nach (7-Jahres-Vertrag für 4 Millionen Pfund plus 2 Millionen »Loyalitätsprämie« am Ende) und Reebok mit Giggs (6 Millionen Pfund). »In den 90ern«, seufzte die *Times*, »ist Sport so wichtig wie Popmusik geworden.« Das hört sich an wie: Früher war er wichtiger.

Treter

Auch der Treter taugt zur Kultfigur, er muß seine Kunst nur mit solch heiligem Ernst und solch tiefer Selbstverständlichkeit präsentieren wie die schrecklichen Schauspieler auf der Wrestling-Bühne. In England wurde Vinnie Jones endgültig zur Berühmtheit, als er seinem Gegenspieler Paul Gascoigne grimmig in die Weichteile faßte und ein preisgekröntes Foto dessen angegriffene Mimik prächtig zur Geltung brachte. Nach einem Foul von Kenny Dalglish sagte er dem Schotten die netten Worte: »Mach das noch mal, dann reiß ich dir das Ohr ab und spucke in das Loch.« Oder über Ruud Gullit: »Eine quiekende, geldgeile

Kakerlake.« Jones, genannt Vinnie die Axt, mehr als zehnmal vom Platz gestellt, profilierte sich nicht nur als Hodengreifer, auch als Nasenbeißer gegen einen Reporter und als erfolgreicher Video-Star (»Meine schönsten Fouls«). 1998 spielte er in seinem ersten Kinofilm mit, einer Gaunerkomödie aus dem Londoner East End, und bald war das Gerücht im Umlauf, Hollywood wolle ihn als Gegenspieler von Bruce Willis holen.

Bei jedem anderen Klub wäre Jones ein Fall für das Disziplinarstrafen-Abonnement geworden, nicht aber beim FC Wimbledon, dem etwas anderen Fußballklub – auch eine Art Kult. Wegen seiner verrückten Stammesriten (neue Spieler nackt aussetzen, ihre Sachen verbrennen) und der harten, lauten Musik in der Kabine nennt man sie in England die »Crazy Gang« (→ Kap. 16: *Ritual*, Stichwort »Begrüßung«). All das ist »eine gut organisierte Werbekampagne«, verriet der Besitzer und Präsident Hammam, ein libanesischer Bauingenieur, der den Klub 1979 in der vierten Klasse übernahm. Nach dem Aufstieg in die Premier League mußte sich das Mauerblümchen gegen sechs weitere Londoner Klubs behaupten, da fiel ihm die Nummer mit der »Crazy Gang« ein. Und für die war Vinnie die Axt unbezahlbar.

WM-Trophäe

Eines der klassischen Bilder der deutschen Nachkriegsgeschichte ist das von Josef Herberger auf den Schultern seiner Spieler, eine winzige Trophäe in der Hand. Das war die Coupe Jules Rimet, nicht größer als eine Bierflasche, ein Kultgegenstand mit bewegter Geschichte. Den Zweiten Weltkrieg überstand die Trophäe in einer Schuhschachtel unter dem Bett des FIFA-Vizepräsidenten Barassi in Italien. Vor der WM 1966 wurde er in England gestohlen. Der Hund Pickles stöberte ihn zur Erleichterung der Fußballwelt in einem Vorgarten auf. Dafür durfte Pickles das WM-Eröffnungsspiel aus der Ehrenloge verfolgen. Kurz danach kam er tragisch ums Leben, als er sich auf Katzenjagd mit der eigenen Leine erdrosselte. Eine andere WM-Trophäe, der Endspielball, der normalerweise vom Schiedsrichter eingesammelt (oder, wie 1982, sogar elegant aus dem Spielfluß gefischt) wird, verschwand dafür kurz nach dem Finale 1966. Erst zur EM 1996, 30 Jahre nach Wembley, wurde er wieder rausgerückt. Helmut Haller hatte ihn nach dem Schlußpfiff unbemerkt beschlagnahmt.

Seit 1970 war die Coupe Jules Rimet Pokal im Besitz der Brasilianer, die sie nach dem dritten WM-Erfolg behalten durften. Dort wurde die Coupe Jules Rimet abermals gestohlen, diesmal ohne Happy-End: Die Diebe schmolzen die kleine Goldstatue ein. Seitdem existiert Sie nur noch als Kopie. Ihr 1974 erstmals überreichter Nachfolger, mit 4970 Gramm viel schwerer und größer, bleibt dem Weltmeister jeweils nur noch als Kopie. Im Sockel des Originals ist noch Platz für Gravuren bis 2038.

Abb. 28: Er schuf die Mutter aller deutschen Fußballreportagen: Herbert Zimmermann (r.), hier 1954 mit Sepp Herberger.

28. Medien

Daß Medien ein Bild von der Realität vermitteln, ist seit jeher ein Mythos. Vielmehr trifft auf die journalistische Beobachtung dasselbe zu wie auf die wissenschaftliche, für die Heisenberg seine berühmte Vermutung aufstellte: Die Tatsache der Beobachtung verändert das Beobachtete. Im Fußball sind die medialen Einflüsse auf das Geschehen vielfältig. Die Presse, besonders in Gestalt der großen Boulevardblätter, nimmt durch gezielte Stimmungsmache Einfluß auf die Nominierung von Mannschaften – so drückte die *Bild*-Zeitung 1966 Lothar Emmerich ins WM-Aufgebot, und 1984 machte sie ihren späteren Kolumnisten Franz Beckenbauer zum Teamchef der Nationalmannschaft. Trainer und Spieler müssen sich mit wichtigen Journalisten arrangieren. Man tauscht interne Informationen gegen positive Beurteilungen.

Wer das nicht tut oder gar die Boulevardpresse offen angreift, bekommt dauerhaften Gegenwind wie etwa Jürgen Klinsmann, der gegen den Springer-Verlag wegen eines veröffentlichten Nacktbildes, das ihn in einer englischen Sauna zeigte, 1996 prozessierte – *Sportbild* konterte kurz darauf mit einer Rückansicht Klinsmanns auf der Titelseite und der Schlagzeile: »Der Scheinheilige«. Die Sportzeitung *L'Equipe*, eine Institution in Frankreich, hatte jahrelang heftige persönliche Kritik an Aimé Jacquet geübt, den sie für den falschen Nationaltrainer hielt. Kurz vor dem WM-Finale 1998 rang sie sich zu einer Entschuldigung durch, doch Jacquet nahm sie nicht an. »Ich hasse diese Leute, weil sie nichts respektieren. Seit zwei Jahren hatte ich sie im Nacken. Jetzt werde ich sie verfolgen. Und dafür sorgen, daß sie bezahlen müssen.«

Schon Ende des 19. Jahrhunderts füllte die Fußballberichterstattung ganze Zeitungen. Der *Blackburn Evening Express* gab an den Spielsamstagen vier Sonderausgaben heraus: Um 17.40 Uhr einen Vorbericht, um 18.30 Uhr ein Special, um 19 Uhr ein Extra Special und um 19.45 Uhr die Ausgabe »Last Football«. Was allerdings außerhalb der eigenen Stadt geschah, fand in der Regel, wenn überhaupt, nur in nackten Ergebnissen statt. Mehr kam zum Beispiel nicht übers Kabel von der ersten WM 1930 in Uruguay. Der ausführliche Bericht, den der *Kicker* drei Wochen später veröffentlichte, hatte eine lange Schiffsreise hinter sich. Der Reporter John Langenus soll sich recht positiv über den Schiedsrichter des Finales geäußert haben. Er war es selber.

Einflußreicher als die Presse ist längst das Fernsehen, weil es erstens viel Geld zahlt und zweitens dafür auch bestimmen will, was es wann zu senden bekommt. In Ländern wie Mexiko oder Argentinien bestimmt in der Praxis ein Fernsehsender über die Nationalteams; in Europa kaufen sich immer mehr Medienmultis die passenden Klubs für ihr Programm. Früher glaubten die Spieler noch, sie könnten etwas gegen das Diktat des Fernsehens unternehmen. 1986 protestierten viele Stars, angeführt von Diego Maradona, gegen die vom europäischen Fernsehen gewünschten WM-Anstoßzeiten mitten in der mexikanischen Mittagshitze – natürlich ohne Erfolg. Seitdem sparen sie sich den Aufwand. Schließlich sind für ungewöhnliche Gehälter auch ungewöhnliche Arbeitszeiten zumutbar.

Vor allem prägt das Fernsehen das Bild der meisten Menschen vom Fußball in einer ganz gezielten Weise. Die Verdichtung der bildlichen Darbietung in den

90er Jahren, durch ein Dutzend Kameras, durch extreme Naheinstellungen und eine geschickte Bildregie, hat auch eine scheinbare Dynamisierung des Spiels erzeugt – daß der heutige Fußball so viel schneller und athletischer wirkt als der vor zwanzig oder dreißig Jahren, als meist nur eine einzige Halbtotale mit langen Schwenks ein eher behäbiges Gesamtbild erzeugte, hat vielleicht mehr mit dem Fortschritt des Fernsehens als dem des Fußballs zu tun.

Diesen mediengerechten Ausschnitt der Fußballrealität verdichtet das Fernsehen aber nicht nur, es vervielfältigt ihn auch durch Wiederholungen und Zeitlupen – so entsteht eine Verschiebung in der Wahrnehmung, die eine einzelne spektakuläre Aktion eines einzelnen Spielers überhöht. Die Zeit, der Raum, die Tiefe, die Strategie – all diese Faktoren des Spieles, die sich nicht bildgerecht umsetzen lassen, finden im Fernsehfußball nicht statt.

Aus der Zeit, als sich noch kein Fernsehbild und kein Hörfunkdrama ins kollektive Gedächtnis eingraben konnten, ist man auf alte Fotos angewiesen, auf ein paar Schilderungen und viel Phantasie. Diese Fotos zeigen Spieler mit dicken Stiefeln und Schnürhemdchen, Torhüter mit Schiebermützen, Schiedsrichter mit Knickerbockern und dazu schwere Lederbälle, deren Nähte so aussehen, als hätten sie bei jedem Kopfball eine Platzwunde hinterlassen. Wie konnte man mit diesen Schuhen und diesen Bällen schnell laufen und hart schießen? Wenn sich diese Bilder im Kopf zu einem imaginären Film zusammenfügen, dann entsteht Fußball in Zeitlupe.

Die Zeit der Ausgrabungen im Archiv, der toten Fußballarchäologie, ist erst seit Herbergers Meisterstück 1954 in Bern vorbei. Damals und dort lernte der Fußball laufen. Die immergleichen Bilder vom Finale gegen Ungarn: der schnelle 0:2-Rückstand, der ebenso schnelle Ausgleich, der Siegtreffer durch Rahn kurz vor Schluß und die dramatische Schlußphase. Und dann die Siegerehrung im Regen, der fast verlegene Fritz Walter mit dem zierlichen Pokal in der Hand, dazu dieser bleischwere, vor Nässe triefende Trenchcoat Herbergers, und all das untermalt mit der sich immer wieder überschlagenden Rundfunkstimme von Herbert Zimmermann – dieses nationale Ewigkeitserlebnis der Wirtschaftswunderjahre hat sich durch seine bildliche Präsenz auch den Nachgeborenen eingeprägt. Es waren die ersten Fernsehbilder, die zur kollektiven Erinnerung wurden. Der Fußball war zum Medienereignis geworden – und blieb es.

Ausschnitt

Der Schlüssellochblick des Fernsehens erzeugt ein geschöntes Bild des Fußballs und zugleich ein verstümmeltes. Er gibt Aktion und Emotion doppelt und dreifach verdichtet wieder, aber nicht Taktik und Tiefe. Der Zuschauer hat keine Gelegenheit, Spielzüge übers ganze Feld vorauszuahnen, Raumaufteilung zu sehen, Taktik zu erleben. Extrem nahe Kamera-Einstellungen mit dem schnellen Wechsel von Perspektiven ergeben eine Überbetonung der Dynamik, die besonders in der mehrfachen Wiederholung von Einzelaktionen und der Komprimierung des Gesamtgeschehens auf sieben- oder achtminütige Berichte weiter forciert wird. So beschränkt sich der sichtbare Anteil der Fußballtaktik darauf, die »taktische Aufstellung« einzublenden und die »Zuordnungen« und »Pärchenbildungen« zu analysieren.

Drehbuch

Fußball nach Regieanweisungen – wo das hinführen könnte, zeigte 1967 das Beispiel der Profiliga in den USA, die nach dem großen Fernseherfolg der WM in England gegründet worden war. Dort übertrug CBS beispielsweise die Partie Toronto gegen Pittsburgh, in der Schiedsrichter Peter Rhodes 21 Freistöße pfiff. Elf der Pfiffe erfolgten im Auftrag des Fernsehsenders, der damit Zeit für Werbespots gewann. Noch weiter ging bereits 1974 Alfred Behrens in seiner Satire »Die Fernsehliga – Spielberichte vom Fußballgeschäft der Zukunft«. Darin beschreibt ein Jungprofi den dramaturgisch ausgetüftelten Spielverlauf: »Nach der Pause, das war im Drehbuch so festgelegt, kriegten wir eine starke Viertelstunde, in der wir toll aufspielten. Aber laut Regieanweisung durften wir nur ein Tor machen aus unseren vielen Chancen.«

Eigentümer

Wem gehört der Fußball? Zum Teil dem Fernsehen, und dieser Teil wird immer größer. Bei der Weltmeisterschaft 1998 war das mexikanische Team quasi Eigentum des TV-Senders Televisa, dem auch die Erstligaklubs America, Nacaxa und Atlante gehörten. Trainer Bora Milutinovic, der die WM-Qualifikation geschafft hatte, wurde entlassen, weil Televisa ihn nicht mehr wollte. Die argentinische Mannschaft verärgerte bei der WM die Journalisten, weil die Spieler wegen eines TV-Exklusivvertrages den Mund nur vor den Mikrofonen des zahlenden Senders aufmachten.

In Europa sind die nationalen Verbände größtenteils noch unabhängig, dafür werden immer mehr Klubs Teile von Medienkonzernen. Vorreiter war der französische Canal Plus als Eigentümer von Paris St.-Germain und Servette Genf. Den größten Coup plante Rupert Murdochs Sender BSkyB 1998 mit seinem vergeblichen Übernahmeangebot von einer Milliarde Dollar für den wertvollsten Klub der Welt, Manchester United. Dahinter steckte der Plan, endlich das lukrative Pay-TV im Fußball zu etablieren. Bisher zahlt, wer Fußball sehen will, dafür nur indirekt, durch höhere Preise beworbener Produkte. Künftig soll er direkt blechen, Tore gegen Cash, Kicken auf Kreditkarte.

Fernsehfußball

Die Liaison von Fußball und Fernsehen begann ziemlich exklusiv. Beim ersten Spiel im deutschen Fernsehen, dem Länderspiel gegen Italien am 26. November 1939 in Berlin, waren weniger als 500 Empfangsgeräte verkauft. Der eigentliche Startschuß erfolgte erst dreizehn Jahre später, mit der ersten Übertragung nach Kriegsende, dem Hamburger Derby HSV gegen Altona am 24. August 1952. Das kam so gut an, daß bis März 1954 24 Spiele gezeigt wurden. Reichweitenmessungen ergaben, daß bei den Oberligaspielen (für die das Fernsehen den Klubs 1000 bis 2500 Mark zahlte) rund ein Drittel der Fernsehgeräte eingeschaltet war, bei Länderspielen (für die der DFB 6000 Mark kassierte) sogar zwei Drittel.

Der Boom begann mit der Weltmeisterschaft 1954, die man im Ausrichterland Schweiz auf originelle Weise für den Fernseh-Verkauf nutzte: Dort konnte man Fernseher mieten, die bei Einwurf eines 1-Franken-Stückes ansprangen und bei Erreichen des Kaufpreises (mindestens 995 Franken) ins Eigentum übergingen. In Deutschland waren vor der WM erst 27 952 Fernseher angemeldet – nach dem WM-Sieg explodierten die Verkaufszahlen: 1955 waren es bereits 170 000 Geräte, 1958 eine Million, 1963 mehr als 7 Millionen. Mit dem Start der Bundesliga im selben Jahr wurde die 1961 gegründete Sportschau (zunächst noch am Sonntag abend, also mehr als 24 Stunden nach den Spielen) zur Institution in deutschen Wohnzimmern – wo man jeden Samstag inbrünstig hoffte, das

Spiel der Lieblingsmannschaft werde zu den zwei oder drei in Ausschnitten übertragenen gehören.

All das änderte sich mit dem Beginn des Privatfernsehens, das sich in seinem Profilierungs- und Verdrängungswettbewerb auch des Fußballs bemächtigte – zuerst RTL, dann, mit Summen, die das Finanzgefüge der Bundesliga nachhaltig prägten, Sat.1. Damit einher ging die Entwicklung, den Fußball nicht nur abzubilden oder nachzuerzählen, sondern ihn zu gestalten und zu verkaufen. Mit neuer, brillanter Bildtechnik und -regie, mit boulevardartiger Starberichterstattung, mit marktschreierischen Tönen in den Berichten. Der Liga hat das nicht geschadet, im Gegenteil: Die Besucherzahlen gingen stetig nach oben. Nur die Einschaltquoten gingen zurück, und Sat.1 probierte es mit einer Rückkehr zum Wesentlichen: mehr Fußball, weniger Firlefanz.

Hoddle

Der englische Auswahltrainer Glenn Hoddle stürzte Anfang 1999 über ein *Times*-Interview, in dem er seinen Glauben formulierte, Behinderte seien für Verfehlungen in einem früheren Leben bestraft. Doch das war nur noch der letzte Auslöser, ihn loszuwerden. Der eigentliche Grund war sein gespanntes Verhältnis zur mächtigen britischen Presse, die er seine Abneigung spüren ließ – zum Beispiel dadurch, daß er seine Pressekonferenzen kurz vor Redaktionsschluß legte. Als er im Frühjahr 1998 vor dem entscheidenden WM-Qualifikationsspiel in Italien nicht nur den Gegner, sondern auch die heimische Presse mit scheinbar Verletzten (die er anwies, im Training eine Blessur vorzutäuschen) und einem Aufstellungspoker narrte, die Journalisten also sehenden Auges falsche Vorberichte schreiben ließ, waren seine Tage gezählt. »Mit besseren Resultaten und mit der Presse hinter sich hätte er den Sturm überlebt«, schrieb der *Independent*. »Mit beiden gegen sich hatte er keine Chance.«

Hörfunk

In der Zeit der Bilderflut bleibt das Radio seit seiner Premiere 1927 mit der Übertragung des englischen Pokalfinales das meistgeliebte Medium des Fußballs – es verdichtet Atmosphäre, Dramatik, Nähe in einer Weise, die der Phantasie

Platz läßt und sie nicht erstickt durch ein Dutzend Kameraperspektiven. Viele Sätze von Radioreportern haben sich dem kollektiven Gedächtnis stärker eingeprägt als die Bilder vom gleichen Geschehen, so die Worte des früheren Panzerhauptmanns und Ritterkreuzträgers Herbert Zimmermann aus der Schlußphase des WM-Finales 1954. Oder das »I wear narrisch« des Österreichers Edi Finger nach dem 3:2 durch Krankl gegen die Deutschen in Córdoba 1978. Oder Günter Kochs »Wir melden uns vom Abgrund« vom dramatischen Bundesliga-Finale 1999, als Eintracht Frankfurt und Hansa Rostock in letzter Minute den Klassenverbleib schafften und Koch (»Ich will das nicht mehr sehen!«) den Abstieg der Nürnberger beschreiben mußte.

Jeden Samstag schalten sich an die zehn Millionen Menschen ein, um die Radioberichte von den Bundesligaspielen zu hören, mit der dramatischen Zuspitzung der Konferenzschaltung der Schlußphase, mit den direkten Wechseln von Platz zu Platz, wenn im Hintergrund Jubel hörbar wird und der Aufschrei: »Tor in Duisburg, Tor in Duisburg!« Die Premiere der Konferenzschaltung, die später ein Markenzeichen der WDR-Sendungen mit Kurt Brumme wurde, fand am 21. September 1952 statt, als der NWDR alle Partien der Oberliga Nord übertrug – mit großem Erfolg. Verband und Klubs waren weniger begeistert als die Zuhörer, sie vermuteten, daß die Leute zu Hause am Radio blieben, statt ins Stadion zu kommen (so wie sich später viele Klubs gegen Live-Übertragungen im Fernsehen wehrten). Der DFB beschloß deshalb Ende 1952, daß Radioberichte von Länderspielen erst eine Stunde nach Schlußpfiff beginnen durften, weshalb die Übertragung der Partie gegen Jugoslawien in Ludwigshafen ausfiel. Im Norden kam es gar zu einem sogenannten »Rundfunkkrieg«, der dazu führte, daß der NDR ab 1956 jahrelang überhaupt keine Oberliga-Berichte mehr bringen konnte.

Nach dem Siegeszug des Fernsehfußballs wurde der Radiofußball lange unterschätzt und vernachlässigt, während er zu einer populären Subkultur mit gefeierten Figuren wie Günter Koch, Jochen Hageleit, Kurt Brumme oder Werner Hansch wurde. Besonders »kultig« waren die Telefongespräche von Brumme mit Toby Charles, der jeden Samstag zum Ende der WDR-Sendung mit heftigem englischen Akzent die Ergebnisse von der Insel vorlas (»hier kommt ’nen dicken Ding – Liverpool verliert auf der Anfield Road«). Zum festen Programm gehörte die einleitende Frage des Moderators: »Toby, wie ist das Wetter in England?« Das Ferngespräch war aber nur ein Ortsgespräch – Charles saß, wie 1984 enthüllt wurde, in der Teutoburger Straße 11 in Köln. Die Spielinformationen hatte er aus dem englischen Radio, die Wetterinformationen von seinem Bruder aus Wales.

Ko-Kommentatoren

Das athletische Endlos-Recycling von Kickern als Ko-Kommentatoren, Ko-Experten, Ko-Autoren und Ko-Lumnisten führte zu einer Blüte der Stilblüten, die ihren Höhepunkt in den späten 80er Jahren in den Worthülsen von Karl-Heinz Rummenigge erreichte. Etwa: »Das ist nicht unrisikovoll«, oder, einer seiner Lieblingssätze: »Dieser Treffer ist psychologisch sehr wertvoll.« 1998 kam es zu einer Wiederbelebung der Gattung, vor allem durch Günter Netzer und Paul Breitner. Die Renaissance der Alt-Experten unterstrich die Nöte des aktuellen deutschen Fußballs.

Noch mehr tat das die Reaktivierung von Andreas Brehme (»Ich sach mal, sach ich mal«), der nach seinem Karriere-Ende 1998 eloquent versprach: »Ich will dem Fußball irgendwie, äh, beibehalten bleiben.« Diese Kunst, versandende Sätze dann irgendwie, äh, doch zu Ende zu bringen, unterstrich Brehme in einigen Einsätzen als zweiter Mikro-Mann von Eurosport bei der WM 1998, zum Beispiel mit dem Urteil: »Von der Einstellung her, äh, stimmt die Einstellung.«

Lobbyisten

Mancher Reporter, der etwas wirklich Interessantes erfahren, etwas erreichen will, muß auch Lobbyist sein. Manager, Spieler, Klubs nutzen diese Lobby, um geschäftlich nützliche Gerüchte zu lancieren, etwa: Der englische Spitzenklub x sei am deutschen Spieler y »interessiert« oder irgend jemand bei irgendwem »im Gespräch« – was in der Regel Verhandlungspositionen bei der Vertragsverlängerung mit dem bisherigen Klub verbessert. Eine andere Gefälligkeit als Gegenleistung für interne Informationen sind im allgemeinen wohlwollende Berichte, im besonderen gute Noten bei der Spielerkritik. Dieses Wechselgeschäft hielt zum Beispiel der frühere Bielefelder Trainer Ernst Middendorp für eine »Schweinerei«. Weil aber 76 Prozent der Spieler glauben, die Noten hätten Einfluß auf ihre Karriere, tun ein paar von ihnen mehr für gute Noten als nur gut zu spielen.

Marktschreier

Die erste Generation der Fernsehkommentatoren in Deutschland verstand sich noch als distanzierter Berichterstatter. Der unaufgeregte Tonfall, mit dem ein Ernst Huberty den ersten deutschen Europapokalsieg durch Libudas Traumtor 1966 oder das »Spiel des Jahrhunderts« 1970 kommentierte oder ein Rudi Michel den WM-Sieg von 1974, fällt bei heutiger Betrachtung dieser Partien mehr auf als die spielerischen Unterschiede. Denn mit dem Privatfernsehen betrat die Spezies des Marktschreiers die Bühne, die mit aufgeregten Stimmeffekten noch aus dem lahmsten Bundesligaspiel ein Erlebnis zu machen versucht.

Der Meister dieser Verkaufskunst ist Jörg Dahlmann: »Der wilde Roy, ein Goldkerlchen, ein Super-Burschi, wow!« Oder: »Pamic, der Bulle von Rostock, eine wandelnde Eiche ist das.« Noch schlimmer wird's bei der nachträglichen Schein-Spontaneität: »Möller. Möller? Möll-leeeer??? Möller! Möller! Möllerrrr!« Das war die Untermalung für ein Solo des Dortmunders. Dahlmanns Krönung aber: »Und dann Ookottscha. Nun schieß doch. Okotscha-Oookotscha-Ooooookotschaaa-immer noch Ooookotscha-und Oooooookotscha. Und was macht er da? Er schießt immer noch nicht. Und noch einer, ja Oooooooookotscha ... Und drin ist er!!! Ein unglaubliches Wahnsinns-Irrsinns-Tooooor. Ein verrücktes Tor. Ooooh, ich liebe diesen Spieler ... Oooooooooooooooookotschaaaaaa ... Ich zeig Ihnen dieses Tor jetzt noch hundertmal, sollen sie mich doch rausschmeißen deswegen.« Rausgeschmissen haben sie aber nur Okocha.

Moderatoren

Auch der steife Moderator der öffentlich-rechtlichen Anfänge, dessen größte Publikumsannäherung darin bestand, die Siegerkarte beim »Tor des Monats« zu ziehen, verschwand mit dem Privatfernsehen und seinen »Ich bin gut drauf, bleiben Sie dran«-Typen. Umzingelt sind sie von grundlos gutgelaunten Studiobesuchern, die so froh sind, mal im Fernsehen zu sein, daß sie irgendwann angefangen haben, sogar Filmberichte zu beklatschen. Wo früher das steife Funktionärs-Trio Baresel, Kuhlins und Tietze-Ludwig die rituelle Pokalauslosung zum Ereignis machte, walteten später das Komiker-Duo Jauch & Beckenbauer oder das eingespielte Nett-fragen-bissig-antworten-Doppel Waldi & Berti. Motto: Wir sitzen alle in einem Boot. Hoffentlich heißt es nicht Titanic.

Nominierung

»Der Einfluß der Presse – hier hat sie einen – verhalf schon so manchem Kicker zum ersten (und oft auch zum letzten) Länderspiel«, schrieb Manfred Blödorn 1974 in seinem Buch »Fußballprofis – Die Helden der Nation«. Und beschrieb, wie andere, die sich weniger gut mit der Presse arrangieren konnten, dafür mit einem Karriereknick büßten, wie der frühere Bayern-Profi Charly Mrosko. Besonders die *Bild*-Zeitung verstand sich immer schon gern als Ko-Nationaltrainer, besonders wenn sie eigene Mitarbeiter ins Spiel bringen konnte. Zur WM 1966 forderte sie »Max und Moritz«, Emmerich neben Held: »Jetzt muß Emma ran!« Bundestrainer Schön gab nach, Emmerich erwies sich als technisch und taktisch zu schwach, war vor allem im Finale ein Ausfall. Nach dem Aus in der EM-Qualifikation 1967 mit dem 0:0 in Albanien scheiterte das Blatt noch damit, den Bundestrainer abzuschreiben (»Laßt doch mal den Merkel ran«). Nach dem Aus bei der EM 1984 hatte es mehr Erfolg: Derwall mußte gehen, Freund Beckenbauer wurde Teamchef. Zwei Jahre später behauptete Torwart Uli Stein, die WM-Mannschaft werde nicht von Beckenbauer, sondern von *Bild* (und Adidas) aufgestellt, und wurde heimgeschickt. 1994 veröffentlichte das Blatt ein fiktives Rücktrittsschreiben des Bundestrainers, mit dem Satz »Ich will der Erneuerung des deutschen Fußballs nicht im Wege stehen« und dem Hinweis: »Bitte hier unterschreiben, Herr Vogts.«

Quoten

Einen Rekord für die Ewigkeit, wie man ihn nach der Zersplitterung des Fernsehmarktes durch die Privaten kaum noch erwarten konnte, erzielte 1996 das ZDF bei der Siegerehrung nach dem EM-Endspiel zwischen Deutschland und Tschechien: mehr als 30 Millionen Zuschauer und 88,9 Prozent Markanteil. Die Hoffnungen, bei der WM 1998 ähnliche Quoten zu erreichen, zerschlugen sich. Während 1996 die Quoten bei Spielen der deutschen Mannschaft im Laufe des Turniers kontinuierlich zugenommen hatten (von rund 15 Millionen auf am Ende mehr als das Doppelte), nahmen sie bei der WM 1998 ab. Dafür entdeckten die Deutschen ihr Interesse an Spielen ohne Deutsche: Das WM-Finale 1998 in der ARD sahen mehr als 24 Millionen Zuschauer, 50 Prozent mehr als das Finale 1994 und ebensoviele wie beim ersten und meistgesehenen Spiel der deutschen Mannschaft gegen die USA.

Während die Deutschen beim Ausscheiden ihrer Mannschaft gegen Kroatien nicht mehr so richtig hinschauen wollten, starrte der Rest der Welt begierig hin. Dieses Interesse nutzten acht Thailänder, um sich von allen taktischen Zwängen zu befreien. Während die Aufseher ihres Gefängnisses 150 km südlich von Bangkok gebannt die WM-Übertragung verfolgten, sägten sie die Gitter ihrer Zellen durch und flohen.

Töpperwien

Der Fan als Reporter. Keiner kriegt beim Fußball immer noch so große Augen wie der Mann vom ZDF, den böse Zungen wegen einer leidigen Geschichte in einem norddeutschen Etablissement »Gummi-Töppi« nannten. Der Mann ist immer mittendrin statt nur dabei, so wurde ihm im Getümmel nach einem Pokalspiel in Mönchengladbach einmal die Brieftasche mit erheblicher Barschaft entwendet.

Aus seiner Vorliebe für Werder Bremen und König Otto machte Töpperwien nie ein Hehl – bei der Live-Schaltung ins *Aktuelle Sportstudio* von der Bremer Meisterfeier 1993 mischte sich der Reporter nach Art eines Chamäleons im Werder-Klubsakko unter die Erfolgsmannschaft und war nur noch durch sein Mikrofon erkennbar. Sein Meisterstück hatte er aber schon ein Jahr zuvor gemacht, als er die Landung der Bremer nach dem Europacup-Sieg der Pokalsieger live in der *heute*-Sendung kommentierte, als wär's die Rückkehr des ersten Menschen auf dem Mond: »In diesem Moment betritt Otto Rehhagel wieder deutschen Boden.«

Abb. 29a: Keineswegs geknickt, sondern allenfalls erschüttert von den Leistungen der Blaskapelle, verläßt Uwe Seeler 1966 den Rasen des Wembley-Stadions. Es ist Halbzeit, und es steht 1:1 im WM-Finale England – BR Deutschland.

29. Mythos

Kinder brauchen Märchen. Männer brauchen Mythen. Das Lexikon sagt: Ein Mythos, das ist die »phantastisch-naive, aber symbolhaltige Darstellung von in der Zeitlosigkeit sich ereignenden Begebenheiten der Götter-, Menschen- und Naturwelt«. Also, ganz klar, was ein Mythos ist: Fußball! Phantastisches, Naives, Symbolhaltiges, Zeitloses von Göttern und Menschen – und das auch noch, anders als die Sagen des klassischen Altertums, nicht alle paar Jahrhunderte, sondern jede Woche neu und frisch.

Im Laufe eines Jahrhunderts hat sich ein ganzer Mythenschatz des Fußballs herangebildet – von den lokalen Geschichtchen, die in jedem Dorfklub noch

Generationen später weitererzählt werden, bis zu den Heldensagen der großen Spiele, die man nur vom Hörensagen oder allenfalls aus ein paar Fernsehausschnitten kennt. Die Rentner, die den Profis bei der Trainingsarbeit jeden Morgen griesgrämig zuschauen und zwischen ihren Gebissen nörgelnde Vergleiche mit früher murmeln, sind die typischen Weiterträger dieser Historie von unten. Fußball, eine Volksgeschichte von Mund zu Mund, von Spiel zu Spiel.

Den Hunger nach solchen Geschichten versuchen auch die Tagesmedien zu befriedigen, vor allem das Bundesliga-Fernsehen, das über lauter Randgeschehen und Seitenblicken und Märchenonkel-Auftritten oft das Eigentliche des Fußballs vergißt – wie ein Film, der teure Nebendarsteller hat und schöne Kulissen, aber eine schwache Handlung. Denn die wahren Fußballmythen finden auf dem Platz statt. Nur eben nicht so oft und nicht so originell, daß sie Tag für Tag, Woche für Woche die Quote heben und die Vertragssummen amortisieren. Daß es eine Nachfrage für den Geschichtenreichtum, für die Mythologie des Fußballs gibt, zeigt das wachsende retrospektive Angebot von Verlagen, die Fußballhistorie nicht allein in Daten, sondern in Geschichten und Anekdoten auflegen, von Fernsehsendern, die große Spiele der Vergangenheit immer wieder zeigen, und von Blättern, die Stars von einst als Experten von heute (und Schwärmer von gestern) präsentieren.

Kurz vor Ende des Jahrhunderts haben die Deutschen sich von ein paar liebgewordenen Mythen verabschieden müssen: Der ICE ist sicher, der Castor bleibt dicht, ein Mercedes kippt nicht um, ein Kanzler wird nicht gekippt, und der deutsche Fußball hat immer Dusel. Und die deutschen Tugenden? Auch nicht mehr das, was sie mal waren.

Jeder Mythos vereinigt, das ist seine eigentliche Natur, Fakten mit Phantasie, so wie der größte Ur-Mythos namens: Früher war alles besser. Zwischen halben Wahrheiten und ganzen Mythen hat sich im Laufe des Jahrhunderts eine ganze Sammlung von populären Fußballirrtümern angesammelt – mindestens die folgenden 50.

Mythos: Fußball ist gefährlich.

Wahrheit: Auf dem Fußballplatz ist man vergleichsweise sicher.

Die zwanzig ungewöhnlichsten Fußballerverletzungen haben sich die Opfer nicht beim Fußball zugezogen.

1. Stefan Kuntz: Dreifacher Bänderriß beim Aussteigen aus dem Mannschafts-bus (vor dem Spiel Kaiserslautern gegen Bayern).

2. Pavel Kuka: Wunde in der Fußsohle durch heruntergefallene Sprudelflasche beim Betrachten des Horrorfilms »Wolf«.

3. Oliver Reck: Platzwunde auf dem Fuß durch runtergefallene Seifenschale im Trainingslager von Werder Bremen in Chiclana.

4. Michael Schulz: Hexenschuß beim Leeren der Mülltonne.

5. Franz Michelberger: Im Bayern-Trainingslager in Israel beim Einsteigen in Bus von Kamel gegen Treppe geschubst – Knieprellung.

6. Michael Blättel: »Der hat sich im Bett verletzt. Wie er das gemacht hat, weiß ich auch nicht.« (Trainer Uwe Klimaschewski)

7. Radoslav Latal (Tschechien): Holte sich im ersten EM-Vorrundenspiel ge-gen Holland auf der Bank sitzend eine Rote Karte, verlief sich einige Tage später im Trainingslager im Knokke-Heist, landete auf einer Weide, wo sich ein Jungbulle in Latals rote Trainingshose verguckte. Resultat: Hose kaputt, Torero leicht verletzt.

8. Rajko Mitic: Platzwunde am Kopf an der Kabinentür. Weil ihr Kapitän noch genäht werden mußte, traten die Jugoslawen 1950 in Rio gegen Brasilien zu zehnt an, bis er mit einem Turban verspätet dazustieß. Es ist das einzige Spiel der WM-Geschichte, bei dessen Anpfiff nicht 22 Spieler auf dem Platz standen.

9. John Durnin (Portsmouth): Ellbogenverletzung beim Absturz mit einem Elektrowagen in einen Graben bei einer Runde Golf.

10. Dave Beasant: Fußverletzung mit Bänderrissen beim Versuch, einen her-unterfallenden Krug mit Salatsauce vor dem Zerspringen zu bewahren und mit dem nackten Fuß zu stoppen. Zehn Wochen Pause (1993).

11. Darren Barnard (FC Barnsley): Knieverletzung beim Ausrutschen in einer Pfütze Hundepisse auf den Küchenfliesen. Fünf Monate Pause (1998).

12. Robbie Keane (Wolverhampton Wanderers): Bänderrisse im Knie beim Ver-such, die Fernbedienung zu erreichen (1998).

13. Steve Morrow (Arsenal London): Schlüsselbeinbruch beim Sturz von den Schultern eines Teamkollegen beim Feiern des Pokalsieges (1993).

14. David Batty: Mühsam auskurierte Achillessehnenverletzung wieder aufge-brochen bei Kollision mit dem dreiradfahrenden Sohn.

15. Allan Nielsen (Tottenham Hotspur): Ausfall für mehrere Spiele, weil seine Tochter ihm mit dem Finger ins Auge stach.

16. Alan Wright (Aston Villa): Sehnenreizung im Knie durch den Versuch des

kleinwüchsigen Abwehrspielers, das Gaspedal seines Ferraris durchzutreten. Wechselte zu einem Rover 416.

17. Charlie George (Arsenal London):Verlor eine Zehe beim Rasenmähen.
18. Lee Hodges (Barnet): Leistenzerrung beim Ausrutschen auf einer Seife in der Dusche.
19. Milan Rapaic (Hajduk Split): Augenverletzung durch einen Stich mit dem Boarding-Paß am Flughafen.Verpaßte dadurch den Start der Saison.
20. Ramalho (Brasilien): Mußte drei Tage krank im Bett verbringen, weil er, um Zahnschmerzen zu lindern, ein Zäpfchen eingenommen hatte – er hatte es geschluckt.

Mythos: Fußball ist gesund.
Wahrheit: Fußball ist ungesund.

Wie Risikoforscher der Universität Leicester herausfanden, liegt das Verletzungs-risiko für Profis bei rund 12 Prozent pro Match, tausendmal höher als in der Industrie. Jeder Dritte verletzt sich in einer Saison so ernsthaft, daß er ausgewech-selt wird oder pausieren muß. Nur jede dritte Verletzung geschieht durch ein Foul, die meisten im erlaubten Zweikampf.

Mythos: Es ist egal, ob Rechts- oder Linksfüßer.
Wahrheit: Linksfüßer sind besser.

»Linksfüßer sind bessere Fußballer, weil sie eine bessere Raumwahrnehmung ha-ben«, sagt Psychologe Ivo-Kurt Cicek von der Beratungsstelle für Linkshänder. »Linkshänder oder -füßer denken vernetzter und können die Folge mehrerer Er-eignisse mit einem Gedanken erfassen. Der Rechtshänder denkt chronologi-scher. Der Linkshänder nimmt Räume intuitiv und dreidimensional wahr, kann schneller reagieren.« Der Linksfüßer Felix Magath stimmt zu: »Profis mit Spiel-witz sind meist Linksfüßer. Sie sind extravagant und machen extravagante Sa-chen.« Allerdings hatte die Fußballgeschichte neben den Links-Kollegen wie Maradona und Puskas auch einige brauchbare Rechtsfüßer zu bieten, etwa Pelé,

Beckenbauer, Netzer, di Stefano, Cruyff, Romario, Ronaldo und Garrincha. Aber vielleicht wären sie als Linksfüßer noch besser geworden.

Abb. 29b: Der Welt begnadetster Linksfüßer: Diego Armando Maradona auf dem Höhepunkt seines Könnens, bei der WM 1986.

Mythos: Erfolgreiche Torjäger haben einen »Lauf«.

Wahrheit: Wer im letzten Spiel getroffen hat, trifft im nächsten Spiel nicht besser, als wenn er vorher nicht getroffen hätte.

Der englische Psychologe Peter Ayton belegte mit statistischen Untersuchungen in der englischen Premier League, daß Torerfolge keinen positiven Einfluß auf Torerfolge desselben Spielers im nächsten Spiel haben (eine ähnliche Studie belegte für die US-Basketballiga NBA, daß die Erfolgsaussicht eines Werfers völlig unabhängig davon ist, wie er zuvor getroffen hat – er bekommt aber von den

Mitspielern mehr Bälle, wenn er vorher getroffen hat, weil die ihm mehr zutrau-
en). Im Gegenteil: Wie Ayton herausfand, gibt es sogar Spieler, die häufiger treffen, wenn sie im Spiel zuvor kein Tor erzielt haben – zum Beispiel der englische
Nationalstürmer Alan Shearer.

Mythos: Ein Tor kurz vor der Pause fällt zum »psychologisch wichtigen Zeitpunkt«.
Wahrheit: Es ist völlig egal, wann die Tore fallen.

Forscher Ayton fand bei 355 Spielen der englischen Premier League, die bei
Halbzeit 1:0 standen, keinen Zusammenhang zwischen dem Endergebnis und
der Spielminute, in der das Tor fiel. Ebenfalls nicht haltbar die häufige Vermutung: Wer gerade ein Tor erzielt hat, ist kurz danach anfälliger für ein Gegentor.
Unsinn ist die von Karl-Heinz Rummenigge und anderen gern gebrauchte Flo-
skel: »Psychologisch wäre es wichtig, noch vor der Pause den Ausgleich zu erzielen.« In den 168 WM-Spielen von 1990 bis 1998 hat nur eine Mannschaft, die in
den letzten fünf Minuten vor der Pause den Ausgleich schoß, das Spiel gewinnen
können (Argentinien 1998 im Elfmeterschießen gegen England). Offenbar sind
im Gegenteil Tore kurz nach der Pause viel folgenreicher als Tore kurz davor,
weil eine taktische Umstellung in der Pause viel leichter ist. Es ist demnach völlig unerheblich, ob ein Tor kurz vor Ende der ersten Halbzeit fällt oder nicht.
Wirklich wichtig ist nur, daß es noch vor Ende der zweiten Halbzeit passiert.

Mythos: Früher wurde nicht am Trikot gezogen.
Wahrheit: »Das Textilfoul« ist so alt wie der Profifußball.

Das beweist die Erinnerung von Dixie Dean, bis heute der Rekord-Torjäger der
ersten englischen Liga, an die 20er Jahre: »Sie versuchten alles, mich daran zu
hindern, an den Ball zu kommen. In einem Spiel gegen Sunderland zerriß mir
mein Gegenspieler schon in den ersten 20 Minuten zweimal die Hose.«

Mythos: Wer mehr Zweikämpfe gewinnt, gewinnt das Spiel.
Wahrheit: Wer mehr Tore schießt, gewinnt das Spiel.

Die deutsche Nationalmannschaft gewann im Viertelfinale der Weltmeisterschaft 1998 dreizehn Zweikämpfe mehr als die Kroaten. Dafür schossen die drei Tore mehr. Oder 1974 im deutsch-deutschen WM-Duell: Da verlor die DDR die Zweikampfwertung mit 41 zu 59 Prozent, das Spiel aber 1:0.

Mythos: Gerd Müller war der gefährlichste Torjäger, den Deutschland je hatte.
Wahrheit: Aber nicht am Elfmeterpunkt.

Ausgerechnet der Rekordtorschütze der Bundesliga und der Nationalmannschaft hat mehr Elfmeter verschossen als jeder andere in der Bundesliga: zwölf (bei 63 Versuchen). Das ergibt immerhin eine Erfolgsquote von 81 Prozent, knapp über dem Liga-Durchschnitt. Hinter Müller folgen in der Verschieß-Statistik Jürgen Grabowski, Horst-Dieter Höttges und Michael Zorc (je 8 nicht verwandelt).

Mythos: Oliver Reck war »Pannen-Olli«.
Wahrheit: Reck war einer der sichersten Torhüter der Bundesliga-Geschichte.

Mit 641 Minuten in Folge ohne Gegentor stellte Reck in der Bremer Meistersaison 1987/88 einen Bundesligarekord auf, der erst elf Jahre später von Oliver Kahn, dank der Überlegenheit von Bayern München im Frühjahr 1999, überboten wurde. Der andere Rekord von Reck aus demselben Jahr besteht weiter: 22 Gegentore. Weniger kassierte kein Bundesliga-Torwart in einer Spielzeit.

Mythos: Torwart Schumacher rammte Battiston die Faust ins Gesicht (oder auch: das Knie).
Wahrheit: Es war die Hüfte.

Schumacher sah Battiston kommen, der auf den Ball schaute, wußte, daß die Kollision unausweichlich war, wenn er nicht auswich, aber dafür sah er keinen

Grund. So sprang er kurz vor dem Zusammenstoß hoch, drehte seine linke Hüfte in die Kinn- und Halspartie von Battiston und brach dem Franzosen einen Wirbel und einige Zähne.

Mythos: Nationaltorhüter sind eine sichere Bank.
Wahrheit: Manche kriegen die meisten Gegentore.

Eike Immel, die Nummer eins im deutschen Nationalteam bei der Europameisterschaft 1988, kam in seiner Karriere in Dortmund und Stuttgart auf die Bundesliga-Rekordzahl von 829 Gegentoren. Andreas Köpke wurde 1994 Nationaltorwart und stieg mit dem 1. FC Nürnberg ab (55 Gegentore). Zwei Jahre später wurde er Europameister und stieg mit Eintracht Frankfurt ab (68 Gegentore, mehr als jedes andere Team). 1999 begleitete er die Nürnberger zum zweiten Mal in die zweite Liga.

Mythos: Elfmeter sind leicht für großartige Spieler.
Wahrheit: Elfmeter sind schwer für großartige Spieler.

Pelé nannte den Elfmeter »die feigste Form, ein Tor zu schießen«, aber vielleicht war das nur ein Vorwand, sich zu drücken. Denn in dieser Duellsituation außerhalb des Mannschaftsspieles, jenseits der Choreographie und Dramaturgie des Spielflusses, haben oft gerade die genialen Fußballer, die Spielmacher und die großen Techniker versagt. Socrates und Platini verschossen 1986 im Elfmeterschießen des WM-Viertelfinals Brasilien gegen Frankreich, der große Zico war schon in der regulären Spielzeit gescheitert. Maradona zeigte 1990 gegen Jugoslawien den kläglichsten Schuß der ganzen WM. Baggio vergab 1994 den WM-entscheidenden Elfmeter im Finale gegen Brasilien. Beckenbauer, der nur drei von sechs Bundesliga-Elfern verwandelte, versteckte sich, als im EM-Finale gegen die CSSR Schützen fürs Elfmeterschießen gesucht wurden, und schob Uli Hoeneß die Rolle zu, den Ball zu verschießen. Auch Netzer drückte sich gern vor diesem kleinen Einmaleins des Nervenspiels, und in einem seiner großen Spiele, dem berühmten Sieg in Wembley 1972, sah man auch, warum: Da schoß Netzer zwar, aber so ungenau, daß Banks noch drankam. Aber zwischen Fingerspitzen und Innenpfosten mogelte sich der Ball ins Tor.

Mythos:
Der Gefoulte soll den Elfmeter nicht selber schießen.
Wahrheit: Doch, er soll.

In den fünf Spielzeiten von 1993/94 bis 1997/98 wurden 78,5 Prozent der Elfmeter in der Bundesliga verwandelt. Wenn der Gefoulte antrat, gingen fast 90 Prozent rein.

Mythos: Elfmeter werden aus elf Metern geschossen.
Wahrheit: Nicht immer.

Den weitesten Elfmeter mußte 1930 der Mexikaner M. Rosas im WM-Spiel gegen Argentinien (3:6) in Montevideo schießen. Im neuerbauten riesigen Centenario-Stadion war kein Elfmeterpunkt markiert. Schiedsrichter Saucedo (Bolivien) schritt deshalb die Entfernung von der Torlinie ab und legte den Ball laut Augenzeugenberichten knapp vor die Strafraumgrenze. Rosas traf trotzdem zweimal, einmal allerdings erst im Nachschuß. Manchmal liegt der »ominöse Punkt« aber auch zu nah an der Linie, wie Dan Kavanagh in seinem Fußballkrimi »Grobes Foul« beschrieb: »Ein großer, fetter, runder Kreideklecks, der aussah, als ob ein blödes Vieh von Riesentaube sich entschlossen hätte, genau in die Mitte von Duffys Polizeibezirk abzupladdern: plitsch. Jemand mußte diesen Dreck beseitigen, dachte Duffy. Er stört mich. Er mochte den Elfmeterpunkt nicht. Vor allem war er viel zu dicht am Tor.«

Mythos: Eine gute Abwehr ist die halbe Miete.
Wahrheit: Die entscheidende Hälfte fehlt.

Der 1. FC Kaiserslautern stieg 1996 aus der Bundesliga mit nur 37 Gegentoren ab. Das waren weniger, als Meister Dortmund bekam, und weniger, als die Lauterer in ihren Meisterjahren 1991 und 1998 kassiert hatten. Nur der 1. FC Köln hatte in der Saison 1995/96 noch weniger Gegentreffer als der Absteiger erhalten, nämlich 35 – er rettete sich mit Ach und Krach am letzten Spieltag vor dem Abstieg und wurde Zwölfter.

360

Mythos: Die Dreipunkteregel macht offensiv.

Wahrheit: Die Zahl der Tore nimmt nicht zu, die der Unentschieden nicht ab.

In der Bundesligasaison 1994/95, der letzten mit Zweipunkteregel, gab es 92 Unentschieden und 918 Tore. In der Saison 1995/96, der ersten mit Dreipunkteregel, gab es 104 Unentschieden und 831 Tore. Auch im Dreijahresvergleich sank die Torquote (die letzten drei Spielzeiten vor der Neuregelung 2,95 pro Spiel, die ersten drei danach 2,85), während die Zahl der Unentschieden sich annäherte (261 vorher, 259 danach). Also: in den Ergebnissen kein erkennbarer Unterschied durch die Dreipunkteregel. Veränderungen in der Spielweise sind allerdings angeraten, denn wer weiter auf Remis setzt, riskiert die Ligazugehörigkeit: 1995/96 stieg der 1. FC Kaiserslautern mit 18 Unentschieden aus der Bundesliga ab. Nach der alten Zweipunkteregel wären die Pfälzer mit denselben Ergebnissen locker dringeblieben.

Mythos: Ein Tor zu machen ist schwer.

Wahrheit: Es ist ganz leicht, wenn man die Gebrauchsanweisung kennt.

Schon 98 Jahre vor den amüsanten Versuchen der Platzmeister von Real Madrid, das umgefallene Tor vor dem Champions-League-Halbfinale gegen Borussia Dortmund neu zu errichten (sie brauchten 75 Minuten), wußten die Spieler von Germania Berlin, wie man ein Tor macht. Die Klub-Anweisung vom 5. April 1900:
1 Der Linksaußen nimmt die Seitenstangen links.
2. Die übrigen vier Stürmer übernehmen das eine Goal.
3. Der rechte Half (Läufer) nimmt die Seitenstange rechts.
4. Der Mittel- und linke Half sowie die beiden Backs (Verteidiger) das zweite Goal.
5. Der Goalkeeper nimmt die Bälle und den Bohrer.

Mythos: Das Spiel dauert 90 Minuten.

Wahrheit: Es dauert länger. Aber eigentlich ist es kürzer.

Herberger hatte unrecht. Das Spiel dauert nicht 90 Minuten. Die Brutto-Spielzeit einer Fußballpartie beträgt in der Regel deutlich mehr. Das war schon so, bevor die FIFA zur WM 1998 die Tafelanzeige mit der Anzahl der nachzuspielenden Minuten einführte. Seit Verletzungsbehandlungen, Torjubel und andere Spielunterbrechungen zu exakt festgelegten Nachspielzeiten führen, dauert eine Halbzeit brutto zwischen 46 und 49 Minuten, ein Spiel also zwischen 92 und 98 Minuten. Die Netto-Spielzeit lag schon immer deutlich darunter, meist zwischen 55 und 60 Minuten. Sie ist verlängert worden – und mit ihr das szenische Tempo auf dem Spielfeld – durch die ebenfalls zur WM 1998 eingeführte Regelung, mehrere Reservebälle an den Seitenlinien parat zu halten, die einen ins Aus gegangenen Ball umgehend ersetzen. Dadurch sind die früher beträchtlichen Wartezeiten nach weit ins Aus geprügelten Bällen verschwunden und mit ihr auch der alte Trick, für den Leeds United bekannt war: Die Balljungen dort waren gedrillt, den Ball bei Rückstand von Leeds so schnell wie möglich ins Feld zurückzubringen, aber bei Führung der Heimmannschaft sofort vom Platzrand zu verschwinden.

Mythos: Der Ball ist rund.
Wahrheit: Nur solange er nicht zum Fußballspielen verwendet wird.

Rund ist der Ball im Idealfall schon (wenngleich ein aus 20 Sechs- und 12 Fünfecken vernähtes Gebilde, aus dem noch ein Ventil herausschaut, strenggenommen nie vollkommen kugelförmig sein kann). Diese geometrische Form pflegt nur im Ruhezustand rund zu sein. Wird sie getreten, was der eigentliche Zweck des Fußballspiels ist, verformt sie sich, wie Fotos und Zeitlupenaufnahmen beweisen, in dramatischer Weise – um diese Energie dann, unter Rückverwandlung in die ursprüngliche Kugelform, als Bewegungsenergie umzusetzen. Aus dieser Elastizität der gasgefüllten Hülle bezieht der Fußball seine Dynamik. Fußball funktioniert also nur, weil der Ball eben nicht immer rund ist. Die Banalität des verformbaren Rundseins kann man sogar dichterisch verklären, wie es Peter Handke tat: »Der Fußball hat eine Seele. Er kann für eine Zeit der Schwerkraft der Erde widerstehen (...) Wie alles, was rund ist, ist auch der Fußball ein Sinnbild für das Ungewisse, für das Glück und die Zukunft. Und da die Ungewißheit zum Begriff des Spiels gehört, ist der Fußball, wie alles, was rund ist, zum Spiel geschaffen (...) Das Rundsein ist sozusagen die Idealvoraussetzung für die Bewegung auf der Erde.«

Mythos: Ballbesitz ist wichtig.
Wahrheit: Ballbesitz ist gefährlich.

Egil Olsen, der die norwegische Nationalmannschaft bei der WM 1998 bis ins Achtelfinale brachte, hat herausgefunden, daß der Kombinationsfußball ein Mythos ist. 80 Prozent der Tore fallen nach drei oder weniger Pässen. Die meisten fallen in den ersten sieben Sekunden nach dem Gewinn des Balles. Laut Olsen ist es wichtiger, wo der Ball ist, nämlich in der Gefahrenzone für den Gegner, als wer ihn hat. Statistisch gesehen ist es besser, wenn der gegnerische Torwart den Ball hat als der eigene – man schießt mehr Tore nach Abschlag oder Abwurf durch den gegnerischen Torwart als durch den eigenen. Bei der EM 2000 blamierten sich die Deutschen als Vorrundenversager mit durchschnittlich fast 60 Prozent Ballbesitz, während die Italiener mit kaum mehr als 40 Prozent um ein Haar den Titel gewonnen hätten.

Mythos: Spaß schlägt Geld.
Wahrheit: Aber immer nur ein einziges Mal.

Daß lustige Außenseiter den ernsten Favoriten gefährlich wurden, hat nie eine Fortsetzung gefunden. Die Dänen, 1992 als Ersatz für Jugoslawien eingesprungen und sensationeller »Europameister, der vom Strand kam«, scheiterten in der folgenden WM-Qualifikation an Spanien und Irland und in der nächsten EM-Vorrunde an Portugal und Kroatien. Die Kameruner, bei der WM 1990 sensationell ins Viertelfinale vorgedrungen und dort nur unglücklich England unterlegen, schieden bei der WM 1994 als Vorrunden-Letzter mit 3:11 Toren aus. Der SC Freiburg, der als Aufsteiger 1993/94 Bayern München 3:1 besiegte und 1994/95 (5:1 gegen Bayern) die Bundesligasaison auf Platz drei beendete, wurde im folgenden Jahr Elfter und stieg im übernächsten ab.

Mythos: Fußball ist traditionell ein Spiel der kleinen Leute.
Wahrheit: Fußball wurde an den Schulen der englischen Oberklasse erfunden und fand schon früh reiche Förderer.

Manchester United hieß bei der Konkurrenz schon zu Anfang des 20. Jahrhunderts »Moneybags United« – dank der Zuschüsse des Brauereibesitzers John H.

Abb. 29c: Ohne Trainingsplan angereist, mit EM-Titel abgereist: Dänemark 1992 nach dem Sieg gegen die durch-organisierten Deutschen.

Davies konnte das Stadion Old Trafford schon 1910 luxuriös mit Billardraum, Massageraum, Entspannungsbad und Turnhalle ausgestattet werden. Arsenal London konnte 1913 dank üppiger Zuschüsse durch das Parlamentsmitglied Henry Norris das Highbury-Stadion erwerben und in die erste Reihe des englischen Fußballs aufsteigen. Juventus Turin ist seit 1923 im Besitz der Agnelli-Familie. Der AC Mailand profitierte in den ersten Jahrzehnten seines Bestehens von den gütigen Gaben seines Präsidenten Piero Pirelli. Inzwischen interessieren sich die Milliardäre, vor allem die mit Medien-Imperien, für die großen Klubs – der Medienriese Silvio Berlusconi schmückt sich mit Milan, der Versandhandelmilliardär David Moores mit dem englischen Rekordmeister FC Liverpool. In Deutschland allerdings waren Fußballklubs tatsächlich nie ein Schmuckstück der besseren Gesellschaft. Jahrzehntelang investierten eher Neureiche und geltungsbedürftige Aufsteiger ihr nicht immer sauberes Geld in teure Teams.

Mythos: Es gibt mythische Orte des Fußballs.
Wahrheit: Nur die Erinnerungen sind mythisch. Die Orte selbst sind triste, meist baufällige Arenen.

Wembley, ein Sanierungsfall. Maracana, eine Ruine. Die Olympiastadien von Berlin und München: nicht mehr zeitgemäß und politische Zankäpfel. Hampden Park in Glasgow: abgerissen, neugebaut, statt 140 000 nur noch 55 000 Zuschauer. Wankdorf, nur noch eine Arena für zweitklassigen Fußball vor ein paar tausend Zuschauern. Glückaufkampfbahn und Stadion Rote Erde: zwei verfallende Ausgrabungsstätten der Fußballvergangenheit. Da, wo der Ort des Geschehens noch eine Ausstrahlung hat, die bis auf das Spielfeld wirkt, im Old Trafford von Manchester oder an der Anfield Road in Liverpool, auf dem Betzenberg oder im Westfalenstadion, dort ist der eigentliche Mythos nicht der Ort, sondern das Publikum. Und manchmal, wie im Bernabeu-Stadion von Madrid, ein umgefallenes Tor.

Mythos: Weltmeisterschaften finden im Sommer statt.
Wahrheit: Nicht immer.

Das erste Tor der WM-Geschichte schoß der Franzose Lucien Laurent am 3. Juli 1930 zum 1:0 gegen Mexiko im Schneetreiben von Uruguay. Die Europäer hatten sich aus der sommerlichen Heimat auf eine mehrwöchige Schiffsreise begeben, um in Uruguay herauszufinden, daß dort tiefer Winter herrschte. Auch die Weltmeisterschaften 1962 in Chile und 1978 in Argentinien waren Winterspiele, wenn auch ohne Schnee-Einbrüche.

Mythos: Die deutsche Mannschaft wurde 1954 Weltmeister mit Kampf- und Kraftfußball.
Wahrheit: Herbergers Elf war spielerisch eine der besten, die Deutschland je hatte.

Das 6:1 im Halbfinale gegen Österreich ist für viele Augenzeugen immer noch das spielerisch beste, das eine deutsche Nationalmannschaft je gezeigt hat. Im Finale gelang es dem Team um Fritz Walter, mit den plötzlich nervösen Supertechnikern aus Ungarn auch spielerisch mitzuhalten. Nur wird das überlagert vom

Aspekt des Kampfes, des Aufbäumens, der Willenskraft, der die Zuschauer aus den verdichteten Wochenschau-Ausschnitten, den Bildern der durchnäßten, abgekämpften Helden und der pathetischen Radioreportage von Herbert Zimmermann einnimmt. Dabei war es eine Weltmeisterschaft, die für ihren frischen Offensivfußball weltweit gelobt wurde, und da machte auch der Weltmeister keine Ausnahme. Er weit weit davon weg, ein reines Kraftkollektiv zu sein. Die *Rheinische Post* schrieb:»Die Weltmeisterschaft 1954 brachte uns die Abkehr von einer Fehlentwicklung des Fußballs, mit seiner Überbetonung von Wucht, Schnelligkeit und Zerstörung.«

Mythos: Brasilien wurde 1958 Weltmeister mit Hurrafußball.
Wahrheit: Es war auch in der Defensive eine der stärksten Mannschaften aller Zeiten.

Djalmar Santos war der beste Rechtsverteidiger der Welt, zusammen mit Nilton Santos bildete er das trefflichste offensive Verteidiger-Duo der Welt. Gilmar war der beste Torhüter, den Brasilien je hatte. Und vor den beiden 5:2-Siegen im Halbfinale und Finale hatte Brasilien viermal zu null gespielt.

Mythos: Uwe Seeler verließ Wembley nach dem WM-Finale 1966 als gebrochener Mann.
Wahrheit: Er verließ das Stadion nicht niedergeschlagen und auch nicht allein.

Ein berühmtes Foto von Sven Simon hat diesen Irrglauben begründet. Es zeigt den deutschen Kapitän beim Verlassen des Spielfeldes mit tief gesenktem Kopf, scheinbar getröstet vom Klaps eines Sicherheitsbeamten, hinter sich eine Kapelle (→ s. Foto S. 352). In Wirklichkeit stammt die Szene aus der Pause nach der ersten Halbzeit, denn nur da kam die Kapelle auf den Platz. Die Momentaufnahme gibt ein nur scheinbar deprimiertes Bild wieder, eine zufällige Körperhaltung, die im Einfrieren auf eine Fünfhundertstelsekunde symbolisch für das ganze Spiel zu sein scheint. In Wirklichkeit hatte Seeler keinen Grund, zu diesem Zeitpunkt betrübt zu sein: Es stand 1:1.

Mythos: Das deutsche 3:1 gegen England in Wembley 1972 war ein Sieg des glänzenden Angriffsfußballs.
Wahrheit: Es war ein Sieg des Glücks, der Defensive und einer Notelf.

Die Mannschaft, die in den kommenden nur acht Monaten den Ruf begründete, die spielerisch beste aller deutschen Nationalmannschaften gewesen zu sein,
war aus der Not mehrerer Verletzungen geboren, außerdem fehlten die Schalker
Nationalspieler wegen Sperren nach dem Bundesligaskandal. Die Einstellung
war negativ (Netzer rechnete mit einem 0:5), die Aufstellung defensiv: Beckenbauer und Netzer spielten eine Art Doppel-Libero. So entging Netzer der Bewachung, indem er sich zum eigenen Strafraum zurückzog und dann, so das berühmte Wort, »aus der Tiefe des Raumes« kam. Aber er kam seltener als gedacht,
denn eine Stunde lang machten die Engländer das Spiel und hatten viele Chancen, erst in den letzten zehn Minuten war die deutsche Elf wieder offensiv – das
reichte, weil Netzers schwach geschossener Elfmeter von den Fingerspitzen von
Banks an den Innenpfosten und dann zum 2:1 ins Tor kullerte.

Mythos: Auf der Insel ist schwer zu gewinnen.
Wahrheit: Nicht auf jeder.

Als erste machten die Ungarn bei ihrem berühmten 6:3 in Wembley 1953 vor,
wie man die Engländer auf der Insel besiegt. Seitdem sind Insulaner in der Regel
angenehme Gegner, schon rein klimatisch. Die Malediven unterlagen dem Iran
0:17 und Syrien gleich zweimal 0:12, die Solomonen verloren gegen Australien
0:13, die Fidschi-Inseln gegen Neuseeland 0:13 und St. Vincent gegen Mexiko
0:11 – alles Rekordergebnisse der WM-Qualifikationen 1982 bis 1998. Deutschland erzielte seinen höchsten Qualifikationssieg 1969 gegen Zypern (12:0). Nur
die Österreicher wurden 1990 in der EM-Qualifikation kalt erwischt, beim 0:1
auf den Färöer-Inseln. Den Schotten erging es dort 1999 mit einem 1:1 nur wenig besser.

Mythos: In England wird nur Kick and Rush gespielt.
Wahrheit: In England wird moderner Angriffsfußball gespielt.

Die englische Nationalmannschaft arbeitet seit den 80er Jahren kaum noch mit langen Bällen. Die Mittelfeldspieler der neueren Generation haben in den Fußballschulen der großen Vereine eine Balltechnik erlernt, die ein kontrolliertes, dabei inseltypisch schnelles Aufbauspiel ermöglicht. Manchester United wurde so Ende der 90er Jahre zur offensivstärksten Mannschaft Europas.

Mythos: »Fußball ist, wenn 22 Mann spielen, und am Ende gewinnt immer Deutschland.« (Gary Lineker)
Wahrheit: Nicht mehr.

Nach der Weltmeisterschaft 1990, bei der der englische Stürmer sein resignierendes Bonmot geprägt hatte, glaubte auch der scheidende deutsche Teamchef an die dauerhafte Überlegenheit des deutschen Fußball. Franz Beckenbauer formulierte einen der arrogantesten Irrtümer der Fußballgeschichte: »Es tut mir leid für den Rest der Welt, aber diese Mannschaft wird auf Jahre nicht zu schlagen sein.« Schon bei der Europameisterschaft zwei Jahre später widerlegten das die Holländer und Dänen. Und die Weltmeisterschaften 1994 und 1998 haben den einst furchterregenden Ruf der deutschen Mannschaft, im entscheidenden Moment durch Biß, Glück und Kondition kaum schlagbar zu sein, ins Gegenteil verkehrt. Niemand hat mehr Angst vor den Deutschen mit ihrem überkommenen System, im Gegenteil: Die Deutschen haben plötzlich Muffe vor Moldawien oder den USA. Bei der Europameisterschaft 2000 legten als Letzte auch die Engländer mit dem 1:0 von Charleroi nach 34 Jahren ihre Angst vor den Deutschen ab, doch sie übersahen, daß der Sieg zu spät kam: Es ging nur noch um den Trostpreis der abgetakelten Fußball-Großmächte. Mit dem 20. Jahrhundert endete auch der Glaube an die Mythos von der Turniermannschaft (früher: schlecht starten, dann steigern, heute: schlecht starten, dann schlechter werden) und an den deutschen Dusel. So, wie sie bei der EM 2000 spielten, gaben sie dem Dusel gar keine Chance. Aber in einem hat Lineker immer noch recht: Fußball ist, wenn 22 Mann spielen.

Mythos: Die Weltmeisterschaft 1990 war ein glanzvolles Turnier.
Wahrheit: Das wird nur in Deutschland so gesehen.

»Italien 1990 blieb mit Sterilität und Fouls als dunkelste Stunde des internationalen Fußballs in Erinnerung«, schrieb der Londoner *Independent*. Auch in Südamerika gilt die WM 1990 als Tiefpunkt. »Langweiliger Fußball ohne Risiko, ohne Schönheit«, schrieb der uruguayische Dichter Eduardo Galeano. Die FIFA nahm die schwache WM zum Anlaß, den schnellen, offensiven Fußball in den 90er Jahren mit gezielten Regelverschärfungen (Rückpaß, Notbremse, Grätschen von hinten, Trikotziehen) zu stärken. Nur in Deutschland wurde das Turnier in der Euphorie der Wiedervereinigung und des WM-Titels als Gewinn empfunden. Doch bei genauem Hinsehen reichten der deutschen Elf zwei wirklich gute Leistungen (beim 4:1 gegen Jugoslawien und beim 2:1 gegen die Niederlande) zum Turniersieg. Der Rest war die bewährte Mischung aus Routine, Fortüne und Hartleibigkeit.

Mythos: Der Fußball pflegt seine Dolchstoßlegenden.
Wahrheit: Aber sie interessieren nur Verlierer.

Die deutsche Dolchstoßlegende ist das Wembley-Tor. Spricht man einen Engländer auf dieses Tor an, weiß der überhaupt nicht, was gemeint ist. Die Briten wissen nicht, was die Deutschen überhaupt am vorentscheidenden Finaltor von 1966 zu meckern haben. Dafür interessieren die Deutschen sich nicht dafür, daß die Ungarn 1954 dachten, Herbergers Elf sei gedopt und daß der WM-Titel im Ausland vor allem Liebrichs Tritt an den Knöchel von Puskas beim 3:8 in der Vorrunde zugeschrieben wird. Ebensowenig daran, daß die Holländer sich seit 1974 durch eine Schwalbe Hölzenbeins um den WM-Titel gebracht fühlen. Und daran, daß die Argentinier den Elfmeter, der ihre Finalniederlage von 1990 besiegelte (und auch die roten Karten, die Giusti im Halbfinale und Monzon und Dezotti im Finale erhalten hatten), immer noch als Betrug bezeichnen. Manchmal interessieren diese Dolchstoßlegenden nicht einmal mehr das eigene Volk, sowie Berti Vogt's Verschwörungstheorie nach dem 0:3 bei der WM 1998 gegen Kroatien: »Manchen Leuten sind wir Deutschen zu erfolgreich.« Auch die Deutschen schüttelten darüber den Kopf.

Mythos: Der Trainer, der den späteren Torschützen einwechselt, hat ein »Händchen«.
Wahrheit: Er hat den Falschen aufgestellt.

In der WM-Qualifikation wurde Bundestrainer Vogts nach den Zittersiegen gegen Nordirland und Albanien für seine Entscheidung für die »Joker« Bierhoff und Kirsten gefeiert, die als Einwechselspieler jeweils drei Tore schossen. Vermutlich hätte er das einfacher haben können, hätte er sie nicht eingewechselt, sondern gleich von Beginn an aufgestellt. So dauerte es ziemlich lange, bis in die zweite Halbzeit, ehe er seinen Fehler bemerkte und korrigierte.

Mythos: Ausländer machen Nationalmannschaften schwach.
Wahrheit: Sie machen sie stark.

Es ist eine beliebte Schutzbehauptung erfolgloser Nationaltrainer, daß die vielen Ausländer in der heimischen Liga den eigenen Nachwuchs blockierten. Der Gegenbeweis ist England, das Land mit den meisten und teuersten Ausländern, aber auch dem neben Frankreich besten Nachwuchs in Europa. Außerdem haben sich Nationalteams schon vor fast 70 Jahren ausländischer Hilfe bedient. So bürgerten die Italiener drei Argentinier ein, um 1934 Weltmeister zu werden. Und auch in Deutschland, wo man sich Ende der 90er die wenig bahnbrechenden Dienste von Sean Dundee, Paolo Rink und Oliver Neuville sicherte, hat die Sache ein Vorspiel. So wurde Ernst Willimowski, der 21 Tore in 22 Spielen für Polen geschossen hatte, im Zweiten Weltkrieg eingebürgert und schoß 13 Tore in acht Länderspielen für Deutschland.

Mythos: Es ist der Anfang vom Ende, wenn man sich nicht für Welt- oder Europameisterschaften qualifiziert.
Wahrheit: Es ist die Chance für einen Neuanfang.

Frankreich verlor in den 80er Jahren zweimal mit einer Mannschaft, die den WM-Titel verdient gehabt hätte, im Halbfinale gegen Deutschland. In der WM-Qualifikation für 1990 scheiterten sie an Jugoslawien und Schottland, und 1993 zerstörte das Tor des Bulgaren Kostadinov in der letzten Sekunde des letzten

Qualifikations-Spiels die Teilnahme 1994. Zwölf Jahre nach der letzten WM-Teilnahme wurde Frankreich 1998 Weltmeister und zwei Jahre später auch Europameister. Holland verpaßte nach zwei Vize-Weltmeisterschaften die WM-Teilnahmen 1982 und 1986 und kehrte mit dem Sieg bei der EM 1988 auf die Bühne zurück. Für England begann 1970, als Trainer Alf Ramsey noch glaubte: »Wir haben nichts zu lernen von Brasilien«, eine lange Durststrecke mit zwölf Jahren ohne WM-Teilnahme (während ausgerechnet die Schotten mitmachen durften und 1978 eine schottische Zeitung nach der Qualifikation für Argentinien weltgewandt verkündete: »Wir sind auf dem Weg nach Rio!«). 1994 scheiterten die Engländer abermals an der Qualifikation, konnten aber 1998 eine junge Mannschaft mit hervorragenden Aussichten präsentieren. Ganz anders Deutschland, das sich von Turnier zu Turnier hangelte, noch nie eine Qualifikation verpaßte – aber dafür den nötigen Neuaufbau.

Mythos: Franz Beckenbauer ist ein Freund der Fußballkunst.
Wahrheit: In der Praxis zog er stets die Sicherheit vor.

Als Teamchef der Nationalmannschaft setzte Beckenbauer auf Spieler wie Pflügler, Augenthaler, Briegel, Borowka, Förster, Eder, Jakobs, Rolff, Dieter Hoeneß, die die deutsche Elf im Ausland als Eisenbieger-Truppe erscheinen ließen. Er ließ überdies strikte Manndeckung spielen.

Mythos: Viererketten sind »lebensgefährlich« (Franz Beckenbauer).
Wahrheit: Mit Viererketten wird man Weltmeister. Und deutscher Meister.

Frankreich wurde 1998 Weltmeister mit Viererkette. Die Mannschaft erhielt zwei Gegentore in sieben Spielen, davon eins im unbedeutenden letzten Gruppenspiel gegen Dänemark. Im Finale erlaubten sie Brasilien keine echte Torchance. Viele Mannschaften, wie die Niederlande, spielten sogar mit Dreierkette, so wie Ajax Amsterdam in seiner Glanzzeit. Und siehe da, ein Jahr nach der WM und dem »Kaiser«-Verdikt wurden Beckenbauers Bayern überlegen deutscher Meister – mit abwechselnder Vierer- und Dreierkette (4-3-3 oder 3-4-3).

Mythos: Gute Fußballer werden die besseren Trainer.
Wahrheit: Schlechtere Fußballer werden manchmal die besten.

Spätestens seit Arrigo Sacchi von 1987 bis 1991 den AC Mailand zur besten Vereinsmannschaft Europas machte, ist der Fußballer-Aberglaube widerlegt, erfolgreiche Trainer brauchten den »Stallgeruch«, müßten selber in der Klasse gespielt haben, die sie nun trainieren. Sacchi kam als Spieler über den Serie-C-Klub Fusignano nicht hinaus, als Trainer wurde er die Nummer eins und gewann um ein Haar 1994 sogar den WM-Titel. Auch Hennes Weisweiler und Udo Lattek, die prägenden (deutschen) Trainer der ersten beiden Bundesliga-Jahrzehnte, hatten als Spieler keine Bäume ausgerissen, ebensowenig die Aufsteiger der 90er Jahre, Christoph Daum, Volker Finke und Ralf Rangnick. Mit Erich Ribbeck wurde 1998 zum ersten Mal ein Trainer verantwortlich für die Nationalmannschaft, der nie Nationalspieler war. (Na ja, nur *manchmal* sind schlechte Kicker gute Trainer …)

Mythos: Die Bayern der 70er Jahre waren Ergebnis-Minimalisten.
Wahrheit: Die Bayern waren die treffsicherste Mannschaft der Bundesliga-Geschichte.

In den fünf Spielzeiten von 1969/70 bis 1973/74, als die Bayern zunächst zweimal Zweiter hinter Mönchengladbach und dann dreimal in Folge Meister wurden, schossen sie 451 Tore, das sind 90,2 pro Spielzeit. In den Meisterjahren kamen sie auf 101 (bis heute Rekord), 93 und 95 Tore. Seitdem konnte nur eine Mannschaft in einer Bundesliga-Saison mehr als 90 Tore erzielen, der Hamburger SV 1981/82 mit 95 (unter Trainer Ernst Happel, der übrigens auch als Ergebnis-Minimalist galt). Trotzdem bildete sich die Legende von den Bayern als Ergebnisfußballern, als 1:0-Mannschaft, festgehalten zum Beispiel von Rainer Moritz: »Während der Gegenentwurf Mönchengladbach ein paar Sommer lang tanzte und Hurrafußball bot, begnügten sich die Bayern mit dem Nötigsten, mit 1:0-Siegen.« In der Realität kamen die Bayern in den neun Spielzeiten von 1968/69 bis 1976/77, als sie gemeinsam mit Mönchengladbach die Liga beherrschten, nur auf 23 1:0-Siege, weniger als drei pro Saison und insgesamt nur fünf mehr als die Gladbacher. In diesen neun Jahren schossen die Bayern 715 Tore, die als viel offensiver geltenden Gladbacher nur 676. Und auch der Unterhaltungswert der angeblichen »Ergebnisfußballer« läßt sich an einigen Resultaten ablesen, herausgepickt aus der Meistersaison 1973/74: 4:7 (nach 4:1-Führung) in Kaiserslautern, 5:5 in Schalke, 4:3 gegen Gladbach, 3:4 in Köln, 5:0 in Hamburg, je 5:1 gegen Schalke, Fortuna Köln und Hannover. Und nur dreimal 1:0.

Mythos: Der Aufstieg von Bayern München zur Nummer eins des deutschen Fußballs war mit den großen Erfolgen der 70er Jahre vorbestimmt.
Wahrheit: Die Bayern wären beinahe ins Mittelmaß abgeglitten.

Die erste Saison ohne den zu Cosmos New York gewechselten Beckenbauer war ein Desaster. Bis in die letzte Spielwoche im Frühjahr 1977 mußten die Bayern gegen den Abstieg in die 2. Liga kämpfen und wurden Zwölfter. Von November 1976 bis April 1978 gewannen sie kein einziges Auswärtsspiel in der Bundesliga. Erst mit einer von Manager Hoeneß und Trainer Csernai völlig neu aufgebauten Mannschaft kehrten die Bayern mit dem Meistertitel 1980 an die Spitze zurück.

Mythos: Wer 1:0 führt, der stets verliert.
Wahrheit: Wer 1:0 führt, zu 90 Prozent nicht verliert.

Der Spruch stammt aus den Zeiten, als bei fünf Weltmeisterschaften in Folge, von 1950 bis 1966, jeweils die Mannschaft das Endspiel verlor, die das erste Tor schoß. Die letzten, denen das passierte, waren die Holländer 1974 beim 1:2 gegen Deutschland. Seitdem hat keine Mannschaft, die im WM-Finale in Führung ging, den Titel noch hergegeben. Noch deutlicher wird die Wichtigkeit des ersten Tores in Europapokal-Endspielen der Landesmeister und ihres Nachfolgers, den Champions-League-Finals. Von 1970 bis 1999 hat nur eine Mannschaft in einem Landesmeister-Finale nach einer Führung noch verloren: Bayern München 1987 beim 1:2 gegen den FC Porto und 1999 beim 1:2 gegen Manchester United.

Mythos: Der Europacup war eine Idee im Zuge der europäischen Einigung in den 50er Jahren.
Wahrheit: Ähnliche Wettbewerbe gab es schon 30 Jahre vorher.

Die Idee von Gabriel Hanot, des Fußballchefs der französischen Sportzeitung *L'Equipe*, der im Frühjahr 1955 in einer Konferenz mit 18 Spitzenklubs den Europapokal der Landesmeister begründete, basierte auf dem Mitropa Cup, in dem seit 1927 die Meister der südmitteleuropäischen Profiligen die anerkannt beste Mannschaft auf dem Kontinent ermittelten, und der Coppa Latina (1949-57) der Meister von Italien, Spanien, Portugal und Frankreich.

Mythos: Für internationale Erfolge bedarf es internationaler Mannschaften.
Wahrheit: Manchmal geht es ohne Ausländer.

Der schottische Fußball ist bei acht WM-Teilnahmen nie über die Vorrunde hinausgekommen. Aber 1967 gelang es Celtic Glasgow, als erste Mannschaft mit Spielern aus nur einem Land den Europapokal der Landesmeister zu gewinnen. Ajax Amsterdam, das den Wettbewerb von 1971 bis 1973 dominierte, setzte diese Tradition fort. Bayern München, das Ajax folgte, bestand bis auf ein, zwei Schweden nur aus Deutschen, und die englischen Klubs, die danach den Meisterpokal bis 1985 dominierten, spielten ausschließlich mit Briten. Auch nach dem Bosman-Urteil 1995, das Europas Fußball grenzenlos machte, funktioniert so etwas manchmal noch. Athletic Bilbao, traditionell nur mit baskischen Spielern besetzt, qualifizierte sich 1998 als Zweiter der spanischen Meisterschaft für die Champions League. Bayern München, das 1999 um ein Haar die höchste europäische Trophäe gewann, spielte im Finale gegen Manchester mit zehn Deutschen und dem Ghanaer Kuffour. Und Rosenborg Trondheim gelang mit einem Team aus elf Norwegern im Oktober 1999 das Kunststück, den Bundesliga-Tabellenführer Borussia Dortmund mit einem 3:0 im Westfalenstadion vorzuführen.

Mythos: Neue Besen kehren gut.
Wahrheit: Eingefegte Besen fegen besser.

Die Hausfrauen-Erfahrung, daß die alten Besen besser sind, ist als Widerlegung der populären Trainer-Wechselregel auch wissenschaftlich erwiesen. Eine Untersuchung ergab 1997, daß es keine nachweisliche Steigerung des Erfolges einer Mannschaft durch Trainerwechsel während der Saison gibt. Eines steigern sie dagegen meßbar: die Ausgaben für den Verein. Personelle Kontinuität bringt mehr. Celtic Glasgow gewann in den ersten neunzig Jahren seines Bestehens dreißig Meistertitel, 25 Landespokale und den Europapokal der Landesmeister mit insgesamt fünf Trainern – der erste, Bill Maley, war 50 Jahre im Amt. Mit Willy Struth wurden die Glasgow Rangers von 1920 bis 1954 19mal schottischer Meister und zehnmal Pokalsieger. Der FC Liverpool wurde von 1959 bis 1983 mit zwei Trainern, Bill Shankly und Bob Paisley, mit fünf Meisterschaften und vier Europapokalen das erfolgreichste Team Englands. Matt Busby machte Manchester United in seiner Amtszeit von 1945 bis 1969 zum fünfmaligen Meister und zum Europapokalsieger der Landesmeister. Alex Ferguson übernahm den Klub 1986 und machte das Team in dreizehn Jahren fünfmal zum Meister und 1999 zum Champions-League-Sieger. Borussia Mönchengladbach hatte in seiner großen Zeit, in der es mit Bayern München den deutschen Fußball beherrschte, fünfmal Meister und zweimal UEFA-Cup-Sieger wurde, nur zwei Trainer, Hennes Weisweiler (12 Jahre) und Udo Lattek (4 Jahre). Auch Winnie Schäfer beim Karlsruher SC (1986-1998) sowie Volker Finke beim SC Freiburg (seit 1991) bekamen Zeit zum Arbeiten und hatten deshalb Erfolg. Und Otto Rehhagel wurde mit zwei Meistertiteln und dem Europapokal der Pokalsieger in 14 Jahren bei Werder Bremen (1981-1995) der Marathon-Mann der Bundesliga.

Mythos: Vereinswechsel lohnen sich.
Wahrheit: Nicht immer.

Jean-Pierre Papin scheiterte im Champions-League-Finale 1991 mit Olympique Marseille im Elfmeterschießen an Roter Stern Belgrad, wechselte zu AC Mailand, verlor mit Mailand das Finale gegen Marseille 1993, und als Milan 1994 schließlich doch den Europapokal gewann, saß Papin nur auf der Tribüne. Und Bernhard Dietz, Duisburger Institution, Kapitän des Europameisters von 1980, wechselte mit 34 Jahren noch vom MSV zu Schalke 04, wo er von Trainer Rolf Schafstall mit einem Platz auf der Ersatzbank gedemütigt wurde und mit den Junioren trainieren mußte.

Mythos: Moderne Technik hilft bei der Spielersuche.
Wahrheit: Nicht immer.

Der VfB Stuttgart kaufte 1998 den Serben Sasa Markovic für 2 Millionen Mark von Roter Stern Belgrad. Einzige Informationsquelle: Video-Cassetten. Im Training erwies sich Markovic als nicht bundesligatauglich, aber da war es zu spät. In der ersten Saisonhälfte kam er auf vier Spielminuten. In der zweiten Hälfte spielte er ein paar Minuten mehr und schoß sogar ein Tor. Trotzdem wollte beim VfB keiner mehr der Video-Besteller gewesen sein. Auf der Cassette soll Markovic gut ausgesehen haben. Manche vermuten, es waren Szenen aus einer unteren Spielklasse, die als erste Liga verkauft wurden.

Mythos: Sindelar hat Selbstmord begangen.
Wahrheit: Vermutlich war es ein Unfall.

Der Gas-Tod von Matthias Sindelar, dem offensiven Genie des österreichischen »Wunderteams«, im Jahr 1939, ein Jahr nach dem Anschluß Österreichs an Hitler-Deutschland, gemeinsam mit seiner italienischen Freundin Camilla Castagnola, einer Halbjüdin, sah zu sehr nach einer perfekten Verzweiflungstat aus, als daß man die viel weniger klaren Umstände der Tat beachtet hätte. Friedrich Torberg dichtete in »Auf den Tod eines Mittelstürmers«:

> »Er war gewohnt zu kombinieren
> und kombinierte manchen Tag.
> Sein Überblick ließ ihn erspüren,
> daß seine Chance im Gashahn lag.«

Mittlerweile gilt als wahrscheinlicher, daß Sindelar einem Unglück zum Opfer fiel.

Mythos: Fußball macht Politik.
Wahrheit: Politiker machen Politik.

Kein Diktator ist je vom Erfolg oder Mißerfolg seiner Fußballer abhängig gewesen – sonst hätte Hitler nach dem Erstrundenaus der deutsch-österreichischen Zwangsformation bei der Weltmeisterschaft 1938 bangen müssen. Aber das mußte er sowenig wie Mussolini, dessen Kicker zweimal Weltmeister wurden. Auch bei südamerikanischen Junta-Chefs hat nie der Erfolg oder Mißerfolg der Nationalmannschaft direkten Einfluß auf ihren Machterhalt gehabt. Und die Geschichte von Egon Erwin Kisch, dem berühmten »rasenden Reporter«, in der ein Fußballspiel zur Aufdeckung des größten politischen Skandals vor dem Ersten Weltkrieg führte, belegte nur scheinbar den fußballpolitischen Zusammenhang: Sie erzählt, wie Mannschaftsführer Kisch, erbost über das Ausbleiben seines Rechtsaußen bei einem wichtigen Spiel in Prag, dessen Entschuldigung überprüft, daß er als Schlosser eilig zum Aufbrechen der Wohnung eines Obersten befohlen worden sei – die Wohnung von Oberst Redl, dem Chef der österreich-ungarischen Spionageabwehr, der, wegen seiner Homosexualität von den Russen erpreßt, diesen die kompletten Aufmarschpläne der k.u.k.-Armee verraten hatte. Wahr ist, daß Kisch den Skandal publik machte (er wurde in den 80er Jahren von István Szabó verfilmt). Wahr ist aber auch, daß der berühmte Reporter auch ein begnadeter Geschichtenerfinder war. Die Fußballanekdote mit dem Schlosser hat er vermutlich erfunden, um seinen wahren Informanten zu decken.

Mythos: Schöne Tore sind einmalig.
Wahrheit: Manche lassen sich wiederholen.

Die Fernsehwiederholung war noch nicht erfunden, deshalb schoß der Brasilianer Zizinho 1950 ein Freistoßtor, das der Schiedsrichter abpfiff, in der Wiederholung gleich noch mal. Dasselbe Kunststück, wieder an derselben Stelle an der Mauer vorbei, wieder in dieselbe Ecke, gelang Ferenc Puskas 1961 für Real Madrid. Und der arme Helmut Rahn mußte sein berühmtestes Tor immer und immer wiederholen, wie es Ulfert Schröder festhielt: »Der Ottes steigt hoch, der andere und der Lorant. Alle drei wollen mit'm Kopp 'ran. Keiner kricht'n richtig. Den Lorant streift der Ball anne Stirn vorbei, so eben hatt'n noch berührt. Un ich steh' jenau richtig. Der Ball fällt mich vor die Füße, jenau auf'm Rechten. Un in die Sekunde wußt ich jenau, wat jetz passiert. Die zwei Ungarn, der Lorant und der annere, stürzen sich auf mich zu. So richtig mit Jewalt. Ich laß se kommen und zieh dann die Kirsche schnell von'n rechten auf'n linken Fuß. Und da, Mann, ich seh' et noch wie heute, hab' ich dat janze Jelände vor mir. Keine zwanzig Meter von'n Tor weg, inne Position von den Halbrechten, und der Grosics steht akkurat so, dat in seine Ecke Platz is. Ich zieh' ab mit den linken Fuß, und jibt so'n richtig jefährlichen Aufsetzer. Un wat dann passiert is, dat wißt ihr ja.«

Quellen:

Bücher:

Andreas Baingo: 100 Highlights Fußball. Momentaufnahmen Weltmeisterschaften 1930-1998. Berlin 1998.

Hans Dieter Baroth: Als der Fußball laufen lernte. Essen 1992.

Hans Dieter Baroth: Anpfiff in Ruinen. 2. Auflage. Essen 1993.

Hans Dieter Baroth: Des deutschen Fußballs wilde Jahre. Essen 1991.

Gerhard Bauer: Fußballtechnik heute. München 1998.

Christoph Bausenwein: Geheimnis Fußball. Auf den Spuren eines Phänomens. Göttingen 1995.

Franz Beckenbauer: Ich. Wie es wirklich war. München 1992.

Reinhold Beckmann/Sven Böttcher: LiebesLeder. Der kleine Fußballberater. München 1996.

Alfred Behrens: Die Fernsehliga. Spielberichte vom Fußballgeschäft der Zukunft. Berlin 1974.

Thomas Bender/Ulrich Kühne-Hellmessen: Herrlich verrückte Nationalmannschaft. Gelsenkirchen 1994.

Thomas Bender/Ulrich Kühne-Hellmessen: Verrückte Bundesliga. Berlin 1998.

Christoph Biermann: Fußball ist ein Spiel für 22 Leute, und am Ende gewinnt immer Deutschland. Außer manchmal. Ein WM-Tagebuch. Göttingen 1998.

Peter Bizer/Sven Simon: Günter Netzer. Rebell am Ball. Frankfurt 1971.

Thomas Blees: 90 Minuten Klassenkampf. Das Länderspiel BRD-DDR 1974. Frankfurt 1999.

Hans Blickensdörfer: Ein Ball fliegt um die Welt. Stuttgart 1994.

Manfred Blödorn: Fußballprofis. Die Helden der Nation. Hamburg 1974.

Helmut Böttiger: Kein Mann, kein Schuß, kein Tor. Das Drama des deutschen Fußballs. München 1993.

Peter Braun: Annäherungen an die Fußballsprache (In: Muttersprache 2/98)

Paul Breitner/Bernd Schroeder (Herausgeber): Kopf-Ball. Berlin/Frankfurt 1982.

Dettmar Cramer/Birgit Jackschath: Fußballpsychologie. Aachen 1995.

Johannes Dräxler/Harald Braun: Fußball. Kleine Philosophie der Passionen. München 1998.

FIFA Museum Collection. 1000 Jahre Fußball. Berlin 1996.

Alfred Georg Frei: Finale Grande. Die Rückkehr der Fußball-Weltmeister 1954. Berlin 1994.

Achim Frenz/Andreas Sandmann: Satanische Fersen. Kritisches, Abseitiges und Komisches rund um den Fußball. Kassel 1994.

Eduardo Galeano: Der Ball ist rund und Tore lauern überall. Wuppertal 1997.

Peter Gödeke: Tor! 100 Jahre Fußball. München 1998.

Ralf Grengel: Das deutsche Wembley. 60 Jahre Vereinspokal. 1935-1994. Paderborn 1994.

Hardy Grüne: Enzyklopädie des deutschen Ligafußballs. 5 Bände. Kassel 1997-1999.

Thomas Gsella/Heribert Lenz/Jürgen Roth: So werde ich Heribert Faßbender. Grund- und Aufbauwortschatz Fußballreportage. Essen 1995.

Fritz Hack: Tore des Jahrhunderts. Bad Homburg 1980.

Ludwig Harig/Dieter Kühn (Herausgeber): Netzer kam aus der Tiefe des Raumes. Notwendige Beiträge zur Fußball-Weltmeisterschaft. München 1974.

Wolfgang Hartwig: Europapokal '98. Berlin 1998.

Arthur Heinrich: Tooor! Toor! Tor! Vierzig Jahre 3:2. Berlin 1994.

Eckhard Henscheid: Standardsituationen. Fußball-Dramen. Zürich 1988.

Gerhard Henschel/Günter Willen: Drin oder Linie? Alles übers dritte Tor. Leipzig 1996.

Gerhard Henschel/Günter Willen: Supersache! Lexikon des Fußballs. Greiz 1994.

Richard Henshaw: The Encyclopedia of World Soccer. Washington 1979.

Ulrich Homann/Ernst Thoman: Als die Ente Amok lief. Geschichten aus den ersten 10 Jahren Fußball-Bundesliga 1963-1973. Essen 1989.

Wilhelm Hopf (Herausgeber): Fußball. Soziologie und Sozialgeschichte einer populären Sportart. 3. Auflage. Münster 1998.

Nick Hornby: Ballfieber. Die Geschichte eines Fans. Hamburg 1996 (englisch: Fever Pitch, London 1992).

Karl-Heinz Huba (Herausgeber): Fußball-Weltgeschichte. 13. Auflage. München 1996.

Karl-Heinz Huba: Sternstunden des Fußballs. München 1994.

International Federation of Football History & Statistics: Die 211 weltbesten Erst-Liga-Torschützen des Jahrhunderts. Wiesbaden 1998.

Holger Jenrich (Herausgeber): Radi, Buffy und ein Sputnik. Ausländer in der Fußball-Bundesliga 1963-1995. Essen 1996.

R. Keifu (Herausgeber): Fußball-WM-Almanach. 1930 bis heute. Kassel 1998.

Thomas Kistner/Jens Weinreich: Das Milliardenspiel. Fußball, Geld und Medien. Frankfurt 1998.

Matthias Kropp: Fußball-EM-Almanach. 1960-1996. Kassel 1996.

Hansi Küpper: Kopf-Ball. Ein Quiz-Buch für Fortgeschrittene. Essen 1995.

Jürgen Leinemann: Sepp Herberger. Ein Leben, eine Legende. Berlin 1997.

Rudi Michel (Herausgeber): Fritz Walter. Die Legende des deutschen Fußballs. Stuttgart 1995.

Christian Möller/Hans-Georg Ulrichs (Herausgeber): Fußball und Kirche. Wunderliche Wechselwirkungen. Göttingen/Zürich 1997.

Rainer Moritz (Herausgeber): Doppelpaß und Abseitsfalle. Ein Fußball-Lesebuch. Stuttgart 1995.

Rainer Moritz: Immer auf Ballhöhe. Ein ABC der Befreiungsschläge. München 1997.

Desmond Morris: Das Spiel. Faszination und Ritual des Fußballs – das Spiel, mit dem wir leben. München/Zürich 1981 (englisch: The Soccer Tribe, London 1981).

Karlheinz Mrazek: Fußball-Europapokal-Sternstunden. München 1995.

Bernd Müllender: Fußballfrei in 11 Spieltagen, Frankfurt 1998.

Bernd Müllender/Jürgen Nendza: Gib mich die Kirsche, Deutschland! Bunte Ligen und Alternativfußball. Essen 1992.

Dietrich zur Nedden (Herausgeber): Das Freiburg-Fieber. Ein Lesebuch zum SC Freiburg. Frankfurt 1995.

Klaus Querengässer: Die Deutsche Fußballmeisterschaft, Teil 1: 1903-1944, Teil 2: 1948-1963. Kassel 1997.

Dieter Reiber (Herausgeber): Jahrhundert-Fußball im Fußball-Jahrhundert. Schwaig 1989.

Marcel Reif (Herausgeber): Frankreich '98. Das Fußball-WM-Buch. Berlin 1998.

Curt Riess: Einsam vor Millionen Augen. Große Sportler und ihre Schicksale. Gütersloh 1970.

Bernd Rohr/Günter Simon: Fußball-Lexikon. München 1993.

Jürgen Rollmann: Beruf Fußballprofi. Berlin 1997.

Jürgen Roth/Klaus Bittermann: Wieder keine Anspielstation. Fußballexperten: Die Kommentare des Grauens. Berlin 1996.

Thomas Roth: Deutsche Teams im Europapokal. München 1997.

Thomas Roth: Die großen Spiele der deutschen Nationalelf. München 1997.

Michael Schaffrath: Fußball-WM '98. Analyse, Akzeptanz, Akquise. Münster 1999.

Werner Schneyder: Über Sport. Dabeisein ist gar nichts. München/Luzern 1980.

Dirk Schümer: Gott ist rund. Die Kultur des Fußballs. Berlin 1996.

Dietrich Schulze-Marmeling: Der gezähmte Fußball. Zur Geschichte eines subversiven Sports. Göttingen 1992.

Toni Schumacher: Anpfiff. München 1987.

Joachim Schweer: Der Sieg von Bern. Kassel 1994.

Sven Simon (Herausgeber): Das Tor des Jahrhunderts. Die Foto-Dokumentation zum Fußball-Endspiel Deutschland gegen England um die Weltmeisterschaft. München 1967.

Werner Skrentny (Herausgeber): Als Morlock noch den Mondschein traf. Die Geschichte der Oberliga Süd 1945-1963. Essen 1993.

Theo Stemmler: Kleine Geschichte des Fußballspiels. Frankfurt 1998.

Stephen Studd: Herbert Chapman. Football Emperor. London 1981.

Frank Taylor: The Day A Team Died. London 1983.

Phil Thompson: Do that again, Son, and I'll break your Legs. Football's Hard Men. London 1996.

Ror Wolf: Das nächste Spiel ist immer das schwerste. Gesammelte Fußballprosa in einem Band. Frankfurt 1996.

Jörg Wontorra: Welchen Hattrick schaffte Beckenbauer 1974? Kniffliges und Humorvolles. Bergisch Gladbach 1994.

Zeitungen

Frankfurter Allgemeine Zeitung, Süddeutsche Zeitung, Stuttgarter Zeitung, Welt, TAZ, Woche, Welt am Sonntag, Zeit, Guardian, Times, Independent, Observer, Sunday Times, Daily Telegraph, Sunday Telegraph, L'Equipe.

Zeitschriften

Kicker, Sport-Bild, Hattrick, Verlängerung, Sport (Zürich), Wirtschaftswoche.

Bildnachweis

Bongarts Sportfotografie GmbH	Abb. 9, 10, 12b
Deutsche Presse-Agentur GmbH	Abb. 7, 14, 27, 28
Edition Temmen	Abb. 20
firo sportpressephoto	Abb. 13a
Foto-Agentur Hartung	Abb. 3, 23, 26
Horst Müller Pressebilderdienst GmbH	Abb. 16
Lorenz Baader	Abb. 21
Pressebild-Agentur Schirner	Abb. 1, 4
Pressefoto Rauchensteiner	Abb. 2a, 18
Sportbild Holger Nagel	Abb. 8
Sven Simon Fotoagentur GmbH & Co. – Pressefoto KG	Abb. 2b, 5, 11, 15, 17, 19, 25, 29a
The Associated Press GmbH	Abb. 12a, 24
Ullstein Bilderdienst	Abb. 6a, 6b, 13b, 22, 29b, 29c

Register der Spielernamen, Mannschaften und fußballtypischen Begriffe

Deflandre, Eric 259
Del Piero, Alessandro 216
Del Sol, Luis 16
Delgado, Juan 94
Deltgen, Rene 323
Dempsey, Jack 72, 256, 330
Denilson 127
Derbfuß, Paul 316
Derby 11, 175, 223, 229, 288, 345
Derwall, Jupp 47, 99, 101, 166, 212, 226, 256, 350
Desailly, Marcel 87, 92, 118
Deschamps, Didier 92
Deutsche Meisterschaft *(vgl. auch* → *Bundesliga)* 11f., 30, 70, 89, 106, 116, 118, 171, 186, 188, 190, 197, 233, 238, 293f., 309f., 327, 360, 371ff., 375
Deutscher Fußball-Bund (DFB) 11f., 16, 74, 101, 150, 184, 186, 196f., 206, 212, 216, 219, 250, 266, 272, 275, 279, 296, 310, 323, 332, 345, 347
Deutschland (= BRD, DFB-Team, deutsche National-mannschaft) 14f., 18, 20f., 24, 33-38, 42f., 44ff., 53, 55f., 64, 73, **74-83**, 92, 96, 114, 116f., 122, 124, 135, 138f., 149, 152, 160f., 162, 164ff., 171ff., 176, 178, 180f., 183, 186, 188, 193f., 196, 201, 204f., 207, 210, 217, 219, 223, 229, 231ff., 235, 248, 252f., 254f., 257, 263, 266, 269, 275, 289, 305, 308f., 315, 319f., 324, 341, 347, 351, 358f., 363, 365, 367-373
Deyna, Kazimierz 323
Dezotti, Gustavo 369
DFB-Pokal → *Pokal*
Di Biagio, Luigi 126
Dickel, Norbert 326
Dickinson (England) 13
Didi (Brasilien) 57, 149

Dienst, Gottfried 17f., 145
Dietz, Bernhard 375
DiMaggio, Joe 256
Djorkaeff, Youri 92, 118
Dobrowolski, Igor 167
Domenghini, Angelo 19
Dominguez (Real Madrid) 16, 57
Donadoni, Roberto 59
Doping 16, **201f.**
Doppelball 150f.
Doppelpaß 22, 54, 70, 76, **124**, 133, 140
Dorado (Uruguay) 54
Dorpmans (Schiedsrichter) 20
Dos Santos, Manoel 95
Drake, Ted 173
Drechsel, Sammy 54, 230
Drehbuch 344
Drehschuß 10
Dremmler, Wolfgang 23
Dresden, Dynamo 37
Dreyfuß (Schweiz) 253
Dribbler, Dribbling 14, 29, 40, 85, 94, 121, **125**, 140, 144, 240, 246, 292
Dritte Person 314
Droste, Wiglaf 248
Dubajic, Slobodan 89
Duenas (Schiedsrichter) 287
Dugarry, Christophe 277
Duisburg, MSV 103, 136f., 162, 188, 279, 313, 376
Dundee, Sean 89, 370
Dunga , Carlos 53, 210, 274
Dürnberger, Bernd 168
Durnin, John 354
Dürrenmatt, Friedrich 321
Duschen 213
Dynamo Berlin, BFC 37, 166, 286, 306f., 314
Dynamo Bukarest 142f.
Dynamo Dresden 187, 278, 306
Dynamo Kiew 114, 251

Eckball, Ecke etc. 25f., 49, **134**, 138, 150, 152, 155, 164, 200
Eckel, Horst 15, 119, 263
Eckersley (England) 13
Eckstein, Dieter 276
Eder, Norbert 371
Edinho (Brasilien) 24
Edmundo (Brasilien) 275
Edwards, Duncan 67
Effenberg, Stefan 26, 48, 184, 200, 206, 209, 271
Effetball 151
Eiberle, Hans 23
Eichberg, Günter 62, 272
Eigenbrodt, Hans-Walter 16
Eigendorf, Lutz 286f., 307
Eigenrauch, Yves 332, 335
Eigentor 30, 75, **134f.**, 162, 204
Eigentümer 344f.
Eilts, Dieter 335
Einbürgerung 89
Eingeweide 241
Eintracht Braunschweig 199, 223, 226, 279
Eintracht Frankfurt 16f., 44, 46, 58, 69, 100, 102, 105, 141-144, 157, 188f., 200, 212, 218, 225, 233, 237, 242, 244, 267, 279, 286, 347, 359
Einwechselspieler, Einwechslung → *Auswechslung*
Einwurf 185
Eklind, Ivan 307
El Salvador 283f., 286
Elber, Giovane 93, 253, 335
Elfenbeinküste 31, 92
Elfmeter 14, 17, 20f., 24, 26, 37, 61, **125f.**, **136f.**, 138, 150, 159f., 162f., 166, 170, **185f.**, 189f., 197, 210, **226f.**, 233, 249f., 252, 307, 323f., 358ff., 367, 369
Elfmeterschießen 23f., **31f.**, 34, 49, 68, 80, 82, 126, 136, 149, 166, 181, 210, 226f., 357, 359, 375